第二版

教育通论

Foundations and Principles
of Education

郑金洲◎著

华东师范大学出版社
·上海·

图书在版编目(CIP)数据

教育通论/郑金洲著. —2 版. —上海:华东师
范大学出版社,2024. —ISBN 978 - 7 - 5760 - 4559 - 8

Ⅰ. G40

中国国家版本馆 CIP 数据核字第 20243ER293 号

教育通论(第二版)

著　　者　郑金洲
责任编辑　李恒平
责任校对　李琳琳
装帧设计　卢晓红

出版发行　华东师范大学出版社
社　　址　上海市中山北路 3663 号　邮编 200062
网　　址　www.ecnupress.com.cn
电　　话　021 - 60821666　行政传真 021 - 62572105
客服电话　021 - 62865537　门市(邮购)电话 021 - 62869887
地　　址　上海市中山北路 3663 号华东师范大学校内先锋路口
网　　店　http://hdsdcbs.tmall.com

印 刷 者　上海龙腾印务有限公司
开　　本　787 毫米×1092 毫米　1/16
印　　张　21.5
字　　数　398 千字
版　　次　2024 年 12 月第 2 版
印　　次　2024 年 12 月第 1 次
书　　号　ISBN 978 - 7 - 5760 - 4559 - 8
定　　价　69.00 元

出 版 人　王　焰

第二版前言

《教育通论》初版于 2000 年,距今已有 24 年。这本书出版后,成为不少地方教师培训用书和高等师范院校教育学教科书,成为许多教育专业学生学习教育学或新教师更进一步理解教育的入门书。现在遇到一些年轻人,他们时常会说起自己是《教育通论》的学习者,是通过《教育通论》形成对我本人的初始印象的。这是我当初写作该书时没有想到的。记得 20 多年前,华东师范大学出版社教育理论编辑室的负责同志到教育学系征集选题意见,我当时作为青年教师参加,因留校工作不久,在执教教育学课程时,有感于适用的教材不多,贸然提出编写一本新教育学教材的构想,定名为《教育通论》。没想到,华东师范大学出版社对我的想法予以高度认可,并迅即通过了出版项目立项。我大致用了近两年的时间,广泛收集资料,逐章逐节雕琢,写就了该书,经过试用后正式出版发行。由于本书一直在不断重印,出版社屡次建议我修订再版。现在看来,初版的《教育通论》因通俗易懂和贯通融通受到了读者的喜爱,一些认识在今天看来大体也能站得住脚,但毕竟时过境迁,许多内容已显陈旧,修订势在必行。

这次修订,主要把握如下几方面基本要求。

一是紧跟时代步伐。马克思说:"我们只能在我们时代的条件下去认识,而且这些条件达到什么程度,我们才能认识到什么程度。"从王国维先生于 1901 年翻译了日本立花铣三郎编著的《教育学》和他于 1905 年编著了一本《教育学》的合辑算起,我国教育学论著或教材的编写已历经一个多世纪。中华人民共和国成立后,我们也编写了不少影响大、使用范围广的好教材,如华东师范大学刘佛年先生主持编写的《教育学》,人民教育出版社 1979 年版(当时书的署名为"上海师范大学《教育学》编写组"),华中师范大学王道俊、郭文安两位先生主持编写的《教育学》,人民教育出版社 2009 年版。这些佳作是时代的产物,反映了时代发展的需求。历史进入到新时代,对教育改革发展也提出了新要求。党的二十大明确指出,教育是国之大计、党之大计,在全面建设社会主义国家中发挥着基础性、支撑性的作用,强调育人的根本在于立德,要加快建设教育强国,加快建设高质量教育体系,发展素质教育,促进教育公平。本书比较注重回应新时代对教育的这些新要求新挑战,体现了鲜明的时代性。

二是兼顾"旧故""新知"。本书既可以作为师范院校学生学习教育学的入门书,打好教育学学习的基础,为未来的职业生涯做准备,也可以供一线教师进一步阅读。这也意味着本书大量的内容属于"旧故",要体现几百年来教育学历史发展积累的成果,让学习者掌握教育学的总体知识,进入世界教育学的"殿堂"。同时,教育学知识也不是一成不变的,无论是国际还是国内,随着教育实践的发展和社会的变化都有大量的教育学新知识新成就问世,把其中涉及教育学基本概念、基本范畴、基本命题、基本原理的内容提炼并相对固定下来,为学习者搭建起教育学知识传承与创新发展的桥梁。

三是注重贯通融通。本书名为"教育通论",其中的"通"有"笼统""概论"之意,更有"纵横连通""融会贯通"之追求。教育学是门综合性学问,也是门应用性学科,知识间的贯通融通对理解掌握这门学科至关重要。本书突出理论与实践的贯通融通,既关注理论论证、学理阐释,也关注实践应用、案例说明;突出历史与逻辑的贯通融通,既关注重要知识点的历史发展脉络梳理,也关注辨析背后的实践逻辑与理论概括;突出材料与观点的贯通融通,既关注史实史料等的挖掘运用,也关注有多少材料说多少话,不空发议论;突出多学科对话与教育学立场的贯通融通,既关注引证来自其他学科的研究成果及与教育学的源流关系,也关注从教育学学科出发得出相应的结论认识,提出教育实践的应用要求。

此外,也充分考虑便于阅读、教学或培训使用。编者力求让读者在阅读时有启发、有针对性、有带入感。比如本书的体例,每章都明确"学习指导",让学习目标更为清晰,也便于构建概念框架;每章都有多个"专栏",供学习者进一步学习,掌握知识背景,了解应用案例,拓宽视野眼界,读者也可就相关内容进行进一步探究;正文内容图文并茂,语言贴近学习者学习实际;"思考与实践"设计了多项学习活动,意在激发学习者学习兴趣,调动学习者学习积极性,借助于独立思考或团队活动深化相关知识掌握。

本书修订主要由我个人完成,部分章节吸收了我主编的《教育基础》的有关内容,对参与撰写的相关老师表示由衷感谢!华东师范大学出版社李恒平同志为本书编辑出版倾心尽力,深致谢忱!

郑金洲

2024 年 10 月

目　录
CONTENTS

第一章　什么是教育

▲ **学习指导**

1. 了解教育的界定方式,记忆、理解教育的含义。
2. 区分教育的构成要素,认识每一要素的地位和作用。
3. 了解教育的表现形态,把握各表现形态间的关系。
4. 了解教育的语言构成,初步掌握教育语言的运用场景。

　　教育是什么? 这一看上去非常简单的问题,却是令人难以作出回答的。教育事实或者说教育实际已经存在了数千年,人们对教育的思考也经历了无数个年头,但是,就教育的含义来看,远未达成一致的见解。

　　美国教育学家索尔蒂斯(Soltis, J. F. , 1931—2019)在分析以往对教育定义研究的情形时,作了如下的描述:"在一连串的定义里面,往往隐含着一个非常关键的假设。那就是,我们假定只有某种教育定义,如同一个打大猎物的猎人搜寻大象一样,他自信,如果看见一只大象,他会认出来,而且他自己会用网捕到一个非常有价值的猎物。但是,如果我们实际上更像一个真心实意但又误入歧途的捕 centaur(希腊神话中人首马身的怪物)的猎人,即便跟随着一支准备充分的远征队,并把枪始终置于准备射击的状态,也永远不需要动物标本剥制师的帮助,情况又会怎样呢? 与捕大象相比,寻找教育的那种真正的定义,会不会更像捕 centaur 呢? 教育的那种真正的定义是否存在呢?"[①]

---

① 索尔蒂斯著,沈剑平、唐晓杰译:《教育的定义》,瞿葆奎主编,瞿葆奎、沈剑平选编:《教育学文集·教育与教育学》,人民教育出版社 1993 年版,第 31—32 页。

专栏 1.1　"教"字探源

教（jiào）

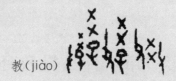

甲骨文中的"教字"①

教（jiào）　　甲骨文　　金文　　篆书

教

楷书

"教"的字形演变②

　　甲骨文的 是个会意字，从攴（pū），从子，从爻，爻亦声。"攴"，像一只手拿着一根小木棒之类的东西，即教师以手持杖或执鞭。"爻"是被教鞭轻轻抽打的象征性符号。在奴隶社会，奴隶主要靠鞭杖来施行他们的教育、教化。也有人认为，"教"字的甲骨文形体左上是筹码，左下是孩子，左右合起来表示孩子学习筹算的意思。两说虽有分歧，但在用戒具施教这一点上是一致的。由此可以确定，"教"字的本义是教育、教导。

　　对"教"字的结构，有人做了不同的分析，认为"教"字从孝（孝），从攴，亦即以"孝"为教，因而"教"字也就从"孝"了。《说文解字·教部》："教，上所施下所效也。从攴，从孝。"意即"教"的本义是上面的施教，下面的效仿。段玉裁注说："上施，故从攴；下效，故从孝。"可见，许慎和段玉裁认为："教"字左边的部分音"孝"，是"仿效学习"的意思；右边的"攴"，也是一个独立的字，是"敲击""管束"的意思。左边是仿效学习，右边是施以管束，合起来就是"上施下

① 马如森：《殷墟甲骨文实用字典》，上海大学出版社 2008 年版，第 84 页。
② 骈宇骞：《中华字源》，万卷出版公司 2007 年版，第 96 页。

效""教化教育"之意。①

由上可见，"教"字的初始义含有"教"与"学"两层意思，这才是"教"字更为完整的意思。

后来，"教"字由"教育"义引申出"传授"义。例如，《左传·襄公三十一年》："教其不知，而恤其不足"，意思是说，要传授给他所不知道的，要抚恤给他所不足的。在当"传授"讲时的"教"应读为"jiāo"（平声），特指传授知识、技能等。

一、教育的含义

（一）教育含义的分歧

我国汉代许慎在《说文解字》中注道："教，上所施下所效也"，"育，养子使作善也"。这两个字结合形成的"教育"一词，可以理解为上对下、成人对儿童的一种影响，其目的是使受教者成善，方法是模仿、仿效。在古希腊语中，"教育"一词与"教仆"一词相关，教仆是对专门带领儿童的奴隶的称呼。从两种文字对"教育"的词源分析中可以看出，教育的原初含义指的是人类社会中年长一代教导新生一代，并促使其成长发展的特殊活动。

在现代社会中，每一个人都受过或多或少的教育，在每一个人的心目中，教育也都意味着这样或那样的事情。可以说，每个人对教育的感受既有与他人相同的一面，也有与他人不同的一面。正因为如此，每个人往往从不同的角度看待教育、理解教育。

例如：

"在广义上，教育指的是对一个人的身心和性格产生塑造性的影响的任何行动或经验。……在专门技术性的意义上，教育就是通过各级学校、成人教育机构和其他有组织的媒介，有意地把上一代的文化遗产和所积累起来的知识、价值和技能传给下一代的过程。"②

"所谓教育，乃是把本是作为自然人而降生的儿童，培育成为社会一员的工作。"③

"教育是年长的几代人对社会生活方面尚未成熟的几代人所施加的影响。其

---

① 吴东平：《汉字的故事》，新世界出版社 2006 年版，第 351 页。
② 陈友松等编译：《当代西方教育哲学》，教育科学出版社 1982 年版，第 26 页。
③ 筑波大学教育学研究会编，钟启泉译：《现代教育学基础》，上海教育出版社 1986 年版，第 3 页。

目的在于，使儿童的身体、智力和道德状况都得到某些激励与发展，以适应整个社会在总体上对儿童的要求，并适应儿童将来所处的特定环境的要求。"①

此外，还有一些在日常用法中使用的"教育"含义，像通常所讲的"没有受过教育的(uneducated)人"，无论是在中文还是在英文中，都较为常见。这里所说的"没有受过教育的人"，一般是指没有上过学，或者在学校里没学到什么，以及没有通过其他途径学到在学校里教的读、写、算和一些有关文化、历史、自然科学等学科的初步知识的人。托尔斯泰(Толстой，Л. Н.，1828—1910)的小说《战争与和平》中的农民普拉东·卡拉塔耶夫就是这种意义上的"没有受过教育的人"，但是，普拉东童年所得到的教养、经验以及优雅的风度，使他成为异常机智和聪明的人。在危难时期，普拉东和皮埃尔·别祖霍夫公爵都成了战囚，同样为了灵魂和生存而挣扎，而正是有教养的皮埃尔在彼此的相处中，觉得自己是一个"没有受过教育的人"。他后来对娜塔莎说："不，你们不能理解我从这个没有受过教育的、憨厚的粗人那里学到多少东西。"②

从以上有关教育的正式界定中，就至少提出了这样几个有待思考的问题：

第一，教育与社会的自然影响有何区别？教育是否有明确的目的性？

第二，是否将自然人培育成为社会人的一切工作都可称之为教育？

第三，教育是否只是在上下代之间进行，是代代传承的？

先来看第一个问题。

每一个人都是一个社会的人，自从他降生到这个社会以后，就无时无刻不在接受着来自社会各方面的影响，这些影响人的发展的因素是多种多样的，如父母、同辈团体、教师、旅游、阅读、电视或手机等媒体等。这些影响有些是自发的，有些是有意图的。那么，哪些能称之为教育呢？在我们看来，那些缺乏目的性的自发影响不应列入教育之内，它们虽然对人的发展有着一定的影响，甚至这种影响有时比那些有目的的影响还要大，但是由于其自发、无意识的性质，既缺乏方向性，也并非有意的组织、安排，因而不能称之为教育。否定了这点，就否定了教育的独特性，并在一定意义上否定了教育存在的价值和意义。

有了有目的这样一个因素，并不能保证一切促使人发展的活动都是教育活动，必须进一步明确这种活动的性质。促进人发展的活动，并不仅仅由教育来承担，医疗卫生也是其中之一。例如，通过服药，人可有力抵抗疾病加速健康水平的发展；

① 张人杰主编：《国外教育社会学基本文选》，华东师范大学出版社1989年版，第9页。
② 刘辽逸译：《列夫·托尔斯泰文集》第8卷，人民文学出版社1988年版，第255页。

通过治疗,人可改变其身体素质,并会对心理产生一定的影响。因此,只有有目的地培养人的那些活动,才能称之为教育活动。

再来看第二个问题。

人首先是一个自然人,然后才会成为一个社会人。从自然人转化为社会人,其间有许多因素影响,并有着诸多转化环节。教育作为一种社会现象,作为社会用以使人符合一定要求的工具和手段,是其中必不可少的一个因素或者说一个环节。除此之外,其他的社会影响和环境影响也是不可或缺的。看来,教育并不能包揽将自然人培育成社会人的一切职责。

从人的发展历程上看,在其出生后的相当长的一段时间内,他们是懵然无知的,对外界环境只是作机械的条件反射,此时对他们的"培育",尚不能构成教育。教育的目的性并不仅是就教育者而言的,对于受教育者来说,其主观能动性的发挥也是必要条件之一。最低限度是受教育者需有一定的接受能力,能够对教育者的施教作出一定的反应。

最后看第三个问题。

代与代之间的传承,无疑是教育的典型方式,这在手工业时期甚至是机械化时期大都如此。上一代积累的经验,作为从事社会生产、参与社会生活的强有力的"武器",是应对自然、调节人与人之间关系的"利器",年轻一代在上一代的指导下,将其加以继承、掌握,就能对周围环境应付自如。就教育产生来讲,它也主要是年长一代基于社会生产与生活的需要,将自身从实际生活中逐渐摸索出来的经验传递给下一代,以便使种族得以延续。所有这一切都是建立在社会变化速度较为缓慢,年长一代因而有着至高无上权威的基础上的。但是,历史进入20世纪四五十年代以后,社会变迁的速度大大加快了,所谓的"后现代社会"已经来临了。知识更新加快,年长一代在许多方面已不再能承担向年轻一代"指点迷津"的职责,并且,年轻一代的知识、经验有许多是不为年长一代所知的。在这种情况下,也就出现了美国著名人类学家玛格丽特·米德(Mead, M., 1901—1978)所说的"前喻学习(前象征学习)"的情景,年长一代向年轻一代传递知识、经验的旧有模式被打破了。教育既存在于上下两代之间,也存在于同辈之间,同时,也存在于下上两代间。

专栏1.2 文化类型与教育的传承

基于对原始文化的考察和对现代文明的认识,以及文化背景、条件决定教育的信条,米德区分了自古至今的三种不同的文化类型,并且阐述了不同文化类型中相应的教育方式：

其一，前象征文化（prefigurative culture）与教育。

前象征文化表示那种年长者不得不向孩子们学习他们未曾有过的经验的文化类型。在这种文化中，儿童面临着一个完全未知的、因而也无法掌握的未来。老年人不懂孩子们了解的东西。过去，就一个文化系统内的经验而言，总是有一些老年人比所有的孩子懂得多，现在这样的老年人没有了。年轻一代再也不会有年长一代那样的经验。米德说："从这个意义上，我们必须认识到我们是没有'子孙'的，正如我们的子孙没有'祖先'一样。"①

其二，互象征文化（cofigurative culture）与教育。

互象征文化是这样一种文化：社会成员的模式是同代人的行为，其典型的特征是"现在是未来的指导"。在互象征文化中，年轻一代的经验与他们的父母、祖辈的经验有着显著的不同，后象征文化中牢固的代与代之间的关系被打破，代与代之间出现裂痕；年轻一代更注重和同代人互相交流感受，从而获取经验，其结果是经验连续性的断裂。

其三，后象征文化（postfigurative culture）与教育。

后象征文化是一种变化迟缓、难以察觉的文化，其典型的特征是"未来重复过去"。在后象征文化中，老年人无法想象变化，所以只能把这种持续不变的意识传给他们的子孙。后象征文化有赖于三代人的实际存在，它完全是代代相传的，它的延续既依赖老一代的期望，又依赖年轻人对老一代期望的复制。后象征文化条件下的教育的主要任务就是要形成这种复制，他们从父母那里受到教育，并重复父母的生活。依循这样一种教育方式，儿童在成长的过程中，对周围的人毫无疑义地接受的一切也毫无疑义地接受下来，文化得到了"完美"的复制和延续。

（二）教育的三种界定方式

由于存在着这样或那样的分歧，人们也在思考：能否有一个界定或者说一种界定方式，将所有的分歧"归于一统"，形成一个为人人所认同的教育定义？这种思考到现在为止一直在进行着，但也有一些人，特别是国外的一些分析教育哲学家，对此提出了疑问。在他们看来，这种思考是徒劳的、无益的，并不存在能达成共识的

---

① 玛格丽特·米德著，曾胡译：《代沟》，光明日报出版社 1988 年版，第 77 页。

唯一的教育定义。前面提到的索尔蒂斯就是其中的代表。

分析教育哲学的代表人物谢弗勒（Scheffler，I.，1923—2014）在其《教育的语言》（*The Language of Education*）一书中，曾把教育的定义区分为三种——规定性定义（the stipulative）、描述性定义（the descriptive）和纲领性定义（the programmatic），这种区分有一定的道理。

在谢弗勒看来，虽然我们实际上找不到纯粹的规定性定义、描述性定义或纲领性定义，但是每种定义都有着区别于其他定义的一些特征。

规定性定义是"创制的"定义，就是作者自己所下的定义，要求这个被界说的术语在后面的讨论中，始终表示这种规定的意义。也就是说，"不管其他人所用的'教育'一词是什么意思，我所用的'教育'一词就是这个意思"。

与规定性定义不同，描述性定义不是"我将用这个术语表示什么"的一类主张，而是适当地对术语或者使用该术语的方法进行界说。在词典上，一般见到的大多是描述性定义的罗列。由于有的词在不同的语境中有不同的用法，也就有着多种描述性的含义，所以，像教育这样的词，在词典中往往有若干种定义就不足为奇了。我们通常所见到的广义的教育是指"有目的地培养人（塑造人）的社会活动"；狭义的教育是指"有目的、有计划、有组织地培养人的社会活动"，实际上就是关于教育的描述性定义。在这些界定中，狭义的教育往往就是"学校教育"或"正规教育"的代名词。描述性定义回答的是"教育实际是什么"的问题。

即使存在着上述两种界定教育的方式，但是人们仍会就哪些成分属于教育，以及描述的精确性问题进行争论。例如，在一些人看来，并非所有有意识培养人的活动都是教育，最典型的例子是那些诸如盗窃等犯罪团伙的师徒授受，此不可谓无目的，也不可谓不是在"培养"人，但这些与教育目的等是背道而驰的，是为"真正的教育"所不容的。如此，就有了事物"应该（should）"怎样的纲领性定义。纲领性定义总是明确或隐含地告诉我们，教育应该是一个什么样子，我们常把教育界定为"有目的地促进人的身心发展的活动"，也就暗示着教育应该以促进学生的身心发展为定向，那些与学生身心发展相违背的做法是不允许的。纲领性定义是说教育应该怎样，与描述性定义所说的教育实际怎样不同，与规定性定义所说的"我暂且对教育作这样的理解"也不同，它往往包含着"是（is）"和"应当（ought）"两种成分，是描述性定义和规定性定义的混合。

教育既然在定义的方式上存在不同，而每种方式又有着关于教育的不同界定，因而就难以有一个"一统"的教育定义。拿教育的规定性定义来说，教育毕竟是人类的一种事业，在这项事业中，人们总是试图有目的、有计划、谨慎地做些什么，总是把认为好的、有价值的、理想的东西加诸教育，而对于哪些属于好的、有价值的、理想的东西，人们的认识又各不相同，所以提出的教育的规定性定义就不同。况且，规定性定义的实质，就是发表意见的自由，若只有一个绝对肯定的教育的规定性定义，就显得可笑了。同样，教育的唯一真正的描述性定义，似乎也不存在，因为在不同的语境中，为了不同的目的，"教育"一词有着多种描述性的意义。

看来，我们一直在孜孜以求的教育的真正定义，很可能是在寻求有关教育的一种正确的纲领性表述，是将"教育是什么"和"教育应当是什么"结合起来的一种表述。① 这种表述包含有对教育所做出的价值判断，也规定着教育在其活动中寻求的目的。按照这种认识，可以暂对教育作这样的理解：

从广义上说，凡是以教与学为活动形式，有意识地促进人身心发展的活动，都是教育。

从狭义上说，是教育者有目的、有计划、有组织地对受教育者施加影响，促使其身心得到发展的活动。它主要指学校教育，但并不限于学校教育，开放大学、网络教育等也属于此类。

二、教育的要素

从对教育概念的分析中，多少可以对什么是教育产生一个大致的认识。依据这种认识，接下来分析一下哪些成分构成了教育，或者说，构成教育的要素有哪些。

（一）教育要素的构成

在日常生活中，常常会听到这样一个词语——自我教育，概指人为了提高自身的素养，有意识地加强学习、反省，从而使自身得到一定发展的过程。那么，自我教育是不是一种教育活动呢？ 与此相关，自学或者没有明确指导的学习，能否称之为教育呢？ 对这两个问题的回答，直接涉及对教育自身包含的要素的解析。

对教育无论作什么样的界说，似乎都会承认教育是离不开"教"与"学"两方面的。教育活动总是在教育者与受教育者双方间展开的，任何单方面的活动，都不能称之为教育。教育者虽"好为人师"，但教育对象不屑于接受"教育"，此时的教育活动就不能说是真正展开了，真正意义上的教育者与受教育者并不存在，教育活动也就不存在。按照这样一个理解，上面所说的"自我教育"和没有明确指导的"学习"，都不应归入教育之列。

---

① 索尔蒂斯著，沈剑平、唐晓杰译：《教育的定义》，瞿葆奎主编，瞿葆奎、沈剑平选编：《教育学文集·教育与教育学》，人民教育出版社 1993 年版，第 32—36 页。

由此可见,教育在其构成上,至少存在着这样两个因素——教育者和受教育者(教育主体和教育客体)。但是,只有这两者似还不够,教育者与受教育者,只是一种角色或者说身份,他们要形成一种教育活动,还需借助一定的条件,例如需依据一定的目的,采用各种各样的方式,传递一定的内容,这种中介也是必不可少的。所以,教育者、受教育者、教育中介构成教育的三个要素。

(二)教育要素的分析

1. 受教育者

在整个教育活动中,受教育者是处在第一位的。若没有受教育者的存在,教育者也就没了"用武之地",教育活动就无法展开。"受教育者"虽然从这个词的含义上说,似乎是处在一个被动的、被引导的地位,但是这只是事物的一个方面,他们积极、主动地参与,同样也是教育能达到预期目的的根本性前提。

在这里,有这样几个问题需要进一步思考:一是人能不能受教育,也就是人接受教育的可能性问题;二是人发展到什么样的阶段才能受教育;三是在教育活动中,受教育者处于一种什么样的地位。

孔子

夸美纽斯

洛克

(公元前 551—前 479)名丘,字仲尼。春秋末期鲁国人,中国思想家和教育家、儒家学派的创始人。其教育思想主要由弟子记载于《论语》中。

(1592—1670)捷克教育家。西方近代教育理论的奠基者。主要著作:《母育学校》《大教学论》《泛智学校》《世界图解》等。

(1632—1704)英国哲学家、思想家、教育家。主要著作:《政府论》《人类理解论》《教育漫话》等。

人能否接受教育,这似乎与古人所说的"孺子可教"有着一些相似之处。孔子在评价他的一位学生(宰予)时曾说过这样的话:"朽木不可雕也,粪土之墙不可杇也,于予与何诛!"抛开学习态度、道德伦理方面的考虑,这句话道出了人的可教性问题。这个问题看上去是不言而喻的,甚至是不言自明的,但在历史上,尽管人们一直在受着教育,还有相当一部分人接受着正规教育,对人能不能受教育,却是有争议的。欧洲中世纪长期盛行天主教的"原罪说",认为自从亚当作恶以后,人生而有"罪",是"受神罚的人",自己不能具有任何善良的思想,只有靠祈祷去赎罪,从而否认人有受教育的必要性与可能性,即使受教育,所受的也只是宗教教育。17世纪捷克教育家夸美纽斯(Comenius, J. A.)对人的原始状态(自然状态)重新加以解释,断言在亚当作恶之前,"我们的最初的和原始的状况"下,"人是造物中最崇高、最完善、最美好的","有人说,人是一个'可教的动物',这是一个不坏的定义。实际上只有受过恰当教育之后,人才能成为一个人"。[①] 17世纪英国教育家洛克(Locke, J.)认为,人之所以或好或坏,或有用或无用,"十分之九都是他们的教育所决定的","人类之所以千差万别,便是由于教育之故"。[②] 在近代社会,人们普遍受教育的可能与权利才得到确认,进而为越来越多的人提供了越来越多的受教育机会。

从理论上阐释人的可教育性,是由教育人类学来完成的。教育人类学等学科,通过对比人与动物表明:人与动物在本能上有着巨大的差别。许多动物具有专门化的器官系统,以适合于特定的生活条件和需求,如鸽子的方向感、蝙蝠的声呐系统、蚊子的定位;而人生来羸弱,没有天然毛发层对付恶劣的气候,没有锐利的攻击武器来对付天敌、获取食物,等等,在本能上有着巨大的缺陷。人的原始特性是:生理机制未特定化,反应机制未确定化,生存功能具有不完备性。正是人这一原始本性,赋予了人巨大的潜能和可塑性:

第一,人的生理机制的未特定化使人产生教育的需要性。人出生以后,大脑机制等都是未定的、有待发展的,这种未特定化在给人以巨大的开放性和自我塑造能力的同时,也使人面临更艰巨的选择:一是巨大的开放性使人难以作出准确的选择,需要加以指导;二是人类的自我塑造能力只是一种潜能,如何把潜能转化为现实,需要外界环境的引导。

第二,人对于外部影响的开放性使人受教育成为可能。人的本能上的缺陷,使人无法依靠遗传机制来实现自身的需要;人如何与环境建立联系,如何实现自身需要,都有待后天的建立。在人的本能活动与人的需要之间,存在着一个广阔的空间,人对外部世界的影响是开放的,随时都可与外部世界建立联系。大自然所赋予的人的可塑性,使人能根据外界的要求自我确定存在和活动方式,教育由此成为可

---

① 夸美纽斯著,傅任敢译:《大教学论》,人民教育出版社1984年版,第28、15、39页。
② 洛克著,傅任敢译:《教育漫话》,人民教育出版社1957年版,第4页。

能之物。

　　教育人类学认为,使人能发挥出内在的巨大潜力,实现超生物性的转变,在巨大的需求与广泛的开放性之间建立起有效的联系,正确塑造自我,其中的一个关键手段就是教育。人是需要教育,也是完全可以接受教育的。

　　人是否从一出生即可接受教育,还是发展到一定阶段才能接受教育? 对这一问题的回答,需借助心理学特别是教育心理学和发展心理学的研究。教育既然是教育者与受教育者双方展开的活动,那么,受教育者本身就需具有一定的接受能力,否则,教育就成了教育者"一厢情愿"的喋喋不休的"独白"。受教育者的这种接受能力,突出地表现在他自身的思维能力上:他能够有较高级的思维,才会自觉接受、转化教育者所教的内容。就儿童的思维来讲,其发展经历着一个由直观行动思维向具体形象思维再向抽象逻辑思维转化的过程,这三个不同的阶段也被概括性地称为直观—动作阶段、直观—表象阶段和直观—言语概括阶段。2 岁的婴儿更多地依赖直观动作思维,3 岁以后开始能够凭借事物的形象进行思考,幼儿对所熟悉的事物已具有简单的抽象概括能力。直至小学高年级后,儿童的抽象逻辑思维才开始占优势。能否这样认为:在儿童直观动作思维发展的初期,即 1 岁之前,由于儿童大脑的发展及思维的发展尚未超出动物的水平,这时的所谓教育实际上更多的是一种模仿,或者说还不属于真正意义上的教育。只有在儿童出现了自我意识以后,才能对自身及外界事物有较为明确的认识,才能在自身与外界事物之间建立起一定的联系,"授"与"受"双方的活动才得以真正展开。

　　从人的生命历程上看,受教育者在教育活动中所处的地位,是有变化的。在其生命初期,因为人生理机能尚不完备,经验匮乏,自我意识较弱,虽然外界的影响总要经过他的"内因"的作用,但相对来说,他是处于较为被动的地位的。随着生理上的成熟,心理上的不断发展,他的自主与自觉在教育活动中会占据越来越重要的地位,主观能动性成为实施教育的基本前提。但即便如此,由于整个教育活动一般是由教育者引导和控制的,教育目的、内容、方法等大都是由教育者制定的,所以,在整个教育活动历程上,受教育者应该说是教育活动的客体,而教育活动的主体则是教育者——那些对受教育者发挥影响的人。

　　2. 教育者

　　在这里,教育者的含义是较为宽泛的,凡是有意图地向他人施教的人,都可称之为教育者,因而,教育者并不因职业、年龄、地位、场所等而仅仅局限于某些特定的人群。在学校教育中,常常以为教育者就是教师,一般来讲,的确如此,但是,谁又能否认在某些情形中,一些学生有目的地去影响教师,从而使教师在某些方面发生一定变化的情况呢？这种教育者与受教育者"易位"的情形，在当代社会变化速度日益加快的条件下，会越来越多。我国古代有"教学相长"的说法，在一定程度上也说明了教育者是可以从学习者那里获取学识的。

由于教育者在教育活动中属于主体，处于主体地位，是根据一定的目的对客体——受教育者或者说教育对象发挥作用的，所以也就对受教育者起着主导作用。教育作为一种以培养人为目的的活动，就是教育者以其自身的活动来引起和促进受教育者的身心按照一定的方向去发展。教育者在教育活动中的这种主导作用，主要表现在两个方面：指导与管理。这两者也可看作是一回事情。管理在一定意义上讲，也是一种指导，是对受教育者行为方式等方面进行的指导。在这里，对两者进行区分，是从这样一个意义上进行的：指导更多地是从教育的内容层面（与形式相对的内容）上来讲的，而管理更多地是从教育的形式层面上来讲的。

在教育活动中，教育者的"指导"作用，一方面表现在"定向"上，即为受教育者的努力提供方向，为整个教育活动提供方向，因为教育毕竟是一种有目的地培养人的活动，目的性是教育赖以区别于其他社会影响的基础，教育者为教育活动规定的目的左右着教育活动的开展；另一方面表现在"选择"上，即确定教育的内容、方法等，因为教育毕竟是要传递一定知识、经验的。换句话说，教育是"有的放矢"的，仅有"的"，而没有"矢"，就如同"水中月""镜中花"，可望而不可及，但待用的"矢"与"弓"数不胜数，哪一张"弓"、哪一支"矢"能够中"的"，则是由教育者来裁定的。

赫尔巴特

（1776—1841）德国哲学家、心理学家，在西方教育史上被誉为"科学教育学的奠基人"。主要著作：《普通教育学》《教育学讲授纲要》等。

"管理"是教育者发挥主导作用的另一重要方面。管理在一定意义上是为指导服务的，也就是说，通过管理使得教育者的指导更有成效。但也有一些不同的认识。德国教育家赫尔巴特（Herbart, J. F.）就把"管理"放在比"指导"更为突出的地位，他说，"要牢牢地抓住管理这根缰绳"，以为"管理并非要在儿童心灵中达到任何目的，而仅仅是要创造一种秩序"。[1] 这种认识在今天虽不多见，但在教育实际中却运用得非常广泛，"管理"常作为第一要务，但这种管理与指导究竟有多少关系尚无法确定。"管理"实际上是由"指导"派生出来的，要很好地行使"指导"职能，就需要对

---

[1] 赫尔巴特著，李其龙译：《普通教育学·普通教育学讲授纲要》，人民教育出版社1989年版，第24页。

整个教育活动加以控制。但是，教育实际中存在的"管理"与"指导"割裂的现象，却把这两者的关系搞混乱了。

与此相关，教育者的主导作用，也因着"指导"与"管理"的错位，以及"指导"与"管理"的不当，而受到一定的影响，从而也存在着教育者主导地位落空的现象。也就是说，虽然教育者仍处于主导地位，但是不能发挥主导作用，在学校教育中这种现象的确存在。

3. 教育中介

教育中介是教育者与受教育者进行教育活动时所依赖的一切事物的总和。苏联教育家马卡连柯（Макаренко, А. С.）曾在特殊的教育情境中违背自己的初衷，打了一个流氓学员一记耳光，这一记耳光居然成为该学员及受其影响的一些学员转变的契机。在那种情境中，这一记耳光也具有"教育中介"的性质。

马卡连柯

(1888—1939) 苏联著名教育革新家、教育理论家、教育实践家和作家。主要著作：《父母必读》《教育诗》《儿童教育讲座》等。

对于教育中介或者如其他人所讲的"教育影响""教育措施""教育资料"中，应该包括教育的内容、方法、手段、环境条件等，似乎没什么疑义，但是对于其中是否包括教育目的在内，却有不同的看法。应该说，教育的目的并不是先验的、已预定了的、自然而然的，它在不同的教育活动中表现是不同的，是一个相对独立的成分。作为教育者来说，教育目的会内化为行动的指南，成为从事教育活动的内在驱动力，但并不意味着教育目的的消失。它同教育内容等一样，仍是教育活动过程中重要的中介因素。

教育中介若加以具体地分解，似可分为如下几个方面：

（1）教育目的，指对教育活动预期要达到的目的。

（2）教育内容，指依据教育目的或目标选择出来的知识、经验等。在学校教育中，教育内容主要体现在教科书上。

（3）教育方法，指为达成目的，使受教育者掌握所传递的内容而采用的方法，如讲授法。

（4）教育手段，指教育活动所运用的物质手段，如实验器材、数智化教育器材、口耳相传等。

（5）教育组织形式，指教育活动方式的形态，如正规化教育和非正规化教育形态。

(6) 教育环境,主要指教育的物质环境,如场地、设备等。

教育中介的这六个因素与前面两个因素——教育者与受教育者相加,共为八个因素。这些因素是任何教育活动都不可缺少的。

三、教育的形态

教育的形态,是指教育的组织形式。依据教育活动的组织程度和制度化水平等,可以将教育形态进行不同类型的区分。

(一) 正规教育与非正规教育

正规教育与非正规教育的分类,是依据教育的正规化程度划分的,多见于西方一些国家。正规教育(formal education)主要指学校教育,是学生在有组织的教育机构中所受到的教育,近来也用制度化教育的术语来指称。非正规教育(nonformal education),是对有组织的教育机构以外所从事的教育活动的统称。美国学者孔布斯(Coombs,P. H.,1915—2006)对此是这样界说的:"任何在正规教育体制以外所进行的,为人口中的特定类型、成人及儿童有选择地提供学习形式的有组织、有系统的活动。因此,限定的非正规教育就包括,例如:农业教育和农民培训计划,成人识字计划,在正规教育体制以外所进行的职业技能训练,具有教育性质和目的的青年俱乐部,以及有关卫生、营养、计划生育、合作团体等各种社区教学计划。"①

正规教育与非正规教育至少有这样几个区别:

第一,在制度化上,正规教育在某种意义上是一个"真正的"体制,至少它的所有组成部分是相互联系和相互依附的;而各种非正规教育活动一般是各自独立的,虽然它有时是某一发展系统的一个组成部分,例如农业系统中的农民识字计划,但它们彼此之间缺乏严密的联系。

第二,在稳定性上,正规教育一般是在相对稳定的课程结构中全日制的、延续几年的连续性学习;而非正规教育更多的是部分时间的、时间较短的、内容局限于特定学习者能很快使用的专门的实践类型的知识和技能,内容具有内在的灵活性,能迅速适应随时出现的新的学习需求。

第三,在管理体制上,正规教育具有集中的计划、管理和财政。非正规教育在这些方面正好相反,它具有许多不同的发起者、管理者和资金来源,几乎包括所有政府部门和各类非政府机构。

在英文中,还常出现这样一个词语——informal education(非正式教育),它似

---

① 孔布斯著,赵宝恒等译校:《世界教育危机——八十年代的观点》,人民教育出版社 1990 年版,第 24 页。

乎很像非正规教育,但实际上两者相差很远,它是指在日常生活经验中根据个人的需要和兴趣获得知识、技能和态度,颇类似于孔子所讲的"三人行,必有我师"的学习方式。孔布斯对这个词语是这样解释的:"每个人从日常经验和生活环境——家庭、工作、娱乐中,从家人和朋友的榜样和态度中,从旅游、读报和看书中,或通过收听广播、收看电视和电影,学习和积累知识、技能、态度和见识的终身过程。一般来说,非正式教育是无组织无系统的,甚至有时是无意识的,然而它却占了所有人,包括那些受过多年教育的人,整个生命中学习过程的很大部分。"①将非正式教育也归为教育之列,在一定程度上是将教育的含义扩大化了,是将教育等同于学习了,这反映了西方在对教育问题的认识上与我们有一定的差别。随着学习化社会的来临,这种所谓的非正式教育正日益扩大着其影响。

(二)学校教育、家庭教育与社会教育

学校教育、家庭教育与社会教育这种分类是依据实施教育的场所进行划分的。在中国,清光绪二十九年(1903年),《游学译编》第九期的《教育泛论》一文就曾把教育划分为家庭教育、学校教育和社会教育三大类,并提出"家庭教育势力小,而学校教育与社会教育之势力大"。学校教育是人类传承文明成果的一种方式和途径,是由专业人员承担,在专门的机构,进行目的明确、组织严密、系统完善、计划性强的以影响学生身心发展为直接目标的社会实践活动。关于学校教育的产生与发展等,在本书第六章——学校教育制度中会有详尽论述。

家庭教育,一般指家庭成员在家庭内自觉地、有意识地进行的教育活动,且至少有三方面含义:在家庭中、为了家庭、基于家庭。在家庭中,指以家庭为单位、主要在家庭生活中进行的教育,通过家庭内部进行交互作用和影响;为了家庭,指为了促进家庭建设,实现家庭幸福、个人全面健康成长发展而进行的教育;基于家庭,指从家庭实际出发,注重挖掘整合家庭资源,解决家庭成员面临的问题,为家庭成员未来发展打下坚实基础。

作为一种教育形式,自从人类社会产生了家庭,家庭教育便也随之产生了,这种教育与学校教育、社会教育一起,构成了人类所接受的全部教育。由于家庭教育是在家庭成员之间进行的,这就决定了它的初始性、持久性和施教者与受教者之间的关系的亲密性,自然,家庭教育对人的影响之大就不言而喻了。

家庭教育是教育人的起点和基点。良好的家庭教育是造就全面发展的人的必

---

① 孔布斯著,赵宝恒等译校:《世界教育危机——八十年代的观点》,人民教育出版社1990年版,第25页。

要条件，是优化孩子心灵的催化剂，它关系到少年儿童的健康成长和中华民族整体素质的提高。

专栏1.3　孟母三迁

孟子幼时，其舍近墓，常嬉为墓间之事，其母曰："此非吾所以处子也。"遂迁居市旁。孟子又嬉为贾人衒卖之事，其母曰："此又非所以处吾子也。"复徙居学官之旁；孟子乃嬉为设俎豆揖让进退之事，其母曰："此可以处吾子矣。"遂居焉。

在现代社会中，家庭教育是学校教育的重要补充和助手，是整个教育工作中不可缺少的组成部分。这是因为：

其一，学校教育是在家庭教育基础上进行的。苏联著名教育家苏霍姆林斯基（Сухомлинский，В. А.，1918—1970）曾把儿童比作一块大理石，他认为，把这块大理石塑造成一座雕像需要六位雕塑家：①家庭；②学校；③儿童所在的集体；④儿童本人；⑤书籍；⑥偶然出现的因素。从排列顺序上看，家庭被列在首位，由此可以看出家庭在塑造儿童的过程中起到很重要的作用。没有良好的家庭教育作基础，孩子接受学校教育就可能会遇到很多障碍。因为，一旦孩子进入学校以后，学校都要以它特有的模式，按既定目标，去进行有计划的、统一的再造性"加工"。这时，家庭教育给予孩子在品质、习惯、兴趣、爱好等方面的素养，就能够显现出特有的效能来了。

其二，仅仅靠学校教育是不可能把孩子教育成才的。孩子的活动场所不仅仅在学校，还在社会和家庭。学校、社会、家庭都会给予他们影响，特别是家庭的教育和影响，不管是正确的，还是不正确的，都绝不会因为有了学校教育而丧失。日常生活中，我们可以看到这样的情景，孩子在学校里受到老师的正向教育，比如，最简单的过马路走横道线、依次上车，然而双休日和家长上街，跟着家长小聪明过马路、抢座位一次，那么所有原先的学校教育效果就变样了。因此，有教育工作者叹道：5＋2＝0，也就是说，老师五天的学校教育效果，不抵家长两天家庭教育的影响。所以，只有优化家庭教育，实现双向配合，使学校教育和家庭教育形成合力和良性循环，才能收到事半功倍的良好教育效果。

其三，学校教育很难顾及每个学生在思想水平、道德素质、身心特点等方面的差异。家长不仅熟悉自己子女的行为习惯、思想品德状况，而且也熟悉自己子女的兴趣爱好和性格特征。可以说，每位家长不仅具有对其子女进行有效教育的优越条件，同时也应承担起教育子女的不可推卸的责任和义务。因此，只有将学校教育和家庭教育二者紧密地有机结合起来，才能有效地对孩子的成长与成才进行成功的教育。

专栏1.4 家校合作

家校合作是家庭与学校以沟通为基础，相互配合、共同育人的一种教育形式，对学生的健康成长、家长教育水平的提高以及学校教育环境的优化都具有重要的意义。

家校合作有多种形式，比如：

（1）创设良好的家庭学习条件，以适应子女在不同阶段的学习；

（2）设立家长学校，为全体家长进行家庭教育指导培训；

（3）通过多种媒介，如家长手册、校报、致家长的一封信、学校网站等，向家长提供营养、健康、安全、学习辅导和教育福利政策等方面的信息；

（4）学校在调查的基础上，确定家长的需要和关心的重点问题，提供场地或其他条件，利用社区内志愿者资源，合办家长教育讲座；

（5）向家庭提供社区内有关家庭支援服务的活动和资源信息；

（6）开展特殊时期的家访或讲座，帮助家长和孩子一起顺利度过不同学段衔接阶段的适应期；

（7）鼓励教职员工向家长宣传维持良好亲子关系的重要性；

（8）建立支持及帮助困难家庭达到学校最低要求的资助政策；

（9）向家长推荐亲子阅读或家庭教育方面的书籍或音像资料目录；

（10）向需要的家长介绍选择适合各年级学生阅读的课外书的知识，以及各科课外辅导书的使用知识。

社会教育，广义指与学校教育、家庭教育并行的影响个人身心发展的社会教育活动，狭义指社会文化教育机构对青少年和人民群众开展的各种文化和生活知识的教育活动。1911年辛亥革命以后，中华民国教育部设社会教育司，开始正式使用"社会教育"一词。

教育史上最早的教育职能就是通过社会教育来实现的。在原始社会，家庭尚未形成之前，年轻一代的教育是在全氏族成员的共同劳动和日常社会生活中，由氏族公社的成员通过互相的言传身教，或由有经验的年长者向年轻一代传授一些简单的生产和生活的经验的方式进行的。随着家庭及家庭教育的出现，直至学校教育的产生，广义的社会教育开始逐步地分化为三种独立的教育形态，即学校教育、家庭教育和狭义的社会教育。

与学校教育、家庭教育相比，现代的社会教育具有独特作用：

第一，社会教育能有效、大范围地对整个社会发生积极作用。社会教育直接面向全社会，又以社会政治经济为背景，比学校教育、家庭教育具有更广阔的活动空间和选择余地，影响面更为广泛。比如每个城市的图书馆——图书馆的存在可满足社会上每一个人的读书需求，不管是想学习的学生，还是想"充电"的上班族，甚至是渴望读书的流浪者，都可以自由、无限制地进行阅读，接受社会教育的资源。

第二，社会教育能满足不同年龄段的教育需求。社会教育不仅面对学生，面对青少年，更面对社会上的成人劳动者。这不仅可以弥补学校教育的不足，满足成年人继续学习的需求，有效促进经济发展，还可以通过政治、道德教育，促进社会发展与进步。比如一些青少年宫培训、游学、职业技能培训，还有自学考试（专科或专升本），以及网络开放教育，它们都提供给了一些想自我增值、想努力获得更高社会认可和价值的学生或成人劳动者公开、公平、自由选择的公共通道。

第三，社会教育更有利于推动人的社会化。社会教育形式灵活多样，具有一定的开放性。它可以不受阶级、地位、年龄、资历限制，能很好体现教育的民主性。与"纯化""无害化"的学校教育不同，社会教育是与社会实践高度融合的，受教育者能更直观地适应和认识社会现象，更直接地接触社会，学到真正适应于社会的学识和能力，从而在与社会的"接轨"中实现其社会化。

专栏1.5　社区教育

"社区（community）"这个概念，最初来自德国学者滕尼斯（Tonnies，F.J.）采用的德文 gemeinschaft 一词，原义是指共同的生活。滕尼斯用这个词指那些具有共同价值取向的、关系密切的社会关系和社会团体。

对社区进行系统的研究是从20世纪20年代开始的，至今仍对其含义有着不尽相同的认识，大体上可把它界定为根据一定的规范和制度结合而成的、聚集在一定地域范围内的社会群体和社会组织。"社区教育"这个概念的正式确立和广泛使用，是在第二次世界大战之后。社区教育就其目的来讲，是要把社区内的人力与物质资源集中起来,为社区内的居民提供更多的受教育机会,因而它是以社区内多个社会组织与机构的参与为特征的。美国曾有人列举了社区教育的如下要素:利用各种公共设施,如学校;所有人(不论年龄、收入、种族)都参与;识别人们的需要和问题;编制满足人们需要的各种教学计划;社区中各组织和机构相互配合;多渠道筹措资金,包括私人的和各级政府部门的。①

家庭教育、学校教育和社会教育这三者,一方面它们都是相对独立的实体,各自承担着不可替代的教育责任。家庭教育主要是为了挖掘和发现子女的天赋潜能,培养孩子的性格、行为习惯而进行的个性化培育过程;学校教育主要是为了把学生培养成德智体美劳全面发展的社会人而进行的共性化培育过程;社会教育主要是为了培养与时俱进、积极向上的合格有用人才的综合化培育过程。另一方面,它们又有着密切的联系。在教育实践中,要注意把家庭教育与学校教育、社会教育紧密结合起来——三种教育协调一致,互相配合,有利于实现整个教育在时空上的紧密衔接,有利于实现教育形态之间的有效互补,有利于形成连贯性、一致性的教育合力。

四、教育的语言

常用哪些语言形式来描述教育,若仔细加以考察的话,至少可以发现这样三种主要形式:术语、口号与隐喻。

(一)教育语言的类型

按照谢弗勒的分析,教育语言主要由三种形式构成:教育术语、教育口号、教育隐喻。他认为,教育术语应有着较为清晰的含义和明确的规定;而教育口号一般是非系统化的,在表述方式上也不严谨,由于它通俗易懂,常被人们不假思索地加以接受和传诵;与术语、口号相比,教育隐喻并不用标准或规定的方式来表达词语的意义,只是借助对比、类似和相近来论述问题,它与口号一样,也没有标准的陈述形式,缺乏系统性。

谢弗勒的分析自有其一定道理,他对教育语言的论述是精到的,对于认识教育语言助益甚大。但我们似乎还可以在此基础上对教育语言这三种形式间的联系与区别进行更进一步的探讨。

---

① Husén, T. et al. (eds.), *The International Encyclopedia of Education*, Vol. 1, 1985, p. 845.

首先说区别。

教育术语主要是以概念、范畴形式出现，是人们对教育现象的概括性反映，它是人们理性思维的产物，通过将感性认识不断进行加工，提炼而成。教育口号虽然可能会以人们的理性分析、判断为基础，但毕竟是以一种情绪化的形式表现出来的，它激起的是人们的情绪化反应（当然并不仅限于此）。因此，在一定程度上，可以说，教育口号是"主情"的，而教育术语是"主知"的。前者唤起的是人们的情感、情绪的相应反应；后者是建立在理性分析之上，给人以教育某一方面或某几方面的一般性认识。大概也正因如此，教育术语采用一种"冷冰冰"的形式，不会随时势而更迭，依社会条件而变迁；而教育口号则采用一种"活跃"的姿态，因时而动，因势而更。在"动"与"静"这架天平上，教育隐喻是介于两者之间的：它来自感性认识，而又尚未脱离感性的藩篱；它试图借助理性达到抽象概括的水平，而又苦于没有适当的语词来表达。处此情形，它总是暂且就范于其他学科或其他事物的旗帜之下，藉着它们所提供的语词来表达自己所包括的含义。

三者还有一个区别需要提及，那就是它们所属的群体不同。"教育口号"这种语言形式，多属于教育实践工作者。那些在教育实践中影响较大、传播较广的教育口号，一般属于某一政党、政府或在社会上有着广泛影响的个人。而"教育术语"，是属于教育理论工作者的，他们凭借概念、范畴阐述问题，表述的是一般的、抽象的知识。"教育隐喻"，多属于教育理论—实践工作者，他们既熟知实际，又多少了解些理论，常通过类比来说明问题。当然，这种区分只是相对的，就一般情形而言的，为了丰富自己的语言表达形式，不同的人都会自觉不自觉地使用着这些语言。

其次谈联系。

联系之一在于三者间的相互依存上。无论是教育口号的"主情"，还是教育术语的"主知"，抑或是教育隐喻的"情、知杂合"，反映的都是人类认识教育的不同程度、方面、形式。它们是相互联系的，彼此依存的，三者共同结成了教育语言的整体。同时，口号也会将教育术语中阐述的一些理性的认识外显出来，唤起人们的关注，如"经济要发展，教育要先行"，实际上就是将"教育先行"的观念用口号性语言表达出来了。

联系之二在于三者间的相互转化上。术语、口号、隐喻不是各安本位、恒定不变的，而是在一定条件下相互转化的。就拿教育隐喻来说，隐喻经过长期运用，因没有更为严谨、精当的词语来代替它，久而久之就有可能演化成为约定俗成的术语。"上层建筑"这个词语，最初并不是一个表示社会结构的学术概念，不能精确地概括与经济基础相对的生产关系，但随着历史唯物主义关于社会发展学说的确立，它逐渐摆脱初始的隐喻形态,而成为哲学、经济学等学科中的重要术语。"课堂"一词,似乎也有着同样的发展经历。在汉语中,起先只有"庙堂""朝堂"之说,明朝西方传教士来华以后,又有了"教堂"的称谓,"课堂"的说法在清末以前几乎不见,大多称为"课室""教室"。但清末后,有人在与"教堂"的类比的意义上偶尔用"课堂"一词,并无明确的限定。中华人民共和国成立后,随着学习苏联凯洛夫(Каиров, И. А.)的《教育学》,"课堂""课堂教学"跃而成为教育术语,近来更有取代"教室"之势,的确是"入室登堂"了。

凯洛夫

(1893—1978)苏联教育家,20世纪四五十年代苏维埃教育学的代表人物之一。主要著作:《教育学》等。

教育术语,是教育学科的研究对象。本书的每一章节,几乎都是以某一或某些教育术语为起始点的,因而,接下来,主要对教育口号和教育隐喻作些分析、评判。

(二)教育口号

"教育口号"以其独有的形式,立足于教育语言之林。我们虽不能说有教育现象存在,"教育口号"也就会存在,但至少可以说,在未来很长一段时期,它仍会有勃勃生机。无论是发达国家还是发展中国家,无论是西方世界还是东方世界,只要教育在国家政治经济的制约之下,只要教育存在着不尽如人意之处,只要人们还关注教育,就会有教育口号的市场。

1. 教育口号的特点

"教育口号"的特点至少表现在这样几个方面:

(1)简约性。任何教育口号,使用的几乎都是简单明了的语句,表达的意思也言简意赅。它将一些复杂的有着丰富多样含义的问题,用短小精悍的词语表达出来,真正是化繁为简了。就拿教育实践中的口号"为了托起明天的太阳"来说,其寓意是深刻的,背后所涉及的问题是多样的,它包容了众多的信息与含义在内:儿童是明天的太阳,未来的世界靠他们来创造,我们的事业要靠他们来继承;然而,在今天,有许许多多的孩子由于家门口没有好的学校,不能接受优质的教育。长此以往,明天的太阳还会焕发出光辉吗?还会在地平线上冉冉升起吗?为了孩子,为了明天,为了国家的繁荣和人类的发展,我们需要共同来为基础教育优质均衡发展助一臂之力。

简约化是一切教育口号的共有特征,同样,不精确也就成了一切教育口号的必有缺陷,因为它在使复杂问题简单化的同时,其本身的表述常常并不精确,会有许多不严谨的地方。

（2）情绪化。口号并不排斥概念、术语的认知意义，但是更重视的是概念的情绪意义，亦即强调其情绪感染力。为了能打动人、鼓舞人，引起人心理上的共鸣，口号有时会夸大其词，使人不由自主地受到情绪上的感染。在一定程度上，可以说，它超越了教育术语的咬文嚼字的论述，而倾向于实际赞成或对抗的行动。就此，谢弗勒说，教育口号是为教育运动的主要观念和态度提供鼓励性的符号。[1] 简单地照搬时髦的教育热词作为口号则无助于教育术语的厘定，"若批评一个口号的表达形式不够恰当，或者用词不够精确，简直就是在浪费时间"。[2]

也正是教育口号的这种情绪色彩，有时也会使得它走向极端，在表述上趋于极端化。它不肩负严格规定术语的职责，以影响人的情感、态度等为己任，因而，有时会自觉不自觉地把问题的陈述推向极端。

（3）导向性。教育口号表述的意思，一般都有着明确的指向性，它规定的是教育发展的主要方向，是将教育发展的未来前景用口号的形式外化出来。从这点来说，教育口号有时颇具理想化的色彩，不一定着眼于现时现地。

（4）明显的价值倾向性。描述教育现象可以有两种基本的形式：一是以事实判断的形式客观地描述教育发展中的事实状况；另一种是以价值判断的形式，从一定的价值取向出发，阐释教育的发展情景。前者属于描述性研究，后者属于规范性研究。教育口号明显地属于后者。对它来说，重要的不是客观描述，而是如何将一定的价值倾向借助适当的语言表述出来。似乎我们还没有看到只有事实描述而不含价值倾向的"口号"，这样的语言即使有的话，与其称之为"口号"，倒不如称之为"术语"。

2. 教育口号的作用

教育口号的上述特性，决定了它所能发挥的作用。对于教育口号的作用，可以从这样两个方面来分析。

一是在教育理论发展中的作用。教育口号的语言形式，虽然与教育理论的陈述方式相去甚远，但是，它对某一教育理论问题的"通俗化"，将教育理论由学府的殿堂深入到普通民众的观念与行动，不无助益。诚如歌德（Goethe, J. W., 1749—1832）所说，"理论是灰色的"，教育理论揭示的是教育的一般现象，使用的是脱离了经验形式的抽象化、概括化了的语言，正因如此，理论常显得高深莫测，教育实践者常对其敬而远之。而教育口号则可能用其得天独厚的优势，经过传媒的"狂轰滥

---

[1] Scheffler, I., *The Language of Education*, 1963, p. 36.

[2] Ibid.

炸",很快为人们所熟知。它虽然有使理论简单化的危险,但却使理论"下嫁"到了实践,在理论与实践之间铺设起了一座桥梁。比如"教育要先行"这短短的五个字,实际上反映出的是教育理论研究者对教育本质、功能的认识,是教育理论界沸沸扬扬争论了很长一段时间后取得的一些共识。这个口号背后,隐藏的是教育本质论争中"教育是生产力"的本质观,教育功能讨论中"经济决定论"的功能观。

二是在教育实践中的作用。至少表现在两方面:其一,唤起人们对一些教育活动或方面的关注。对于人们关注较少、认识不定的事物,通过教育口号来提升它的重要性,可以说是再好不过的了。其二,对实际开展教育活动具有强烈的鼓舞、推动作用。那些带有导向性的教育口号,对教育实践干预甚大,它促使人们做出抉择,摒弃其他的一些杂念,向着某一特定的方向迈进。

在每一个具体的学校教育实践中,教育口号往往是教育理念的外显形式,例如,"课程教学改革的沃土,师生欢乐成长的天地","用父母心办教育"。鉴于此,善用教育口号就显得尤为重要。

(三)教育隐喻

隐喻也称为"暗喻",是不明显的比喻。它与明喻一起构成比喻的两种基本形式。与明喻相比,隐喻不容易马上被指认出来,在这其中,本体与喻体的关系被隐藏起来了。隐喻这种修辞方式在教育陈述中运用较为普遍,它通过捕捉教育中的某一方面或某些方面与其他事物之间的类同与共同因素,采用其他事物比照被思考的教育对象。教育陈述中的隐喻类型是多种多样的,有的是用来说明教育中的事物与其他事物的相类关系,有的是用来说明相同关系;有的相对来说较为明显一些,有的则较为隐晦;有的甚至在一定程度上消匿了喻体(如"培养""塑造")。这些隐喻支撑着教育陈述的大厦,使教育陈述的语体丰富多彩。

关于教育各方面的隐喻是多种多样的,这里仅就教育含义的隐喻加以列举。

1."塑造""雕琢"的隐喻:教育塑造人

"塑造""雕琢"在教育陈述中甚为常见,尤其是"塑造",它作为教育的同义词,几乎与教育成了表示同一事物的两个词语。它们在从古到今的教育典章中俯首可拾,绝不鲜见。

《学记》中有"玉不琢,不成器;人不学,不知义"之云。

《论语》有这样的记载:"宰予昼寝,子曰:'朽木不可雕也,粪土之墙不可圬也,于予与何诛!'"朱熹注:"言其志气昏惰,教无所施也。"[1]

---

[1] 《论语集注》卷三,《〈大学〉、〈论语〉、〈中庸〉集注》,上海古籍出版社 1986 年影印。

董仲舒在《对策二》中言道："臣闻良玉不瑑,资质润美,不待刻瑑,此亡异于达巷党人不学而自知也。然则常玉不瑑,不成文章;君子不学,不成其德。"①

在古代典籍中,将教育喻之"雕琢""雕刻",中文似乎更较西文常见,究其缘由,概与我国古代社会雕刻艺术见长有关。玉器、陶器、石器、木器、青铜器、骨器的雕刻,至今仍不乏令人叹为观止之作。在西方,更多的是以"塑造(mould)"而不是"雕刻(carve)""雕塑(sculpture)"来与教育作类比。这大概也与西方自古希腊始注重雕塑艺术不无关联。

夸美纽斯在"假如要形成一个人,就必须由教育去形成"②的思想引导下,把人的头脑比喻成能接受刻印、制成各种形象的蜡,可以将其塑造成各种形状。洛克以为在观念出现之前,人心只是一块"白板(tabula rasa)",是"没有任何特征的一页白纸"③,经由后天的经验特别是教育的影响,他的精神世界才充满了各种观念和由此形成的概念。

至今,"塑造"已成为表征教育性质的重要术语,如"在复杂多变的教育情景中塑造发展中的人""不仅要向学生传授文化科学知识,还要塑造学生的灵魂""教师是塑造新一代人的工程师和艺术家"。

无论是将教育喻为"雕琢""雕刻",还是将其比为"塑造""刻画",都有一个共同的特点,那就是强调教育在人的发展中的决定性作用。只不过"塑""铸"之类的比喻,较之"雕琢",体现出的教育作用于人的程度更高、更强一些。"塑造"是指用泥土、蜡等造成人物形象,以此来规定教育,可以说教育与人成为什么样子密切相联。"雕琢"是指雕刻玉石等,使成器物。《尔雅·释器》曾云:"玉谓之雕……玉谓之琢……"《孟子·梁惠王下》:"今有璞玉于此,虽万镒,必使玉人雕琢之。"没有雕琢,玉石等物就无法成为供人享用的器物,以此来比喻教育,可以说教育与人成其为人息息相关。

以"塑造""雕琢"来界定教育,实际上隐含的是认同人性被动或中性论、"环境决定论"和"教师中心论"。

其一,在对人性的认识上,持人性被动或中性论。各种教育观念,无不含有对人性的基本假设,"塑造""雕琢"的隐喻,暗含着人性是被动的,是接受外部力量左右的。这种外部力量的好与坏、善与恶,直接决定着人性的好坏、善恶。换句话说,人性无所谓善恶,是中性的。

① 转引自顾树森编著:《中国古代教育家语录类编》下册,上海教育出版社 1983 年版,第 18 页。
② 夸美纽斯著,傅任敢译:《大教学论》,人民教育出版社 1984 年版,第 39 页。
③ 佛罗斯特著,吴元训等译:《西方教育的历史和哲学基础》,华夏出版社 1987 年版,第 327 页。

其二，在对人的发展的认识上，持"环境决定论"。一个物品被塑造成或雕刻成什么样子，完全是由塑造者或雕刻者决定的，他们可以依据自己的设想将物品制作成各种各样的形象、姿态。人的发展是受外部力量左右的，人内在动机的激发、主观能动性的发展，对人的发展来说是无足轻重的。因此，以"塑造""雕琢"喻教育，无异于说对人而言，教育、环境是无所不能的，这与美国行为主义心理学家华生（Watson，J. B.）所说的"给我一打健康的体形匀称的婴儿，让我在自己特殊的天地里培养他们成长，我保证随便挑选哪一个婴儿，都可以把他们培养成我所选择的任何一类专家——医生、律师、艺术家、大商人，而且甚至把他培养成乞丐加小偷……"①也无甚区别。实际上，一些持"塑造""雕琢"隐喻的人，也的确有着"教育万能论"

（1878—1958）美国心理学家，行为主义心理学的创始人。主要著作：《行为主义观点的心理学》等。

的嫌疑，如洛克所讲："我们日常所见的人中，他们之所以或好或坏，或有用或无用，十分之九都是他们的教育所决定的。人类之所以千差万别，便是由于教育之故。"②

（约公元前469—前399）古希腊著名思想家、哲学家、教育家。其言论和思想多见于柏拉图和色诺芬的著作，如《苏格拉底言行回忆录》。

其三，在对师生关系的认识上，持"教师中心论"。与上述相联，"塑造""雕琢"在教育过程中就体现为教师中心，学生在一定程度上成为被教师随意摆布、塑造的"泥块"等，或者说成为教师任意刻画、雕绘的"玉器"等。

2. 接生、生长的隐喻：教育即生长/教育是农业

接生的隐喻（midwifery metaphor）意味着教育就是接生，教育的过程与产婆为产妇接生或助产没什么区别。

这一隐喻源于古希腊伟大的哲学家苏格拉底（Socrates）。在他看来，儿童天生就具有心智能力、知识与品德，教师如果采用得当的方法，就可以将这些先天的品质引导出来；教师是灵魂的"产婆"。

苏格拉底的母亲是个产婆，谙于产婆术，这对他把产婆术用于教育，将教育喻为思想之接生有着重大的影响。与塑造、雕刻之类的隐喻不同，接生的隐喻强调教

---

① 转引自黄人颂主编：《学前教育学》，人民教育出版社1989年版，第56页。
② 洛克著，傅任敢译：《教育漫话》，人民教育出版社1957年版，第4页。

育应是由内而外的，是将儿童心灵中的智慧不断引出、发展的过程，而不是由外而内的，不是注入、训练、铸造的过程。前者注重内发，而后者注重的是外塑。教育观念上的分野、价值上的差异，从教育的隐喻中就已经显现出来了。

接生的隐喻也贯穿于苏格拉底的全部教育活动之中，他在教育当中，时刻注意引导人形成正确的思想，得到有关道德的完善无误的概念。他的教学方法主要分两个步骤：

第一步是讽刺。他经常与各种人谈话，讨论人们感兴趣的人生问题。在与别人谈话时，装作自己什么也不懂，向别人请教，请别人发表意见。他这样做是为了引导人们发现自己认识中的矛盾，意识到自己思想的混乱，怀疑自己原有的知识，迫使自己积极思索，寻求问题的答案。

第二步是产婆术。这一步的作用是，在对方发现自己认识的混乱并否定原有认识的基础上，引导他走上正确认识的道路，从而逐步得到真理性的认识，形成概念。

专栏1.6　苏格拉底的"产婆术"

在色诺芬的《回忆录》中，记述了苏格拉底与欧谛德谟有关正义的对话。

苏格拉底说，让我们列出两行，正义归于一行，非正义归于另一行。首先，虚伪归于哪一行？对方说，归入非正义一行。苏格拉底问，偷盗、欺骗、奴役等等应归于哪一行？回答，应归于非正义一行。苏格拉底反驳道，如果一个将军必须惩罚那极大地损害其国家的敌人，他战胜了这个敌人，而且奴役他，这对吗？答道，不能说不对。苏格拉底说，如果他偷走了敌人的财物，或在作战中欺骗了敌人，这种行为如何呢？答道，当然正确，但我指的是欺骗朋友。苏格拉底说，好吧，那么就来专门讨论朋友间的问题。假如一个将军所统帅的军队已经丧失了勇气，处于分崩离析之中，如果他告诉他的士兵，生力军即将来增援。他欺骗了战士们，使他们鼓起勇气，取得了胜利。这种欺骗行为如何理解呢？回答说，也应算是正义的。苏格拉底乘胜追问，如果一个孩子有病，不肯吃药，他父亲骗他说药好吃，哄他吃了，他的病因而好了，这能算是欺骗吗？回答说，也应划为正义一边。苏格拉底仍不肯罢休，继续问道，假定有人发现其朋友发了疯，因怕他自杀，就偷了他的枪，这种偷盗是正义的吗？回答说，应该算作正义。苏格拉底反问道，你不是说不能欺骗朋友吗？回答说，请让我把所有的话全部收回。

苏格拉底试图用这种方法唤醒人们的意识，使他了解他所认为是真的东西，原来是假的；他所认为是对的，原来是错的。他强调学生要主动地自己去求得知识，发现知识。①

生长的隐喻，主要来自杜威（Dewey，J.）。杜威的教育即生长（education as growth）是隐喻，如果是明喻就应是"教育如同生长一样"，这里的 as 与 is 无异。

教育即生长，是杜威关于教育的基本认识。生长的概念在杜威的思想中占有极重要的地位。他把真正需要的教育与生长等同起来，认为在教育中，除了更多的生长，没有别的东西是与生长相关的，所以除了更多的教育，没有别的东西是教育所从属的。

生长本来是生物学或心理学的概念。杜威认为生长的基本条件是一种未成熟的状态。未成熟的状态，就是说有生长的可能性。这句话不是说现在绝无能力，到了将来才会有，而是表明现在就有积极的能力——成长起来的能力。未成熟状态的主要特点是具有"可塑性"，即具有从经验中学习的能力。哪里有激情，哪里就有充满激情的活动。由此引出结论："生长是生活的特征，所以教育就是生长。②"

杜威

（1859—1952）美国哲学家、教育家，实用主义的集大成者。主要著作：《我的教育信条》《学校与社会》《儿童与课程》《我们怎样思维》《民主主义与教育》《经验与教育》等。

与接生的隐喻相比，生长的隐喻更注重把学习者作为有生命的学习主体，更注重学习者主动求知的兴趣与需要。它要求学校应致力于个人能力的磨炼和提高，以获得所需要的最美好的东西。

接生、生长的隐喻，在西方之所以盛行，与西文中"教育"一词的来源也不无关系。教育一词，英语为"education"，法语为"éducation"，意大利语为"educazione"，西班牙语为"educacion"，德语为"Erziehung"。它们都源于拉丁语"educare"。"educare"意即"养育""培养""饲养"，该词又源于拉丁语"educere"。"educere"意即"引出""使显现出""使发挥出"。从辞源上说，西文中"教育"一词含有"内发"之意，强调教育是一种顺其自然的活动，旨在把自然人固有的或潜在的素质自内而外引

① 戴本博主编：《外国教育史（上）》，人民教育出版社 1989 年版，第 106—107 页。
② 赵祥麟、王承绪编译：《杜威教育论著选》，华东师范大学出版社 1981 年版，第 158 页。

发出来,成为现实的发展状态。

接生、生长的隐喻,在对人性的基本假设上,持人性主动论和性善论,认为人本身具有一种趋善的性向,先天就具有关于真、善、美的知识与品德,教育就是把人性中这些内在的东西通过人自身的努力引发出来。教育的最终目的,是使儿童内在的、固有的人性能够充分地展开。

在对人的发展的认识上,持"内因决定论"。人内在天性的展开,固然离不开外在的引导,但其前提是儿童自身的主观能动性要得到充分的发挥,否则,引导就失去了意义。苏格拉底有句名言,那就是"认识你自己",隐藏在这个口号背后的深义就是要使人能够自觉地分析自己的内心世界,靠自身的主动性去探求外在世界。

在师生关系的认识上,持"学生中心论"。就拿苏格拉底的方法来说,教师并不用现成的原理的形式,把他所认为是真理的东西提示出来。他用问答的方式进行教学,刺激学生自己在教师帮助之下寻找正确的答案。他只是做一些暗示、提醒工作。杜威更是主张,教师应成为学生的助手,而不是向导;要站到学生的背后去,而不应站在学生的前面。在他们那里,学生的地位是较为突出的。

◆ **讨论题** ▬▬▬▬▬▬▬▬▬▬▬▬▬▬▬▬▬▬▬▬▬▬▬▬▬▬▬▬▬▬▬▬▬▬▬▬▬▬▬

1. 人们常说,"是生活的磨难教育了我们",这里所说的"教育"与学术语言中的"教育"有什么不同?

2. 收集、阅读两篇关于教育定义的文章,仔细分析它们之间的异同,并在此基础上,谈谈你对教育定义的认识。

3. 讨论下列引言中教育的意义:

(1)"教也者,长善而救其失者也。"(《礼记·学记》)

(2)"处士必于闲燕,处农必就田野,处工必就官府,处商必就市井……旦昔从事于此以教其子弟,少而习焉,其心安焉,不见异物而迁焉;是故其父兄之教不肃而成,其子弟之学不劳而能。"(《管子》)

(3)"学者,所以反情治性,尽材成德也。"(王充)

(4)"为学大益,在自求变化气质。"(张载)

4. 如何看待西方所说的"非正式教育"? 正规教育、非正规教育与非正式教育呈何关系?

5. "教育目的"能否作为"教育中介"中的一个构成因素?

6. 以《教育通论》第一章的课堂教学为例,分析一下构成课堂教学的主要因素有哪些。在教学中,教师与学生各处于什么地位? 各种教育要素是如何相互作用的?

7. 联系自己的经历,谈一谈家庭教育在自身发展中的作用。

8. 鉴于社会教育的重要性,以及教育与社会关系的密切,有研究者提出一个新的概念——"社会教育力"(叶澜:《社会教育力:概念、现状与未来指向》,《课程·教材·教法》2016年第10期),其意图是想以此作为重建有关"教育与社会"关系性质的着力点,进而阐明社会的教育责任,研究"社会教育力"的现状,以进一步寻求其发展指向。该研究者认为"社会教育力"问题的提出,是当代中国发展对教育更高需求的表现,是中国教育实现深度转型的必需,也是当代中国教育学"教育与社会"关系研究的突破口。请查找并阅读该篇文章,就文章的观点进行评论分析。

参考资料

1. 王道俊、郭文安主编:《教育学》(第七版),人民教育出版社2016年版。

2. 叶澜:《教育概论》,人民教育出版社2006年版。

3. 南京师范大学教育系编:《教育学》,人民教育出版社1984年版。

4. 陈桂生:《教育原理》,华东师范大学出版社1991年版。

5. 瞿葆奎主编,瞿葆奎、沈剑平选编:《教育学文集·教育与教育学》,人民教育出版社1993年版。

6. 上海师范大学《教育学》编写组:《教育学》,人民教育出版社1979年版。

第二章　教育的历史发展

▲ **学习指导** ‖‖‖

1. 了解教育的起源，认识到教育是人类独有的现象。

2. 把握中国教育思想的发展脉络，理解中国教育发展的"文化基因"。

3. 了解西方教育的历史演变进程，熟悉西方历史上著名的教育家及其思想。

4. 辨识中西方教育传统存在的异同，深化对"扎根中国大地办教育"的理解。

教育作为培养人的社会活动，与人类社会一同产生，并随着人类社会的发展而不断演变成今天的发展状况。教育在其漫长的历史发展过程中，为我们留下了宝贵的遗产。了解教育发展的历史，对认识现在的教育大有助益。杜威在其名著《民主主义与教育》（*Democracy and Education*）中曾对历史有着一段精彩的论述，为研究与学习历史提供了一个基本的原则："过去的事情让它过去，不再是我们的事情了。如果过去的事情全都过去，一切完了，那么，对待过去只有一个合理的态度。让死亡埋葬它们的死者吧。但是，关于过去的知识是了解现在的钥匙。历史叙述过去，但是这个过去乃是现在的历史。"[1]

一、教育的起源

讨论教育的起源，有两个根本性的问题需要考虑：一是动物界中是否存在教育，教育是否是人类特有的现象；二是产生教育需要一些什么样的条件。

（一）教育是人类特有的现象

关于动物中是否存在着与人类一样的教育，实际上是有着一些不同认识的。

---

[1] 杜威著，王承绪译：《民主主义与教育》，人民教育出版社 1990 年版，第 227 页。

西方有的学者以为，动物中存在着与人类相同的教育，因而可以从动物界中探讨教育的起源问题。这方面的突出代表是法国的勒图尔诺（Letourneau，C.，也译利图尔诺）和英国的沛西·能（Percy Nunn，T.）。

勒图尔诺

（1831—1902）法国哲学家、社会学家。

勒图尔诺认为："动物尤其是略为高等的动物，完全同人一样，生来就有一种由遗传而得到的潜在的教育。"[1]"人类教育的进行与动物的教育差别不大，在低等人种中进行的教育，与许多动物对其孩子进行的教育甚至相差无几。"[2]他列举了许多动物对其后代进行"教育"的例子，以此来证明在动物界中确实是与人类一样，存在着教育。他说，在许多哺乳类动物中，可以看到父母（尤其是母亲）在对子女进行教育。例如，母熊会热忱地对幼熊进行训练，教幼熊行走、攀登和吃东西，为了使幼熊学会这些行为，母熊不惜对幼熊进行处罚，不惜用脚踢和打耳光，甚至不惜轻咬幼熊，母熊似乎也遵循着一句古老的格言："爱得深，责得严。"在野鸭中间，母鸭会带着一窝雏鸭下水，开始的时候会特别注意选择浅水区，并逐步地训练幼鸭捕获苍蝇、蚊子和金龟子。

沛西·能

（1870—1944）英国教育家。

沛西·能首先确认人与动物没有什么实质性的区别，指出："原生动物的生活和人的生活之间的差别，好像一间乡村教堂和大教堂之间的差别一样，这种差别虽然很大，但并不是在主要特点上有什么根本不同，……只是在精巧的程度上有所区别而已"[3]，并且在一篇以《人民的教育》为题的演说词中说："教育从它的起源来说，是一个生物学的过程，不仅一切人类社会有教育，不管这个社会如何原始，甚至在高等动物中也有低级形式的教育。我之所以把教育称之为生物学的过程，意思就是说，教育是与种族需要相应的种族生活天生的，而不是获得的表现形式；教育既无待周密地考虑使它产生，也无须科学予以指导，它是扎根于本能不可避免的行为。"他还说："生物

① 勒图尔诺著，张人杰译：《教育的源起》，瞿葆奎主编，瞿葆奎、沈剑平选编：《教育学文集·教育与教育学》，人民教育出版社1993年版，第158页。
② 同上书，第177页。
③ 沛西·能著，王承绪等译：《教育原理》，人民教育出版社1992年版，第21页。

的冲动是教育的主要动力。"①

勒图尔诺和沛西·能的观点,构成了教育史中通常所讲的"生物起源论",即认为教育是超出人类社会范围的一种现象,是在人类出现之前就产生的,人只是继承了动物早已有的一种本能,在逐步形成的人类社会中不断加以改进,使"教育"这种本能获得了一些新的特性而已。

动物的行为,到底是一种本能的行为,还是一种经"教育"而得到的行为? 如果它们的行为甚至是一些看上去较为高级的行为,没有摆脱本能的限制,是在本能的范围内形成的,那就根本用不着教育,用不着有意识地训练。待到它们的生理机制发展到一定的程度,这些行为就会自然而然地出现了。勒图尔诺列举的母鸭教幼鸭的所谓的"教育"是用不着的。实际上,即使没有母鸭的训练,幼鸭发育到一定程度,也会自如地游泳、捕食。虽然我们也会在马戏班里看到各种各样的动物进行非常复杂而有趣的活动,例如狗熊骑自行车,大象在乐队中充当鼓手等,但这只能说明动物的确有着一定的学习能力,而不能说它们中间存在着教育。一来动物的这些行为,仍然局限于其本能的范围内,是一种在本能基础上形成的条件反射行为,是不自觉形成的;二来它们的这些行为是由人类强加给它们的,不是在它们之间进行的。它们能掌握一些复杂的动作,但却不能相互交流,更不能将这些动作传至下一代。

由此来看,动物的种种学习行为,都不能称之为教育,教育只能是人类社会特有的现象,这在下述教育产生的条件中,可以得到进一步的说明。

专栏2.1 动物界是否存在教育

有人举出这样一个实验来证明在猫中有"教育"现象存在。实验是:当小猫和小老鼠从小被饲养在同一个笼子里,小猫长大不但不把老鼠吃掉,反而和老鼠成为朋友;但如果小猫和捕鼠的母猫一起长大,便很早就会捕鼠了。所以,捕鼠不是猫的本能,而是通过老猫的教育获得的本能。

这是从表面上看问题。

猫是比较高级的动物,其生活方式比较复杂,其形成条件反射的能力也就比低级动物大些,因此,它的行为也就比较灵活。猫不是有专吃老鼠的本能,而是对于移动的小物体有一种连续反射。从小被隔离的小猫也可像所有

---

① 沛西·能著,王承绪等译:《教育原理》,人民教育出版社1992年版,第38页。

的小猫一样,喜欢捉弄一切移动的小物体,如果遇到老鼠,它也同样地去玩弄、捕捉,但因为没有在吃老鼠的环境中养成吃老鼠的习惯,所以它不一定把捉来的老鼠吃掉。如果小猫在还不会吃老鼠时便和小老鼠一起长大,小老鼠便成为小猫生活环境之一部分,彼此逐渐地"建立了感情",小猫就更不会把自己的伙伴吃掉了。这都是在一定条件下,在本能的基础上形成的反射,并非通过教育而获得的。[①]

(二)教育产生的条件

在人类祖先主要依靠自身器官去获取生存材料,并用自己的身体去适应环境时,它们基本上是与其他高等动物一样,依赖无条件反射和条件反射去应付周围环境,解决生存需要的。如果生存环境改变,有机体本身在生理上,以及在生物学反应上也会随之而改变,以适应环境。这一切都是生物和生理过程,都不需要教育。教育的产生,还必须具备下列一些条件。

首先,人类自觉意识的形成是一个根本性的前提。教育既然在其出现之初,是一种有意识地为后代将来做准备的活动,那么,在人类意识形成以前,教育是不可能产生的。只有当人类意识形成之后,才能意识到自己以及后代的将来,才能意识到为将来获取生存资料而培养本领的必要,才会进行教育。如果只是一种萌芽状态的意识,只是在与直接刺激物形成暂时联系的基础上才产生的,它就不稳固且有可能转瞬即逝,那么,这种萌芽状态的意识不可能使人类的祖先意识到自己的将来,至于后代的将来就更不用说了,此时出现教育也是不可能的。自觉意识或者说自主意识,是意识形成的重要标志,它能摆脱刺激物的支持,在自主支配的活动中,获得对事物的一些认识。

孟禄

(1869—1947)美国著名教育史家、比较教育学家。主要著作:《教育史教科书》等。

在这个问题上,美国教育家孟禄(Monroe, P.)有着不同的见解。他以为,教育就是儿童对成人的本能的、无意识的模仿,模仿是教育的起源。他对教育起源的这种认识,是从人的心理发展的方面进行分析的,由此也被称为"心理起源论"。他说:"原始社会以最简单的形式展现

[①] 陈震东:《对教育起源的探索》,《甘肃师范大学学报(人文科学版)》,1959年第5期。

它的教育……用来帮助或强制个体服从普遍要求的复杂手段,绝大部分是无意识地对个体施加影响的……使用的方法从头至尾都是简单的、无意识的模仿。"①将教育活动归为无意识的活动,其实也就是否定了教育活动的目的性、意识性和控制性,教育也就失去了区别于学习等其他活动的本质特征。孟禄在这个问题上之所以有这样的认识,是与西方对教育概念的理解有关的,正如同他们把非正式教育也归为教育一样,他们所理解的"教育"与我们有着不小的差别。如果承认教育是一种有意识的社会活动,那么无意识或模仿的活动就不能称之为教育活动,至少不是我们所阐述的那种教育活动。

其次,语言的产生。缺乏语言,就缺乏了教育的媒介,无法传达意思,使进行教育成为不可能的事情。另外,人们借助第二信号系统使积累经验成为可能,当第二信号系统尚未形成时,积累经验是不可能的,传递经验就更谈不上了。

再次,必须要具有一定的经验。教育不管怎样简单、怎样具体,总是须传递某些经验的,它关系到过去的经验、景象及其意义,并需要一定的关于周围世界的知识。这种经验的形成,是以人类自身的意识为基础的,缺乏对事物的意识,缺乏对自身的意识,与周围世界相互作用时产生的映象,就不会在大脑中积存下来而形成经验。

又次,在大脑中建立起对一系列事物的联系。具有经验以后,大脑还要能随时唤起这些经验,并且意识到与传递经验有关的一切事物的联系。教育过程本身可能非常简单。例如,一个老猿人将要打一块石片去割肉时,会用非常简单的话语对小猿人说:"来,看,以后割肉,这样做石片。"但是,如果老猿人没有在头脑中唤起一系列的联系:割肉的需要、打石片的经验、生活中不可缺少的活动、新生一代掌握劳动方法的必要、不学会就会挨饿等,便不会意识到对后代进行教育的必要。

最后,集体活动的出现。教育是一种社会活动,建立在集体生活的基础上,社会若没有形成,也就不可能有教育这一社会现象。集体性是在人类意识形成以后才有可能出现的。

对教育来讲,缺少上述任何一个条件,它都是不可能出现的。上述条件也是纵横交织在一起,很难截然分开,这里只是为了便于分析,才将它们一一分解开来。实际上,没有空洞的自觉意识,而只有以经验为基础、借助语言等形成的自觉意识;经验也不能摆脱意识、语言而存在,如此等等。依照这些条件,也可以看出,动物界

---

① 孟禄著,马荣根等译校:《原始教育:一种非进取性的适应的教育》,瞿葆奎主编,瞿葆奎、沈剑平选编:《教育学文集·教育与教育学》,人民教育出版社 1993 年版,第 178—179 页。

与教育是无缘的,它们缺乏意识,缺乏第二信号系统,无法在大脑中保存和随时唤起过去的景象和意义,更不能建立起经验及其相关事物的一系列联系。一句话,它们不具备产生教育的条件。教育是人类所特有的现象,是伴随着人类传递经验的需要而产生的。

专栏2.2 关于教育起源的争论

我国关于教育起源的研究,早在20世纪50年代就已开展。"教育起源于劳动"曾是教育理论与历史学家占主导地位的观点,现在不少教育学教科书中还持这种认识。对此,有研究者提出三点质疑。第一,劳动虽然是教育起源的最主要的、决定性的条件,但它只是教育起源的外因;第二,"劳动起源论"没有正确地理解恩格斯"劳动创造了人本身"这一命题,有把马克思主义理论简单化、绝对化和公式化的倾向;第三,"劳动起源论"在逻辑上混淆了教育和劳动这两个不同的概念和范畴,以至于教育被当作是从属于劳动的。

在教育起源问题的探讨上,有几个问题需要进一步考虑:①教育起源有没有区别于其他事物的特殊性?②教育起源的各种内外部条件或因素有哪些?③教育起源于人类发展历程中的哪一阶段?④如果说教育起源于劳动,那么,教育与劳动孰先孰后,或是同时出现?

二、中国教育的历史发展

(一) 远古至西周时期的教育

远古时期,人类生活水平低下,自然界的各种危害使人类的生存面临巨大威胁,人类在与自然界作斗争的同时也逐渐积累了一些生存经验。为了使下一代能够快速适应生存环境,年长者就需要将自己所积累的生存经验传授给下一代,这就是教育最早的起源。我国古代文献中所记载的最早的学校"成均",被认为是传说中五帝时代的学校。"成均"原指原始氏族部落居住区内的广场。这类广场在夏秋收获季节用于堆积收获物,同时,也是全体氏族成员聚会、娱乐、举行某种规模较大的宗教祭祀活动,或向氏族成员宣告氏族首领教令及决定的场所,后来逐步演变为氏族部落内进行教育的场所。

西周是我国奴隶制社会高度发达的时期,不同等级的人的教育权利也完全不同。上层贵族子弟如王子、公卿之子可进入国学，国学中以礼、乐、射、御、书、数"六艺"为基本内容。礼乐是六艺教育的中心；射御是军事训练项目；书指文字；数指算法，是小学的主要课程。国学之外还有乡学。乡学是地方学校，按照地方行政区划为塾、庠、序、校等，是为一般奴隶主和部分庶族子弟设立的，而奴隶则不可能有受教育的权利。"学在官府"是西周教育的重要特点。奴隶制国家的官府掌握学校教育需要的典籍、器具、教师、场所等，普通老百姓根本不可能具有这些教育资源，即"礼不下庶人"。

西周学校系统见图2-1。

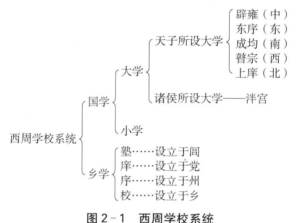

图2-1 西周学校系统

（二）春秋战国时期的教育及孔子的教育思想

1. 官学衰微，私学兴起

西周时由于教育是"学在官府"，普通百姓没有进行办学的资源，所以也就没有条件进行私学活动。然而，到春秋战国时期，学在官府的局面逐渐被打破，私学开始兴起。

私学的兴起是由官学的衰微、学术下移和士阶层的兴起而产生的。春秋战国时期，周王室衰微，各地诸侯日益兴起，连年征战，统治者特别关心维护统治地位，无暇顾及教育，国学和乡学都日益废弛。贵族原来垄断和控制文化教育，现在文化职官面对现实各找出路，被迫流落四方，文化学术也由此向社会下层扩散，下移于民间。

学术的不断下移，形成了一种新的群体——士阶层。"士"主要有两种，一种是旧贵族在斗争中垮台，沦落为士，如管仲。管仲虽少时贫困，但原系姬姓贵族，由周室苗裔

私学讲学图

没落为士。另外一种是庶人接触到学术文化，上升为"士"，如墨子的弟子大都是从事劳役的小手工业者，还有纵横家苏秦、张仪，法家李斯等都是出身微贱之人。春秋战国时期，养士用士之风盛行，著名的有"战国四公子"，即齐之孟尝君、赵之平原君、魏之信陵君、楚之春申君，都"食客数千人"。

春秋时期，各种企图解决现实社会问题的思想风起云涌，形成了很多家私学流派，历史上称为"百家争鸣"。在各家私学流派中，影响最大的是儒、墨、道、法四家。百家争鸣，教育问题却始终是一个中心问题。各派各家不仅是一个个教育团体，而且在认识和说明自然与社会问题时，都意识到教育在其中的重要地位。因此，百家争鸣也意味着教育思想的争鸣、教育理论的发展。其中，儒家教育思想对我国古代封建社会影响最为深远。

2. 孔子的教育思想

这一时期，不得不提到的重要人物是孔子，这位距今2500余年的人物的确值得尊敬。他首创私学，创立儒家学派，其思想统治中国达两千年之久，他是世界公认的伟大教育家，是我国第一个将毕生精力和心血奉献给教育事业的人。

孔子（公元前551—前479），名丘，字仲尼，春秋鲁国人，3岁丧父，17岁丧母，出身贫贱。孔子自述"吾十有五而志于学"，努力学习传统的礼、乐、射、御、书、数等知识，博通多能。大约在30岁，孔子正式招生办学，开始了教育生涯，此后一生从未间断，周游列国之时也是随时随地施教，他的私学也成为流动学校。孔子一生爱护学生，师生感情深厚，以致孔子73岁病逝的时候，"弟子皆服三年"[1]，子贡在孔子墓边筑简陋的房子，守护了六年之久。孔子的思想学说和事迹，弟子们各有记录，后来汇编成一本书，名为《论语》。这是研究孔子教育思想最重要的资料。

孔子认为教育对社会发展有重要作用，是立国治国的三大要素之一。"庶、富、教"是《论语》中孔子关于教育作用的典型论述。"子适卫，冉有仆。子曰：'庶矣哉！'冉有曰：'既庶矣，又何加焉？'曰：'富之。'曰：'既富矣，又何加焉？'曰：'教之。'"[2]通过这段对话可以看出，孔子认为要想治理好国家，首先要发展生产，提高人民生活，让人民富裕起来，然后还要实施教化，使整个社会形成一种良好的风俗习惯。教育能在社会上发挥重要作用，是建立在教育对人的发展有重要作用的认识基础上的。孔子首次提出"性相近也，习相远也"，认为人的本性即先天素质是接近的，不同的人之所以会有差别，是后天环境习染不同所导致的。教育是一种特殊的环境，对人

---

① 《史记·孔子世家》。

② 《论语·子路》。

的身心发展具有重要影响。孔子提出这一理论，是人类认识史上的一个突破，成为"人人有可能受教育、人人应当受教育"的理论依据。基于此，孔子在教育对象上提出"有教无类"的主张，认为不论种族、贵贱、贫富都可以入学读书。这一主张扩大了受教育的范围，满足了一般民众受教育的愿望。

孔子认为教育目的是培养志道和弘道的君子，做官和学习要紧密结合起来，有官职的人应该是受过教育并继续学习的人，受过教育的人应该得到一定的官职，即"仕而优则学，学而优则仕"。在教育内容上，孔子继承了当时西周"六艺"兼备的教育传统，强调六艺教育，即《诗》《书》《礼》《乐》《易》《春秋》。

孔子提出在教学过程中要根据学生特点采取因人而异的教育方法。启发诱导和因材施教是孔子教育思想中非常重要的教学原则，他提出的"不愤不启，不悱不发，举一隅不以三隅反，则不复也"①是对启发诱导原则很好的概括，这也是后来"举一反三"成语的由来。

专栏2.3 因材施教

《论语·先进》中有一则这样的事例。

子路问："闻斯行诸?"子曰："有父兄在，如之何其闻斯行之?"冉有问："闻斯行诸?"子曰："闻斯行之。"公西华曰："由也问'闻斯行诸'，子曰'有父兄在'；求也问'闻斯行诸'，子曰'闻斯行之'。赤也惑，敢问。"子曰："求也退，故进之；由也兼人，故退之。"

子路和冉有都问孔子"听到了就去行动吗?"孔子却根据他们二人的性格特点给出了不同的回答，说明孔子已经熟练使用因材施教的教育方法。

孔子很重视德育，提出了"仁德"的德育中心内容。但是，在提倡礼义的同时，孔子并不完全否定欲和利，他主张追求利益要合乎道义，"富与贵，是人之所欲也，不以其道得之，不处也。贫与贱，是人之所恶也，不以其道得之，不去也"②，向往"安贫乐道"的精神境界。孔子自身是个优秀的老师，对教师的品质有深入的感悟，他提出教师首先应该热爱学生，不断进步充实自己，以身作则，树立良好的品行，潜移默化地影响学生。

孔子是世界公认的杰出思想家和教育家，他留下的丰富教育思想遗产，成为两

---

① 《论语·述而》。
② 《论语·里仁》。

千多年中国封建教育思想的渊源。

（三）汉代封建教育制度的形成

公元前221年，秦始皇嬴政统一中国。为巩固统治、防止异端思想，秦很少注重文教，所以秦15年内没有建立起完整的学校制度。汉初，为了"与民休息"的需要，统治阶级吸收黄老之术，诸子百家的思想又活跃了起来。汉武帝时，董仲舒提出"独尊儒术"的建议，主张由思想文化的统一来达到政治上的统一，这一思想得到了汉武帝的认可并予以推行，在思想文化领域"罢黜百家，独尊儒术"的文教政策开始形成。儒家思想被确认为正统思想，儒家经典被视为"经"，学校教育以经学为教材，全国实行"尊孔读经"。这在当时社会上形成了尊儒尚孔的社会风尚，也即"黄金满籝，不如遗子一经"①。自此，儒家思想成为封建国家的统一思想。

董仲舒

（公元前179—前104）西汉大儒，著有《春秋繁露》《天人三策》等

汉代学校教育制度可分为两大系统：官学和私学。官学又分为中央官学和地方官学，私学按其程度与学习内容分为经馆与书馆两类。太学是官学中最高级别的学校，太学中的正式教师是博士，博士以教学为主，也为朝廷提供咨询和建议，虽然不掌握具体的行政权力，但地位十分优越。太学的学生称为博士弟子或太学生，由各地选送。太学主要讲授儒家经典，教学形式有集体上课，也有师生小组讨论。太学生学完毕业后多入仕为官。地方官学主要是郡国学。郡国学一方面为本郡培养官吏，为朝廷推荐优秀学生，另一方面对本地人民实施教化。私学中的经馆主要讲授学习儒家经典，进行伦理道德思想的教育，书馆主要进行书法和识字教育。

（四）隋唐科举制的建立

汉代的选才依靠"察举制"，令各地推举有治国才能的贤人，朝廷按照德行、学问、法令、谋略四个方面选取人才。到魏晋时期，察举制已完全被世家大族所掌握，新的选士制度逐步出现，即"九品中正制"。九品中正制主要是在各州郡设立中正官，负责巡察当地贤人的德行和才能，并给予评定等级，中央根据等级进行授官。九品中正制实施初期确实起到了很好的选拔人才的作用，但随着时间的推移，这一选士制度逐渐成为氏族豪门操纵政权的工具。

隋唐时期，为建立中央集权国家的需要，中央和地方各级行政机构需要数量众

---

① 《汉书·韦贤传》。

科举考试图

多的管理人才,而人才分布于全国各地,因此,要面向全国,用文化考试的办法加以鉴别选拔。这样,朝廷废弃了魏晋的"九品中正制",建立科举选官制度。因为该制度采取分科取士,所以被称为科举。隋炀帝大业二年(606 年)始设进士科,这标志着科举制的创立。到了唐代,经进一步发展,科举选士制已比较完备。唐科举考试的科目最为经常举行的是秀才、明经、进士、明法、明字、明算等六科。明经就是精通经学,要求考试者熟悉经书,掌握经义。进士科不但要求考生诗赋好、了解经义,而且重视策问,考查学生思想义理。自唐高宗后,进士科成为人们最重视的科目,进士仕途更优,录取更为艰难。而明法、明算、明字等科,就是精通律令、算法和书法等,不为人重视。

科举考试的主要内容是儒家经典,还有应用文的写作。唐代科举的考试方法,主要有帖经、墨义(口义)、策问、诗赋四种。帖经是将经书上某行字去除,令考试者填写,与填空题类似;墨义是关于经文内容的小问答题,类似今天的简答题;策问是关于时事政治的系列问答题,类似论述题;诗赋是指命题创作诗赋。

科举制对中国古代的影响是巨大的,通过科举可以做官,儒家提倡的"学而优则仕"在科举中得以实现。它突破了氏族豪门对政权的垄断,适应了时代的需要,使原来封闭的政权向庶族士人开放,扩大了隋唐政权的基础。此后,历代读书人以通过科举谋求仕途为人生目标,中国社会中形成了以科举为中心的"士大夫"阶层。科举制度被隋唐之后的各朝代所采用,延续了近 1300 年,对中国政治、经济、文化产生了重大影响。

科举重点考查儒家经典的掌握情况,这就要求学校教育主要进行儒家经典的教授,使选拔人才和培养人才的标准和内容得到了统一。但是,科举又使学校成为其附庸,限制和腐蚀了学校教育。因为科举极其重视儒家经典,考试方式呆板僵化,造成学校教育内容死板空洞。科举制将读书、应考和做官三者紧密联系在一起,往往形成"士人只为做官,学校只为名利"的局面,严重腐蚀知识分子的思想。科举考试中出现的舞弊、请托、贿赂等风气严重毒害了知识分子的精神风貌,败坏了社会风气。

专栏2.4 中国科举博物馆

　　上海嘉定孔庙，又名学宫，是全国重点文物保护单位，坐落在嘉定城中法华塔南首，南大街183号，始建于宋嘉定十二年（公元1219年）"规制崇宏，甲于他邑"，有"吴中第一"之称，是古今文人仰望之圣地。

　　孔庙现为中国科举博物馆，里面有五个展厅，分别为："科举制度沿革""科举与儒学""科举与社会文明""科举考试程序""科举与教育"，全方位地展示了科举制度的历史变迁。走进这家博物馆，可以了解科举制度产生的历史、科考的整个过程，以及很多状元进士的试卷。博物馆内，有许多珍贵的历史资料，如历朝历代科考的题目、录取的人数名册、皇榜，乃至科考时一些作弊的工具等，可以说，是一幅了解认识中国科举制的"全景图"。

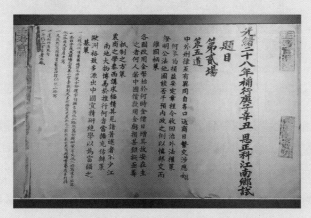

中国科举博物馆展示的清光绪年间科考试卷

（五）宋代的教育

　　宋朝以"兴文教，抑武事"为国策，十分重视发展文教事业，宋初先后掀起三次大规模的兴学运动，建立了完备的学校系统。宋朝教育制度的一个重要特点就是出现了书院教育。宋朝把尊孔尚儒作为国家的指导思想，同时兼重佛道。儒学、佛教和道教三者相互补充、相互借鉴，直接促成理学的出现，理学的代表人物是朱熹。

　　1. 书院教育

　　我国自古就有源远悠长的私学传统，汉以后一直与

朱熹

（1130—1200）南宋大儒，理学家，著有《四书章句集注》《晦庵词》《楚辞集注》等。

封建官学并行发展。当社会动乱官学无法发展之时，私学就以顽强的生命力生存下来，甚至会有一定程度的发展。书院自唐开始出现，主要是供个人读书治学的地方，受佛教禅林讲学制度影响，书院大多设立在名胜之处。书院在宋时达到鼎盛，遍及全国很多地方，并逐渐形成了较为完整的书院教育体系。当时著名的书院主要有白鹿洞书院、岳麓书院等。

白鹿洞书院

书院是我国古代特有的一种教学组织形式。书院实施开放式教学，盛行讲会制度，倡导百家争鸣。书院中既可以传授知识又可以进行研究，学生以自学为主，提倡道德和学问并进。书院的出现弥补了官学的不足，其自由讲学、注重讨论的学术风气促进了当时理学的发展和学术文化的繁荣，如南宋的理学家往往以一所或几所书院作为他们讲学的场所，讲论和传播他们的思想，从而形成了不同的流派。

2. 朱熹的教育思想

朱熹是理学思想的集大成者，也是南宋最负盛名的大教育家，其教育思想博大精深，对当时及后世教育发展产生了重大而又深远的影响。朱熹毕生讲学活动不断，精心编撰多种教材，如影响最广、最重要的《四书章句集注》，培养了众多人才，对书院教育作出了重要贡献。朱熹接受了张载、程颐的哲学观点，把人性分为"天命之性"与"气质之性"两种，重视教育对改变人性的重要作用，认为教育的目的就在于"变化气质"，"明明德"，"明人伦"。针对学校教育忽视伦理道德教育，诱使学生"怀利去义"，争名逐利的现实，朱熹严厉抨击了当时以科举为目的的学校教育，要求改革科举，整顿学校，强调"明人伦"的道德教育思想，提出了"存天理、灭人欲"。他所说的人欲，是指"心"的毛病，是为"嗜欲所迷"的心，比如饮食"要求美味"，穿着"必欲精细"，言行则"非礼而视听言动"等。关于道德教育的方法，朱熹提出了要

"立志""居敬""存养""省察""力行"。这一思想反映了道德教育中某些带有规律性的认识,至今依然有借鉴意义。

(六) 明清时期的教育

明清统治者在文化教育方面极力推崇程朱理学,将理学作为官方的统治思想,尤其到了清代,更为重视发展文化教育事业对治国理政的作用。清代立国之初,就制定了"兴文教,崇经术,以开太平"的文教政策。明清时期,学校教育得到较大发展,建立了较为完备的中央官学和地方官学体系,明清官学在中央有国子监,在地方有府州县学,在乡村有社学。清代学塾比较发达,或是有钱人聘请教师在家教授子女,或是教师在家设馆招收学生。在清朝,统治者积极发展教育事业的同时,也采取各种措施,制定种种学规,加强对学校的管理和控制,并对士人实行笼络和高压手段,进行严厉钳制和镇压,屡兴文字狱,残酷迫害知识分子。

清代学塾

科举制在明清时期已开始走向没落,科举程式极为复杂,内容更加教条。明清科考内容主要是四书五经,科考中必须作死板僵化的八股文。明清时期,书院逐渐依附于官府,学校教育多有名无实。学校死板地进行三纲五常的教育,教学方法僵化。学校完全是科举的准备场所,只看重八股文的训练。读书人只知道追逐功名利禄,完全丢弃学问。科场也成为投机取巧、营私舞弊的高发地区。

面对封建专制主义教育的日益腐败,17—18世纪中国社会出现了一批启蒙思想家,如黄宗羲(1610—1695)、顾炎武(1613—1682)、王夫之(1619—1692)等,他们对官方统治思想理学提出尖锐批判,要求学校成为评议国事的机构,提倡进行科学技术学习的实学,培养经世致用的实用人才。他们这种具有近代色彩的民主教育思想,对当时的教育,无疑是吹进了一股清新之风,令人耳目一新,而且对中国近代资产阶级教育思想也产生了积极的启蒙作用。

王守仁

(1472—1529) 明代大儒，著有《传习录》《王阳明全集》等。

明清时期，中国教育历史上又一次涌现出一位卓越的哲学家和教育家，他就是王守仁，别号阳明。他长期从事收徒讲学活动，其门徒遍天下，形成了在中国学术史上著名的阳明学派，他的思想远承孟子，近接陆九渊，创立了与程朱理学异趣的"心学"体系，提出了"心即理""致良知""知行合一"等思想，其学说以"反传统"的姿态出现，对后世产生了广泛而深远的影响。

王守仁从 34 岁开始从事讲学活动，直至去世，前后历时 23 年，开明中叶后一代讲学之风。与朱熹不同，王守仁不同意将"心""理"区分为二，认为"理"并不在"心"外，而是存在于"心"之中，"心即理"。同时，他又继承和发展了孟子的"良知"学说，认为"良知即是天理"，即是"心之本体"。良知不仅是宇宙的造化者，而且也是伦理道德观念。它具有以下几个特点：首先，它与生俱来，不学而能，不教自会，即所谓"不待虑而知，不待学而能，是故谓之良知"；其次，它为人人所具有，不分圣愚。再次，它不会泯灭，也不会消失。不过，良知也有致命的弱点，即在与外物接触中，由于受物欲的引诱，会受昏弊。所以，王守仁认为，教育的作用就在于去除物欲对于"良知"的昏弊。

与朱熹一样，王守仁也非常重视道德教育的重要性，并把"明人伦"作为道德教育的目的。为了实现"明人伦"的教育目的，虽然王守仁同样主张以六经为主要学习内容，但对于六经则提出了与朱熹不同的看法。朱熹认为经书是圣人的教训，所以为学者必须读经训史策以穷理。王守仁则认为，"圣人述六经，只是要正人心，只是要存天理去人欲。"因此，在他看来，经书之所以能作为最重要的教材，不是为了讲学记诵，而是因为它可以帮助明吾心之常道，即普遍永恒的道理。如果只注重文义辞章，则完全背离了学习六经的本义。

在道德教育和修养方法上，王守仁以"知行合一"思想为指导，针对知行脱节的"空疏谬妄"，强调道德践履和实际行动。为此，他提出了道德教育和修养的四个基本主张，即静处体悟、事上磨炼、省察克治、贵于改过。

（七）中国教育的近代转折

1840 年爆发的鸦片战争开始了中华民族一段屈辱抗争的历史，也随之揭开了中国教育近代化的序幕。国门被强迫打开，封建的传统教育面临来自西方的挑战，受到强烈冲击，已再难发挥维护中国社会生存发展的作用。因此，对传统教育进行改革,对外开放,向西方学习的思想开始萌芽并得到发展;最后,这种思想汇聚成一股涌动不止的思潮,推动中国教育的近代化变革。

1. 教会学校

鸦片战争后,西方侵略者靠坚船利炮打开中国大门,凭借不平等条约,大批传教士也开始涌入中国。为传播教义,他们开办了"教会学校"。教会学校最初都是在沿海的通商口岸,规模较小,多是小学,免费招收贫苦人家的孩子。第二次鸦片战争后,教会学校迅速发展和扩张,教会中学、大学开始出现。到20世纪初,教会学校已开始吸收新兴资产阶级家庭和富裕家庭的子弟,收取较高费用。当时较为著名的教会学校有上海徐汇公学、东吴大学、金陵大学、圣约翰大学等。教会学校是帝国主义实施的殖民主义教育,但客观上,这些学校传播了西学,促进了中国传统教育向近代教育的转化。

教会学校

京师同文馆

2. 洋务教育

清末由于列强入侵和国内社会矛盾的激化，为强国保种，先后兴起了洋务运动、维新运动和资产阶级革命运动。19世纪60—90年代，洋务派为向西方学习科学技术以"自强"，在全国创办外国语、军事、技术实业等类型的洋务学堂。这些学堂本着"中体西用"原则，以传统经史和伦理道德为主体，然后再辅之以西方科学技术的教育。与此同时，洋务派还组织实施了几次较大规模的留学教育计划，向海外派遣留学生。1872年第一批幼童赴美留学，其中就有有名的唐绍仪、詹天佑等。洋务教育活动受"中体西用"指导思想的制约，其成效有限，但启动了中国传统教育向近代教育的转化，冲击了封建教育体制，传播了近代资本主义文化和教育观念。

3. 维新教育

甲午战争后，随着民族危机的日益严重，以康有为、梁启超为首的资产阶级改良派登上历史舞台，发动了一场声势浩大的维新变法运动，即"戊戌变法"。维新运动中，改良派知识分子提出了改革科举、系统学习西学、建立新式学校制度、发展女子教育、普及全民教育的设想，隐约勾画出了近代教育的轮廓，这些设想部分体现在改革措施中，如废除八股考试，改革科举制度，开办京师大学堂，普遍设立新式学堂等。由于顽固势力的阻挠，戊戌变法运动最终以失败而告终，教育改革措施也遭到抵

康有为

梁启超

（1858—1927）人称康南海，中国晚清到民国时期重要的政治家、思想家、教育家，资产阶级改良主义的代表人物。主要著作：《孔子改制考》《大同书》等。

（1873—1929）中国近代思想家、政治家、教育家、史学家、文学家。主要著作：《饮冰室合集》《中国近三百年学术史》等。

制,但改革却由此激荡起了一股思想解放的潮流,对封建传统教育产生了极大冲击。

4. 清末新政下的教育改革

戊戌变法虽然失败,但教育近代化的趋势已不可逆转。1900 年,清政府为维护其摇摇欲坠的统治,决定颁行新政。新政废除了 1300 多年的科举制,依照西方近代三级教育模式,颁行规范全国的学制系统,即"癸卯学制"(见图 2-2);设置了与近代教育相匹配的各级教育行政管理机构,提出了普及全民教育的设想。新政后,新式学堂数量迅速增加,留学教育高潮兴起,西方近代教育观念开始大量引入。中国传统教育制度开始解体,近代教育在形态上得以确立。

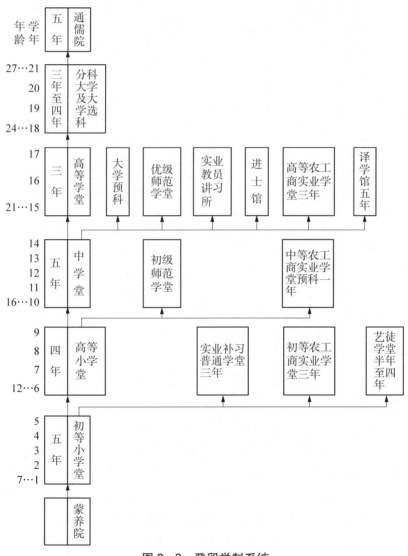

图 2-2　癸卯学制系统

(八) 民国初期的教育

1. 新学制确立

1912年1月1日,中华民国南京临时政府成立,之后立即进行教育改革,把原先的忠君、尊孔、读经彻底废止,要求教育应该致力于德、智、体、美和谐发展。1912—1913年,教育部颁行体现资产阶级教育思想的"壬子学制"和"癸丑学制"。其中,癸丑学制是对壬子学制的补充,史称"壬子癸丑学制",见图2-3。

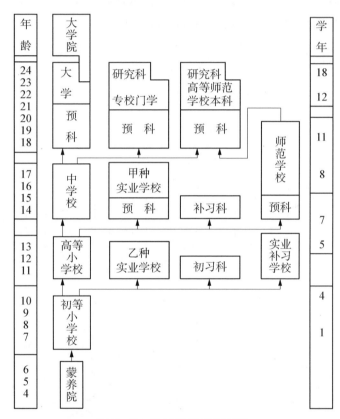

图2-3 壬子癸丑学制系统

"壬子癸丑学制"是一种单轨性质的学制,它的进步性是十分明显的。它规定了义务教育的年限,缩短了学制期限,取消了忠君尊孔的课程和毕业生奖励出身的制度,规定初小就可以男女同校,增加了自然科学和生活技能的内容,提倡适合儿童身心发展的教育教学方法。这一学制与18、19世纪西方资本主义国家创制的学制大体相仿。壬子癸丑学制颁行后,也暴露出很多弊端,如初等教育年限过长,中等教育年限又过短,各级各类学校教育进度无法衔接等。因此,1922年,教育部又颁行

"壬戌学制"(见图2-4),又称"新学制"或"六三三学制"(采用美国六三三分段法)。

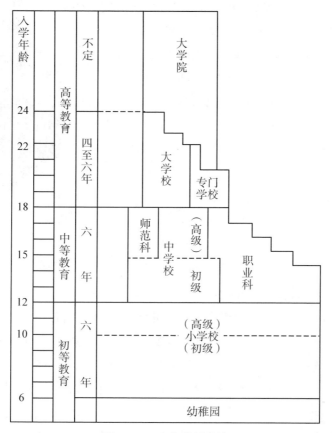

图 2-4 壬戌学制系统

新学制按青少年身心发展阶段为划分标准,中学兼顾升学和就业。新学制设多种门类的学校,具有了弹性和多样化,适应了国情需要,有利于教育的普及。它的出现标志着中国近代以来学制体系的基本完成。

2. 蔡元培与陶行知

民国成立后,一批经受资产阶级文化洗礼的进步知识分子开始投身到教育改革浪潮之中,在教育现代化进程中发挥了重要作用。这里简单介绍两位教育家。

蔡元培,字鹤卿,号孑民,浙江绍兴山阴人。1912年,南京临时国民政府成立,蔡元培任南京临时政府教育总长,着手建立资产阶级教育体系,并从"养成共和国民健全人格"的观点出发,提出军国民教育、实利主义教育、公民道德教育、世界观教育和美感教育"五育"并举的教育思想。这一思想成为制定民国元年教育方针的理论基础。1916年,蔡元培任北京大学校长,对北大进行了大刀阔斧的改革,推行

"思想自由、兼容并包"的办学原则，调整科系结构，实行教授治校，使北大快速发展，由一所痼弊缠绵的旧式学堂一变成为生机勃勃的近代新型大学。1922年，蔡元培发表《教育独立议》，提出其教育独立思想，即教育应完全交由教育家办理，保持独立于政党，独立于宗教。

蔡元培

（1868—1940）中国近代教育家、革命家、政治家。主要著作：《哲学大纲》《中国伦理学史》等。

蔡元培对民国教育的大政方针和宏观布局都有重大影响。他的教育思想贯穿着对民主、科学、自由、个性的追求，充满了爱国主义激情。他在教育实践中表现出不屈从压力、锐意改革的品质，凸显了他作为杰出教育改革家的远大理想和个性品质，在学人心目中的精神形象至今仍光芒不减。

陶行知，徽州歙县人，是中国现代杰出的人民教育家和坚定的民主战士，他毕生从事教育，探索民族教育的新路，而其生活教育思想则贯穿始终。陶行知少时曾就学于旧式塾馆，之后接受西方教育。1914年，陶行知以优异成绩赴美留学，在美国哥伦比亚大学攻读教育，

陶行知

（1891—1946）人民教育家、思想家。主要著作：《中国教育改造》《教学做合一讨论集》等。

其间得到著名教授杜威的赏识；1917年毕业回国，开始向国人介绍实用主义教育理论，并提倡和推行平民教育、乡村教育，他奋斗的目标就是使劳苦大众及其子弟能够接受教育。1927年，陶行知于南京创办晓庄学校，亲自试验他的生活教育理论。1932年，于上海创办山海工学团，提出工学结合的教育方式。如何使教育普及，如何使没有机会受教育的人可以得到教育……站在劳苦大众立场上思考和解决他们的教育问题是陶行知教育思想和实践的一大特点，也是他区别于同时代其他教育家的地方。

生活教育理论体系是陶行知教育思想的核心。生活教育理论包括"生活即教育""社会即学校""教学做合一"。

"生活即教育"指生活本身就是一种特殊的教育，我们每天的生活都是一种教育，这种教育一直持续到老死，而且在生活中我们无时无刻不在得到学习。因此，他主张教育应该和学生生活紧密联系。"社会即学校"指社会是学校，陶行知认为应扩大学校的范围、对象、教学内容，使学校紧密联系社会生活。"教学做合一"指

从做的要求出发,到做中去实践。陶行知的教育理论是我国民族教育理论宝库中十分可贵的遗产,为中国教育的发展提供了宝贵的思想财富。

教育作为社会的子系统与社会其他系统之间有着千丝万缕的联系。中国古代教育与当时社会、政治、经济等紧密相关,而各时期文化教育政策、教育制度、教育思想之间又相互作用,共同组成了中国教育史的丰富图景。在中国古代文化教育的发展历程中,儒家思想占有重要地位。汉代实行"独尊儒术"政策,儒学开始占据统治地位。唐宋重振儒术,儒家思想进一步发展产生理学,儒家思想影响着整个封建社会的思想文化。从教育制度上说,从西周到清末,封建教育制度经历了形成、发展、完备、腐败的过程。清末至民国,资产阶级教育学说不断兴起,促进了近代教育的产生发展。在漫长的中国历史中,涌现出许许多多教育思想家,他们针对所处时代的文化教育问题,提出自己的主张,开展教育活动,促进中国教育不断向前发展。

三、西方教育的历史发展

谈到西方教育,实际上有一个对"西方"如何界定的问题,这里所讲的西方主要是指欧美大陆,所指的西方教育史主要是考察欧美地区教育的发展脉络。

(一)西方古代教育

1. 古希腊的教育

当东方古老的文明形成之后,在西方的地中海东部地区,新的文明也开始熠熠生辉,这就是爱琴文明。公元前 2000 年左右,多瑙河下游的希腊民族向南迁徙,在爱琴文明的基础上,建立了新的文明,形成了现代西方文明的摇篮——古代希腊。希腊在氏族向奴隶制的转变过程中形成了城邦,在众多城邦中,最强大、影响最深远、最有代表性的是斯巴达和雅典。以雅典为代表的希腊文化在后世欧洲的发展史上打下了深刻的烙印,而斯巴达则代表着另一种独特的文化教育类型。

亚里士多德

斯巴达的教育完全由国家控制,其教育目的完全取决于统治阶级的政治、军事需要。斯巴达人实行严格的体格检查制度,只有健康的新生儿才得以抚养,身体孱弱有残疾的则被弃之荒野。为造就全心全意为国家的战士,儿童 7 岁进入国家教育机构,开始军营生活。在斯巴达,文化教育和科学教育被认为是无意义的事情。与斯巴达一样,雅典也高度重视教育。但不同的是,雅

(公元前 384—前 322)古希腊百科全书式的哲学家、科学家。主要著作:《工具论》《政治学》等。

典的教育有更多智育的成分，注重身心和谐发展。教育机构有文法学校、弦琴学校和体操学校等。古希腊教育，尤其是雅典教育，在西方教育史上，占有重要的一席之地，其倡导的身心和谐发展的自由教育理念，以及多样化的教育制度，都是世界教育史上的重要遗产。

众所周知，苏格拉底、柏拉图和亚里士多德是著名的希腊"三哲"，也是著名的教育家，他们毕生从事教育工作，其教育思想的影响力绵延两千多年。苏格拉底出生于孔子死后的第十年，他在教育上也主张"有教无类"，最擅长的是"问答法"，又叫"产婆术"，被视为后世西方启发式教学方法的渊源。

柏拉图

（约公元前 427—前 347）古希腊哲学家。主要著作：《理想国》《法律篇》等。

柏拉图（Plato）是苏格拉底的学生，其《理想国》是西方教育思想史上三大里程碑之一。在《理想国》中，他系统阐述了自己的教育思想，提出了教育与政治的结合，高度评价了教育塑造人的作用，并将"四艺"①列入教学科目。他是"寓教于乐"的最早提倡者，也是第一个提出要以考试作为选拔人才手段的西方教育家，他还注重早期教育和男女教育平等。虽然《理想国》中也存在消极的因素，但它对西方教育理论的巨大影响是毋庸置疑的。亚里士多德（Aristotle，公元前 384—前 322）是古希腊哲学的集大成者，也是一位百科全书式的思想家。他认为人的意识如同一块白板，知识是从外部进入的，教育在人的形成中起着巨大作用。他首次提出了教育适应自然的思想，并据此做了划分儿童教育年龄阶段的尝试，论证了以美育为重点的德、智、体和谐发展的原则。总之，苏格拉底、柏拉图和亚里士多德的教育思想既是对古希腊教育思想的总结，又是此后西方教育思想发展的源头。

2. 古罗马的教育

继古希腊之后，以地中海亚平宁半岛为主的古罗马是另一个对西方教育史具有重要影响的地区。古罗马在吸收消化古希腊文化教育的基础上，进一步创造传播了自身的文化教育。

古罗马时期的学校教育制度既保留了罗马自身的文化特点，同时吸收了古希腊文化教育的成就。但随着版图的扩大，民主共和政体渐渐崩塌。公元前 30 年，古罗马进入奴隶制帝国时期。帝国时期，古罗马教育成为国家的事业，学校成为培养

① 四艺：算术、几何、天文、音乐理论。

各级官吏、文士和顺民的机关,帝国皇帝一方面提高教师的地位和待遇,改教师的私人选聘为国家委派,另一方面加强国家对教师和学校的控制与监督。

帝国后期,基督教作为世俗文化和教育的对立面出现了,渐渐产生了基督教文化教育系统,最终在古罗马形成了大范围的流行。基督教最早的教育对象是成人,对入教者进行基本教义的教育的场所,逐步扩展成初级教义学校;而为年轻的基督教学者提供的深入研究基督教理论的场所,则变为高级教义学校。在儿童教育方面,教会随着自身势力的增长,也开设了堂区学校和唱歌学校等。西方的文化教育从此留下了基督教文化的深刻烙印。

在古罗马的历史上,也涌现了许多著名的教育家。其中最有影响的是西塞罗(Cicero,M. T.)、昆体良(Quintilianus,M. F.)和奥古斯丁(Augustinus,S. A.)。西塞罗是共和末期的教育家,提出并阐述了培养雄辩家的教育理想;昆体良是帝国前期的教育家,论述了实现这一教育理想所需要的各级教育,尤其论述了教学论思想。两人的思想一脉相承又有所差异,他们的思想指导着古罗马教育的实践。而奥古斯丁是基督教教父哲学的集大成者,其教育哲学成为西欧中世纪教会教育的理论基础,影响深远。

西塞罗

(公元前106—前43)古罗马著名政治家、哲学家、演说家和法学家。主要著作:《论修辞学的发明》《论责任》等。

昆体良

(约35—100)古罗马时期教育家,古罗马教育思想的集大成者。主要著作:《雄辩术原理》(公元96年)。

奥古斯丁

(354—430)古罗马思想家。主要著作:《忏悔录》《论自由意志》等。

3. 西欧中世纪的教育

公元476年,日耳曼人与西罗马的奴隶联合,推翻了西罗马帝国。在欧洲历史上,这标志着以希腊、罗马文明为顶点的奴隶制社会的终结,封建时代来临了。自5世纪末至14世纪文艺复兴之前,都被称为中世纪,也被称为欧洲文明的"黑暗时期"。在中世纪早期，古希腊、罗马的灿烂文化为人遗弃，西欧的文化教育水准大幅度下降。西欧中世纪教育带有明显的封建等级性以及浓厚的宗教色彩，"其结果正如一切原始发展阶段中的情形一样，僧侣们获得了知识教育的垄断地位，因而教育本身也渗透了神学的性质"①。

西欧中世纪的教会学校

西欧中世纪主要是基督教教育和封建领主阶层的等级教育，特别是宗教教育，已成为本时期教育的主体。教育被教会垄断，教师由教会委任，教育内容以神学为主，异教学校被取缔，世俗文化教育成为神学的陪衬。教会举办的学校，大体上有僧院学校、主教学校和教区学校三类。②

西欧中世纪的世俗教育主要有宫廷教育和骑士教育。宫廷教育指由封建主倡导的、以宫廷为中心的封建主世俗教育。骑士教育则源于西欧封建社会的等级制度，其教育目的在于培养具有军事征战能力、能保卫封建君主、具备骑士品质的封建卫士。骑士教育并无专设的教育机构，也没有专职的教育人员，而是在骑士生活和社交活动中进行的。

（二）西方近代教育

1. 文艺复兴与宗教改革时期的教育

公元 14—17 世纪，一场盛大的文化革命运动席卷欧洲。文艺复兴的火苗从意大利开始燎原，使整个西欧的意识形态都受到了人文主义新文化的洗礼，随后点燃了北欧的宗教改革运动，而天主教会也不甘示弱，发动了反宗教改革。在历时

---

① 恩格斯：《德国农民战争》，《马克思恩格斯全集》（第七卷），人民出版社 1959 年版，第 400 页。
② 也有译称为修道院学校、主教座堂学校和堂区学校三类。

约 300 年的文艺复兴时期，人文主义教育、新教教育、天主教教育三种教育势力相互交织，错综复杂，对后世教育的发展不论从性质上还是程度上都产生了不可磨灭的影响。

人文主义教育。文艺复兴运动所倡导的新文化被称为人文主义文化，人文主义赞扬了人的价值和尊严，宣扬人的思想解放和个性自由，肯定现世生活的价值和尘世的享乐，提倡学术，尊崇理性——人文主义价值观指导着人文主义教育的理论与实践。人文主义教育的目的已不再是培养神职人员，而是注重身心的和谐发展；在课程设置上，古典文学、数学和自然科学开始成为重要课程；在道德上，提倡人道主义、乐观主义、积极向上、自由平等新道德观；尊重儿童和反对体罚成为一些教育家的强烈要求……人文主义教育世俗性增强，学科范围更加扩展，更贴近生活，更富有近现代精神。它一扫中世纪教育的阴霾，展露出欧洲近代教育的新曙光。

新教教育。16 世纪初，由于文艺复兴的影响，也由于罗马教会的腐败，欧洲各国普遍爆发了宗教改革运动，改革的结果是产生了脱离天主教的各种新教教派。新教各教派都注重教育的改革，因而客观上促进了这一时期教育的发展。

新教各派在教义上都蕴含着一种资本主义精神，均以兴办学校作为重要的传教手段，致力于学校教育的发展和教育思想的阐述，注重民众教育的普及，用民族语作为教学语言，改进学校组织形式，推进班级授课制，从而大力推动了学校教育和民众教育的发展。其中，德国宗教改革运动领导人和教育家马丁·路德（Luther, M.），人称"平民学校之父"，首次提出了教育权由国家而不是教会掌握、由国家推行普及义务教育的思想，对后世影响甚大。

天主教教育。在中世纪漫长的发展过程中，天主教会积弊累深，最终触发了强有力的宗教改革的浪潮。随着新教势力的不断壮大和天主教会危机的日益加深，罗马教廷于 16 世纪中叶开始采取措施遏制宗教改革运动，即"反宗教改革运动"。其中的先锋和中坚力量便是

马丁·路德

（1483—1546）16 世纪欧州宗教改革运动发起人、基督教新教的创立者。主要著作：《教理问答》等。

耶稣会。耶稣会把兴办教育视为实现其政治和宗教目的的重要手段，它集中力量于中等和高等教育而不重视初等教育。起初，利用其完备的组织管理、高水平的师资和切实可行的教学方法，耶稣会的教育势力一度扩张。但是，企图重建天主教会

对欧洲统治的目的本身是与历史潮流相悖的,耶稣会最终受到了各国驱逐。

人文主义教育、新教教育、天主教教育,既相互冲突,又彼此吸收,反映了文艺复兴时期教育史的斗争与矛盾,三种教育势力的冲突与融合,为近代西方教育的格局奠定了基调。

2. 近代资本主义教育制度的确立

自 1640 年英国爆发资产阶级革命开始,到 1789 年法国资产阶级革命爆发的 100 多年,是欧洲资本主义上升、资产阶级革命酝酿发动的时期。

法国大革命

和资本主义的政治经济发展相适应,近代教育制度在西方各国逐步确立起来。首先,各国教育领导体制开始建立。由于历史条件和文化背景的不同,西方各国形成了具有本国特点的教育领导体制。其次,国民教育体系在西方各国开始建立。各国的世俗权力机构开始考虑普通劳动者子弟的教育问题,以满足工业发展的新需要和解决经济发展中出现的新的社会问题,一些国家因此出现了公立小学。当然,中等和高等教育仍属于精英教育,西方各国出现了带有明显等级特征的双轨学制。这一时期也出现了一些新型大学,课程内容更加贴近社会生活的需要。

资本主义生产方式在西欧各国的发展和确立,产生了一些代表本国资产阶级利益的教育家。他们从培养资产阶级所需要的人的立场出发,对教育、教学问题进行了探索、研究和论述。这一时期,也是教育理论发展的重要时期。其中,捷克教育家夸美纽斯、英国教育家洛克是这一时期的代表人物。夸美纽斯总结了前人和自己的教育经验,全面阐述了学校教育理论,他以"泛智论"为改革教育的出发点,以教育的自然适应性为指导原则,第一次提出了一个完整的学制系统,探讨了教学原则,从理论上论证了班级授课制,为近代学校教育的普及和发展提供了理论基础。洛克则比夸美纽斯更为彻底地破除了宗教神学的束缚,显示出世俗化、功利性的特点。他的经验主义认识论和绅士教育理论不仅反映了 17 世纪的时代精神,更影响到 18 世纪的教育思想。

卢梭

　　洛克之后的卢梭(Jean-Jacques Rousseau)是 18 世纪启蒙思想家中的重要人物。当其他启蒙思想家为理性、文明和进步高唱赞歌的时候,他却敏锐意识到自然与文明、自然状态与社会状态、道德与理性的矛盾,猛烈批判当时不尊重儿童天性的教育思想和措施的荒谬之处,倡导自然教育和儿童本位的教育观,对新教育提出了划时代的设想,现代意义上的儿童研究由此发端。

(1712—1778)法国 18 世纪启蒙思想家、哲学家、教育家、文学家,启蒙运动代表人物之一。主要著作:《爱弥儿》《忏悔录》《论人类不平等的起源和基础》等。

(三)19 世纪欧美国家的教育

　　19 世纪,欧美等国政治、经济、文化各方面都经历了很大变化,各国的教育都在斗争中发展起来。

柏林大学

　　这一时期,德国在教育理论和教育实践上的成就令欧美各国瞩目,不仅出现了洪堡(Wilhelm von Humboldt,1767—1835)、赫尔巴特、第斯多惠(Diesterweg,F. A. W.)、福禄倍尔(Fröbel,F. W. A.,1782—1852)等一大批重要的教育家,而且在初等、中等和高等教育等领域开展了一系列改革。19 世纪,德国各公国陆续颁布《初等义务教育法》,大大提高了国民的基本素质;中等教育方面,实科学校开始出现,数量和规模都有了较快发展;高等教育方面,出现了一些著名的大学,如柏林大学。

第斯多惠

(1790—1866)19 世纪德国民主主义教育家。主要著作:《教育年鉴》《德国教师教育指南》《教育的理想与可能性》等。

19 世纪的法国,处于政局动荡不安的情势下,尽管在这种情况下,教育也难免出现阶段性特点,但 19 世纪法国教育的整体发展仍隐含着内在的连续性和规律性。近代法国既确立了中央集权式的教育管理体制,又确立了完整的学制,各级各类学校的教育事业都得到了发展。

19 世纪是英国从自由资本主义向垄断资本主义过渡的时期,经济、政治、社会条件的变化带来了教育观念和制度的变革。国家对教育的干预逐步加强:1870 年,颁布了第一个初等教育的法案《初等教育法》,国民初等教育制度正式形成;中等教育基本沿袭了 18 世纪的传统,主要是文法学校和公学;高等教育也相应发生了变化,1828 年伦敦大学学院的成立拉开了新大学运动的序幕,随后许多城市学院纷纷成立。

独立战争之后,美国一跃而上,跻身世界经济发展的前列,经济与教育发展相互依赖、相互促进。在吸收英、德等国教育经验的基础上,美国形成了具有自身特色的教育制度:首先建立学区制,并实行地方分权的教育管理,兴办公立小学,执行初等教育的强制入学和免费教育;中等教育主要有文实中学和公立中学两种;高等院校数量增多,农工学院兴起,学术型大学建立,女子开始进入高等院校。

纵观 19 世纪欧美教育发展,可以发现,国家基本掌握了教育权,各级各类学校迅速发展,建立了国民教育制度,教育实行双轨制,教育内容逐步走向科学化。教育现代化的基础基本奠定,世界教育正由近代向现代转型。

四、中西教育传统的比较

教育特别是学校教育在一定意义上是既定传统的产物,又是维护传统的手段,它习惯于将已有的价值规范、思想观念重复地传递给下一代。[①] 这种保持传统的特性使得教育不易接受新的变化,有排斥、拒绝变迁的倾向。但是,另一方面,教育在对传统进行复制的同时,也就形成了自身的传统,即教育传统。教育传统一旦形成,就会作为一种限制因素,左右教育的运行,制约教育的发展。教育传统的这种特性在中西方教育实践和思想中,都有一定的体现。

---

① 联合国教科文组织国际教育发展委员会编著,华东师范大学比较教育研究所译:《学会生存——教育世界的今天和明天》,教育科学出版社 1996 年版,第 92 页。

（一）中国教育传统的特征

正如上文所看到的，我国自春秋以后，儒家思想逐步形成并在社会政治、文化生活中居支配地位，构成中华民族文化传统的重要组成部分。同时，儒家思想也构成了我国教育传统的主导性思想。

在中国文化的发展脉络中，儒家思想之所以能够确立其统治地位，既与统治阶级的政治利益有关，又与儒家注重守成的文化传统有关。与道家的清静无为、法家的严刑峻法、墨家的重视功利不同，儒家对现实采取积极参与的态度，注重探讨现实社会生活中的人际关系，强调人与人之间的纲常伦理，重德轻技，重义轻利。由于儒家注重为政以德，注重仁义，因而整个学说比较温和，具有浓郁的情感特色，易于传播和接受。大概也正因为如此，儒家思想历经数代，其传播之广泛，对人们精神生活渗透之深入，是诸子百家所不可匹敌的。大概也正因为如此，儒家思想才构成中华民族传统文化的主要内容，成为传统文化的主体，也是教育传统的主体。这种传统文化至今仍广播世间，教育上仍处处体现着这种传统文化的要求。以下从几个方面简要探讨中国教育传统的一些基本特征。

中国古代的士人们

1. 重人与社会的协调，强调社会本位

在中国传统文化中，人与社会的关系是放在一种群体价值观念的视野下的，个体融于群体中，人是群体中的人。因此，中国传统文化把人的个体价值归结为人的社会价值，以社会标示个人，强调人的社会义务与责任，强调人对社会的服从，这大概是中国传统文化最大的特点了。在群体价值观念的支配下，教育注重的便是，如何使受教育者服从社会的需要，从而达到社会全体的和谐。

可以说，注重人与社会的协调，是贯穿儒家教育思想全过程的，比如孔子在阐释"六艺"之间的关系时，曾就礼教与乐教谈到，礼的作用是从行为上规范人，乐的作用是从感情上陶冶人，所谓"乐所以修内"，"礼所以修外"①。荀子也同样谈到礼

---

① 《礼记·文王世子》。

教与乐教，认为礼教之所以重要，在于它能够维护一定的社会秩序，而乐教可对礼教起配合作用，"乐行而志清，礼修而行成"，于个人，做到"耳目聪，血气平和"；于国家社会，做到"移风易俗，天下皆宁"。礼教和乐教是儒家在教育上所用的双重手段，儒家主张通过礼乐内外交互作用的手段，来改变人的行为和感情，使个人与社会之间取得一种平衡关系。在此后的历史发展过程中，儒家思想虽然经历了魏晋南北朝玄学的冲击，隋唐佛道融合的激荡，南宋理学的重振等，但自始至终一直强调教育服务社会的作用，注重人与社会的协调。

2. 重人伦观念，强调师道尊严

中国传统社会是一个泛道德主义的社会。在这个社会中，任何人的言论和行为都受到道德价值的严格制约，世人往往以道德标准来衡量个人的价值，以道德伦理标示个人，把人的价值归结为道德价值。把人道德化的倾向，反映在教育上的结果之一，便是把道德上的成就看作人生最有价值的成就，把教育的目的归结为对道德上的一系列规范的掌握，把追求道德成就作为教育的最终目标。

中国伦理以家庭和家族为本位，教育的首要目的，就是掌握由家族衍生而来的道德价值网络。其中首先是掌握由儒家所创造的亲亲原则和由此产生的孝的价值观念。亲亲原则的建立不仅把"家"提高到人生中最重要的地位，而且把维系家族血缘和群体感情的孝悌观念确定为最具普遍性的伦理模式和最高的道德价值。《论语·学而》中曾说："孝悌也者，其为仁之本欤。"中国传统社会是家国同构的社会结构，由"孝"的道德价值再进一步推衍，便是对国家的"忠"。经过统治阶级的提倡，忠和孝成为传统道德价值不可或缺的重要组成部分。由家族本位的忠孝进一步发展，便是道德价值的系统化，即五伦三纲。五伦是指父子、夫妇、兄弟、君臣、朋友。在这五伦中，虽然表面上看是相互的，但在实际运作过程中，片面强调单方面的孝和忠，由此发展成为具有正统权威的三纲伦理，家族本位的伦理关系和道德价值开始被凝固化和绝对化。

从儒家所创造的亲亲原则，到"孝""忠"的价值观念，再到五伦三纲，教育的使命就是要"明人伦"，使人人掌握道德规范，遵守伦理纲常。学校的任务在于伦理纲常之教，立己治人，通过讲明"父子有亲，君臣有义，夫妇有别，长幼有序，朋友有信"的人伦规范，使人人遵守正确的行为，使社会有良好的风俗。

传统文化注重伦理纲常的观念，在教育过程中必然强调师道尊严。师与五伦中的长、君有着密切的联系，《学记》中说："能为师然后能为长，能为长然后能为君。故师也者，所以学为君也。"这里把"为师"作为"为长""为君"的条件，能为师就能为长、为君。如此，也就打通了师生关系与长幼关系、君臣关系之间的通道，师道尊严也就在情理之中了。我国传统文化往往强调学生对教师的绝对服从，好学生就是从不违背老师的学生，教师的权威极高。

3. 重"入世(仕)"，强调学以致用

中国传统文化中，既关注人的内在精神状态，又关注一个人的外在行为准则，教育上则是一方面强调修己，一方面也强调治人。前者要求在学问道德方面严格要求自己，所谓"君子求诸己"，"君子忧道不忧贫"[1]；后者要求能"使于四方"，"学而优则仕"。[2]

在古代，庶民阶级要依靠自身的文化知识和政治才能，方可跻身上层社会，儒家强调的"入世"恰恰是为此。金榜题名，入朝为官，是绝大多数读书人奋斗的目标。

与入世相关联的，是中国教育注重"学以致用"。学与用是紧密结合在一起，不可分割的。但这里的"用"，不是指实际的功用，也不是实利的追求，而更多的是个人的修养，也就是将学到的伦理规范运用于生活实际，将修身的要求落到实处。这正如王守仁说的，"致良知"和"知行合一"，教育的主要问题在于如何"致此良知"。

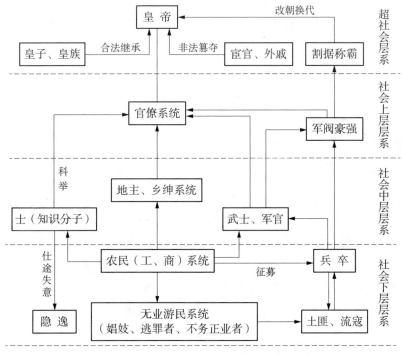

图 2-5 中国传统社会阶层[3]

---

① 《论语·卫灵公》。

② 《论语·子张》。

③ 李中华：《中华文化概论》，华文出版社 1994 年版，第 82 页。

这里的"致"是修养功夫，"良知"实质上是封建道德的先验观念，要求人们的言行都要信从一定的道德伦理规范。

4. 重人文精神，强调教育的世俗性

中国文化是世俗色彩浓厚、宗教色彩淡薄的文化，梁漱溟在《中国文化要义》中说过："几乎没有宗教的人生，为中国文化一大特征。"中国文化的非宗教性，在很大程度上，是由儒家的人文精神所决定的。虽然儒家保留对天帝的信仰，但在他们的思想中并不占主导地位。孔子所说的"务民之义，敬鬼神而远之""未能事人，焉能事鬼""子不语怪力乱神"等，都是以人事为主。

与西方相比，没有了宗教的束缚，中国教育传统与社会政治的联系更为紧密。这一方面表现为，在古代众多教育家的教育主张中，都提到了教育与政治的关系；另一方面体现在，教育质量的好坏也都由政治机构裁决，衡量教育的标准基本上都是由社会政治决定的。

宗教是通过信仰向上向外追求，以达到外在力量对人的援助。道德是通过心向里向内追求，以达到内在力量对人的充实和完善。中国文化的非宗教性或人文主义特点，也使教育更为注重人内心的修养，可以说是从心出发，以心为主，以心为本。

（二）西方教育传统的特征

1. 重个性独立，强调个人本位

与中国文化不同的是，西方文化以个人为本位，注重个人的自由和权利。在教育中，将受教育者而非教师放在更重要的地位，强调个性的培养。

西方文化与教育之所以凸显个人本位，与西方的家庭变革有着密切的联系。在西方，原始纯朴的财产公有的家庭公社普遍存在于古代和中世纪，并较早地过渡到财产私有化的个体家庭。而中国则是以家长制的形式一直延续到近代。由于私有制深入到家庭内部，在中世纪中后期和近代，西方的家庭成员之间就有相对独立的法律关系和权利关系。父权的退居次位，为个人本位的产生和发展提供了条件。西方个人本位的教育传统，随后历经14至16世纪的文艺复兴运动、18世纪的法国资产阶级思想启蒙运动以及20世纪初的实用主义思潮而确立下来。

欧洲文艺复兴运动从14世纪开始，到15、16世纪乃至17世纪达到高潮，这一时期的时代内容主要表现为批判封建主义旧文化，发展资本主义新文化。它肯定人的能力，颂扬人的一切，打破了神权的枷锁，在一切领域都贯穿着"抑神扬人"的原则，反对对神意和神权的盲目膜拜，形成了注重个性的新文化。这种在新旧文化撞击中形成的新的世界观，打碎了宗教的精神枷锁，使教育获得了新生，教育上的种种变革生机勃勃地发展起来。18世纪,在法国兴起了持续半个多世纪的资产阶级启蒙运动,这是欧洲历史上第二次巨大的文化变革。其间,一些启蒙思想家积极倡导教育的解放,如卢梭反对封建教育对儿童的压迫,提倡自然和自由的教育。20世纪初,美国实用主义的代表杜威尖锐抨击了赫尔巴特的教育理论,提出了"教育即生长""教育即生活"的主张,强调教育与人及社会生活的紧密结合,在活动中了解文化,使个人成为掌握自身经验建构的主体。

历史发展到杜威那里,西方特别是美国,注重个人独立的教育传统已基本形成。在当今美国的学校教育中,杜威主张的影子清晰可见,它与中国传统教育形成了较为鲜明的对比。

2. 重主智主义,强调博雅教育

博雅教育(Liberal Arts Education),亦称自由教育、文雅教育、普通教育。英国学者朗特里(D. Rowntree)将其定义为:旨在解放思想和精神,避免专门化和不做就业准备的教育;教育的目的不是准备谋生,而是"准备生存"。①

博雅教育源于古希腊,并为古罗马所延续发展,后在中世纪的教会学校中得到了勃兴。19世纪末和20世纪初,它代表了欧美中等教育的主要路线,此后由于受到进步主义教育的影响而声势渐微。20世纪50年代后,随着"回归基础"的呼声而重新登上舞台。

博雅教育源于古希腊,与当时古希腊的社会构成有关。在古代希腊,社会分为自由人和奴隶。当奴隶具备自由人所具有的品质时,他就可以得到自由和公民权利。而自由人则有责任从事博雅教育的实践,如若他不能掌握知识、理智地思考和讲演,他就不能成为一个自由人。博雅教育由此起源。

直到中世纪,博雅学科主要是"七艺",即算术、几何、天文、音乐、文法、修辞和辩证法。"七艺"作为教学内容,支配了欧洲的中等和高等教育达1500年之久。②

虽然20世纪初受到了进步主义的冲击,博雅教育的光芒一度暗淡,但50年代后,为了避免中等教育过早专门化、职业化所带来的弊端,博雅教育再度活跃。在博雅教育的影响下,西方教育的"主智"特征日趋明显,突出表现为注重理性教育,注重理智训练,注重知识本身的价值。

3. 重宗教精神,强调宗教精神的养成

人类文化,其中包括中国文化在内,一般都是以宗教为开端的。在任何民族的

---

① 朗特里著,陈建平等译:《西方教育词典》,上海译文出版社1988年版,第170页。
② 曹孚编:《外国教育史》,人民教育出版社1979年版,第59页。

艺术与哲学

早期文化中,都可以看到宗教的痕迹。这是因为在人类早期,对自然界和人自身缺乏了解,往往把人的生死、自然灾害的降临等看作人类异己力量的操纵,故产生各种原始的自然崇拜。此后,随着人类社会阶级压迫的产生,人类对自然的恐怖转向对社会、对人生的疑惑与不安。早期的宗教家们似乎看到了社会对人的压迫、人与人之间的疏离所造成的人类痛苦,于是在原始宗教的基础上,创立了人为的宗教。无论是基督教还是佛教,在它们产生的初期,都是针对上述社会和人生问题而提出的救世主张。

　　宗教从本质上来说,是对人类现状和现实世界的一种否定。它往往设定一个凌驾于人类之上的绝对存在、彼岸世界,作为人类的皈依。从形式上,宗教一般拥有教义和在此基础上形成的组织、仪式和戒律等。无论是基督教还是佛教,都试图反抗社会对人的压迫,解救人生的痛苦,构建一个超越理性的世界。而西方文化正是在这种超越观念和希伯来信仰的培植和指导下奠定其内在基础的。

教会教育中教义的学习

西方文化融合了希伯来教义、希腊哲学和罗马法典三种不同的文化系统。自中世纪以后,教会的权力日盛,文化教育也由教会一手掌控。于是,完整的系统的宗教精神贯穿于西方教育中。西方的宗教传统至今仍保持着强大的影响力,渗透至教育活动的方方面面。这不仅仅使西方教育带着浓厚的宗教色彩,更重要的是,它赋予了西方教育内在的精神价值。

西方强烈的宗教观念,也使得一些教育家认为宗教和科学是可以调和的,教育过程中科学知识的传递,可以是对人提供的最好的宗教训练。"宗教和科学虽然看起来相互对立,但实际上只是表达了同一事实相反的两面,两者的看法是可以相互调和的……科学的训练提供宗教的修养。"①

在西方从古至今的教育发展史中,宗教的地位是显著而重要的,研究西方教育史,不能忽视其中的宗教色彩。

(三)中西教育传统的差异

对比中西方教育传统,我们可以发现其中存在着许多差异,这些差异的产生都源于历史的因素。我国的传统文化自春秋以降,儒家思想几乎一直处于支配地位,注重调和人与社会关系的思想也一直是教育的主体思想。如此而造就的重人伦以及"学而优则仕"的教育传统,在一定程度上至今仍然影响着我们的教育。而西方教育传统,以注重人的发展和能力培养为特征,其中也经历了漫长的历史发展过程。从古希腊亚里士多德提出的培养和谐发展的人,到中世纪的阉割人性,再到文艺复兴的反神性、扬人性和法国启蒙思想家卢梭高唱人的自然本性之颂歌,最后到杜威的"以儿童为中心",其间也是反反复复,颇多周折。

可以说,东西方文化传统间的差异,以及价值观念、思想行为方式的差异,导致了教育传统的相异,而教育传统的差异反过来又强化了文化差异的存在。如表2-1所示,从教育价值取向、师生关系和教学行为这三个方面,我们可以认识到中西教育传统的分野。

表2-1 中西方教育传统的差异②

类别	中	西
教育价值取向	调和社会和自我 重知识的应用价值 重教育的世俗性	注重个性自由和主体意识 重知识的内在价值 重教育的宗教性

① 斯宾塞著,胡毅、王承绪译:《斯宾塞教育论著述》,人民教育出版社1997年版,第46—47页。
② 郑金洲:《教育通论》,华东师范大学出版社2003年版,第98页。

续表

类别	中	西
师生关系	强调教师权威 师生相互依赖 师道尊严	重视儿童 个人独立 师生平等
教学行为	重教的行为 教学形式刻板 压制对情感的意识和表达	重学的行为 教学形式灵活 体现对情感的意识和表达

当然，中西方教育也存在着许多共同之处。比如在古代教育中，都过多地使用惩罚手段，尤其是体罚，被视为实施教育的利器，以此来促使受教育者更"规矩"地学习。在教育发展过程中，西方也并非始终将教育者放在中心位置，对教师权威的注重也古来有之，如赫尔巴特学派，就宣扬以教师为中心的教育，只是自20世纪初以来，这种思想便不占主流。此外，西方对于道德观念的教育也非常重视，不少教育家从特定的社会政治思想出发，要求教育为维持社会的政治秩序服务。如赫尔巴特就极为拥护德国封建贵族的利益，认为要维护和巩固普鲁士封建君主制，就要求教育要使人具有五种道德观念，即内心自由、完善、正义和公平或报偿。在他看来，这五种观念是永恒不变的美德，教育的终极目的就是要养成这些品德。他曾提出："教育的唯一工作与全部工作可以总结在这一概念之下——道德。"[1]显然，他试图通过道德教育，努力形成受教育者的道德品质，实现文化上的控制，进而使社会纳入"正轨"。

另外，需要注意的是，每个地区和国家的教育都各有特色，这些特色都根植于一定的文化、社会的土壤，有兴趣的同学可以对此进行进一步的比较研究。

◇ **讨论题** ▪▪

1. 谈谈自己对教育起源的看法和认识。

2. 中国古代文化教育中儒家思想是如何变迁的？

3. 科举考试制度对中国教育有什么影响？

4. "轴心时代"或"轴心期"概念是德国思想家卡尔·雅斯贝尔斯在《历史的起源与目标》一书中明确提出的一个跨文化研究的概念，用以指称公元前500年前后即公元前800年至公元前200年间同时出现在中国、西方和印度等地区的文化突破

---

[1] 张焕庭主编：《西方资产阶级教育论著选》，人民教育出版社1979年版，第259—260页。

现象。在轴心时代里，人类的各个文明都发生了"终极关怀的觉醒"，都出现了伟大的精神导师——古希腊有苏格拉底、柏拉图、亚里士多德（希腊三贤），以色列有犹太教的先知们，古印度有释迦牟尼，中国有诸子百家……这段时期是人类文明精神的重大突破时期。人类不再被动地想象世界，不再盲目地理解自我，通过经验世界和探索自我，人们渐渐走向理性，这是对原始文化的重大超越和突破。在这个时期，人们开始认知到世界存在着诸多未知，存在着许多可怕的力量，并且认识到自我生长的力量，同时又理解自身所存在的局限性。请联系本章对孔子教育思想以及苏格拉底等人教育思想的论述，阅读相关书籍，对雅斯贝尔斯的"轴心论"进行教育学评析。

5. 西方教育为什么走了一条和中国差异明显的发展道路？

6. 你认为，中西方教育史还有哪些相同和差异？讨论西方教育中哪些是值得我们借鉴的。

7. 选择观看一到两部电影，谈谈你对其中反映的教育观念等方面的看法：《一个都不能少》《美丽的大脚》《老师好》《乡村女教师》《放牛班的春天》《死亡诗社》《三傻大闹宝莱坞》。

✦✦ 参考资料 ▪▪▪

1. 毛礼锐、沈灌群主编：《中国教育通史》（第二卷），山东教育出版社 1986 年版。

2. 孙培青主编：《中国教育史》（第四版），华东师范大学出版社 2019 年版。

3. 陈学恂、田正平编：《中国近代教育史资料汇编：留学教育》，上海教育出版社 1991 年版。

4. 黄书光主编：《中国基础教育改革的历史反思与前瞻》，天津教育出版社 2006 年版。

5. 吴式颖主编：《外国教育史教程》，人民教育出版社 2016 年版。

6. 马骥雄：《外国教育史略》，人民教育出版社 1993 年版。

7. 李中华：《中华文化概论》，华文出版社 1994 年版。

8. 希尔斯著，傅铿等译：《论传统》，上海人民出版社 1991 年版。

9. 陈来：《儒学今读》，四川人民出版社 2021 年版。

第三章　教育的心理基础

▲▲ **学习指导** ▕▏

　　1. 认识影响人发展的各种因素,理解教育在人的发展中的独特作用。

　　2. 了解人心理发展的阶段特征,掌握心理发展阶段的教育意义。

　　3. 了解个体心理发展的差异性,学会运用心理学的基本知识进行个别化教学。

　　在教育理论中,有两个基本规律是为大家公认的,一是教育受人的发展制约,二是教育受社会发展制约。虽然在这两个规律的表述上,有着这样或那样的差异,但涵盖的内容大体都是相同的。前者是指教育要适应受教育者身心发展的需要,遵循受教育者身心发展的规律,主要反映的是教育的心理基础问题;后者是指教育要受一定社会的政治经济制度和生产力发展水平等的制约,随社会的发展变化而发展变化,主要反映的是教育的社会基础问题。接下来的两章,将分别阐述这两个基本规律。

一、人的发展与教育

（一）影响人的发展的因素分析

　　在个体的发展中,究竟哪些因素在发挥作用? 各种因素在人的发展中分别发挥着怎样的作用? 相互之间的关系怎样? 教育又发挥着怎样的作用? 教育如何整合其他因素,利用各种因素创造更好的条件去有效地影响人的发展呢? 为此,我们首先要对影响人发展的因素及其作用方式、机理进行分析。

　　对影响人的身心发展的因素,仁者见仁、智者见智。站在不同立场有着不同的认识,从不同学科出发也会得出不同的结论。在历史上形成了单因素决定论、二因素相互作用论以及多因素多层次论等,各种理论观点对各种因素之间关系的认识,也从非此即彼的绝对二分法,发展到逐步认识到各因素之间的相互作用。

单因素决定论是指有些人认为在众多影响人发展的因素中，只有一个因素是有决定意义的。其中一部分人强调内因、人之自然性的决定作用，如遗传决定论、成熟决定论等；也有一部分人认为环境在人的发展中起着决定性作用，如环境决定论。优生学的创始人高尔顿（Galton，F.）是"遗传决定论"的鼻祖；行为主义的创始人华生是"环境决定论"的主要代表。

遗传决定论强调遗传在心理发展中的作用，认为个体的发展及其个性品质早在生殖细胞的基因中就决定了，发展只是这些内在因素的自然展开，环境只是起到引发作用。高尔顿从英国政治家、法官、军官、文学家、科学家和艺术家中选出 977 位名人，包括调查和他们有

高尔顿

（1822—1911）英国科学家和探险家。主要著作：《遗传的天才》《人类的才能及其发展研究》等。

血缘关系的亲属中有多少人与他们同样著名。结果是，他们的父子兄弟中有 332 人也同样出名。而在另一个由相同人数组成的平常人的对照组中，他们的父子兄弟中只有一个名人。高尔顿认为，这种显著差别就是能力由遗传决定的证明。

环境决定论认为儿童心理的发展完全是受外界影响的被动结果，从而片面地强调和机械地看待环境的作用。按照华生的说法，已知刺激就能预言反应，已知反应就能推断先行的刺激。他通过经典条件反射的方法对婴儿的行为进行"塑造"，特别是在情绪方面进行了大量研究，结果表明儿童对许多事物产生怕、怒、爱等情绪多数都是习得的。

专栏 3.1　华生的恐怖学习实验

出生后 11 个月的阿尔巴特一直跟白鼠游玩，一点也不惧怕。实验开始，这个孩子一旦被白鼠碰上，实验者就在背地里敲打铁棒，发出巨大的音响。他惊吓得跳起来，哭丧着脸。如此反复，终于使他哭出声来。一周后，再让他见白鼠，他伸出手后又缩了回去。同上一次实验一样反复数次，最后仅仅让他见白鼠而不伴声音，他也会哭泣起来并跑开。这个实验（1920）表明，被视为本能的情绪反应，实际上可以在一定的条件下形成。

二因素相互作用论建立在对遗传和环境都是心理发展必不可少因素的普遍认识之上。由于遗传与环境的研究日趋深入，研究者们注意到遗传和环境在人的发展

中不可缺少，开始摒弃遗传或环境决定的二分法，把遗传与环境、成熟与学习各看作一对矛盾，力图克服单因素论的绝对性，认为二者的相互作用决定人的发展，强调各自发挥什么作用，分析两者的相互制约关系。这些研究，把主体的自身作用列入影响个体发展的因素之中，并强调各因素在个体发展过程中的不同地位、作用力大小的动态变化。

让·皮亚杰

(1896—1980)瑞士著名的儿童心理学家，创立了"发生认识论"。主要著作:《儿童的语言和思想》《儿童的道德判断》《教育科学与儿童心理学》等。

让·皮亚杰(Piaget，J.)等强调遗传和环境的相互作用，大致可以概括为以下几点。第一，遗传与环境对心理发展的作用是相互制约、相互依存的，即某一个因素的作用大小、性质依赖于另一因素。例如，环境对某种特性或行为的发生、发展能否起作用，起多大作用，往往依赖于这种特性或行为的遗传基础。第二，遗传与环境的作用是相互渗透、相互转化的，遗传可以影响环境，环境也可以影响遗传，同时遗传中有环境，环境中有遗传，有机体当前对环境刺激作出的某种行为反应，是它的遗传素质和过去环境相互作用的产物。第三，遗传与环境对心理发展的相对作用不是始终固定不变的，在不同的发展阶段、不同水平、不同性质机能上是有所不同的。在发展的初级阶段，一些较简单的初级心理机能(如感知、动作以及初级言语等)受遗传的制约性较大，而一些较复杂的高级心理机能(如抽象思维能力、高级情感等)，则更多地受环境的影响。

那么，教育在人的发展中有着怎样的作用? 教育与其他因素在人的发展中如何发生相互作用?

长期以来，我国教育理论界普遍认为，遗传素质是人发展的物质前提，环境和教育对人的发展起决定作用，且相对于环境而言，教育在人的发展中起主导作用。这就是所谓的影响人发展的"三因素论"。我国解放前的教育学著作认为，"三因素论"全面地体现了影响人发展因素的组成及其相互关系，它把带有宿命论色彩的遗传决定论中对遗传作用的认识，改造为人的发展的物质基础；在环境因素中，突出社会环境的作用；对教育的作用，则强调它在人的发展中起定向、加速与强化的主导作用。

自20世纪80年代以后，对这一理论的批评日渐增多，非议越来越大。研究者认为，"三因素论"只着重分析影响人身心发展的外因，而忽略了是人的内因和主观能动性在人的发展中的作用。一方面强调教育在人的发展中起主导作用，另一方面又把教育看作影响人的发展的外因,并认定决定事物发展的根本原因在事物的内部。它对各种因素作用的分析存在着孤立地、静止地、简单化地看问题的缺陷,提供的是一幅影响人发展因素的平面、静态分析图,把复杂、丰富、多变的个体发展与影响发展的因素间的相互作用关系大大简化和绝对化了,难以洞察到影响人的发展的各因素以及教育如何促进人的发展的内在活动结构。因此,对影响人发展的因素的分类不应以因素本身的性质为据,而应以对人的发展的影响性质为据,以一种动态、综合、系统、辩证的思维方式来分析影响人发展的因素。

根据影响人发展的因素所处的不同层次,可将影响人发展的因素分为对个体发展的潜在可能产生影响的因素,和对个体发展从潜在可能转化为现实产生影响的因素两大类。①

个体自身的因素,如先天因素、后天因素和环境因素,为人的发展提供了可能,个体的活动则使人的发展从潜在可能转化为现实。遗传因素和其他先天因素,为个体的身心发展提供了来自主体自身足够的、广泛与多样的条件。后天因素是在个体出生后逐渐形成的,包括身体生长发育水平与健康状态,心理能力的发展水平,知识、经验的积累水平与结构,对人、对事、对己的倾向性态度等,涉及个体的体质、能力、知识、经验、立场、态度等个体内在素质。后天因素是前一阶段发展的结果,又对后一阶段的发展产生影响,影响着个体对环境的选择与作用方式。后天因素对个体发展作用的强弱,与个体已经达到的发展水平相关。当人的发展水平达到已形成较清晰的自我意识和自我控制水平时,人能有目的地、自觉地影响自己的发展。环境因素为人的潜在发展可能变为现实,提供了实现的条件。环境对个体发展的意义,取决于个体的态度。个体对环境持积极态度,就会发掘环境中有利于自身发展的条件,克服消极的阻力,从而拓展自己发展的可能性。

先天因素、后天因素以及环境因素都是影响个体发展可能的因素,但需要在个体的生命实践活动中实现相互作用、相互渗透,并发生相互转化,才能将发展可能转变为现实。个体自身的生命实践活动在将发展可能转化为现实中具有决定性意义。根据个体活动的水平,个体活动可分为生理、心理和社会这三种不同层次,社会实践活动是人的活动中最高层次、也是最富有综合性的活动。人的社会实践活动从综合的意义上把主体与客体、个体与社会、人的内部世界与外部世界联系起来,是推动人本身发展的决定性因素。

---

① 叶澜认为,影响人发展的因素可分为可能性与现实性两个层次,包括个体自身条件、环境条件和主体所进行的各种类型实践活动等因素,这也就是"二层次三因素论"。下文有关观点参见叶澜:《教育概论》,人民教育出版社 2006 年版,第 191—219 页。

各种因素对人的发展的影响和作用并不等同，在不同的时期和不同的情形中，其作用力有强弱之分、方向之别。遗传是人的身心发展的生理前提，为人的身心发展提供着可能性。遗传主要表现为生理解剖结构：在生理结构没有达到成熟之前，它在儿童身心发展中起着主导作用；而当人的神经系统的结构初步成熟以后，其机能便构成起主导作用的内因，过去的经验或已有的心理发展水平，包括年龄特征，对儿童心理发展产生重要影响。个体的主观能动性在影响儿童发展的因素中处于最高层次。儿童在积累一定的经验和知识以后，就能够结合当前的情况，改组并创造性地运用自己的过去经验和知识解决矛盾。外部环境是影响人身心发展的外部因素，包括自然环境和社会环境。自然环境指的是物质环境，可分为纯自然环境和人化自然环境两个子类别，前者是未经人加工过的自然环境，后者则是经过人改造的物质环境。社会环境指的是各种各样的社会关系，也可分为自发的人际关系和有组织的人际关系两个子类别，前者是人在社会交往中自发形成的人际关系，后者则是有意识地组织起来的人际关系，职业、教育等都在其内。教育属于影响人的发展的外部因素中的社会环境的一部分，在人的身心发展中发挥着独特的不可取代的作用。在人发展的不同时期，教育能根据影响个体发展的不同因素采取有针对性的措施，更好地利用这些因素来促进个体发展，将个体发展的可能性转变为现实性。在个体的整个发展过程中，人的生命实践活动是使各种因素发生相互作用、使个体发展可能性转化为现实性的桥梁，是影响人发展的根本性因素。也正是在个体的生命实践活动中，外部因素才对人的发展发生作用。儿童是在自身与环境相互作用的活动中接受环境的影响的，离开了活动，儿童内在发展的可能性就不可能转化为现实性。

（二）教育在人的发展中的作用

教育是影响人发展的一种特殊因素。教育作为一种特殊的社会实践活动，由教育者和受教育者个体共同参与，它是一种人为的社会实践活动，以影响个体的身心发展为直接目的，是他人为影响受教育者个体而精心设计的一种活动。教育对个体发展具有特殊的功能：

1. 价值导向

教育区别于自然影响的最大特点就在于其目的性。教育作为一种有目的地培养人的社会活动，在一定程度上规定着人的发展方向，即依据一定的目的对人施加影响，有着较为明确的方向性。受教育者若能依循这种方向，通过自身的主观能动性，持续地接受教育者所施加的影响，就会自觉地将教育中所包含的方向转化为自身发展的方向。当然，其中也有教育影响的方向不被受教育者接受的情形，它大多发生在这样一些情况下：第一，教育活动不符合受教育者的接受能力，与受教育者身心发展需要相悖；第二，教育中所申明的目的与实际的目的不相一致，也就是表述出来的目的与教育中实际所达到的目的不一致，甚至完全相悖；第三，教育中所规定的目的，与教育所赖以生存的社会文化环境中的主导价值观念等相冲突。学校教育在一定意义上是对社会文化环境的"纯化"，能够排除和控制一些不良因素的影响，从而为年轻一代提供明确的或者说正确的发展方向。但这种对环境的"纯化"不应该是过分的简化，不应该回避社会文化中的一些与学校方向不一致的方面。否则，一旦学生走出校门，接收到来自社会各方面的影响时，他们在学校中形成的价值观念就会受到挑战，甚至对学校传递的东西产生怀疑和背离。

2. 强化作用

教育对人的发展起着一定的强化作用。抛却教育的影响，人也能够得到发展，自发的环境影响也为人的发展提供了各种各样的条件和便利。但是，教育特别是学校教育，是根据一定的要求，按照一定的目的，选择适当的内容，利用集中的时间，有计划、有组织、有系统地向学生施加影响的，这些都是自发的、偶然的、片段的环境影响所无法比拟的。教育能够对人的发展起到其他因素所无法起到的推进作用。当然，这种推进作用也需要以调动学生的积极性、主动性为前提。

3. 社会规范

学校教育按社会对个体的基本要求，对个体发展的方向与方面做出社会性规范，使个体社会化过程进入有意识状态。社会对个体的规范，表现为教育目的和目标，从而规范着学校其他工作，通过各种教育活动促使学生达到规范的目标。学校教育把社会认可的道德规范教给学生，并按照这一规范去形成或校正学生的道德行为，通过各种途径提高学生的社会意识、社会责任感和社会交往能力。

4. 加速发展

教育能够加速人的一般发展进程。在日常生活和工作实践中，个体的身心同样能得到发展，学校作为一个组织机构，在一定程度上以追求效率为主要指向，也即以如何更快更好地培养人才为着眼点。学校教育能加快个体发展变化的速度，缩短实现发展目标的时间。学校教育目标明确、时间相对集中、有专人指导，它通过专门培训过的教师的努力，起着社会环境其他因素中任何成员都不可能起到的作用，引导学生向一定方向发展。由于教师是专职的教育人员，熟悉教育的内容，懂得教育这个转化活动的规律和方法，因而使得学生的发展速度在某些方面会超出那些没有接受同等教育的人。此外，学校教育使个体处在一定的学习群体之中，个体之间发展水平有差异，这也有助于个体的发展。

5. 延时效应

学校教育，尤其是中小学基础教育，对个体发展的影响不仅具有即时的价值，而且具有延时的价值。学校教育的内容大部分具有普遍性和基础性，即使专门学校的教育内容，也在该领域中具有普遍性和基础性，因而接受教育后，个体所得到的发展一方面表现为掌握所学知识，帮助解决所面临的现实问题，另一方面，个体所学的这些知识对其今后的发展具有长远价值，而且有些知识需要在一段时间之后才会发生作用。此外，学校教育提高了人的需要水平、自我意识和自我教育的能力，能帮助个体形成对自身发展的自主能力，使个体的发展由自发提高到自觉阶段，这对人的发展来说，更具有长远的意义。

6. 潜能开发

学校教育的内容具有丰富性，有助于开发学生多方面的才能。而且，在学校中不同学生之间表现出才能的多样性和差异性，以及学生个体之间的相互交往，均有助于潜能的相互激发。专门学校更有助于对学生某些方面的才能进行开发。在学校教育中，教师具有一定的教育学和心理学素养，有助于他们发现学生的独特性，积极创造条件促进学生个性发展和潜能开发。

专栏 3.2 "新基础教育"

　　"新基础教育"由华东师范大学教育学系叶澜教授和她的研究团队创建。20 世纪 80 年代末，叶澜教授在上海进行深入调查，指出教育实践中存在无视人的现象。1994 年，开始"新基础教育"探索性研究；1999 年开始进入"新基础教育"发展性、推广性研究阶段；2004 年开始进入成型性研究阶段。为期 15 年的"新基础教育"研究，从教学领域到班级建设，到学校整体层面，在进行教育实践改革的同时实现教育理论的建构，在实现学校转型变革的同时实现人的成长，即实现学生、教师和校长的发展和成长，并在此基础上进行重建中国教育学的尝试和努力，提出创建"生命·实践教育学"学派。

"新基础教育"在学校转型变革中确立了"成事"与"成人"相结合的导向，在成事中成人，通过成人来成事，体现了"生命关怀"的价值取向。通过对中国社会转型期发生的深刻变化，以及社会中人的生存方式的改变进行研究，在对时代精神深入把握的基础上，提出新的教育理想。深入研究社会转型对人的生存方式造成的影响，以及中国基础教育学校转型性变革的内涵，明确了中国学校变革的基本走向，重构学校教育中的人的生存方式。①

二、心理发展阶段性与教育

个体心理发展具有一定的阶段性，教育要以每个阶段已达到的发展水平为基础。只有当我们对人生各阶段的基本特征以及这些特征出现的一般序列、前后因果有较为清晰的认识时，才有可能从实际意义上来谈论教育与发展的关系，真正从促进个体发展的角度提出每一阶段教育面临的任务和具体措施。

（一）关于心理发展阶段及其划分

个体的生命发展表现出阶段性。每个人都会经历婴儿期、儿童期、少年期、青年期、成年期、老年期等阶段，这是我们能感受到的人生不同阶段的最基本表现。

人的发展是一个不断从量变到质变的过程，是从渐进性的量变到跃进性的质变的过程。当某些代表新质要素的量积累到一定程度时，就会取代旧质要素而占据优势的主导地位，这时就会发生质的"飞跃"，表现为间断现象——阶段性。阶段性同连续性紧密联系，后一阶段的发展总是在前一阶段的基础上发生，而且后一阶段既包含前一阶段的要素，又萌发下一阶段的新质。

专栏3.3　U形人生曲线

所谓 U 形人生曲线的走向是这样的：当青涩少年刚刚步入成年生活时，

---

① 详细内容参见王枬、李政涛主编："生命·实践"教育学研究丛书，人民教育出版社 2022 年版；叶澜：《"新基础教育"论——关于当代中国学校变革的探究与认识》，教育科学出版社 2006 年版；叶澜、李政涛等著：《"新基础教育"研究史》，教育科学出版社 2010 年版。

U形人生曲线

他们通常是雀跃的，此时曲线处于高点；紧接着生命步入中年，开始走下坡路，此时的曲线也随之急剧下降，直到抵达生命的最低点，即我们通常所说的"中年危机"；但接下来的发展恐怕会出人意料了，进入老年，人们越来越多地收获了他们在年轻时拼命追求而不得的东西——幸福感。

自20世纪90年代初期以来，更多的研究者开始对U形人生曲线产生兴趣。美国达特茅斯学院经济学教授大卫·布拉克夫劳尔（Blanchflower，D.）和英国华威大学经济学教授奥斯沃德（Oswald，A.J.）研究了72个国家居民的幸福感，各个国家幸福感U形曲线的最低点有所不同，大部分国家的幸福感最低点在40岁至50岁之间，全球平均最低点为46岁。

有一系列的原因可以用于解释幸福感U形曲线。斯坦福大学心理学教授劳拉·卡斯滕森（Carstensen，L.）认为，原因在于老年人更懂得珍惜现在，他们会重视当下的感受，而不会为了将来牺牲现在的快乐。另一个观点认为，在老年时人们对于自己的长处和缺点能够欣然接受，放弃成为总裁等愿望。不管幸福感呈U形曲线的原因是什么，老年时幸福感的上升不仅让人们拥有更多快乐体验，还有利于身体健康。卡耐基梅隆大学的谢尔顿·科恩（Cohen，S.）教授的研究表明，快乐的人们被流感病毒感染的概率更小。①

随着心理学的发展，心理学家对人生阶段的研究日益深化。特别是发展心理学中相关的一些研究，为人的年龄阶段的划分提供了科学依据，并对人的心理发展作出了科学说明。在关于人的发展的心理学理论中，有三个著名的发展理论：皮亚杰的发生认识论、埃里克森（Erikson，E.）的精神分析理论和格塞尔（Gesell，A.L.）的成熟理论。

皮亚杰是20世纪世界上最著名的心理学家之一，他把从婴儿到少年的认知发展分为感知运动阶段、前运算阶段、具体运算阶段和形式运算阶段。第一个阶段：

---

① 陆彦等：《U形人生》，《经济学人》2011年2月。

感知运动阶段(约 0—2 岁)。在这一阶段,婴儿通过一系列先天性条件反射,如摇头、摆手、抓握等这类极简单的动作,发展了感知运动图式,逐渐地把自己和环境区分开来,形成对客体的最初反应和表象记忆。感知图式为以后的认知发展奠定基础。

第二个阶段:前运算阶段(约 2—7 岁)。这一阶段的儿童已经掌握了口头语言,但使用的语词或符号还不能代表抽象的概念,思维仍受具体直觉的束缚。皮亚杰用"前运算"一词来描述这一思维发展阶段的特征。所谓"运算",系皮亚杰从逻辑学中借用的一个术语,指借用逻辑推理将事物的一种状态转化为另一种状态。这一时期的儿童的思维不具有可逆性。可逆性是指改变人的思维方向,使之回到起点。前运算阶段的儿童不能进行可逆思维。

第三个阶段:具体运算阶段(约 7—11 岁)。这个阶段的儿童虽然缺乏抽象逻辑思维能力,但他们能够凭借具体形象的支持进行逻辑推理。这个阶段的标志是守恒观念的形成。所谓守恒,是指儿童认识到客体在外形上发生了变化,但其特有的属性不变。此时,他们的思维具有可逆性。

第四个阶段:形式运算阶段(约 11 岁到成人期)。这一阶段的儿童不仅能认识真实的客体,而且能考虑非真实的、可能出现的事件。这种能超越时空的对假设性因素的考虑,是思维发展的一个很大进步。此时的儿童能够进行假设—演绎思维(即不仅从逻辑上考虑现实的情境,而且考虑可能的情境(假设的情境)),也能运用符号进行抽象思维,同时还能进行系统思维(即在解决问题时,能分离出所有相关的变量和这些变量的组合)。

埃里克森的精神分析理论是另一个具有代表性的分段理论。他强调后天学习的重要性,强调社会环境和社会文化遗产对心理发展的影响。他认为,人的发展是一个生物与社会事件所引起的进化过程,发展中包括成熟和偶然事件所带来的影响。从出生到青年期末,人的心理发展要经历五个阶段:

第一个阶段:信任对不信任(0—1 岁)。新生婴儿要学习的基本态度在于信任他周围的世界。如果婴儿能从保育中感到温暖和舒适,他就能把这种经验扩大到以后的经验之中;另一方面,如果照料是不合适的或者不一致的、消极的,儿童则会在恐惧和怀疑中成长起来。

(1902—1994)美国精神病学家,著名的发展心理学家和精神分析学家。主要著作:《儿童和社会》《生命周期的完成》等。

第二个阶段：自主对羞怯、怀疑（2—3岁）。幼儿为了实现自主愿望，进行最基本的独立性探索，但想超越环境的限制，相应地会引起他们内心的胆怯。此时，如果允许儿童按自己的方式去做力所能及的事情，儿童将会形成自信和自主之感；如果成人支配一切活动，儿童则会对自己具有应对环境的能力表示怀疑，而且对自己的行为或自身抱有羞怯感。

第三个阶段：主动对内疚（4—5岁）。儿童朦胧地意识到生活是一种有一定目的的活动，常以攻击性行为来表示自己的创造能力，随之也会带来内心的矛盾。此时，要注意激励他们的主动精神，如果对他们的行为做过多的限制，或让他们感到无用、羞怯，那么他们就会时常出现内疚感。

第四个阶段：勤奋对自卑感（6—11岁）。儿童用新的经验从相反的角度进行探索，把充沛的精力集中到力所能及的范围之内。同时，又担心自己仍是一个孩子，人格尚不完整，由此产生一种自卑感。此时，如果儿童的努力经常得不到回报，如果他的活动不受重视或不受欢迎，那么他便会感到自卑。

第五个阶段：同一性对角色混乱（12—18岁）。当儿童经过青少年时期而接近身体成熟，并要求独立时，他们便关心自己的同一性。像"我是谁""我将成为什么样的人""人们把我看成什么人"等问题，将继续不断地纠缠青少年。发展的目标在于建立自我同一性，危险则在于角色的混乱，特别反映在性和专业的统一性或职业的准备方面。如果青少年得到帮助，能在不同情境保持明确的角色，并达到稳定的自我知觉，那么他将发展安全的同一性。如果青少年觉得自己不能适应生活的方方面面，那么他势必体会到角色的混乱。

格塞尔的成熟理论为个体发展阶段提出了另一种观点。格塞尔是成熟理论的代表人物，他研究的兴趣集中于生理成熟、成长和心理发展的同步关系，其中最著名的研究是对同卵双胞胎的对照性研究。他曾将一对同卵双胞胎的孩子作为被试，在不同的成熟期训练他们走路、攀登、滑旱冰等动作。研究结果表明，在儿童还没有达到明显的成熟准备之前，经验的训练是收效甚微的。即使在最初的训练中取得了一点成绩，也同样没有多大价值。到了一定的

格塞尔

（1880—1961）美国儿童心理学家。主要著作：《狼孩与人孩》《从5—10岁的儿童》等。

成熟准备期,从未接受过这种行动训练的孩子,只要略加训练就可以迎头赶上。格塞尔用图3-1来说明成熟与发展是如何相互关联的。从这个示意图中可以发现,儿童的兴趣和活动是在逐渐加宽的圆圈中不断变动的,起初只是身体的自我活动,以后涉及社会环境。

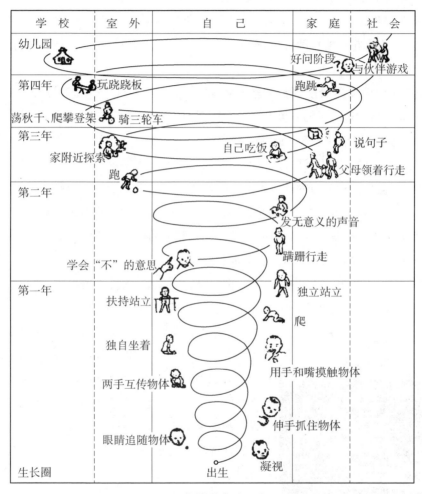

图3-1　儿童成熟与发展相互关联

关于人的发展,研究者采取不同的立场和视角,会提出不同的划分标准和人生阶段理论。人的发展阶段的划分,以人在与环境交互作用的活动中所表现出的发展水平和自主水平为依据。人处于不同的发展阶段,其整体发展水平表现出相应的总体特征。在个体发展的不同年龄阶段,表现出区别于其他年龄阶段的典型特征,也就是年龄特征。个体发展的年龄特征不是每一年龄阶段各方面特征相加之和,而是各方面的变化特征及它们相互作用的特定内容与方式,它呈现出结构性与整体性。年龄特征反映了个体因从事不同性质活动而表现出的身心两方面特点、自主水平等。然而,即使是某一年龄段的共同性特点,在每个个体身上又必然有其独特表现方式。年龄特征在具体个人身上是稳定性与可变性的统一、个性与共性的统一。对处于不同年龄阶段的人,社会赋予的相应要求具有一定的共同性。这也是对个体进行教育分期时需要考虑的一个重要因素。对于不同年龄阶段个体的教育,必须结合相应的年龄特征,根据社会的共性要求,提出相应的教育目标、确定相应的教育内容和任务。

（二）心理发展阶段理论的教育意义

认识个体心理发展的阶段及其年龄特征,对于搞好教育工作有着重要意义。

1. 教育要适应受教育者的接受能力

受教育者的不同发展阶段,具有不同的心理发展水平,标示着他们的学习准备状况,标示着他们对学习的适应程度。既然在不同的年龄阶段,受教育者的生理成熟水平和心理发展水平有着较为明显的差别,那么教育就必须考虑这些差异,适应受教育者的学习准备条件。否则,就难以达到预期目的。若教育内容、方法等滞后于受教育者的心理发展水平,就会造成教育资源的浪费,产生少、慢、差、费的现象;若教育内容、方法等大大超前于学生的心理发展水平,就会拔苗助长,不仅难以使学生掌握正在学习的知识技能,而且还会产生不愉快的心理体验,使其害怕和逃避学习。格塞尔的研究,为人们慎重合理地安排儿童早期教育提供了一定的实验根据,说明了教育和训练都必须根据儿童生理的成熟水平和实际的接受能力进行,对儿童的教育要充分考虑成熟的程度和个体的差异,并利用自我调节的力量。教育和训练只有与成熟统一起来,才能获得较好的效果。

赞科夫

(1901—1977)苏联著名教育家、心理学家,把毕生精力献给了"教学与发展问题"研究。主要著作:《教学与发展》《教学论与生活》《和教师的谈话》等。

教育要适应受教育者的心理发展水平,也即"量力性原则"或"可接受性原则",是指教育内容、方法、进度等要从受教育者的实际情况出发,适合受教育者的心理发展,使受教育者能够掌握教师所教的知识、技能等。苏联教育家赞科夫(Занков, Л. В.)曾通过实验研究提出教学的高难度和高速度原则,这看上去似乎与量力性原则矛盾,其实不然。他所讲的高难度,并不是越难越好,而是主张要选用学生能够理解的教材进行教学。他所反对的是旧教材内容的简单贫乏,认为这样的教材降低了学生的学习兴趣,阻碍了学生的智力发展。他所讲的高速度,并不是开快车、赶进度,而是要不断以广博有趣的知识去丰富学生的智慧,使其深刻理解后形成自己的知识体系。他所反对的是旧教学的重复,迫使学生咀嚼已知的材料,原地踏步。

2. 教育要依受教育者的心理发展过程,循序渐进

个体的心理发展是阶段性和连续性的统一。一方面,心理发展具有一定的非连续性,表现为发展的不同阶段;另一方面,各个发展阶段之间表现出一定的顺序,后一阶段以前一阶段的发展为基础,具有连续性。连续性和阶段性是交叉、重叠的,各阶段之间不是突然的中断和全新的开始。在不同的发展阶段,展开不同的教育活动,按照发展的序列循序渐进。

皮亚杰认为,教育应按照儿童的年龄阶段来加以组织。他明确指出,"一切理智的原料并不是所有年龄阶段的儿童都能够吸收的;我们应当考虑到每个年龄阶段的特殊兴趣和需要"。教师要发现符合每个阶段的知识有哪些,然后用该年龄阶段的心理结构所能吸收的方式传授给学生。在他看来,试图离开儿童年龄阶段的心理特点去加速学生的发展,只是浪费时间和精力。只有在每一个年龄阶段都运用良好的教育方法,才可以增进而不损害儿童智能的发展。按他的说法,教育应该走在发展的后面,或至多与发展相平行,才是有效的。

而苏联心理学家维果茨基(Vygotsky, L.)认为,儿童有两种发展水平:一是现有发展水平,即由一定的已经完成的发展系统所形成的发展水平;二是即将达到的发展水平。这两种水平之间的差异,就是最近发展区。他提出,教育者不应只看到儿童今天已达到的发展水平,还应该看到仍处于形成的状态,正在发展的过程;教育不应只适应发展的现有水平,走在发展的后面,还应适应最近发展区,从而走在发展的前面。赞科夫以此为据,更进一步指出,儿童心理某些已经完成的程序,只是教学的起码条件,教学远不能停留于此,而应走在发展的前面;教学与发展的关系是因果关系,教学的结构是因,学生的发展进程是果。按维果茨基和赞科夫的说法,教育(教学)是学生心理发展的源泉,理所当然要走在发展的前面。

维果茨基

(1896—1934)苏联著名心理学家,被誉为"心理学中的莫扎特",他所创立的文化历史理论对西方心理学产生了广泛影响。主要著作:《儿童心理发展问题》《心理学讲义》等。

无论持哪一种观点，都必须对受教育者的心理发展水平有清醒的认识。儿童的心理发展是连续的，前一阶段孕育着后一阶段发展的萌芽，教育和教学应适度、适量地在这个"萌芽"状态上下功夫，让学生"跳一跳，摘桃子"。

3. 教育要抓住受教育者心理发展的"关键期"，适时施教

劳伦兹

(1903—1989)奥地利生态学家、动物学家、科普作家，现代动物行为学的创立者之一。主要著作：《所罗门王的指环》等。

关键期的概念是奥地利生态学家劳伦兹（Lorenz, K.）提出的，他在研究鸟类的自然习性时发现，刚孵出的幼鸟，如小鸡、小鹅，会在过后很短的一段时间内追逐自己的同类，若错过了这段时间，便很难再学会此类行为或"印刻"自己的"母亲"。他认为这个时间是幼禽认识并追随母禽的关键期。儿童在心理发展的每一阶段，都有一些重要的本质特征，教育要依循这些本质特征，适时施教。在心理学中，这样的时期也被称为关键期，即在个体生命历程中，有某一个时期会对某种刺激特别敏感，过了这个时期，同样的刺激便不会再有同样的效力。学生若在这一时期未能在某一方面获得相应发展，则对以后的发展会产生不良的影响。已有研究表明，2岁是口头语言发展的关键期，4岁是形状知觉的关键期，4—5岁是学习书面语言的关键期。抓住关键期的有利时机，及时进行适当的教育，当能收到事半功倍的效果。

4. 教育要给学生的心理发展以积极的支持

在埃里克森看来，一个人的人格是沿着由一系列转折点构成的连续体而发展的，应该在合意的性质与危险的品质之间维持平衡，当消极的性质在比例上超过积极性质时，将会造成发展的困难。在教育教学中，一个学生落在埃里克森心理社会化发展的二分法的哪一边，取决于他体验到的课堂气氛和所保持的人际关系的性质。儿童需要成人给以心理逻辑上的支持，以便在不同的情境中能够满怀信心，愿意在智力上、情绪上和社会上自行检验。教师应该为学生提供必要的支持和信任关系，帮助学生发展起积极而健康的人格和人生观。对于学生的发展来说，积极的心理体验至关重要，它能够增强学生的学习兴趣，提升其学习动机，进而促使其在学习中能发挥较强的主观能动性，并取得良好的学习成绩，反之，则无法取得这样的教学效果。

专栏3.4 如果我当教师

如果当教师的话，我想把以下的话告诉自己，策励自己。

我如果当小学教师，决不将投到学校里来的儿童认作讨厌的小家伙、惹得人心烦的小魔王；无论聪明的、愚蠢的、干净的、肮脏的，我都要称他们为"小朋友"。那不是假意殷勤，仅仅浮在嘴唇边，油腔滑调地喊一声，而是出于忠诚，真心认他们做朋友，真心愿意做他们的朋友的亲切表示。小朋友的长成和进步是我的欢快；小朋友的羸弱和拙钝是我的忧虑。有了欢快，我将永远保持它；有了忧虑，我将设法消除它。对朋友的忠诚，本该如此；不然，我就够不上做他们的朋友，我只好辞职。

我如果当中学教师，决不将我的行业叫作"教书"，犹如我决不将学生入学校的事情叫作"读书"一样。书中称积蓄着古人和今人的经验，固然是学生所需要的；但就学生方面说，重要在消化那些经验成为自身的经验，尤其重要在能够随时随地就事事物物得到新经验——不限于书中的经验。说了"读书"，便把这个意思抹杀了，好像入学校只须下一些书本上的功夫。因此，说了"教书"，也便把我当教师的意义抹杀了，好像与从前书房里的老先生，并没有什么分别。我与从前书房里的老先生，其实是大有分别的。他们只需教学生把书读通，能够去应考、取功名，此外没有他们的事儿了；而我呢，却要使学生能做人、能做事，成为健全的公民。这里我不敢用一个"教"字。因为用了"教"字，便表示我有这么一套完整的本领，双手授予学生的意思；而我的做人做事的本领，能够说已经完整无缺了吗？我能够肯定地说我就是一个标准的健全的公民吗？我比学生，不过年纪长一点，经验多一点罢了；他们要得到他们所需要的经验，我就凭年纪长一点，经验多一点的份儿，指示给他们一些方法，提供给他们一些实例，以免他们在迷茫之中摸索，或是走了许多冤枉道路才达到目的——不过如此而已。所以，若有人问我干什么，我的回答将是"帮助学生得到做人做事的经验"，我决不说"教书"。①

---

① 叶圣陶：《如果我当老师》，《今日教育》2010年第11期，有删改。

三、心理发展的差异性与教育

人的心理发展具有阶段性,这是个体在某一阶段的发展所具有的共性。但即使处于同一阶段,不同的具体个体的发展又有差异。教育作为一种培养人的社会实践活动,既要针对同一年龄阶段个体的共性特征,提出一般的普遍要求;又要注意到同一年龄阶段不同个体的个性特征,提出相应的教育要求,采用针对性的教育措施。在共性、一般性的基础上充分考虑到个性、特殊性,是使教育达到良好效果的前提和保证。

(一) 心理发展的个体差异

个体差异是指个体在成长过程中受遗传和环境的交互影响,从而在身心特征上显示出彼此各不相同的现象。心理学的大量研究表明,人的发展的阶段性是普遍存在的,人的身心发展由低一级水平向高一级水平过渡,这种顺序是不可改变的。但是,承认发展阶段过渡的一般性,并不意味着在具体个体身上,或在不同的文化背景条件下不存在阶段过渡的特殊性或不存在种种个别差异。儿童的个别差异可以表现在各不相同的方面,如性别、社会经济地位、在家庭中的出生顺序等,这些方面都会对教育产生影响。

概而言之,个体差异主要表现为个性的差异。个性是指决定个人的个别性与独特性的种种特质的总和,是一个人区别于他人的其本身所固有的性格特征。

> **专栏 3.5　气质类型的有关观点**
>
> 　　古希腊著名医生希波克拉特(Hippocrates,公元前460—前370)在《论人的本性》一书中,按照四种体液的多寡来说明个体的气质类型。他认为,人体含有四种不同的液体,即血液、黏液、黄胆汁和黑胆汁。它们分别产生于心脏(血液)、脑(黏液)、肝脏(黄胆汁)和胃(黑胆汁)。四种体液形成了人体的性质,机体的状况取决于四种液体的配合。血液占优势的人属于多血质,黏液占优势的属于黏液质,黄胆汁占优势的人属于胆汁质,黑胆汁占优势的人属于抑郁质。每一种体液也都是由寒、热、湿、干四种性能中的两种性能混合而成。血液具有热—湿的性能,因此多血质的人温而润,好似春天一般;黏液具有寒—湿的性能,黏液质的人冷酷无情,好似冬天一般;黄胆汁具有热—干的性能,黄胆汁的人热而燥,如夏季一般;黑胆汁的人具有寒—干的性能,因此抑郁型气质的人如秋天一般。四种体液配合恰当时,身体便健康,否则就会

出现疾病。多血质型气质的人,感受性低而耐受性较高,不随意的反应性强,具有可塑性和外倾性,情绪兴奋性高,外部表露明显,反应速度快而灵活。胆汁质型气质的人,感受性低而耐受性较高,不随意的反应性高,反应的不随意性占优势,外倾性明显,情绪兴奋性高,抑制能力差,反应速度快,但不灵活。黏液质型气质的人,感受性低而耐受性高,不随意的反应性和情绪兴奋性均低,内倾性明显,外部表现少,反应速度慢,具有稳定性。抑郁质型气质的人,感受性高而耐受性低,不随意的反应性低,严重内倾,情绪兴奋性高而体验深,反应速度慢,具有刻板性,不灵活。

个体心理发展的差异,至少表现在以下几个方面:

1. 认知方面的个体差异

（1）认知发展差异。这突出地表现在思维的差异上。例如,多数 6—7 岁的儿童能进行 10 以内的整数加减运算,但少数发展快的儿童能进行 20 以内甚至 100 以内的加减运算,而一些发展较慢的儿童,上小学时还未完全掌握 10 以内的数的概念,更不能进行加减运算。思维越是发展到高级水平,学生之间的差别就越大。甚至同一个人在某一学科领域的思维可能达到形式运算水平,但遇到新的困难时,又会退回到具体运算水平。而且,在某门学科能进行形式运算思维,并不意味着他在其他学科领域也能以同样的方式思维。有研究表明,青少年一般先在自然科学领域中进行形式运算思维,而在社会科学领域的思维发展较慢。

（2）认知风格差异。认知风格的个别差异也许与教育关系最为密切,影响着师生的相互作用。认知风格一般包括两个方面:一是指个体处理信息的方式,二是指个体对事物作出反应的策略。心理学家西格尔(Harold Segall)和库柏经过研究,确认不同的个体有着不同的认知风格:注意刺激的整个特征与考察刺激的细节,区分刺激为几大范畴与区分刺激为许多小范畴,直觉的归纳思维与逻辑的演绎思维,快速冲动的反应行为与缓慢费力的解题行为,等等。按照另外一种分类,认知风格可分为场独立与场依存、冲动型与沉思型、复合型与发散型。认知风格影响学习风格,每一种认知风格及其变式,都会导致学习结构在速度和精确性方面以及在品质方面的差异。

2. 能力发展的个体差异

能力差异是指个体在智力、体力及工作能力等方面的差异,是由性别、年龄、文化背景等因素造成的,主要表现在以下方面:

（1）发展水平的差异。能力有高低的差异。在一般能力方面，能力的水平差异主要指智力发展水平的差异。智力是什么？虽然心理学家们众说纷纭，有的认为智力是获得并运用任何一种知识和技能的总的能力，还有的认为智力是指在所在环境中生活和适应的能力等，但心理学界通过对智力近一个世纪的研究，使得我们对它已有了相当多的了解。仅就智力测验而得到的智商而言，可以看出，人的智力发展有一定差异。心理学家们把智商100看作常态标准，经过测量发现智商在90—110范围之内的占人口总数的一半。处于高端和低端的是特殊的人，分数在120以上的可视为天才，而分数在70以下的则为智力迟钝者。

（2）表现早晚的差异。人的能力的充分发挥有早有晚。有些人的能力表现较早，年轻时就显露出卓越的才华，这叫"人才早熟"。古今中外能力早慧者不胜枚举。例如，奥地利作曲家莫扎特5岁就创作了他的第一首乐曲，8岁时举办了独奏音乐会。唐初四杰之一的王勃10岁能作赋，13岁写出著名的《滕王阁序》。另一种情况叫作"大器晚成"，即智力的充分发展在较晚的年龄才表现出来。这些人年轻时并未显示出众的能力，但到中年才崭露头角，表现出惊人的才智。例如，我国的画家齐白石，本来长期做木匠，40岁才显露绘画才能，成为著名的国画家。明代医学家李时珍，在61岁时才写成《本草纲目》。

（3）结构的差异。能力有各种各样的成分，它们可以按不同的方式结合起来。能力的不同结合造成结构上的差异。例如，有人长于想象，有人长于记忆，有人长于思维，等等。不同能力的结合，也使人们互相区别开来。例如，在音乐能力方面，有人有高度发展的曲调感和听觉表象能力，而节奏感较差；而另一人有较好的听觉表象能力和强烈的节奏感，而曲调感差。

（4）性别的差异。20世纪30年代的许多研究发现，男女在一般智力因素上没有性别差异。40年代，韦氏智力量表问世，使智力测验不仅能考察一般智力因素，还能测查特殊智力因素。性别差异并未表现在一般智力因素上，而是反映在特殊智力因素中。

3. 气质性格的个体差异

气质差异表现为气质类型及其行为特征的差异。气质类型是由神经过程的基本特性按照一定的方式结合而成的气质结构。因此，气质类型的行为表现带有稳定的规律性。一般说来，一个人无论从事什么活动，即使各种活动的性质和内容千差万别，但气质特征却得到同样的表现。不同学生对同一事件和行为的不同反应，或者在面对同样的情况时有着不同的表现，这和他们的气质类型有关。

性格是一个人对现实的态度以及与之相应的习惯化的行为。性格是个性心理特征中最重要的方面,是人的主要个性特点的集中体现。人们在现实生活中显现出的某些一贯的态度倾向和行为方式,如大公无私、勤劳、勇敢、自私、懒惰、沉默、懦弱等,都反映了自身的性格特点。性格特征表现为以下几个方面。一是态度特征,表现个人对现实的态度的倾向性,如对社会、集体、他人的态度,对劳动、工作、学习的态度以及对自己的态度等。二是理智特征,表现心理活动过程方面的个体差异,如在感知方面,是主动观察型还是被动感知型;在思维方面,是具体罗列型还是抽象概括型,是描绘型还是解释型;在想象力方面,是丰富型还是贫乏型;等等。三是情绪特征,表现个人受情绪影响或控制情绪程度的状态,如个人受情绪感染和支配的程度,情绪受意志控制的程度,情绪反应的强弱、快慢,情绪起伏波动的程度,主导心境的性质等。四是意志特征,表现个人自觉控制自己的行为及行为努力程度,如是否具有明确的行为目标,能否自觉调适和控制自身行为,在意志行动中表现出独立性还是依赖性,是主动性还是被动性,是否坚定、顽强、忍耐、持久,等等。

专栏3.6 关于性格类型的几种理论观点

心理学家高度重视对性格理论的研究,并尝试从不同角度对人的性格类型进行划分。不同性格类型存在着明显的差异。

(1)机能类型说。这种学说主张根据理智、情绪、意志这三种心理机能在性格结构中所占的优势地位来确定性格类型。其中,以理智占优势的性格称为理智型。这种性格的人善于冷静地进行理智的思考、推理,用理智来衡量事物,行为举止多受理智的支配和影响。以情绪占优势的性格,称为情绪型。

(2)向性说。美国心理学家艾克森提出按照个体心理活动的倾向来划分性格类型,把性格分为内向、外向两类。内向型的人沉默寡言,心理内向,情感深沉,待人接物小心谨慎,性情孤僻,不善交际;外向型的人心理外向,对外部事物比较关心,活泼开朗,情感容易流露,待人接物比较随和,不拘小节,但比较轻率。

(3)独立—顺从说。这种学说按照个体的独立性,把性格分为独立型和顺从型两类,独立型的人善于独立发现和解决问题,有主见,不易受外界的影响,较少依赖他人。顺从型的人独立性差,易受暗示,行动易为他人左右,解决问题时犹豫不决。

4. 学习风格的个体差异

个体学习成效虽然与个体学习能力水平高低有较大相关，但更依赖于个体的学习活动与其学习风格相适应的程度。学习风格是指学习者在完成学习任务时所表现出来的一贯的、典型的、独具个人特色的学习策略和学习倾向。学习策略是指学习者在完成学习任务或实现学习目标时采取的一系列步骤、方法。学习倾向是指学习者的学习情境、态度、动机、坚持性，以及对学习环境、学习内容等方面的偏好。学习风格的生理因素包括个体对外界环境中的生理刺激、对一天内的时间节律以及在接受外界信息时对不同感觉通道的偏爱。比如，有的学生属于视觉型，擅长读、看，自己看书、做笔记；有的学生属于听觉型，擅长听，多听多说；有的学生属于动觉型，擅长动手、动口。有的学生在左右脑的发展上不一致，右脑与直觉艺术倾向联系，左脑与逻辑和系统思维联系。

学习风格可以分为以下几种：

（1）场独立型和场依存型。赫尔曼·威特金（Herman A. Witkin, 1916—1979）提出，有些人知觉时较多地受他所看到的环境信息的影响，有些人则较多地受来自身体内部线索的影响。他把受环境因素影响大者称为场依存型，把不受或很少受环境因素影响者称为场独立型。前者是"外部定向者"，基本倾向于依赖外在的参照；后者是"内部定向者"，基本倾向于依赖内在的参照。场依存型的人不能将一个模式分解成许多部分，或只能专注于情景的某一个方面。场独立型的人善于分析和组织。场依存型的人在学习社会材料时较场独立型的人好，而场独立型的人在学习未经充分组织好的材料时较场依存型的人好。

（2）冲动型和沉思型。杰罗姆·凯根（Jerome Kagan, 1929—2021）等人对认知速度进行过深入研究，区分出两种不同的认知风格。冲动型学生一直有一种急忙做出选择的欲望，犯的错误更多；沉思型学生则采取谨慎小心的态度，做出的选择比较精确，但速度要慢些。认知速度的差异与智力分数无关，但与在学校中的学习成绩有关。与沉思型儿童相比，冲动型的儿童容易分心、急于求成，成绩较差，掌握性动机比较弱。鉴于认知速度与教育的关系，许多研究者建议，训练儿童以减少其冲动性。有研究发现，自我指导训练能减少冲动型儿童的错误。给冲动型儿童呈现沉思型学习的榜样，让他们进行练习并给予反馈，似乎是一种有效的方法。

（3）深层加工和表层加工。学生对信息进行加工的深度存在两种方式，一种是深层加工，另一种是表层加工。深层加工指深刻理解所学内容，将所学内容与更大的概念框架联结起来，以获取内容的深层意义。表层加工指记忆学习内容的表层信息，不将它们与更大概念框架联结起来。深层加工有利于侧重理解的考试，表层加工有利于侧重事实学习和记忆的考试。

（4）整体型和系列型。英国心理学家戈登·帕斯克（Gordon Pask，1928—1996）发现，有的学生在解决问题时把精力集中在一步一步的策略上，他们提出的假设一般比较简单，每个假设只包括一个属性。这种策略被称为系列型策略，从一个假设到下一个假设呈直线式进展。而另一些学生则倾向于用比较复杂的假设，每个假设同时涉及若干属性。这种策略被称为整体型策略，从全盘考虑如何解决问题。

（5）分类风格。分类风格是指当个体知觉彼此相似的物体时所采用的标准，它反映了个体组织信息的个人偏好，可以用分类任务加以评定。分类任务有三种：相关的、描述的和类别的。相关的分类风格是根据事物的主题或功用分类；描述的分类风格是指根据一些细节或物理特征进行分类；类别的分类风格是将具体事件归属于一个上位概念。分类风格与学习成绩相关，但因果关系并不清楚。

（二）基于心理差异的个性化教育

个体发展的差异影响着学习方式，对不同学生应采取不同的教育措施，因材施教。从教学活动的角度，需要进行个别化教学。

学生发展的个体差异，要求教育活动要做到因材施教，即根据学生不同的心理特点，有的放矢，因势利导地去组织和进行教育、教学工作。当前主要采用班级授课制这种教学组织形式，教师面对的是几十个面貌不同、心理特征各异的学生，往往使用同一种教材、同一种方法来进行教学活动。心理学家西蒙兹对 6 岁的一年级学生和 9 岁的四年级学生进行了智力测验，比较他们的智龄和生活年龄（生龄）之间的差距。测验结果表明，一年级学生中智龄为 6 岁的即属于常态的占 34％，智龄为 7—9 岁的占 31％，智龄低于 6 岁的占 35％，其中智龄只达 3 岁的学生有 3 名。四年级的 9 岁儿童中，智龄为 9 岁的占 25％，智龄为 10—13 岁的占 37％，低常的、智龄为 5—8 岁的共占 38％，其中智龄只有 5 岁的学生有 2 名。如果这种测量是准确的，那么，还以统一的教材和教法进行教学，就难以适应三种不同智力水平和不同需要的学生。

因材施教的最佳方式是个别教学。教师要在现有的班级授课制下，做到"各因其材"地去教，需要将班级教学、分组教学和个别教学有机地结合起来。当前，为适应学生发展的个体差异，探索采取了一些有效教学形式，主要有如下几种：

1. 走班制

这种教学形式是指，同一个班级的学生日常管理仍在一个固定的班级（行政班），但学生可自由选择上课内容和学习的教室。学生走班后上课的教室为教学班。不同班级的学生，根据自己所选科目的不同到不同的教室上课，需要时也会在教学班上自习。走班制主要适用于年龄较大的班级学生。

2. 分层教学

分层教学又称分组教学、能力分组，是教师根据学生现有的知识、能力水平和潜力倾向，把学生分成几组各自水平相近的群体，再根据不同群体的实际水平进行教学。分层教学强调以学生的现有知识、能力水平为基础，分层次进行教学，使所有学生都在已有发展水平上得到提高。可以采取班内分层目标教学模式，又称"分层教学、分类指导"教学模式，它保留行政班，但根据不同学生的实际，确定不同层次的教学目标，让教师进行相应的教学。也可以按照学生知识能力水平和所处层次，分成不同的教学班，教师根据学生所处发展层次和水平，确定合适的教学目标，有针对性地进行教学，学期末根据学生的努力情况及后续学习现状，再进行层次调整。还可以在课堂教学中进行分层互动，教师根据学生的学习状况、知识水平、特长爱好及社会环境，组成一个个学习小组，充分发挥师生之间、学生之间的互动，特别是利用学生发展的层次差异与合作意识进行人际互动，使每个学生都得到应有的发展。分层教学模式使同一层次内学生的基础和水平更为整齐，能够比较好地适应学生的兴趣和差异。

3. 个性化教学

个性化教学就是尊重并根据学生的个性、兴趣、特长、需要进行施教，通过对学生进行个别化的综合调查、研究、分析、测试、考核和诊断，根据社会未来发展趋势和职业前景、学生的个人潜质特征、自我价值倾向以及家长的目标与要求，为教育对象量身定制教育目标、教育计划、辅导方案。在对学生进行沟通、引导、激励和辅导时主要采用"一对一""面对面""即时反馈"的方式，有利于启发独立思考、训练学习方法和思维方法、及时发现问题并加以解决、提高学习兴趣和学习效率。

加德纳

（1964— ）著名教育心理学家，被誉为"多元智能理论之父"。主要著作：《智能的结构》《艺术、智能与大脑：对创造力的认识途径》等。

4. 多元智能教学

20 世纪 80 年代，美国哈佛大学教授加德纳（Gardner, H.）博士提出多元智能理论。加德纳认为，人类的智能是多元化而非单一的，主要由语言言语智能、数理逻辑智能、视觉空间智能、身体运动智能、音乐韵律智能、人际沟通智能、自我认识智能、自然观察智能这八个方面组成,每个人都拥有不同的智能优势组合。智能既可以是教学的内容,又可以是教学内容沟通的手段或媒体,这个特点对于教学是很重要的。多元智能理论是一种"内在建构性"的学习观,强调每个人以自己的方式来理解知识和建构自己对事物的认识,在教学中特别关注学习者个体智能的差异对教学的意义。学校教育的改革必须重视"学生个体的差异"。

专栏 3.7 "多元智能教学菜单"范例

智能类型	可供选择的个性化多元学习方式
语言言语	利用讲故事的形式进行讲解、开展讨论、写诗、编(神话、传奇故事、短剧)、写新闻稿、制作脱口秀节目、访谈、制作简报、为解决一个问题写信给他人
数理逻辑	用数学公式表达结论、设计和实施试验、运用推论的方法论证、运用类比的方法说明、描述事物或现象的模型或对称性、给事实分类
视觉空间	制图、作画、画图表、制作(幻灯片、录像带、相册)、制作艺术品、设计黑板报或纸牌游戏、图解、涂鸦、涂颜料、绘图、雕刻、建筑构图、改变事物大小和形状
身体运动	角色扮演或模仿、用舞蹈表达、展开某项或系列的活动、设定活动任务、动手设计制作或建造、郊游、收集身边的资料
音乐韵律	为展示的作品设计背景音乐、打节拍、唱歌、写抒情诗、分辨音乐的节奏范式、制作乐器、用乐器或恰当的音乐来表达自己的思想感情
人际沟通	通过小组合作学习、主持会议、在会议上致辞、有目的地运用社交技能学习、参与公益性活动、交流讨论
自我认识	描述能助你成功的自身品质、设定目标并向目标努力、评价自身的价值、写日记、评价自己的学习或工作、描述你的感受、读名人传记、发现他人优点、接受他人的反馈评价
自然观察	收集和分类资料、郊游、记观察笔记、描述本地或全球环境的变化、饲养宠物、照顾野生动物、爱护花园(公园)、使用望远镜(显微镜、放大镜)、画自然景物画、拍照、以"自然主题"开展研究性学习

◇ **讨论题**

1. 通过本章学习,你认为学习心理学基础知识对搞好教育工作有什么意义?如何运用心理学基础知识帮助自己更好地开展教育?

2. 北宋时期,著名的政治家、思想家、文学家王安石有一篇文章,名为《伤仲永》,大致是讲一个叫方仲永的人在他 5 岁时的一天,突然哭着要笔墨纸砚等文具,作诗四句。后来,他父亲带着他四处炫耀,让他没有机会学习,最终"泯为众人"。王安石最后的点评,大致意思是仲永年少时的天资比一般有才能的人高得多,但他没有受到后天的教育,最终成为一个平凡的人。像他那样天生聪明、有才智的人,没有受到后天的教育,尚且要成为平凡的人;那么,那些不是天生聪明、本来就平凡的人,如果不接受后天教育,想成为一个平常的人恐怕都很难!

联系本章内容,分析这个故事给我们带来的启示。

3. 有调查发现,目前有一半左右的孩子接受过超前教育,针对 3—7 岁孩子进行的超前教育主要集中在识字、数学、阅读和英语口语四个方面。

据了解,除了幼儿园的特长班、兴趣班等有时会涉及很多小学教育的内容外,对孩子进行超前教育的"主力"是父母,他们在平时猛下功夫,教孩子学语文、数学、英语,甚至拿着小学的教材教,在校园教育的基础上将义务教育大大提前。于是,我们的身边产生了许多"小神童":有的才 4 岁就会读书看报、讲英语、背唐诗;有的才 5 岁就认识 1000 多个字,足以应付一年级全年的语文课程······

与此同时,有些学校也为孩子的超前教育推波助澜。比如,要求孩子上一年级时,最好能认识几百个汉字,或者有特长。学校在挑选学生时,有时也要看孩子获奖的次数,是否参加过英语、数学等培训,是否有一技之长,等等。与此相对应的是,小学生教育超前的现象在许多中心小学、实验小学中尤为突出。

结合本章内容,对这种现象进行评论或辩论。

4. 请结合实际,谈谈你对个体发展的阶段性与差异性的理解,在教育工作中应该如何针对个体发展的阶段性和差异性进行教育。

5. 有一位特级教师在《我是怎样教数学的》中写道:平时,我讲授一个新的单元,总要分以下几步走。(1)先给基础有缺漏的同学补一些过去没有学好的知识,填平他们的知识缺陷,使他们达到班内的平均水平,以利于接受新的知识。(2)课内讲授新知识时,照顾班内大多数学生的水平。(3)在教了一段时期之后,同学中出现了新的差距,我就根据实际情况,依据教材的内容,(有时)把学生分成两组,重新安排课堂座位,进行复式教学。对理解力好的同学,我一般只要提一提、点一点,便由他们自己看书,做题目;而理解力差的同学则由我加强辅导,领着他们一起做题目,让他们慢慢学会自己走路。对两个组,我出的题目也是不尽相同的。(4)在进行复式教学之后,还有一小部分学生跟不上,我就给他们进行课外辅导。(5)单元测验后,如还有个别学生跟不上,我就把他们请到办公室来一个一个地进行具体辅导。我把这种分层补缺、逐批过关的做法叫作"筛米粉"。学生经过各种不同的筛选后,每个同学就都能达到合格的水平了。

请你运用所学知识对这位老师的做法进行分析和评价。

✕● 参考资料

1. 叶澜:《教育概论》,人民教育出版社 2006 年版。

2. 扈中平主编:《现代教育学》(第 4 版),高等教育出版社 2020 年版。

3. 冯建军主编:《教育学原理》,中国人民大学出版社 2018 年版。

4. 康永久:《教育学原理五讲》,人民教育出版社 2016 年版。

5. 胡谊主编:《教育心理学》(第三版),华东师范大学出版社 2021 年版。

6. 李晓东:《发展心理学》,北京大学出版社 2016 年版。

7. 斯莱文(Robert E. Slavin)著,姚梅林等译:《教育心理学——理论与实践》(第 7 版),人民邮电出版社 2004 年版。

8. 霍华德·加德纳著,沈致隆译:《多元智能》,新华出版社 2003 年版。

第四章 教育的社会基础

▲ **学习指导** ▪▪

1. 认识教育作为一种社会现象的特殊性,了解学校、班级的社会特征。

2. 了解围绕教育社会属性展开的论争情况,初步形成自己的判断和观点。

3. 认识教育受社会发展制约的内容和形式,理解教育适应社会发展的内在要求。

4. 认识教育在社会发展中的作用,形成教育与社会互动关系的整体认识。

从根本上说,教育的活动是一项社会的活动,而教育的问题也是一个社会的问题,总是与它所处的社会文化环境有着密切的联系。特别是学校教育,它所面对的受教育者——学生,往往是来自不同社会群体或阶层的,具有不同的价值或利益诉求;它所传递的内容——知识、技能、情感态度和价值观,也是人类社会文化沉淀的结晶;它所采用的手段——如信息技术等,也是现代社会科技进步的结果;更为重要的是,它本身就是在一定的社会语境中展开的,是当代社会系统中不可或缺的一部分,深深地嵌入其中。尽管我们不应该(事实上也不可能)将教育从社会系统中完全抽离出来,但在这里为了讨论的方便,我们还是将教育作为相对独立的子系统,分析这个系统与整个社会系统及其他子系统之间的关系,特别是这些系统对于教育的基础意义。

一、教育是一种社会现象

(一) 什么是社会

"社会"无论是在学术语言中还是在日常语言中,都是使用频率极高的一个词语。但是,对于这样一个词应该作何解释,却几乎是言人人殊的。即使是在以研究社会现象、社会生活、社会组织等为己任的社会学中,对它的界说也是大相径庭的。英国学者米切尔(Mitchell,G. D.)在其主编的《新社会学词典》中,曾就此谈及:"社会一词是社会学家词汇中最不明确和最普通的名词之一。"①

在马克思主义经典作家看来,社会即在一定物质生产活动基础上形成的相互联系的人类生活共同体。在这当中,包含了马克思对社会涵义的两种紧密相联而又有所区别的认识。

1. 从社会产生的根源以及与自然界的对比中认识社会

马克思指出:"社会,即联合起来的单个人"②,这种联合不是单个人的机械相加,而是"表示这些个人彼此发生的那些联系和关系的总和"③。"社会——不管其形式如何——究竟是什么呢? 是人们交互作用的产物。"④这种认识一方面指明了社会产生的根源——人们的交互作用,也就是人与人之间的联系;另一方面是把社会当作一种与自然界既对立又统一的现象来认识的。在马克思看来,自然界及其发展过程完全是盲目的、不自觉的,根本无须人的参加;而社会则不然,"在社会历史领域内进行活动的,全是具有意识的、经过思虑或凭激情行动的、追求某种目的的人;任何事情的发生都不是没有自觉意识的,没有预期的目的的"⑤。

2. 从社会所具有的基本特征来认识社会

马克思认为:"生产关系总和起来就构成为所谓社会关系,构成为所谓社会,并且是构成为一个处于一定历史发展阶段上的社会,具有独特的特征的社会。"⑥这是从社会发展的角度认识一社会区别于另一社会的特征,从而把握社会的基本含义的。与上面的认识相比,它注重把握社会的总体特征,更多地体现的是对社会整体的考察。如果说前者是对社会的微观认识,那么,后者就是对社会的一种宏观认识。它不再局限于单个人之间所结成的有机联系,而是着眼于所有生产关系的总和。

对"社会"的理解,不同学科有着一定的差别。

在社会人类学家那里,他们更倾向于把社会与民族和文明等联系起来认识。一些社会人类学家已经习惯于认为没有文字的民族是组成一个社会的民族,因为他们能自我繁衍,具有共同的风俗,通过应用制裁来维持社会秩序,并在领地上定居。近来,关于一个民族组成一个社会体系的概念,已倾向于代替关于民族是一个社会的思想。在社会人类学中,社会一词的用法正在逐步扩大,至今大体上与民族一词具有共同的范围,甚至扩大到与文明的含义具有共同的范围。

---

① 米切尔主编,蔡振扬等译:《新社会学词典》,上海译文出版社 1987 年版,第 347 页。

②《马克思恩格斯全集》第 46 卷下,人民出版社 1980 年版,第 20 页。

③ 同上书,第 220 页。

④《马克思恩格斯选集》第 4 卷,人民出版社 1972 年版,第 320 页。

⑤ 同上书,第 243 页。

⑥《马克思恩格斯选集》第 1 卷,人民出版社 1972 年版,第 363 页。

在社会学中，涂尔干（Durkneim，E.）有关社会的认识有着广泛的影响。涂尔干不同意斯宾塞（Spencer，H.）有关社会的个人主义的表述，认为任何"社会的"事物都是"综合的""集体的"。在斯宾塞以及孔德（Comte，A.）等人那里，社会的各个部分是分散的，每一部分都是自我控制的；社会并不独立于它的"部分"——个人而存在，社会的存在是个人为追求他们各自的利益互相协商而达成协议的结果；一个理想的或者说最进步的社会是这样一个社会：个人有追求他们利益、增进他们幸福的最大自由，而不受任何中心权威的指导和控制。与斯宾塞、孔德相反，涂尔干认为，个人的存在是以现存的社会为先决条件的，人们不可能与那些没有共同社会联系的人达成契约关系；每个人对自身利益的认识都不是脱离其他人而孤立地形成的，而是由与社会中的其他人共同的信仰和价值所塑造的。①

涂尔干

斯宾塞

孔德

（1858—1917）又译为迪尔凯姆。法国社会学家、人类学家，被誉为"教育社会学之父"。主要著作：《社会分工论》《社会学方法的准则》《道德教育》《宗教生活的基本形式》等。

（1820—1903），英国哲学家、社会学家、教育家，被誉为"社会达尔文主义之父"。主要著作：《教育论》《社会静态论》《心理学原理》等。

（1798—1857），法国著名的哲学家、社会学和实证主义的创始人，被誉为"社会学之父"。主要著作：《实证哲学教程》《实证政治体系》等。

对于社会的分析，不同的研究者表现出了不同的视角和视点。马克思着重是从社会与自然的对立中以及社会的基本特征中认识社会的，涂尔干等人更多的是从社会与个人的差异中来进行分析的，而在一些社会人类学家那里，则是从社会与民族、文明的关联中去考察的。

① 约翰逊著，南开大学社会学系译：《社会学理论》，国际文化公司 1988 年版，第 213—216 页。

可见，"社会"既可以用来指个人交互作用所结成的各种各样的关系，也可用来指人们之间结成的各种各样关系的总和；既可以用来表征不同的民族，也可以用来表征不同历史发展阶段中人们不同的生活状况。

（二）教育是一种特殊的社会现象

无论对社会持何种认识，将教育看作一种社会现象，则是毫无疑问的。教育归属于社会，是社会中的一个有机组成部分；教育中所开展的一切活动，无一不是社会活动。教育首先是作为社会的有机构成而存在的，既不存在脱离社会的教育，也不存在无教育的社会。

作为一种特定的社会现象，教育本身有着区别于其他社会现象的特点，这些特点主要体现在这样三个方面：

第一，在活动的目的上，教育是以培养人、促进人的身心发展为指向的。

这是教育作为一种特殊社会现象的最为根本的"特殊"所在。教育能与其他社会现象，如法律、政治、经济、艺术等区分开来，就在于它是以人为对象，以人的发展为着眼点的。它的一切活动都是围绕着如何促进受教育者的身心发展而展开的，其他一些社会活动，虽然也肩负着培养人、塑造人的职责，如文学艺术，但它远不像教育这样有明确的要求和鲜明的行动目的。

第二，在活动的形式上，教育是以教与学为外在表现形态的。

教育能被称为教育，就在于它是以教育者与受教育者双方的共同活动为基础的。"教，上所施下所效也"；"育，养子使作善也"。在教育活动中，必存在着"上所施"的一方，同时也必须有"下所效"的一方，否则，就不能称之为教育或教育活动，充其量可称之为"自我学习""自我教育"。教育的这一特性，不仅存在于学校教育之中，而且存在于家庭教育、文化组织教育、职业组织教育之中。教育的这种教与学共存的表现形式，也使得它得以与医疗卫生这样一些对人的身心发展同样有一定影响的社会活动区分开来。

第三，在活动的内容上，教育是以传递知识经验等为载体的。

教育就其产生来讲，就是基于传递前人积累的知识经验的需要而出现的，这样一个特点，使得它从一开始就区别于占卜、巫术等活动。可以说，传递知识经验、灌输思想道德意识并在此基础上培养受教育者的各种能力，是教育有别于法律、政治、经济等的另一个显著特点。

（三）学校是一种正式的社会组织

学校是实施教育的主要机构，在教育的各表现形态中，起着举足轻重的作用。它作为社会的一个组成部分，体现的是正式社会组织的一些特征。

所谓组织,是指一群人彼此之间分工合作,为达成某一目的而形成的一种有机的结构。形成社会组织的必要条件是人与人之间存在一定的社会关系,但是,并非任何社会关系或社会行为都能构成为一种正式组织,它要求各不同的群体之间,相互协调起来,追求共同的目标。

正式的社会组织一般需具备这样一些条件:第一,必须有共同的目标,也就是说,它是以完成某种特定的任务为目标的;第二,必须有相对固定的彼此间相互作用的形态,这种形态以权力或权威结构,亦即科层体制(bureaucracy)的形式表现出来;第三,组织成员之间能够协调合作,共同完成预定的目标。

在学校中,对目标的理解和认识可能不一,既存在着学校领导的目标、教师的目标,也存在着学生的目标;既有人把学校当作灌输知识的场所,也有人把学校当作社会文化活动的中心,或养成学生良好品德的所在,但一般说来,人们都有这样的共识:学校的设立,是要促进人的身心发展,使学生能符合社会的要求和规范,成为能适应社会需要的人才。正是这一共同的目标,将不同的社会群体汇集在一起,统整着学校行为和活动。

专栏4.1 科层体制的特征

科层体制,是正式社会组织的一个重要特征,指的是具有人事阶层的行政体系。德国著名社会学家马克斯·韦伯曾对科层体制作过系统的研究,他排除了科层体制中的官僚腐化的含义,强调在当今复杂的社会组织中,为了合理地实现组织目标,实施科层体制是必要的。在韦伯看来,科层体制具有这样一些特征:第一,由一系列的职位或官阶所形成;第二,依照一定的专门性才能,选任适当的人员担任职务;第三,具有正式颁布的组织章程、行动规范,规定任职者的权利义务,以及彼此之间的交互关系;第四,对任职者的升迁、待遇以及发展机会均有明确合理的保障。[1] 学校的科层化表现得较为充分,它根据一定的规则和章程,依照所需的专业安排,任用各级行政与教学人员;学校内部由校长、教导主任、教师、职工及学生组成了一个相对完整的体系,他们在各自的群体中,占据着一定的职位,享有着一定的权利,并担负着一定的义务。

---

[1] 陈奎熹:《教育社会学》,(台湾)三民书局1982年版,第195页。

有效的协调合作,指的是组织成员之间能通过交往、沟通,使彼此相互了解,相互影响。一般地说,学校中存在着许多交往、沟通,如从纵的方面,由校长将其决定或构想,通过教导主任、教师下达给学生;从横的方面,使同事与同事之间、学生与学生之间有机会彼此交换意见。此外,学生的意见可以经由教师向上反映,使校长了解学生的想法和看法。可以说,学校是一种有意图地协调活动的社会组织。

(四) 班级是一种严整的社会体系

班级教学是现代教育中最典型的一种形式,它通常由一位教师或几位教师和一群学生共同组成,经由师生相互影响的过程来达到预定的教育目标。作为最能体现学校特征的组织,班级是一个严整的社会体系(social system)。

社会体系是由两个或两个以上的人产生的比较稳定的交互关系,它与社会组织有时很难明确区分开来。学校在一定意义上同样也是一种社会体系,它也是由两人以上组成,有固定的关系及交互作用。两者间的主要差别在于:社会组织较强调其实现某种特殊的目标,而社会体系则广泛地指具有较为固定形式的社会关系,着重强调的是社会行为。

按照社会学家帕森斯(Parsons,T.,1902—1979)的分析,任何社会体系都须具备这样四个基本条件:适应(adaptation)、目标达到(goalattainment)、整合(integration)、潜在的模式维持(latent pattern maintenance),这也被称为A—G—I—L图式。"适应"包括从环境中获取足够的设备和工具,然后在整个系统中进行分配。具体到班级来讲,就是如何适应外在社会文化系统的变化,调整其内在功能。"目标达到"是指在系统目标中确立优先顺序,并调动系统的资源以实现这些目标。具体到班级来讲,就是确立师生在班级教学中应当实现的目标。"整合"意味着协调和维持各子系统之间的相互关系,具体到班级来说,就是如何使教师与学生之间以及学生与学生之间成为一个有机联系的整体。"模式维持"涉及到怎样确保社会系统的行动者表现出适当的特征(动机、需要、角色扮演技巧等)的问题,具体到班级来说,就是维持班级团体,使教学井然有序。[①]

班级作为一个社会体系的运作方式,可用图4-1表示。

这一模式是社会学家盖兹尔(Getzels,J.W.,1912—2001)提出的,他认为,在社会体系中表现社会行为,通常受着两方面因素的影响:一为制度方面的因素,一为个人方面的因素。前者指制度中的角色期望,属团体规范层面;后者指个人的人格特质与需要倾向,属个人情意层面。制度中的角色期望,必须符合社会文化思

---

① 参见特纳著,吴曲辉等译:《社会学理论的结构》,浙江人民出版社1987年版,第82—83页。

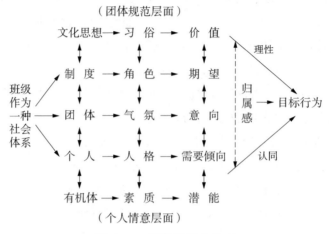

（团体规范层面）

图 4-1　班级的社会体系

想、习俗和价值；个人的人格及心理需要同其生理素质、潜能等又是紧密相联的。团体是介于制度和个人之间的一个中介因素，起着调节、平衡的作用。团体活动会形成一种气氛，这种气氛影响着团体中每一成员的意向。团体的气氛及其成员的意向一旦形成，就会发挥协调角色期望与个人需要的功能。①

　　班级社会体系要达到预期的目标，促使社会行为发生改变，可以通过约束学生个人情意的倾向，以适应团体规范的要求，也即达成社会化；也可以调整制度中的角色期望，以适应个人人格的需要，也即角色人格化。这两种途径之间如何取舍和如何平衡，取决于教师的领导方式，取决于模式维持的方式。

二、教育的社会属性

　　教育既然是一种特定的社会现象，那么，它在社会中居何地位呢？ 或者说从属于社会的哪一个组成部分呢？ 对此的认识分歧甚大。

（一）关于教育社会属性的论争

　　教育本质或者说教育社会属性的论争源于对"文化大革命"期间教育的反思与批判。它在一开始并不是直指教育是什么或教育应该是什么等问题的，而更多的是在批判"四人帮"的种种言论和对教育造成的巨大危害的前提下，阐发对教育性质、属性的一些认识。这些认识后来就演化为对教育本质或属性的探讨。

　　在讨论中出现的主要观点有：

---

① 引自陈奎熹：《教育社会学》，（台湾）三民书局 1982 年版，第 241 页。

1. "生产力说"与"上层建筑说"

"生产力说"与"上层建筑说"主要围绕下列三个问题展开论战：

(1) 教育是否是社会的意识形态。"上层建筑说"认为，教育是通过培养人为政治经济服务的，它是一种专事培养思想品德、传递知识技能的工作；在整个社会结构中，是属于意识形态范畴的一种活动。马克思、恩格斯、列宁都多次批判过教育可以"超阶级""超政治"的观点，教育具有上层建筑的共同特点。

"生产力说"认为，作为有目的、有计划培养人的教育，是一种包括意识形态现象和物质现象在内的复杂的社会现象。教育过程中不仅进行着精神生产，而且进行着劳动力再生产。马列关于教育决定于社会关系、教育不能"超阶级""超政治"的论断，是在一定的历史条件下为了同资产阶级作斗争而提出来的。

(2) 教育与生产力的联系是直接的吗？"生产力说"认为教育与生产力有着直接的联系，其联系的着重点在于生产劳动经验的传递和劳动力的再生产，教育变为直接生产力的过程就是教育本身。

"上层建筑说"否认教育与生产力之间有直接联系，认为教育与生产关系的关系是直接的、无条件的，而教育同生产力的关系则是间接的、有条件的，生产力影响教育事业的发展，必须经由生产关系的中介和"折光"。

(3) 教育的本质属性是永恒性、生产性还是阶级性、历史性？持"生产力说"者认为，教育应被视为生产事业，是教育本质属性的表现。教育在社会生活中，从其开始产生，就是在与生产斗争的密切联系中才得以存在和获得发展的。所谓教育是一个永恒范畴，也就是说，它永远是和生产斗争一样，是人类营谋社会生活所不可缺少的，并永远和生产劳动紧密结合在一起。教育的根本的社会属性是生产性。

"上层建筑说"则认为，教育总是存在于一定社会的，是随社会历史条件的变化而变化的，教育首先是一个历史范畴。随着一种社会经济结构被另一种社会经济结构所代替，一种教育类型就会改换成另一种教育类型，教育的性质就要发生根本的变化。历史性、阶级性是教育的根本社会属性。

"生产力说"与"上层建筑说"观点径庭，所采用的论证方式却大体雷同。两说的论者都注意从马克思主义经典作家的著作中寻根求据，注意对马、恩著作的诠释；他们都注意追溯历史的发展历程，或说明教育始终具有生产性，或力陈教育始终具有阶级性。甚至连指责、批驳对方的方式也有着异曲同工之处："生产力说"着重指出"上层建筑说"中未曾充分考虑到的教育内容、方法、手段等"非上层建筑的成分"；"上层建筑说"则强调"生产力说"忽视了教育内容、方法、手段都是围绕教育目的这一"上层建筑成分"展开的。"生产力说"指出科学是生产力，生产力决定着教育；"上层建筑说"则指出，科学仅是潜在的生产力，生产关系的"折光"会改变教育的性质。两说依循马克思社会结构理论给定的两条线索——经济基础和上层建筑，各持一端。

关于"生产力说"与"上层建筑说"已有诸多非议，如"以偏概全""形而上学的思维方式""僵硬地套用马克思的社会结构理论""主要从教育与社会关系出发""探讨的是教育的属性而非本质""具有明显的逻辑错误"云云。如果站在今天的角度去分析，的确都有一定道理。但若把两说置于当时的社会背景去考察、评判，不得不说两者的论争有其积极意义。

2."双重属性说"（"统一说"）与"多重属性说"

"生产力说"与"上层建筑说"各自蕴含的悖论，以及两者论争的僵持不下，诱发了"双重属性说"与"多重属性说"。

"双重属性说"认为，教育受生产力和生产关系制约，从来就有两种社会职能，一种是传授一定生产关系所要求的社会思想意识，具有明显的阶级性；另一种是传授与一定生产力发展水平相适应的劳动经验和生产知识，为发展生产力服务。教育本来具有上层建筑和生产力的双重性质，既不能简单地把它归之于生产力，也不能归之于上层建筑。

"双重属性说"具有折中、调和的色彩，它并未能解决"生产力说"与"上层建筑说"论争中久悬的疑问，并且有把生产力与上层建筑割裂开来的嫌疑。"多重属性说"对此批评说，不能把教育分成两截，一部分是上层建筑，一部分是生产力，这种区分不能反映教育的本质。教育这种社会现象是有它的专门特点的。它既不像生产力那样仅仅表现为人们在生产力中对自然界的关系，也不像经济基础那样在经济上为社会服务，更不像上层建筑那样以政治、法律等思想为社会服务。教育是通过培养人才来为社会服务的。教育的专门特点决定了它同社会生活的各个方面都有联系：既同生产力的发展有关，也同生产关系有关；既同经济基础相联系，也同政治、法律、道德等上层建筑相联系，这样才能揭示教育的本质，掌握教育的规律。教育的本质是它的社会性、生产性、阶级性、艺术性、社会实践性等的统一；教育的本质不是永恒的、不变的，随着社会的发展，它也在不断增殖和更新其形态，形成教育的多质的、多层次的、多水平的本质属性。

对于"多重属性说"，有批评说，事物的本质是由事物内部的特殊矛盾所规定的，一事物可以同时具备多种特殊的矛盾，因而，可以同时具备多种特有的属性。但是，一事物的特有属性不一定是它的本质属性，而本质属性则一定是该事物的特有属性，是为事物的一切对象所具有的。事物的本质只能有一个。教育的历史性、阶级性、生产性等，都不是教育的根本属性，不是教育区别于其他事物的质的规定。

"双重属性说"也好，"多重属性说"也好，都是试图从本质的"一"找出"多"。与"上层建筑说""生产力说"相比，它们并未各执一词，而是力求"叩其两端"。这种多少带有一些折中、调和的论调，似乎并未解决"生产力说"与"上层建筑说"之间的矛盾。它们所找到的教育本质，与"上层建筑说""生产力说"是同出一辙、"同途殊归"的。它们的研究思路似乎并没有超出它们反对的"上层建筑说"与"生产力说"。

3. "社会实践活动说"与"特殊范畴说"

"上层建筑说"与"生产力说"试图将教育在社会结构理论中进行"定位"，但并未取得令人信服的结果。看来，沿着这样一条思路走下去，只能"蚕茧自缠萦"。于是，一些研究者另辟蹊径，提出了"社会实践活动说"与"特殊范畴说"，力图对教育本质作出另外一种不同的解释。

"社会实践活动说"一开始是作为"上层建筑说"中"教育是一种社会意识形态"的悖论出现的。它认为不能把教育作为观念形态，唯物主义的观念形态是第二性的，而教育是由教育对象和教育内容所组成的一种社会实践活动，与教育思想、教育观念是两码事；作为促使年轻一代身心发展的主要属性，教育的本质属性是培养人的社会实践活动。

对久浸"生产力说""上层建筑说"氛围的人们来说，"社会实践活动说"似吹来了一丝清风。但"社会实践活动说"不久就遇到了来自"特殊范畴说"的挑战，受到了责难。

批评者认为，"社会实践活动说"是对教育职能的外部表现的概括，而不是对教育的内在矛盾特征的揭示。这种说法虽也反映了教育的某些属性，却不可能成为贯穿人类自古以来一切教育现象的本质，不可能成为使教育区别于一切其他社会现象的根本依据。把教育的本质定为培养人的社会实践活动，很难说明教育与文学、艺术、道德等其他也具有培养性能的社会实践活动的根本差异。

他们认为，教育是一种特殊范畴，具体表现在"教育是传递人类社会生活经验的工具"上。任何时代教育所面临的根本矛盾，都是人类无社会生活经验和有社会生活经验（或者说是自然的人和社会的人，无知和有知）的矛盾。这矛盾只有通过教育，也就是通过社会生活经验的传递来解决。把教育本质的核心看作专门传递社会生活经验的工具，是正确地反映了教育的内在矛盾结构，并确能成为使教育区别于其他一切社会现象的根本原因。

教育的社会属性问题，在教育理论研究中曾经兴盛一时，现今逐步冷却下来，并非这个问题已经得到了大家的共识，也并非教育理论不再需要探究这一问题，而是研究者逐步认识到马克思已有的社会结构理论，在一定程度上无法对教育现象作出合理的解释，而在此之外另辟蹊径所进行的探讨又缺乏理论上的佐证和精深的说明；同时，随着社会主义市场经济的发展，有关教育社会属性问题的探讨，逐步转化为教育与市场经济相互关系，特别是教育经济属性的研究。①

（二）教育是一种特殊的范畴

关于教育社会属性的论争至今尚未平息，这一方面说明了研究尚待深入，另一方面说明了教育现象的复杂性。在我们看来，既然无论是"生产力说""上层建筑说"，还是"双重属性说"或者"社会实践说"都有着各自的悖论，有着致命的缺陷，那么，就应该在此基础上，考察与分析教育现象不同于其他社会现象的特殊性，考察教育不能做出明确归属于社会结构任何一方的结论的理由。

按马克思的社会结构理论，社会的基本结构包括三个组成部分：一是在劳动生产活动中形成的人同自然界的关系，构成生产力系统；二是在劳动生产活动中形成的人和人的联系，构成生产关系体系；三是以生产关系为社会的经济基础和建立在这种基础之上的社会上层建筑的庞大系统。那么，这种社会结构是否囊括了所有社会现象在内？在此之外，是否还存在其他社会现象？从已有的研究来看，马克思的社会结构理论似乎并不能包揽对一切社会现象的说明，在复杂的社会现象中，似乎也完全有可能存在着一些不能归属于经济基础或上层建筑的成分，语言即是其中一例。当然，语言这种社会交往的工具，与受社会意识形态等因素制约的教育不可同日而语，但对语言的分析，也启示人们认识到社会结构的划分并不是包揽一切社会事物的"万应灵丹"，对复杂的社会现象不能做出非此即彼的选择与判定。

鉴于此，我们更倾向于将教育作为特殊的社会范畴来看待，它与社会的各个方面有着千丝万缕的联系，无时无刻不在受着社会的制约，体现着社会这样或那样的要求。同时，它也有着相对的独立性，有着其他社会组成部分所没有或缺乏的一些特性。

1. 教育具有多方面的属性，既不能单独地归属于上层建筑，同样也不能归属于生产力

广义生产力是指人控制和改造自然的物质的和精神的、潜在的和现实的各种

---

① 瞿葆奎、郑金洲：《教育基本理论研究与教育观念更新——十一届三中全会以来教育基本理论研究引发的教育观念变革寻迹》，《华东师范大学学报（教育科学版）》1998年第3期。

能力的总和；狭义生产力是指体现于生产过程中的人们控制和改造自然的客观物质力量。人们通常是在后一种含义上使用它。生产力包括三种要素：具有一定科学技术知识、生产经验和劳动技能的劳动者；同一定的科学技术相结合的，以生产工具为主的劳动资料；劳动对象。从生产力的含义和构成要素来看，教育无疑是形成生产力所必需的工具之一，其自身也含有生产力的成分（如教育内容、方法、设备等），但它并不是生产力的直接构成部分。它担负着将科学知识、生产经验传递给劳动者的使命，是将科学知识与劳动者结合起来的有效工具，但自身并不等于科学知识或劳动者。

上层建筑是由经济基础所产生和决定的社会意识形态以及与之相适应的社会制度组织和设施的总和。它由思想上层建筑和政治上层建筑两部分组成。思想上层建筑包括政治法律思想、道德、宗教、文学艺术、哲学等意识形态；政治上层建筑在阶级社会中是指政治法律制度和设施，主要包括军队、警察、法庭、监狱、政府机构和政党、社会集团等。照此理解，组成教育的因素中，有许多是不属于上层建筑的，关于教育的方针、政策、思想等属于思想上层建筑的范畴，而教育制度（包括学校）也并不见得均属于政治上层建筑，其中也蕴含着大量非意识形态的成分，毕竟学校不是法庭、监狱，教师不是警察、法官，其间的差异颇为明显。此外，大量的教学内容、教学方法等都是依附于生产过程的，很少随经济基础变化而变化，将它们归之于上层建筑是不妥当的。

实际上，教育从产生开始就既和生产力有密切联系，又和生产关系有密切联系；既是生产力的必要组成部分，又是维持生产关系的必要条件。它随劳动而产生，随社会的发展而不断发展变化。它有生产力的成分，但又不能完全归结为生产力；它和经济基础有密切联系，但本身又不是经济基础；它有上层建筑成分，但又不完全是上层建筑。对于这样复杂的社会现象，不能简单地归为生产力、经济基础或上层建筑的某一方面，而只能独立出来，作为一个专门的、特殊的范畴来加以研究。

2. 教育体现着多种复杂的社会关系，既不是单纯的物质关系，也不是单纯的思想关系

马克思的社会结构理论与其社会关系理论是一脉相承的，可以说对社会关系的区分是形成其社会结构理论的基础。

马克思在《〈政治经济学批判〉序言》中首次将社会关系分为物质的社会关系和思想的社会关系。列宁指出：马克思的基本思想是"把社会关系分成物质的社会关系和思想的社会关系。思想的社会关系不过是物质的社会关系的上层建筑，而物

质的社会关系是不以人的意志和意识为转移而形成的，是人维持生存的活动的（结果）形式"。① 在马克思看来，一定社会历史阶段的各种社会关系，构成社会关系系统，在这种系统中，各种社会关系按一定的秩序和规律组成有机整体。其中生产关系（物质关系）构成经济基础，反映经济基础要求的各种思想关系构成上层建筑。

教育所体现的社会关系，与经济关系、政治关系、法律关系、道德关系等均有所不同。它虽然包括人与人之间的经济关系的成分，但并不完全是经济关系，与人同自然界之间的物质交换关系以及人类自身的增殖关系更是有所不同。可见，它不能归属于物质的社会关系。它虽然受一定的思想意识制约，但教育者与受教育者的关系、教育者与教育管理者的关系、教育者与社区的关系等，并不完全是以一定的思想意识为指导而形成的政治、法律生活方面的关系。在一定意义上，它是兼有物质的社会关系和思想的社会关系。

3. 教育具有相对的独立性，有时会出现与经济基础和上层建筑的发展不一致的现象

大概也正是由于教育具有多种不同的属性，所以它反映政治经济的要求，有时不是直接的，体现出一定的相对独立性。在一定的社会时期，它并不随生产力变迁，落后或超前于生产力的发展；它也不依上层建筑而移，滞后或领先于上层建筑的步伐。

在注意到这种相对独立性时，必须要指出，虽然教育在一定情形中也会先于社会而变革，对社会的发展起着一定的引导作用，但一般说来，这种情形是不常出现的，不仅这种先行的变革也是基于社会的需要而做出的，而且它往往表现出来的情形是在社会发生变革以后，作为社会中的一个有机组成部分而发生相应的变革。同时，有时教育的变革并不是紧随社会变革而进行的，它因自身的保守特性会表现出滞后的特征，但是这种特征并不会持续较长的一个时期，它会在各种社会压力下发生变革。

基于上述认识，教育可以说是一个特殊范畴，它有着多方面的社会属性，也正是因为这种多方面性，使得它成为一种相对独特的社会现象。只有这样认识教育，才不至于将教育仅（或主要）作为上层建筑的工具，也不会将教育仅（或主要）作为发展生产力的手段，才能够在实践中得当地处理好它在上层建筑与生产力中的地位问题。

---

① 《列宁全集》第 1 卷，人民出版社 1987 年版，第 120—121 页。

专栏4.2　反本质主义与教育本质研究

　　有研究者认为,本质主义是一种信仰本质存在并致力于追求与表述的知识观和认识论路线,对20世纪以来中国教育学研究影响很大,甚至占据支配地位。关于教育本质的大讨论,以本体信仰和本体论思维为基础,以语言学上的符合论为工具,以知识霸权的解构与重构为目的,以本质范畴、本质信仰和本质追求为基本内涵,完全逃逸在理性的批评之外。

　　反本质主义是后现代主义的一个重要组成部分,认为作为本质主义基础的实体信仰是经不起反驳因而是靠不住的,一种事物,确实有许多的特征,但事物本身却不能区分并告诉人类哪些是本质、哪些是非本质。在他们看来,本质主义既是不可信的,也是不必要的,而且无论对于人类的理智还是现实生活来说都是有害的。本质主义在为中国教育学研究带来表面的生机和活力的同时,也带来了严重的历史性后果。[①]

三、教育受社会所制约

　　对于教育究竟应归属于社会的哪一构成部分,或者是否当作一个独立的范畴,或许尚不能得出确切的结论,但是,有一点是大家都公认的,那就是教育作为人类社会的一种特有现象,是社会中的一个有机组成部分。它是人类社会的产物,它的产生与发展都是与社会紧密联系在一起的。社会是一个内部有着有机联系的、活动着的整体,在这其中,存在着不同的子系统。例如,经济系统涵容着生产、交换、消费和分配等;政治系统涵容着团体、阶级、阶层、政党、国家等;社会意识形态系统涵容着各种政治、法律观点,以及哲学、宗教、艺术等;而教育则是涵容着正规教育与非正规教育在内的一个特殊的子系统。它一方面受社会中其他系统的制约,另一方面也影响着社会的其他组成部分。

　　教育受社会制约,至少可从两个方面得到说明:教育受社会形态制约,教育受社会阶级(阶层)制约。

（一）教育受社会形态制约

　　教育受社会形态的制约,突出地表现在社会发展的历史阶段制约着教育的表现形式及其内容,在不同的历史时期,教育的表现形态各不相同。

---

① 石中英:《本质主义、反本质主义与中国教育学研究》,《教育研究》2004年第1期。

对于社会发展，可以依据不同的标准做不同的分期。如按社会的文明程度，把社会分为开化与未开化的社会；按有无文字，把社会分为前文字社会与文字社会。在所有的社会分期中，有两类分期影响最大，也较常为人论及：一种是按生产力的发展状况进行区分，一种是按社会意识形态进行区分。前者以摩尔根的论述为代表，后者以马克思的分析为代表。

在按生产力状况所进行的分期中，格拉斯（Glass，I.）在《欧美农业史》一书中，提议区分如下：采集经济、游牧经济、安定的农业经济、城市经济、都市经济；也有人按工具的使用情况分为前石器时代、新石器时代、铜器时代、铁器时代和钢器时代。但最为著名的要算摩尔根（Morgan，L. H.，1818—1881）在《古代社会》一书中的社会分期了。在这本书中，摩尔根根据生活手段的技术状况，把社会分为野蛮、蒙昧和文明三种类型，各类型中还可进一步区分为低、中、高三个阶段。每一个阶段有着各自不同的特征和标志，相应的教育的发展程度也有所不同：[①]

（1）野蛮时代

野蛮低级阶段	以野果和坚果为食物	没有文字，但开始有目的地实施教育，如"入社"，以道德教育为主
野蛮中级阶段	食用鱼类和使用火	
野蛮高级阶段	发明了箭	

（2）蒙昧时代

蒙昧低级阶段	发明制陶术	没有文字，教育形式多表现为口耳相传
蒙昧中级阶段	饲养家畜、使用石头等	
蒙昧高级阶段	使用铁器	

（3）文明时代

文明低级阶段	产生了文字，但仅限于少数人掌握	正规教育出现，重视语言教育和理性教育，学校系统完备，普及教育
文明中级阶段	科学技术开始兴起、读写水平提高	

在像摩尔根那样的文化进化论者那里，教育和训练是作为社会的一个组成部分而存在的，是衡量社会和文化进步的一个主要标志。因此，他们在分析社会和文

---

① 爱尔伍德著，钟兆麟译：《文化进化论》，世界书局1932年版，第37—47、137—145页。

化的递进时,常常将其与教育联系在一起。

在野蛮时代的原始民族中,人们一般认为教育都是不自觉地进行的,文化进化论者不同意这种看法,认为模仿并不是唯一的学习方式。此时,有目的的教育已经存在了,并且带有一些强迫的性质,例如在澳大利亚的土著人中实施的"入社"①仪式。这时的教育以道德教育为主。

在蒙昧时代,虽然仍不存在文字,但由于有了一定的专门技能,相对就需要有比野蛮时代更缜密的教育。这时,学徒制普遍施行,年长一代掌握了各种精巧的技术,经由较为严格的训练而传至年轻一代。

在文明时代,文字开始出现,也出现了一些社会分工,使教育过程的形式发生了变化。要掌握文字、传递文化,就必须要有正规的教育,学校教育才能得以产生,但此时享受学校教育的只是一小部分人。随着文明的发展,科学开始普及起来。至19世纪,学校开始关注文化中科学和专门技能的学习和培养。与此同时,因为语言文字是一切社会传统的媒介,所以,语言文字的教育仍是一切教育的基础。到文明高级发展阶段,学校教育的普及化就成为必然,因为人们日益看到了正规教育的真正作用,它"是创造社会的过程和支配社会的过程,由此可以帮助文化之普遍发展,达到最高的程度"。② 公立学校系统逐步完善,教育普及化开始向各阶段推进。

按社会意识形态,一般把社会发展分为原始社会、奴隶社会、封建社会、资本主义社会、社会主义社会。在这些不同的社会形态中,教育都随社会发生着一定的变化,并表现出区别于其他社会的一些特点。(见表4-1)

表4-1 社会形态与相应的教育特征

社会形态	社会状况	教育特征
原始社会	生产力水平低下,生产资料公有制,没有剥削,没有阶级,依靠集体进行生产劳动和生活。	教育没有阶级性,并且具有民主性、平等性,人人平等地接受教育。教育还没有从生产和生活中分化出来成为专门的活动,教育手段主要是口耳相传。

① 美国人类学家罗伯特·路威在其名著《文明与野蛮》中描述了澳洲"入社(initiation,也译'戒礼')"仪式的情景。入社是项盛大的集会,好几个友好部族的男性结合在一起举行,女子不得参加。那些主持其事的老资格的长者先选择年龄合适的孩子,然后施以戒礼,此后这些孩子便成了承担起一定责任的部族分子。有些部族要把这些孩子的牙齿敲落一颗。整个仪式持续若干个星期,同时示以各种教练。那些少年天天要学打猎,但最重要的是接受宗教和道德的教训。长者们告诫他们服从长辈,别招惹已婚的女子,要与朋友们共饮食,而且绝对不能把戒礼的秘密泄露给女子和未受戒的男孩,如此等等。路威著,吕叔湘译:《文明与野蛮》,生活·读书·新知三联书店1984年版,第171—172页。

② 爱尔伍德著,钟兆麟译:《文化进化论》,世界书局1932年版,第243页。

社会形态	社会状况	教育特征
奴隶社会	社会经济以农业为主，出现了私有制，阶级开始分化。社会出现进一步的分工，脑体分离。形成了初步的文字。	教育具有鲜明的阶级性。有了专门的教育机构和教学人员。学校教育与生产劳动相脱离。教育内容开始分化。
封建社会	生产力大大发展，农业和手工业已相当发达，私有制已经确立，官僚制度逐步形成。	学校教育等级森严，注重思想控制，教育内容长期保持不变。随着教育对象、规模、种类的扩大和增多，初步形成较完整的教育体系。
资本主义社会	属私有制社会，以机器大工业生产为基础，科学技术在生产中得到广泛运用，生产力有了空前提高。形成了现代科学知识体系。	学校教育制度系统化、严密化，普及义务教育达到了一定年限。教学内容空前丰富。对思想的控制隐蔽化。
社会主义社会	以公有制为主体的社会，大力推进共同致富、物质文明与精神文明一起抓。致力于消灭剥削与压迫，努力为人的自身解放和全面发展创造条件。	倡导教育平等化和教育机会均等，实施一定年限的普及义务教育。教育内容强调思想性与科学性的统一。

应该指出，教育并非仅在不同的社会形态中才会表现出不同的性质、特点和形式，而是在同一社会形态的不同社会条件下，也会表现出一定的差异性，只不过这样的差异常常不是性质上的根本对立，而是表现形式上的区别，例如在城乡之间、在贫困地区与富裕地区之间、在不同的民族之间，甚至是在同一地区、同一民族之间。可以说，只要社会条件存在着差异，其教育也势必有着这样或那样的区别，这种差别的程度是与社会条件差别的程度成正比的。

（二）教育受社会阶级（阶层）制约

教育受社会的制约，除了表现在不同社会历史时期教育的形态随之不同上，还突出地表现在同一社会时期教育受不同社会阶级或阶层的制约上，即不同阶级或阶层所受到的教育状况是有着一定差别的。

例如，在奴隶制社会时期，奴隶主阶级和奴隶阶级所处的社会地位不同，各自所受的教育就相应有着很大的差异。在我国，夏朝的"庠"和"序"，殷商时代的"右学"和"瞽宗"及西周时期的"国学"和"乡学"等，有入学资格的仅是那些贵族子弟，这些人享受着"乐所以修外""礼所以修内"的教育。而另外一方面，"礼不下庶人"，奴隶子弟被排挤在校门之外，绝对没有进学校受教育的权利。他们所受的教育都是在社会生产生活过程中进行的，几乎没有一个与社会生产生活过程相分离的独立的教育过程，更没有一个单独地为他们提供专门进行教育的场所。在古希腊的斯巴达和雅典,奴隶阶级也只不过是"会说话的工具",根本不被当作人看待,因而教育对象也仅限于奴隶主阶级的子弟。这一时期的教育,因阶级的强烈分野,至多如佛罗斯特(Frost,R.)所讲的:"在理论上,这些学校是面对所有儿童的,但实际上只有有钱阶层的儿童才能进入。"①

只要社会阶级存在,教育就难逃阶级所布下的"罗网",体现出阶级所固有的特征。

进入20世纪50年代以后,西方的一些教育学者从各自不同的立场出发,分析了社会阶级对教育的制约现象,使得我们对社会阶级对教育的制约机制有了一个更为清晰的认识。

1. 宏观教育社会学的研究

鲍尔斯和金蒂斯(Bowles,S. & Gintis,H.)在其合著的《资本主义美国的学校教育》(*Schooling in Capitalist America*)②一书中,提出了一个基本观点:教育是社会的一部分,因而不能被独立于社会之外来了解;相反地,它被社会基本的经济与社会制度束缚着。在这一观点的支配下,他们把注意的焦点指向西方资本主义社会,尤其是美国。

鲍尔斯和金蒂斯引用马克思在《资本论》中对资本主义市场的论述,来对美国学校教育的阶级状况进行分析。"(资本主义市场)确实是天赋人权的真正乐园。那里占统治地位的只是自由、平等……一离开这个……商品交换领域……就会看到,我们的剧中人的面貌已经起了某些变化。原来的货币所有者成了资本家,昂首前行;劳动力所有者成了他的工人,尾随于后。一个笑容满面,雄心勃勃;一个战战兢兢,畏缩不前,像在市场上出卖了自己的皮一样,只有一个前途——让人家来鞣。"③他们认为教育的社会关系结构和资本主义生产的社会关系是相对应的,两者间存在着一种"对应原则(correspondence principle,也译'符应原则')"。在这种对应原则中,一个主要的方面是出身于不同社会阶级的学生往往所进学校不同,接受的是不同的社会化模式;它同时反映出的是这样一个事实:"即管理人员、教师、家长的教育目标和期望(以及学生对各种教学和控制模式的反应)因学生的社会阶级不同而不同。""工人阶级为主的学校倾向于强调行为控制和服从规则",工人阶级的家长也似乎赞成更为严格的教育方法,因为他们的劳动经验表明:服从权力是一

① 佛罗斯特著,吴元训等译:《西方教育的历史和哲学基础》,华夏出版社1987年版,第55页。
② 该书中译本名为《美国:经济生活与教育改革》,上海教育出版社1990年版。台版译本名为《资本主义美国的学校教育》,由桂冠图书股份有限公司1994年出版。
③ 马克思:《资本论》第1卷,《马克思恩格斯全集》第23卷,人民出版社1972年版,第199—200页。

个人能得到并保持稳定的、高工资工作的重要因素;而中产阶级为主的学校"则采用相对开放的方式,这种学校赞成学生更多地参与,较少地受到直接监督,学生更多地选择课程,以及一般说来赞成一种强调控制标准内化的价值体系"。[1] 这种情况同样也是他们在资本主义生产的社会分工中的地位的反映。

鲍尔斯和金蒂斯还考察了社会经济地位与个人所受学校教育的年限之间的关系,发现两者是紧密相联的。他们用父母收入、职业和教育水平的加权总和来表示社会经济背景,并按由低到高分为十个类别,按平均数计算,处在第 9 个类别上的儿童,比处在第 1 个类别上的儿童多受 5 年的学校教育。他们的材料涉及的是美国的"非黑人"男性,年龄在 25—64 岁,来自"非农业"背景的熟练劳动力。[2]（参见图 4 - 2）

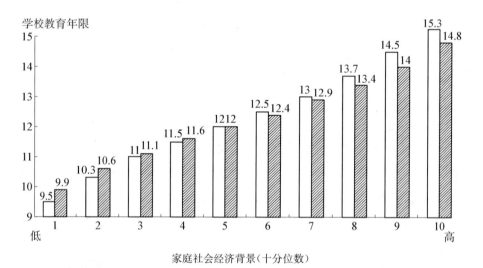

注:对每一个社会经济团体来说,左侧条形表示该团体内所有成员所受学校教育的平均年限的估计值。右侧条形表示与全部样本的平均智商成绩相同的人所受学校教育的平均年限的估计值。

图 4 - 2　家庭社会经济背景与学校教育年限

鲍尔斯和金蒂斯构建了一个因果联系模型,用来说明社会经济地位对学校教育的影响,以及由此所产生的社会阶级地位的"再生产"过程。在这个模型中,社会经济背景直接影响收入或职业地位(箭号 b),并通过它对教育成就的影响(箭号 c 和 d;箭号 e、g 和 d)和对成年期智商的影响(箭号 c、j 和 i;箭号 e、g、j 和 i;以及箭

① 鲍尔斯、金蒂斯著,王佩雄、范国睿等译:《美国:经济生活与教育改革》,上海教育出版社 1990 年版,第197 页。

② 同上书,第 45 页。

号 e、h 和 i)而间接影响收入和职业地位。学校教育既直接影响收入或职业地位(箭号 d),也通过它对成年期智商的影响(箭号 j 和 i)间接地影响收入或职业地位。[①]（参见图 4-3）

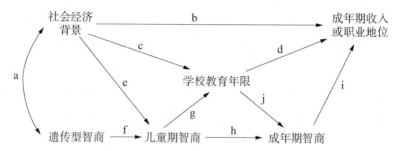

注:这个模型适用于相同性别、种族和几乎相同年龄的人。为了说明收入决定过程的这些重要方面,另外的变量可能也是需要的。箭号表示假设的因果联系的方向。唯一的双头箭号代表统计关系而不暗示有因果方面的联系。

图 4-3　社会经济背景对学校教育的影响

鲍尔斯和金蒂斯的研究后来招致许多非议,如认为关于学校的不同种类与社会不同阶级相对应的说法,过于简单化;他们所提出的因果联系模型中,社会经济背景与成人智商之间没有联系的路径;等等。但是,他们的下述结论,即教育为不同社会背景的人提供了一架梯子,使社会阶级适度合法化,并没有因此而被否定。[②]

鲍尔斯和金蒂斯的研究,并没有对教育的过程进行具体的分析。在他们那里,无论是对教育内容,还是对教育过程中师生的活动方式等,都缺乏细致的分析,因而他们所得出的社会阶级支配教育的结论,是从宏观的角度入手的。后来的"微观教育社会学"的研究,则在一定程度上弥补了这一缺陷,其中有代表性的一些研究,是由英国学者伯恩斯坦(Bernstein, B.,1924—2000)完成的。

2. 微观教育社会学的研究

伯恩斯坦认为,在对全体社会加以审视之前,首先要了解在社会的某一部分里正在发生着什么,"一直到我对微观层面的局部关系有某种把握之前,我总是发现难以移向更一般性的宏观分析"[③]。

---

① 鲍尔斯、金蒂斯著,王佩雄、范国睿等译:《美国:经济生活与教育改革》,上海教育出版社 1990 年版,第 170 页。

② 关于对鲍尔斯和金蒂斯有关理论的评论,参见[英]布莱克莱吉等著,王波等译校:《当代教育社会学流派——对教育的社会学解释》,春秋出版社 1989 年版,第 159—163 页;该书的台版译本由李锦旭译,名为《教育社会学理论》,桂冠图书股份有限公司 1987 年版,第 186—190 页。

③ 转引自布莱克莱吉等著,李锦旭译:《教育社会学理论》,第 61 页。

他非常注重分析社会的阶级性质以及阶级对教育的冲击。伯恩斯坦提出，不同阶级的价值观念影响着儿童的教育和社会化模式，不同阶级在教育儿童的方式上是有着一定差异的。中产阶级的成员是采用"个人的（personal）"方法来教育其子女的，他们对儿童的变化和成长十分敏感，会随着儿童的变化和成长而不断修正他们的要求和期望；在这种"个人的"教育方式中，儿童会逐步认识到：生活的各不同部分是相互联系在一起的，自己生命中的不同阶段也是彼此相关、紧密联结的。而工人阶级的成员则是采用"地位的（positional 也译'位移的'）"方法来教育其子女的，他们对儿童的要求与儿童的年龄、性别和地位（婴、幼儿或青年）有关；在这种"地位的"教育方法中，儿童会逐步认识到：他们的要求取决于一些自己无法决定的因素，人的生命的各个阶段（从婴儿期直到青年期）是相互分离、互不相关的。

伯恩斯坦认为，在这两种不同的社会化模式中，语言规则起着重要的作用，在他看来，"言语形式即社会关系"，也就是说，言语的形式表现的是言语表述者不同的社会关系和所属的社会背景。在中产阶级的"个人的"社会化模式中，往往采用的是"精制的（elaborated 也译'复杂的'）"语言规则，而在工人阶级的"地位的"社会化模式中，则往往采用的是"限制的（restricted）"语言规则。使用"精制规则"的中产阶级的儿童，可以洞察到各种经验以及经验的不同方面的联系，而且能够明确地表达自己的意思；使用"限制规则"的工人阶级的儿童，只能在假定对方具有与自己相同经验的基础上进行，并且对于对方的意思只能有含糊的理解。"精制规则"是学校教育中所使用的规则，因此，来自中产阶级的学生在学业成就方面，比来自工人阶级家庭的学生处于更有利的地位，因为他们在入学之前所受的家庭教育中，就一直在使用着言语的"精制规则"。①

专栏 4.3　伯恩斯坦对不同阶级儿童使用语言规则的分析

在其《社会阶级、语言与社会化》一文中，伯恩斯坦引用伦敦大学教育学院助理研究员霍金斯的一项研究，来说明不同社会阶级儿童的言语规则。

---

① 伯恩斯坦的理论令人费解，其一系列社会语言学的词语常使人难以恰当地加以把握。如对他的有关理论感兴趣，可参见伯恩斯坦：《复杂语码与局限语码：社会根源与影响》，载祝畹瑾：《社会语言学译文集》，北京大学出版社 1985 年版。《社会阶级、语言与社会化》，载张人杰主编：《国外教育社会学基本文选》，华东师范大学出版社 1989 年版。《阶级与教学法：有形的与无形的》，载厉以贤主编：《西方教育社会学文选》，五南图书出版公司 1992 年版。

霍金斯向两组 5 岁儿童(一组出身于中产阶级家庭,另一组出身于工人阶级家庭)提供了 4 幅图片:第一幅画着几个孩子在踢足球;第二幅画面上球从窗口飞进一间屋子;第三幅画了一位太太把头伸出窗口张望,一位先生做了一个威胁性的姿势;第四幅画上孩子们正在逃跑。然后他要求这两组孩子叙述这个故事,并根据对他们叙述故事的言语分析结果,编写了两个故事:

1. 三个男孩在踢足球。一个孩子踢了一脚,球飞进窗户,打碎了窗户玻璃。孩子们正在找球,一个男人走出来,对着他们大骂,因为他们踢碎了玻璃。于是,他们逃走了。后来一位太太从窗口伸出头来,她叫他们滚开。

2. 他们正在踢球。他踢了一脚,飞进窗户,打碎了玻璃。他们正在找球,他走出来对他们大骂,因为他们踢碎了它。于是,他们逃走了。后来她从窗口伸出头来,她叫他们滚开。

第一个故事是根据中产阶级出身的儿童的言语分析得出的,第二个故事则是根据工人阶级出身的儿童的言语分析得出的。听第一个故事,听者不一定看那 4 幅画也能懂故事的意思;而听第二个故事,听者一定需要看那 4 幅画,以便弄懂这故事的意思。第一个故事不受描述故事的言语背景约束,而第二个故事则在相当程度上受故事背景的约束。因而,第二个故事的意义是不明确的,而第一个故事的意义则是明确的。并非工人阶级儿童的备用词汇中没有中产阶级儿童使用的词汇,也不是这些儿童在理解语言的规则系统方面与中产阶级儿童不同。这里,要指出的恰恰就是:区别就在于这一特殊的背景之外产生的语言习惯。

关于社会阶级与教育的关联,教育社会学从研究范式上是呈不断更迭的态势的。依据爱格斯顿(Eggleston,S. J.)的分析,这些研究范式可大致分为如下三类:前社会范式(也称心理范式)、主流社会范式(也称规范范式)和新范式(也称解释范式)(参见表 4 - 2)[①]:

表 4 - 2　教育社会学研究社会阶级与教育关系的不同范式

个别差异范式 (心理范式)	儿童的能力不同→不同的成绩→不同的生活机会

[①] 引自爱格斯顿著,王生力等译校:《知识与学校课程》,厉以贤主编:《西方教育社会学文选》,五南图书出版公司 1992 年版,第 716 页。

续表

社会阶级和教育机会范式（规范范式）	儿童的能力不同→儿童不同的社会环境→不同的成绩→不同的生活机会
知识定义范式（阶级范式）	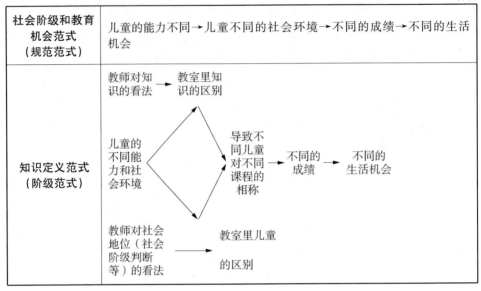

综上所述,对于教育受社会的制约,至少可以从这样几个方面去认识:

第一,教育是伴随人类社会的产生而产生的,自身是一种特定的社会现象;

第二,教育伴随社会的变化而变化,不同社会形态的教育的表现形式会随之不同;

第三,阶级或阶层是阶级社会中制约教育的一个根本性因素,不同社会阶级或阶层的教育是有着一定差异的。

当然,教育受社会的制约远不仅限于以上几个方面,社会上的任何差异都会在教育上有着或多或少的反映,社会的每一变化特别是政治、经济、文化结构的变化,也会程度不同地反映到教育上来。

四、教育的社会功能

教育与社会的关系是双向的,教育离不开社会提供的条件,同时也会对整个社会及其子系统产生影响。特别是在当代社会背景下,教育正在成为促进经济增长、政治进步、文化发展的重要力量。下面主要从经济、政治、文化等方面,简要分析教育对这些社会子系统的作用。

(一)教育的经济功能

有关研究表明,教育对国民经济增长具有突出的贡献。20 世纪 60 年代,舒尔茨(Schultz, T. W. , 1902—1998)研究了美国 1929—1957 年的经济增长,认为教育对国民经济增长的贡献率是 33%。另外,据美国经济学家丹尼森(Denison, E. F. ,

1915—1992)对美国 20 世纪 20—80 年代国民经济增长的分析,教育对国民收入增长的贡献率达到了 49.20%(详见表 4 - 3)[1]。

表 4 - 3　教育对国民收入增长率的贡献

项目 ＼ 年份(年) 比例(%)	1929—1948	1948—1973	1973—1982
国民实际收入增长率	2.44	3.58	1.26
归功于教育的增长率	0.48	0.52	0.62
归功于教育的增长率占实际国民收入增长率	19.7	14.5	49.2
受雇者人均实际国民收入增长率	1.33	2.45	—0.26
归功于教育的增长率	0.48	0.52	0.62
归功于教育的增长率占受雇者人均实际国民收入增长率	36.10	21.20	—

具体来说,教育对经济的这种贡献,主要是通过以下途径来实现的:

首先,教育可以实现劳动力的再生产。随着人类生产力水平的提高,生产手段从刀耕火种,走向机械化、自动化。面对日渐精细化、复杂化的生产机器,人们不经过专门的教育或培训,就难以胜任某项工作或职业。因此,在现代社会,教育通过培养各种专门性的人才,履行着劳动力再生产的重要职能。据 20 世纪 80 年代的研究,平均来说,一个受过四年初等教育的农民,其生产率比未受过教育的农民要高出 8.7%,其年产出要比未受过教育的农民要高 13.2%。[2]

其次,教育可以提升人力资本的价值。在经济活动中,不仅物质资料是重要的资本,人本身也是重要的生产要素资本。舒尔茨提出人力资本的概念,并认为"教育作为经济发展的源泉,其作用是远远超过被看作实际价值的建筑物、设施、库存物资等物力资本的"。获得一定知识和技能的人是一切资源中最为重要的资源,人力资本的收益大于物力投资的收益。现在,越来越多的国家意识到,国际竞争的核心是经济竞争,经济竞争的核心是科技竞争,科技竞争的核心是人才竞争,而人才竞争的关键则在于教育,所以它们都开始把教育摆在关系到国计民生的重要战略地位。不仅如此,就个人来说,教育可以帮助他获得直接的经济利益。一般来说,

---

[1] 赖德胜:《教育与收入水平》,北京师范大学出版社 1998 年版,第 39 页。

[2] 张人杰选编:《国外教育社会学基本文选》(修订版),华东师范大学出版社 2009 年版,第 310 页。

受教育的水平越高，个人的经济收入也就越高（参见表4-4）。

表4-4　教育投资的收益率[①]

收入水平	国家	年份	个人收益率			社会收益率		
			初等	中等	高等	初等	中等	高等
高收入	希腊	1993		8.3	8.1		6.5	5.7
	新西兰	1991		13.8	11.9		12.4	9.5
中等收入	玻利维亚	1990	20.0	6.0	19.0	13.0	6.0	13.0
	中国	1993	18.0	13.4	15.1	14.4	12.9	11.3
	墨西哥	1992	18.9	20.1	15.7	11.8	14.6	11.1
低收入	埃塞俄比亚	1996	24.7	24.2	26.6	14.9	14.4	11.9
	尼泊尔	1999	16.5	8.5	12.0	15.7	8.1	9.1

（资料来源　Based on Psacharopoulos, G. and Patrinos, H. A. (2002) *Returns on Investment in Education：A Further Update*. Washington, DC：World Bank.）

再次，教育可以促进科学技术的生产。科学技术是第一生产力，而教育还具有直接生产科学技术的作用，通过科学技术的研发，把潜在的生产力转化为现实的生产力。在这方面，现代大学起到了重要的作用。所谓"产—学—研"相结合，是现代大学的特征。通过研究，促进教学，培养人才；同时形成科技成果，转化为生产过程，推进经济的发展。

（二）教育的政治功能

法国政治学家迪韦尔热（Duverger，M.，1917—2014）说："没有——或几乎没有——任何事物完全是政治性的"，但是"一切——或几乎一切——都带有部分政治性"[②]。同样，教育具有鲜明的政治特征，它承担着培养国家公民和政治精英，促进政治民主化的重要使命。

首先，促进政治民主化。民主是现代社会的政治理想，是作为专制的、集权的社会的对立面出现的。它的精神主旨是，使每个人都享有平等地参与国家管理和社会事务的权利和机会。教育作为启迪民智的手段，在推进政治民主化方面有特殊的作用。主要表现在以下方面：第一，直接向学生传递有关民主生活的知识和价值观，使他们具有参与民主生活的意识和能力；第二，通过教育民主化，使每个公民

---

① 转引自：Guthrie, J. W. （Ed.），*Encyclopedia of Education（2nd ed.）*，vol. 2，NY：Gale，2003，p. 650.

② 迪韦尔热著，杨祖功、王大东译：《政治社会学》，华夏出版社1987年版，第11页。

不分地区、民族、阶层、性别、信仰等，都享有平等的受教育权利和机会——这本身就是政治民主化在教育领域的体现；第三，促进教育过程本身从专制、封闭或单向控制，走向民主、开放和自由，从而使学生在学校营造的民主氛围中耳濡目染，逐渐形成参与公共生活的民主精神。

其次，培养合格的公民。如果说培养"人才"是教育的经济目标，那么培养"公民"就是教育的政治目标。"公民"概念不仅仅意味着拥有特定国家的国籍，而且意味着具备相应的知识、技能和倾向。例如，在知识层面，要了解国家制度、政府组织、民主法治等方面的事实与信息；在技能层面，要关注公共生活、参与民主决策、沟通表达技巧等；在情意层面，要有公共精神和服务能力。帮助学生形成这些知识、技能和态度，使他们成为负责任的公民，是现代学校教育不可忽视的责任。

再次，培养政治人才。例如，在英国，伊顿、哈罗、拉格比等公学，牛津、剑桥等大学培养出一大批政治家。据统计，1951 年，英国保守党议员中，有 80.5％的人上过牛津、剑桥等。在美国，1789—1953 年，约有 67％的高级政治领导人（包括总统、副总统、众议院议长、内阁成员、最高法院法官）是大学毕业生，其中绝大多数毕业于名牌院校，如哈佛、耶鲁、普林斯顿、达特茅斯等。在日本，1937 年在总数为 1377 名文职官员中，有 1007 名即 73.6％的人是东京大学的毕业生。

（三）教育的文化功能

教育与文化之间有着天然的联系，它本身就是社会文化的重要载体，具有促进文化延续和发展的重要作用。具体来说，教育的文化功能包括以下三个方面：

首先，促进文化的传递和保存。英国人类学家马林诺夫斯基（Malinowski B.，1884—1942）就说："教育就是指一个文化体系的传递；在文化变迁的时候，除了传递以外，也兼指两个文化体系的传播和融合。"这意味着，从纵向上来说，教育总是试图将过去社会积累的文化遗产传递给年轻一代，在促进年轻一代社会化的同时也实现了文化的传承和繁衍；从横向上来说，教育有助于促进文化在不同的社会空间和社会群体中流动和传播，这既可以发挥特定文化的辐射作用，同时又可以促进文化之间的交流和融合。

其次，促进文化的选择。在学校教育中，课程是传递社会文化的直接载体，但它所承载的并不是所有的社会文化遗产。因为社会本身是复杂的，既有文化的精华，又有文化的糟粕，既有丰富的、创生的元素，又有贫乏的、僵化的成分，所以，并不是所有的社会文化遗产都适合学校的课程体系；即便这些文化遗产都是积极的，也未必要将它们都纳入学校的课程体系。事实上，由于学校课程的容量限制，也不可能将它们"全盘吸收"。在这种意义上说，学校课程必定是经过精心选择的社会文化。在选择的过程中,往往需要考虑两个方面:一是所选择的文化要符合特定国家或社会的需求;二是所选择的文化要基于学生的发展需要。除了课程层面的文化选择之外,在教师层面也存在一定的文化选择空间。他们并不是简单地复制教材或教参上的内容,而是根据对自我的定位、对学生的认知、对课程的理解、对环境的感知,最终确定"教什么""怎么教"之类的问题。因此可以说,教师就是一个文化选择者。

再次,促进文化的更新。文化的传承与文化的更新是内在统一的:没有文化的传承,文化的更新就无从谈起;没有文化的更新,文化的传承就失去了意义。教育的文化更新功能主要体现在三个方面:第一,教育选择和重组社会文化的过程本身,就是在进行文化的更新,即在有目的地过滤既往社会文化中某些贫乏的、僵化的、被视为糟粕的内容,并在各种积极的文化因素之间建立起系统的关联,从而实现社会文化的优化和系统化;第二,教育本身也在不断生产新的知识或经验,特别是在高等教育阶段,学术研究直接促进了知识的创生,丰富了文化的积累;第三,更为重要的是,教育通过人才的培养,不断创造新的文化。

◈ 讨论题

1. 杜威说:"社会群体每一个成员的生和死的这些基本的不可避免的事实,决定教育的必要性。一方面,存在群体的新生成员——集体未来的唯一代表——的不成熟和掌握群体的知识和习惯的成年成员的成熟之间的对比。另一方面,这些未成熟的成员有必要不仅在形体方面保存足够的数量,而且要教给他们成年成员的兴趣、目的、知识、技能和实践,否则群体就将停止它特有的生活。"[1]

结合这段论述,说明教育与个体、社会之间的关系。

2. 与其他社会领域或现象相比,教育有哪些自身的特点?

3. 你对教育属性的争论有何看法?这种争论是否有意义?如有意义,你持何种观点?

4. 晚年的钱学森多次表达他对我国教育的忧虑:"为什么我们的学校总是培养不出杰出人才?"他所说的不是一般人才的培养问题,而是科技创新人才的培养问题。这就是"钱学森之问"。然而,有观点认为,学校教育的目标是培养合格的公民,而不是培养杰出人才或创新人才,而且学校也培养不了这样的人才。你怎样看待这种观点?

---

[1] 杜威著,王承绪译:《民主主义与教育》,人民教育出版社1990年版,第3—4页。

5. 近年来,"择校"问题、农民工子女教育问题、高考制度问题等,都引起了公众广泛的关注。选择其一,结合教育与社会的关系进行简要的分析。

6. 改造主义教育是在 20 世纪 30 年代从美国实用主义教育和进步教育中逐渐分化出来的一种教育流派,到 20 世纪 50 年代形成一种独立的教育思想。这种理论流派认为,教育应该以改造社会为目标;教育要重视培养社会一致精神;强调行为科学对整个社会的教育指导意义;教学上应该以社会问题为中心;教师应该进行民主的劝说的教育。请寻找阅读相关材料,对这种理论流派做出分析。

◈●◈ 参考资料

1. 联合国教科文组织国际教育发展委员会编著,华东师范大学比较教育研究所译:《学会生存——教育世界的今天和明天》,教育科学出版社 1996 年版。

2. 鲁洁:《教育社会学》,人民教育出版社 2007 年版。

3. 吴康宁:《教育社会学》,人民教育出版社 1998 年版。

4. 马和民主编:《新编教育社会学》,华东师范大学出版社 2002 年版。

5. 张人杰主编:《国外教育社会学基本文选》(修订版),华东师范大学出版社 2009 年版。

6. 陆有铨:《躁动的百年:20 世纪的教育历程》,北京大学出版社 2012 年版。

7. 《社会学概论》编写组:《社会学概论》,人民教育出版社、高等教育出版社 2021 年版。

第五章　教育目的

▲ **学习指导**

1. 认识教育目的存在的必然性，掌握教育目的的含义和要求。
2. 了解几种不同的教育目的观，理解教育目的观对教育目的的制约作用。
3. 把握我国教育目的的发展脉络，分析我国当今教育目的的基本表述。
4. 初步掌握马克思人的全面发展理论，形成对全面发展教育的正确认识。

教育目的是教育工作的指南，它的制定总是从对教育、人、社会之间关系的一定认识出发的。可以说，对教育与人、教育与社会的认识不同，所提出的教育目的也就有所不同。所以，在对教育、人、社会有初步的了解以后，接下来分析一下教育目的问题。

一、教育有没有目的

提出教育有没有目的这样一个问题，看上去好像是痴语，因为在一些人看来，教育必定有目的，是不言而喻的事情，否则何以称教育呢？但是，这个"不言而喻"的问题，由于杜威的"教育无目的论"的存在，使得人们要对它作出肯定的回答就颇费踌躇了。

要了解杜威的"教育无目的论"，不能不说说他对教育的基本看法。

在《我的教育信条》《民主主义与教育》等一系列著作中，杜威阐述了他的教育主张。他认为，真正的教育是与儿童的生长紧密联系在一起的，教育不是强迫儿童或青年去吸收外面的东西，而是要使人类"与生俱来"的能力得以生长。在他的教育理论体系中，"生长"的概念占有极其重要的地位，教育和生长是等同的；在教育中，除了更多的生长，没有别的东西是与生长相关的。所以，除了更多的教育，没有别的东西是教育所从属的。

生长本来是生物学或心理学的概念，杜威把它引用到教育上来，是指儿童本能发展的各个阶段，不仅包括体格方面，而且也包括智力方面和道德方面。① 在他看来，生长是建立在儿童未成熟的状态上的，也就是说儿童不是现在绝无能力，到了将来才有，而是说现在就有积极的能力——成长起来的能力。未成熟的状态的主要特点是具有"可塑性"，即具有从经验中学习的能力。衡量学校教育的标准，就看它创造继续生长的愿望到什么程度，它为实现这种愿望提供的方法到什么程度。据此，他得出结论："教育即生长"。

教育既然就是儿童生长本身，就是儿童的本能展开和经验的改造、改组过程，那么，教育也就无什么目的可言了。"生长是生活的特征，所以教育就是生长；在它自身以外，没有别的目的。"②"教育过程在它自身以外无目的；它就是它自己的目的。"③"教育的过程和目的是完全相同的东西。如要在教育之外另立一个任何目的，例如给它一个目标和标准，便会剥夺教育过程中的许多意义，并导致我们在处理儿童问题时依赖虚构的和外在的刺激。"④

在这里，杜威把生长作为教育的目的，实际上存在着这样一些缺陷：

第一，把教育活动所产生的效果与教育目的混同起来了。教育目的是对教育达成结果的一种构想，它是指向未来教育欲实现的预期效果的，与教育的实际效果（杜威所讲的"生长"）并不完全一致。

第二，把教育过程与教育目的混同起来了。儿童的生长既是教育活动产生的结果，也是教育活动展开的序列，它与教育目的虽有联系，但不可同日而语。

第三，把生长与进步混同起来了。把生长作为教育的最终目标，没有确定什么是生长的正确和理想的方向，这正如美国教育哲学家布鲁巴克（Brubacher, J. S., 1898—1988）所讲的："急速的生长，不一定保证进步，也不是进步的可靠指标。癌症不停地生长，但显然这决不是我们要生长的。学生的生长，可以建立在懒惰与求学不认真的习惯上，也可以建立在勤劳与艰苦的工作上。"⑤

杜威本人实际上也并非完全否认教育目的的存在，这一方面表现在他对教育内外部目的的论述上，另一方面表现在他日后对教育目的的明确申明上。

杜威把教育目的区分为两类：一类是教育过程以内的目的，一类是教育过程以外的目的。前者是教育本身的目的或者说"活动里面的目的"，后者是从外面强加

---

① 滕大春主编：《外国教育通史》第五卷，山东教育出版社 1993 年版，第 297 页。

② 赵祥麟、王承绪编译：《杜威教育论著选》，华东师范大学出版社 1981 年版，第 158 页。

③ 同上书，第 154 页。

④ 同上书，第 8 页。

⑤ 布鲁巴克著，党士豪译：《教育目的的基本理论问题》，瞿葆奎主编，丁证霖、瞿葆奎选编：《教育学文集·教育目的》，人民教育出版社 1989 年版，第 334 页。

给教育活动的目的。"教育本身并无目的。只是人，即家长和教师等，才有目的。"①"我们探索教育目的时，并不要到教育过程以外去寻找一个目的，使教育服从这个目的。"②杜威要求教育家反对"一般的和终极的教育目的"，认为它是和一切的特殊联系割裂开来的，以至于教与学的过程仅成为达到预定目的的手段。学校应该寻求"具体的目的"，以代替狭隘的、说教的、消极的"一般目的"。杜威是反对"教育过程以外的目的""一般的目的"也好，还是赞成"教育过程内部的目的""具体的目的"也好，在一定程度上表明他是承认教育目的的存在的，只是注意的是应提倡什么类型的教育目的；不提倡或者说反对不意味着其不存在，相反，正是由于其是确实存在的，而杜威又是不赞成的，才有必要大加指斥。

杜威"教育无目的论"的"虚伪性"更是在其后来的一些论述中得到了证明。他在来华讲演时明确指出，教育不可以无目的，"教育一事，不可以无目的。无目的则如无舵之舟，无羁之马，教育的精神从何发展，其结果必不堪设想"③。"教育的目的是要养成配做社会的良好分子的公民。"④这一论述就与他的"教育无目的论"主张南辕北辙了。

杜威在教育目的上的矛盾主张，是他对教育、人、社会关系认识的反映。他要求教育遵从人的兴趣、欲望等，同时又不得不面对社会的外在要求和压力，三者的难以调和，就使得教育目的忽而"无"，忽而"有"了。

看来，教育不能没有目的。这正如同怀特（White, J., 1934—　）在《再论教育目的》（*The Aims of Education Restated*）一书中谈到的："教育者需要教育目的，这似乎是不言自明的。教育当然是一种有所指向的、有目的的事业——它怎么可能不是这样呢？但是近年来，有个问题被提了出来——'教育者一定要有教育目的吗？'有些人的回答似乎向这个不言而喻的问题提出了挑战。然而，这些回答都不能否认教育目的的存在。"⑤

二、教育目的是什么

（一）教育目的的界定与构成

既然教育是存在目的的，那么就要对"教育目的是什么"这样一个问题予以回

---

① 赵祥麟、王承绪编译：《杜威教育论著选》，华东师范大学出版社1981年版，第170页。
② 同上书，第169页。
③ 转引自滕大春主编：《外国教育通史》第五卷，山东教育出版社1993年版，第298页。
④ 转引自王天一等编：《外国教育史》（下），北京师范大学出版社1985年版，第153页。
⑤ 怀特著，桑新民等译校：《再论教育目的》，教育科学出版社1992年版，第7页。

答了。教育目的是对教育对象所要达到的规格和要求做出的规定。

任何一个教育目的,在其构成上,似乎都离不开这样两个组成部分:一是素质,二是职司。前者是指对教育对象的身心素质作出的规定,后者是指对教育对象要发挥什么样的作用(要做出的社会贡献、承担的社会职责等)或在什么样的条件下发挥作用(在什么社会背景下发挥作用)作出的规定。

在对教育目的的认识和理解中,教育目的与教育方针的关系,是我国教育学界长期以来颇有争议的一个问题。

对于两者的关系,可否这样去认识:

第一,"教育目的"是理论术语,是学术性概念,属于教育基本理论范畴;"教育方针"则是工作术语,是政治性概念,属于教育政策学范畴。

第二,教育目的着重是对人才培养规格作出的规定,教育方针着重是对教育事业发展方向所提出的要求。教育目的反映的是一定社会对人才培养的总要求,规定教育培养人才的质量规格;教育方针是阶级或政党确定的在一定时期内教育发展的基本指导思想。

第三,教育目的有时是由社会团体或个人提出的,对教育实践可以不具约束力;教育方针则是由政府或政党等提出的,对教育实践具有强制性。

此外,还有一个词语易与"教育目的"相混淆,这就是"教育宗旨"。

"教育宗旨"是我国近代教育史上出现过的一个教育概念,在历史上它有着不同的含义:就它是"教育的主要目的和意图"而言,与"教育目的"相通;就它是"教育的主要旨趣"和"主意所在"(如清政府所颁布的教育宗旨"忠君、尊孔、尚公、尚武、尚实"),又与"教育目的"迥异。

(二) 教育目的的特性

通过对教育目的含义及其相邻概念的分析,可以看到,教育目的大体具有这样几个特性:

1. 抽象性(一般性)

教育目的总是抽象的,非具体的,换句话说,是一般的,非特殊的。它对人的身心素质提出的要求,及对所培养的人的社会价值所做出的描述,都是方向性的指南。

2. 预期性(理想性)

教育目的表达的是社会或个人对教育对象未来发展状况的期望,所展现的是一种预期的状态。在对教育目的的规定中,渗透的是他们关于美好生活前景的设想,反映的是人生发展的理想。

3. 终极性（不可及性）

教育目的是对受教育者身心发展的最终要求，是受教育者追求的理想目标，它往往带有不可及性的特点。如果教育目的是轻而易举就可达到的，那么，它就难以成为教育活动的指南，就失去了目的本身的价值。

（三）教育目的的类型

从不同的角度去分析，教育目的至少存在着以下几种类型：

第一种，从教育目的的制定者上看，可分为国家、政府或社会团体提出的教育目的与个人提出的教育目的。前者是在相应的教育实践中必须加以实施的，通常具有较强约束力；后者虽有时也可转变为政府、政党的教育目的，但在多数情况下，并不一定对教育实践产生约束力。

第二种，从教育目的的实现与否上，可分为理想的教育目的与实际的教育目的。这两者有时是统一的，理想的教育目的表现为实际的教育目的。但在大多数情况下两者是不统一的，理想的目的并不一定就是实际的目的，两者间差异颇大，甚至有可能出现对立；同时，教育实际的丰富性、复杂性，也使得实际的教育目的在包容的内容上远远大于理想的教育目的。

第三种，从教育目的的表现形态上，可分为外显的教育目的和内隐的教育目的。前者是成文的教育目的，是明确表述出来的；而后者是未成文的教育目的，是"缄默"的、未表述出来的。这两者在一定程度上是不统一的。

第四种，从教育目的的承载者上，可分为学生的教育目的、教师的教育目的、家长的教育目的、政府的教育目的和社区的教育目的。这些类型的教育目的有时并不一致，差异悬殊。

专栏 5.1　马克思中学时代的追求

1835 年 9 月 24 日，17 岁的马克思于德国特里尔中学毕业。他在 1835 年 8 月 12 日，也即中学毕业前一个月，写的论文《青年在选择职业时的考虑》，今天读来都发人深省。其中有些内容就直接回答了"读书为了什么""读书后将来干什么"的问题。

马克思写道，中学毕业后，"在选择职业时，我们应该遵循的主要指针是人类的幸福和我们自身的完美。不应认为，这两种利益是敌对的，互相冲突的，一种利益必须消灭另一种的；人类的天性本来就是这样的：人们只有为同时代人的完美、为他们的幸福而工作，才能使自己也达到完美。

如果一个人只为自己劳动,他也许能够成为著名的学者、大哲人、卓越诗人,然而他永远不能成为完美无疵的伟大人物。

历史承认那些为共同目标劳动因而自己变得高尚的人是伟大人物;经验赞美那些为大多数人带来幸福的人是最幸福的人;宗教本身也教诲我们,人人敬仰的理想人物,就曾为人类牺牲了自己——有谁敢否定这类教诲呢?

如果我们选择了最能为人类福利而劳动的职业,那么,重担就不能把我们压倒,因为这是为大家而献身;那时我们所感到的就不是可怜的、有限的、自私的乐趣,我们的幸福将属于千百万人,我们的事业将默默地、但是永恒发挥作用地存在下去,面对我们的骨灰,高尚的人们将洒下热泪"。

17 岁的马克思写下的这段话,是他中学毕业时思想的真实写照,也成为他一生奉行的圭臬。①

对教育者来说,要想真正将教育目的作为教育活动的核心,使得教育内容的选择、教育方法的确定、教育组织形式的选定等,都围绕教育目的来进行,并使教育目的有效实现,那么,就要充分考虑到这些不同类型的教育目的的存在,尽可能地对其予以统筹安排。如果仅仅看到成文的目的、外显的目的、政党政府的目的、理想的目的,而没有看到相反的其他类型,就有可能影响自己所倡导的教育目的的达成。

(四) 良好教育目的的标准

什么样的教育目的,才可称得上是好的教育目的呢?

杜威曾在"教育本身无目的"的基础上,提出作为一切良好的教育目的,所应具备的几个特征:

第一,一个教育目的必须以受教育者的天性以及后天获得的习性为基础。也就是说,教育目的应充分体现他的先天本性,他自己的活动,他的能力,他养成的习惯等。

第二,一个教育目的必须有利于受教育者之间的相互合作。"目的必须提出一种解放和组织他们的能力所需要的环境。"②也就是目的必须能用于适宜于学生的

---

① 《马克思恩格斯全集》第 40 卷,人民出版社 1982 年版,第 5—7 页。
② 赵祥麟、王承绪编译:《杜威教育论著选》,华东师范大学出版社 1981 年版,第 171 页。

活动和能力的方法和环境之中，能够"转化为与受教育者的活动进行合作的方法"①。

第三，目的必须是具体的、直接的，而不是"普遍的、最终的"。杜威提出，"教育者必须警惕所谓一般的和终极的目的"②。一般的、终极的教育目的，是脱离一切具体条件的、遥远的，这种普遍的目的使教与学的活动仅仅成为一种手段。③

杜威对良好教育目的标准的分析，注重了教育目的与学生发展需要的紧密联系，但他也混淆了目的与目标，试图用具体的目标取代一般的目的。

在我们看来，作为良好的教育目的，应体现出这样一些特征：

1. 教育目的应能与实际的教育情境紧密相联

教育目的虽然是抽象的、一般的，但却不能是脱离教育实际的，它要能在教育实际中发挥一定的效用。因此，教育目的的制定，不能离开对教育实际情境的分析，而应该是在对教育实际状况有充分认识的前提下作出的。也就是说，仅仅从社会需要出发，或仅仅从受教育者发展的需要出发，而背离或远离实际的教育目的，都是不足取的。

2. 教育目的的确定应能与社会所要求的人才培养标准紧密相联

社会政治、经济等对教育目的的制约，突出地表现在它所提出的人才培养标准上。一定的社会时期和社会背景，对人提出的素质要求不同，也会使得教育这样一个培养人的活动，在最终目的达成上有所不同。因而，在教育目的的确定上，既要考虑社会政治、经济对教育的一般要求，更要考虑社会政治、经济对人才规格的要求，并且在此基础上，对"什么样的人才是受过教育的人"这样一个问题进行深入的思考。

3. 教育目的要具有在教育活动中得到检验的可能性

制定教育目的的目的，是要能够指导教育实践活动，因而它所反映出来的要求，应该能在教育实践中具有接受检验的可能性。

专栏5.2　关于核心素养

"核心素养"是由经济合作与发展组织（简称"经合组织"，英文缩写为

① 赵祥麟、王承绪编译：《杜威教育论著选》，华东师范大学出版社1981年版，第171页。
② 同上。
③ 霍恩著，吴志宏等译：《杜威的教育目的论述评》，瞿葆奎主编，丁证霖、瞿葆奎选编：《教育学文集·教育目的》，人民教育出版社1989年版，第569—570页。

OCD）率先提出的，英文为 Key Competencies，或 Core Competencies。"Key"在英语中有"关键的""必不可少的"等含义。"Competencies"可以直译为"胜任力"或者"能力"。核心素养主要指学生应具备的，能够适应终身发展和社会发展需要的必备品格和关键能力。作为学生知识、技能、情感、态度、价值观等多方面的综合表现，核心素养是每一名学生获得成功生活、适应个人终身发展和社会发展都需要的、不可或缺的共同素养；其发展是一个持续终身的过程，可教可学，最初在家庭和学校中培养，随后在一生中不断完善。

　　经合组织发布的报告《成功生活与健全社会的核心素养》，明确提出了三大核心素养：①在互动中使用工具，关注的是个体使用计算机之类的物理工具以及语言等社会文化的工具，实现与世界的相互作用；②在社会异质群体中互动，强调个人与他人一起学习、生活和工作，包括社会适应力、社交能力、跨文化能力和软技能等；③自主行动，具有良好的自我概念以及把自身的需要和愿望转化为有目的行动的能力。① 欧盟也发布了《终身学习核心素养：欧洲参考框架》，提出了八项核心素养：母语沟通能力、外语沟通能力、数理和科技基本素养、数字（信息）素养、学习如何学习、社会和公民素养、创新和企业家精神、文化意识和表现②。

三、几种不同的教育目的观

　　对于教育发展历史上先后出现的诸多有关教育目的的主张，大致分为两类，一类是"个人本位论"，另一类是"社会本位论"。

　　这种对教育目的观的认识虽无大错，但有些失之笼统。如果我们对教育史上的一些教育目的论稍加仔细分析，就可把这两种目的论再具体化为以下几种：个人本位论、人格本位论、文化本位论、生活本位论、伦理本位论和社会本位论。

---

① Rychen，D. S. ＆ Salganik，L. H. Key Competencies for a Successful Life and a Well-Functioning Society. Gottingen：Hogrefe ＆ Huber Publishers，2003；张娜：《DeSeCo 项目关于核心素养的研究与启示》，载《教育科学研究》2013 年第 10 期。

② Commission of the European Communities. Proposal for a Recommendation of the European Parliament and of the Council on Key Competences for Lifelong Learning. http://ec. europa. eu/education/policies/2010/doc/keyrecen. pdf.

（一）个人本位论

个人本位的教育目的观，一般认为教育的目的就是使受教育者的本性、本能得到自然的发展，教育目的应当根据人的本性之需要来确定。个人本位的教育目的观一般注重个人价值，注重人身心的和谐发展。

"个人本位论"的典型代表是卢梭。卢梭是以培养"自然人"作为教育目的的；在他看来，教育的目的，"它不是别的，它就是自然的目标。"①他认为，不能同时把人教育成"人（自然人）"与"公民（社会人）"，而要在"人"与"公民"之间作出抉择。他选择了前者，他在《爱弥儿》中说，人应该为自己和自己的爱好而生存，公民的一切却由社会来决定，因而他不再是一个独立的人，顺应天性发展的教育便不应以培养这种公民为职责。但这种自然人不是纯粹生物性的人，不是那种倒退到原始社会的原始人。他指出：一个生活在自然中的自然人和一个生活在社会中的自然人，两者全然不同，他须知道怎样在城市中谋求生存，如何与人相处。他对这种新型的人物作了如下的描述：这种人是身心调和发达的人；具有农夫的或运动员的身手，又有哲学家的头脑；身体健康，感觉灵敏，理性发达；不曾受到社会传统的摧残，未被旧有的模型铸成固定的形式；有着发展成为各种人才的条件，能适应时势的要求而承担应当承担的使命。

19世纪末20世纪初，有"进步教育之父"之称的美国教育家帕克（Parker，F. W.）继承了卢梭的思想，力主顺应儿童的自然倾向进行教育，把儿童作为整个教育过程的中心。由此，"一切教育的真正目的，是人，即人的身体、思想和灵魂的和谐发展"②。他认为，要靠一种教学上的"自然的方法"来实现这一目的。所谓自然的方法，就是按照心理发展的规律来组织课堂和教学，或者说使"发展的手段完全适应发展的心理"③。

"个人本位论"在当代的代表人物则是那些人本主义者。人本主义者用不同的词语来表示他们心目中的教育最终目标：马斯洛（Maslow，A. H.）以为是"自我实现"的人、有"完美人性"的人；在罗杰斯（Rogers，C. R.）那里，则是"充分发挥作用的人"。这些词在其含义上是相近的，即指那些不仅在身体、精神、理智、情感、情绪和感觉各方面达到了有机整体化，而且在有机协调的内部世界与外部世界的联系方面达到了和谐一致的人；这些人也是充分实现其潜能的人，有创

---

① 卢梭著，李平沤译：《爱弥儿》（上卷），人民教育出版社1985年版，第4页。
② 赵祥麟主编：《外国教育家评传》第2卷，上海教育出版社1992年版，第457页。
③ 同上书，第457—458页。

帕克

马斯洛

罗杰斯

(1837—1902)，美国进步主义教育家，进步教育运动的倡导人之一。主要著作：《教育方法谈话》《怎样学习地理》等。

(1908—1970)美国心理学家、教育家，人本主义心理学的创始人，提倡创造性教育。主要著作：《动机和人格》《科学心理学》《存在心理学探索》《人性能达到的境界》等。

(1902—1987)美国心理学家、教育家，应用心理学的创始人之一，人本化教育思想的代表人物。主要著作：《问题儿童的临床处理》《人的形成》《学习的自由》等。

造力的人。

（二）人格本位论

与"个人本位论"相比，"人格本位论"更注重受教育者完整人格的陶冶，它虽然也主要是指向人的和谐发展，但不似"个人本位论"那样仅从人的本性出发，仅强调顺应人的自然发展，它在突出人的价值的同时，也比"个人本位论"更多地关注到了社会的需要。这是一种介于"个人本位论"与"社会本位论"之间的一种教育目的观（但主要偏向于"个人本位论"）。

瑞士教育家裴斯泰洛齐（Pestalozzi, J. H.）认为，教育目的在于发展人的一切天赋力量和能力，使人的各种能力和谐发展。在他看来，人的一切才能必须获得最大限度的发展，因为每一个人都具有天赋的能力和力量，这种能力和力量都具有从不活动状态到充分发展的倾向。另一方面，他又注意到，人是社会性的动物，人的发展是有社会目的的，人的各种能力的发展，乃是"人类的普遍需要"。他说："为人在世，可贵者在于发展，在于发展各人天赋的内在力量，使其经过锻炼，使人能尽其才，能在社会上达到他应有的地位。这就是教育的最终目的。发展人的内在力量，不得不利用社会与人生相结合的教育办法，从而使其得到人的品德、家庭幸福、工

裴斯泰洛齐

(1746—1827)瑞士民主主义教育家。被认为是现代教育理论和现代国民学校(初等义务教育)之父。主要著作:《林哈德与葛笃德》《葛笃德怎样教育她的孩子们》等。

作能力,直到实现社会上的需要。"①

日本近代著名的教育家小原国芳(Kuniyoshi Obara, 1887—1977)也是"人格本位论"的突出代表。他以其"全人教育"(也译为"完人教育")主张而著称于世。什么是"全人教育"? 概括地说,就是指"塑造健全的人格,亦即塑造和谐的人格"。② 这是小原国芳依据柏拉图的"和谐就是善"以及裴斯泰洛齐的"和谐发展的教育"思想创造出来的。其教育理想在于创造真、善、美、圣、健、富六个方面的价值,也就是使受教育者在学问、道德、艺术、宗教、身体、生活六个方面协调、丰满地发展,形成完整的而不是片面的人格,使知、情、意等心理品质得到圆满的陶冶。他认为,教育必须充分发展每一个人的个性,使学生达到自我发现和自我实现的目的。但与此同时,他又认识到,人既是个体人又是社会人;既要追求理想又要生活于现实;既作为自由人又受制于法律、规范;教育要使两种相反的、矛盾的、对立的两方面在一个人身上合而为一,达到灵肉合一,身心如一。③

(三) 文化本位论

"文化本位论"强调用"文化"来统筹教育、社会、人三者的关系,以为教育活动就是一种文化活动,教育目的的制定应围绕文化这一范畴来进行。

"文化本位论"因着文化教育学的张扬,而成为教育目的观中较有影响的一种主张。

文化教育学产生于 20 世纪 20 年代的德国,是西方重要的教育流派之一,其代表人物有早期的狄尔泰(Dilthey,

狄尔泰

(1833—1911),德国哲学家,历史学家,心理学家,社会学家。主要著作:《精神科学导论》《论德国的文学和音乐》等。

---

① 转引自张焕庭主编:《西方资产阶级教育论著选》,人民教育出版社 1964 年版,第 173 页。
② 小原国芳著,吴康宁译:《完人教育论》,瞿葆奎主编,丁证霖、瞿葆奎选编:《教育学文集·教育目的》,人民教育出版社 1989 年版,第 302 页。
③ 赵祥麟主编:《外国教育家评传》第 3 卷,上海教育出版社 1992 年版,第 743—744 页。

W.）和后来的斯普朗格（Spranger，E.，1882—1963）。[1]

在文化教育学中，"文化"是一个基本的概念。在他们看来，凡文化必须具有价值，而与价值相联系的事实，就是我们称之为文化的那种东西。文化是历史创造的财富的总和，文化价值实现于文化财富之中。斯普朗格在这种认识的基础上，把文化进一步划分为四个组成部分：团体精神（gruppen geist），家庭、经济联盟、民族等集团都是通过团体意识来保存文化意义的；客观精神（objektiver geist），即有意义的文化活动积淀在语言、文学、符号、工具等基质中；规范精神（normativer geist），即每一种文化都包含着需求目的，不仅需要客观规范（如科学、技术等），同时也需要共同生活规范（如风俗、团体道德、法律规则和政治秩序等）；人格精神（personaler geist），凡是有意识的个人都享有文化的意义，并使这种文化保持鲜活的生命力。[2]

斯普朗格的"文化"这一基本范畴统合了个人与社会、自我与历史、主观精神（人）与客观精神（世界）的多重关系。他认为，个人是文化生命的一个关键，个人的主观精神是通过其创造活动，发展和创造文化的。文化与个人的关系是一种"生动的循环"。在他看来，教育也是一种文化活动（kulturtatigkeit），这种文化活动指向不断发展着的主体的个性生命生成，它的最终目的，是把既有的客观精神（文化）的真正富有价值的内涵分娩于主体之中。[3] 也就是说，教育是为培养个人人格精神而进行的一种文化活动，是根据社会文化的有价值的内容进行的，其最终的目的在于唤醒个人的意识，使其具有自动追求理想价值的意志，并有所创造，增加文化的新成分。在这个意义上可以说，教育是一个从客观文化价值到个人的主观精神生活转化的过程，也即是个人在接受文化、创造新文化的同时，内在地创造了掌握文化的新人。

（四）生活本位论

"生活本位论"把教育目的与受教育者的生活紧密联系在一起，他们或以为教育要为未来的生活作准备，或以为教育即是生活本身，注重的是使受教育者怎样生活。这方面突出的代表是斯宾塞和杜威。

斯宾塞是 19 世纪中、后期英国著名的哲学家、社会学家和教育家。他明确提

---

[1] 文化教育学也被称为精神科学教育学（Geisteswissenschaftliche Pädagogik），其概念在德国颇多歧义，理解不一。国内曾有学者对其做过如下界说：文化教育学企图从人文科学和文化哲学的高度，综合教育思想中形式训练与实质陶冶、强制与自由、训练与放任、努力与兴趣、教师传授与儿童活动等因素，以文化去陶冶学生，体现教育与陶冶的真正目标、价值和意义，从而达到生成完整的人。邹进：《现代德国文化教育学》，山西教育出版社 1992 年版，第 5 页。

[2] 邹进：《现代德国文化教育学》，山西教育出版社 1992 年版，第 57 页。

[3] 同上书，第 4 页。

出，教育目的是为"完满的生活"作准备，教育的主要任务就是教会人们怎样生活，教会他们运用一切能力，做到"对己对人最为有益"①。他指出："为我们的完满生活作准备是教育应尽的职责，而评判一门教学科目的唯一合理办法就是看它对这个职责尽到什么程度。"他又说："我们有责任把完满的生活作为要达到的目的摆在我们面前，而经常把它看清楚；以便我们在培养儿童时能慎重地针对这个目的来选择施教的科目和方法。"②斯宾塞的"生活预备说"体现了当时英国资产阶级对通过教育获取使个人幸福的知识与能力的现实要求。

与斯宾塞不同，杜威反对将教育视为未来生活的准备，认为，一旦把教育看作是为儿童未来的生活作准备的，就必然要教以成人的经验、责任和权利，而忽视儿童此时此刻的兴趣与需要，把儿童置于被动地位。因此，他主张，应把教育理解为教育生活，"教育即生活"。一切事物的存在都是人与环境相互作用产生的，人不能脱离环境，学校也不能脱离眼前的生活，学校教育应该利用现有的生活情境作为其主要内容，教儿童适应眼前的生活环境，也就是培养能完全适应眼前社会生活的人。他在《学校与社会》中明确提出应把学校创造成"一个小型的社会，一个雏形的社会"，使"每个学校都成为一种雏形的社会生活，以反映大社会生活的各种类型的作业进行活动。……当学校能在这样一个小社会里引导和训练每个儿童成为社会的成员，用服务的精神熏陶他，并授予有效的自我指导工具，我们将有一个有价值的、可爱的、和谐的大社会的最深切而最好的保证"③。

在以往对教育目的观的分析中，人们常把杜威视为"个人本位论"者，如果仅从杜威论述的片言只语来看，也许的确如此，但是若从杜威对教育的理解、对教育作用的分析、对教育与社会以及教育与人的全部论述来考察，则是不能称杜威为"个人本位论者"的。这也是我们把他放在"生活本位论"这样一个带有中性色彩的教育目的观中来讨论的主要原因。

（五）伦理本位论

"伦理本位论"也是介于"个人本位"与"社会本位"之间的教育目的观，但它更偏向社会本位一边，注重的是社会伦理的一方面。它有两个代表人物，一个是康德（Kant，I.）④，另一个则是赫尔巴特。

---

① 斯宾塞著，胡毅译：《教育论》，人民教育出版社1962年版，第7页。

② 同上。

③ 赵祥麟、王承绪编译：《杜威教育论著选》，华东师范大学出版社1981年版，第21、28页。

④ 也有研究者将康德的教育目的观称为"精神人格论"。陈桂生：《教育原理》，华东师范大学出版社1993年版，第221页。

康德深受卢梭的感染，在 40 岁时读《爱弥儿》入迷，竟然为此打破了他终身严格遵守的作息制度，卢梭的画像后来成为康德客厅中的唯一装饰品。1764 年他写道："卢梭是另一个牛顿。牛顿完成了外界自然的科学，卢梭完成了人的内在宇宙的科学，正如牛顿揭示了外在世界的秩序与规律一样，卢梭则发现了人的内在本性。必须恢复人性的真实观念。"①但是，长期从事自然科学研究而形成的对理性和科学的偏爱，使得康德对于卢梭立足于个体，用否认和贬低理性来阐发人的本性和教育目的的观点不可能满意地接受。于是，他开创出一条与卢梭不同的探讨教育目的之路，即从自然与人、个体与社会、感性与理性的矛盾对立中来认识和把握教育目的。他揭示了人的双重本性：一方面，人属于自然界，作为自

康德

(1724—1804)德国哲学家，德国古典哲学创始人。主要教育著作：《康德论教育》（或《论教育学》）。

然存在的人具有各种感性欲望；另一方面，人又是道德世界的理性存在，人能以理性来克制感性欲望，从而使自己的行为承担道德责任。作为教育来说，就是要使受本能驱使的自然人转变为能够自觉运用社会规范来支配行动道德的人，也就是通过文化的熏陶使人摆脱自然欲望的束缚而变得富有教养，从而塑造出"文化—道德"人来。②

赫尔巴特认为教育目的应该依据伦理学，教育方法则依据心理学来决定。他认为教育的目的在于借助知识的传授使受教育者能明辨善恶，陶冶意志，养成去恶从善的品德。他指出："教育的唯一工作与全部工作可以总结在这一概念之中——道德。""道德普遍地被认为是人类的最高目的，因此，也是教育的最高目的。"③他把道德培养主要集中在"内心自由"——个人的愿望、倾向等服从理性所指引的善的方向；"完善"——调节自己的意志作出正确判断的一种尺度；"仁慈"——善意、仁爱；"正义"——互不侵犯，各守本分；"公平"——给善与恶的行为以应有的报偿。④他还把教育目的区分为两类：必要的目的与可能的目的，或称道德的目的与选择的目的。他认为可能的目的或选择的目的——为成长的一代将来能从事某种

---

① 转引自李泽厚：《批判哲学的批判——康德述评》，人民出版社 1979 年版，第 40 页。

② 参见桑新民：《呼唤新世纪的教育哲学——人类自身生产探秘》，教育科学出版社 1993 年版，第 207—211 页。

③ 张焕庭主编：《西方资产阶级教育论著选》，人民教育出版社 1964 年版，第 259—260 页。

④ 同上书，第 263 页。

职业实施一定的教育,帮助他们发展兴趣与能力——只是教育的职责,而不是教育的目的。教育的真正目的是必要的目的,即道德的目的,是指一个人在他的任何活动中都需要达到的目的。不管你将来干什么工作,从事什么职业,都必须具有一定完善的道德品质。用赫尔巴特的话来说,必须"在儿童心中发展明辨的证见以及与他一起相应的意志力",使之具有"绝对清晰、绝对纯粹的善与正义的观念",只有这样,才能够"把所有任意的冲动推回去"①。

(六) 社会本位论

社会本位的教育目的观,主张教育目的应当根据社会的要求来确定,认为教育的根本目的在于使受教育者掌握社会的知识和规范。这种目的观一般强调人是社会的产物,教育就是要使受教育者成为社会需要的、维护社会稳定和促进社会进步的人。

"社会本位论"的思想由来已久,在古希腊哲学家柏拉图那里就已经出现了。

国家学说和社会政治学说,在柏拉图的整个思想体系中占有极其重要的地位,他的教育思想实际上主要是作为其国家学说的一个组成部分而存在的。他提出,一个完美的理想的国家,必须由三部分人组成:哲学家、军人和劳动者(指农民和手工业者),而培养这些人并达到理想国的目的,主要通过教育来实施。教育的最终目的,就是要培养和选拔出统治国家的哲学家——最高统治者,他们是"深谋远虑的,真正有智慧的"②;训练出勇于维持国家秩序和保卫国土的军人,使他们永远保持着"什么该怕,什么不该怕的信念"③,"对内镇压不法之徒,对外抗虎狼般的入侵之敌"④;也得训练出一大批安于生产,愿意供养统治者的农民和手工业者,使他们在"谁应当统治,谁应当被统治"的问题上,易于"达到意见一致"⑤。可以说,柏拉图关于教育目的的认识,是与其社会政治思想紧密结合在一起的;在他那里,教育是社会政治的附庸。

涂尔干是教育社会学创始者,在他的学说中,他是把教育与社会联系起来进行分析的,他的教育学说实际上是其社会学的一个重要组成部分。

在涂尔干看来,教育是一个社会事物,学校是社会的缩影,不同的社会环境造

---

① 对于赫尔巴特的五种道德观念,国内学者给出的名称不尽一致,这大概是由于译名的不统一,除上述提法外,还有一种是:内心自由的观念、完善的观念、善意的观念、正义的观念、报偿的观念。参见滕大春主编:《外国近代教育史》,人民教育出版社 1989 年版,第 199—200 页。
② (古希腊)柏拉图著,郭斌和等译:《理想国》,商务印书馆 1986 年版,第 146 页。
③ 同上书,第 154 页。
④ 同上书,第 129 页。
⑤ 同上书,第 155 页。

就了不同类型的教育。他说:"今天,我们难道看不到教育同样随着社会阶级的不同,甚至随着居住地点的不同而有所差别吗?现在,城市教育就不同于乡村教育,资产阶级受到的教育也不同于工人受到的教育。"①整个社会及特定的社会环境,决定着教育能够发挥怎样的功能,正是由于每个社会都具有适用于全社会成员的规范,教育才使儿童产生:"①他所属的社会认为其每个成员不应该不具备的某些身心状况;②他所属的特定社群(社会等级、社会阶级、家庭、职业)认为其全体成员必须具备的某些身心状况。"②基于这种认识,他认为,"教育在于使年轻一代系统地社会化","其目的在于,使儿童的身体、智力和道德状况都得到某些激励与发展,以适应整个社会在总体上对儿童的要求,并适应儿童将来所处的特定环境的要求"③。

在"社会本位论"的教育目的观中,还有一个著名的代表人物,那就是19世纪末20世纪初的德国教育家凯兴斯泰纳(Kershensteiner, G.)。他批评学校过于培养了学生的个人利益和个人主义,发展了学校对知识的自私追求,使学生的发展几乎不带有社会的性质。在他看来,公立学校的主要目的是为社会进行公民教育。他说:"我以为国家公立学校的目的——也就是一切教育的目的——是教育有用的国家公民。"④教育的第一目的,是要"使他们热爱劳动、提高工作效率";第二目的是"培养明智而健康的生活方式",即"必须使学生深刻领会个人之间以及个人与国家之间的关系",并最终使学生成为服务于军事的国民。⑤

凯兴斯泰纳

(1854—1932)20世纪德语国家教育理论改革运动最为杰出的代表之一,因提倡"劳作学校"而著名。主要著作:《课程理论评论》《德国青年的国民教育》《教育原理》《教育家的灵魂》等。

以上教育目的观,是按照从个人到社会这样一个维度来展开论述的,即从个人本位观到社会本位观是逐步递进的,前面的更靠近个人本位,后面的则靠近社会本位,其程度是由弱到强的。

---

① 转引自张人杰主编:《国外教育社会学基本文选》,华东师范大学出版社2009年版,第6—7页。
② 同上书,第8页。
③ 同上书,第9页。
④ 转引自扈中平等著:《挑战与应答——20世纪的教育目的观》,山东教育出版社1995年版,第323页。
⑤ 凯兴斯泰纳著,余强等译校:《公民教育的目的》,瞿葆奎主编,丁证霖、瞿葆奎选编:《教育学文集·教育目的》,人民教育出版社1989年版,第462页。

四、我国的教育目的

（一）我国教育目的的历史沿革

1. 清末时期的教育目的

1902 年以前，我国并没有确定的全国统一的教育目的。梁启超在 1902 年所发表的《论教育当定宗旨》一文中首先提出了制定和贯彻全国一体的教育宗旨的必要性。

中国近代史上由国家制定的教育目的，始于 1904 年的《奏定学堂章程》，其中规定："至于立学宗旨，无论何等学堂，均以忠孝为本，以中国经史之学为基，俾学生心术壹归于纯正，而后以西学瀹其知识，练其艺能，务期他日成材，各适实用，以仰副国家造就通才、慎防流弊之意。"这一教育目的反映了当时半封建半殖民地教育"中体西用"的方针，中学以忠孝为本，以中国经史之学为基；西学以西方近代科学知识和艺能为主，以造就国家所需要的各种实用的通才为目的。

1906 年，当时的学部正式规定教育宗旨为"忠君、尊孔、尚公、尚武、尚实"。前两条为"中国政教之所固有，而亟宜发明以距异说者"；后三条则是"中国民质之所最缺，而亟宜箴砭以图振起者"。

2. 民国时期的教育目的

1912 年，当时任教育总长的蔡元培在《新教育意见》一文中，主张废除清政府制定的"忠君、尊孔、尚公、尚武、尚实"的教育宗旨，因为"忠君与共和政体不和，尊孔与信仰自由相违"，教育应以军国民教育、实利主义教育、公民道德教育、世界观教育、美感教育五项为教育目的。

同年 9 月，教育部根据临时教育会议的决定公布了民国教育宗旨，即"注重道德教育，以实利教育、军国民教育辅之，更以美感教育完成其道德"。这一教育宗旨否定了清末的"尊孔""忠君"等内容，是历史上的一大进步。

1929 年 3 月，国民党召开第三次代表大会，把制定教育宗旨和政策作为会议的重要议题，并在这次会上把中华民国的教育宗旨确定为："中华民国之教育，根据三民主义，以充实人民生活，扶植社会生存，发展国民生计，延续国民生命为目的；务期民族独立，民权普遍，民生发展，以促进世界大同。"这一教育宗旨是对国民党"一个党""一个主义"政策的诠释，是为国民党一党专制服务的。

1936 年，国民党政府公布了《中华民国宪法草案》，规定："中华民国之教育宗旨，在发扬民族精神，培养国民道德，训练自治能力，增进生活智能，以造就健全国民。"

3. 新中国成立以来的教育目的

中华人民共和国成立以来影响最大的教育目的的表述，当为毛泽东 1957 年在

《关于正确处理人民内部矛盾的问题》中提出的："我们的教育方针，应该使受教育者在德育、智育、体育几方面都得到发展，成为有社会主义觉悟的有文化的劳动者。"1958 年，中共中央、国务院在《关于教育工作的指示》中正式肯定了这一教育目的，并提出了"党的教育方针是教育为无产阶级政治服务，教育与生产劳动相结合"。

1981 年，党的十一届六中全会通过了《关于建国以来党的若干历史问题的决议》，对教育目的作了这样的规定："坚持德智体全面发展、又红又专、知识分子与工人农民相结合、脑力劳动与体力劳动相结合的教育方针"。同年 11 月召开的第五届全国人民代表大会的政府工作报告又提出："使受教育者在德育、智育、体育几方面都得到发展，成为有社会主义觉悟的有文化的劳动者和又红又专的人才，坚持脑力劳动和体力劳动相结合，知识分子与工人农民相结合。"

1982 年，新宪法规定"中华人民共和国公民有受教育的权利和义务。国家培养青年、少年、儿童在品德、智力、体质等方面全面发展。"

1985 年，《中共中央关于教育体制改革的决定》指出，教育必须"面向现代化、面向世界、面向未来，为 90 年代至下世纪初叶我国经济和社会的发展，大规模地准备新的能够坚持社会主义方向的各级各类合格人才。要造就数以亿计的工业、农业、商业等各行各业有文化、懂技术、业务熟练的劳动者。要造就数以千万计的具有现代科学技术和经营管理知识，具有开拓能力的厂长、经理、工程师、农艺师、经济师、会计师、统计师和其他经济、技术工作人员。还要造就数以千万计的能够适应现代科学文化发展和新技术革命要求的教育工作者、科学工作者、医务工作者、理论工作者、文化工作者、新闻和编辑出版工作者、法律工作者、外事工作者、军事工作者和各方面党政工作者。所有这些人才，都应该有理想、有道德、有文化、有纪律，热爱社会主义祖国和社会主义事业，具有为国家富强和人民富裕而艰苦奋斗的献身精神，都应该不断追求新知，具有实事求是、独立思考、勇于创造的科学精神"。

1986 年通过的《中华人民共和国义务教育法》（以下简称《教育法》）规定了我国义务教育的目的："义务教育必须贯彻国家的教育方针，努力提高教育质量，使儿童、少年在品德、智力、体质等方面全面发展，为提高全民族的素质，培养有理想、有道德、有文化、有纪律的社会主义建设人才奠定基础。"

中共中央、国务院于 1993 年 2 月 13 日正式印发的《中国教育改革和发展纲要》提出，各级各类学校要认真贯彻"教育必须为社会主义现代化建设服务，必须与生产劳动相结合，培养德、智、体全面发展的建设者和接班人"。

2021 年 4 月 29 日，第十三届全国人民代表大会常务委员会第二十八次会议通过关于修改《中华人民共和国教育法》的决定，将其第五条修改为"教育必须为社会主义现代化建设服务、为人民服务，必须与生产劳动和社会实践相结合，培养德、智、体、美、劳全面发展的社会主义建设者和接班人"。

立德树人是教育的根本任务。"立德"为我国古代所谓"三不朽"之一，《左传》载有"太上有立德，其次有立功，其次有立言，虽久不废，此之谓不朽"。此句意思是，人生最高的境界是立德有德、实现道德理想，其次是追求事业、建功立业，再次是有知识有思想、著书立说。这三者是人生不朽的表现。把"立德"摆在第一位，是因为万事从做人开始。

"才者，德之资也；德者，才之帅也。"人才培养是育人和育才相统一的过程，而育人是本。人无德不立，育人的根本在于立德，这个"德"既有个人品德，也有社会公德，更有报效祖国和服务人民的大德。德"立"住了，人才能"树"起来，才能真正成为对国家、社会有用的人才。古往今来，任何国家、任何社会，都是按照自己的政治要求来培养人，从而维护政治统治、维系社会稳定的。我们的教育绝不能培养社会主义破坏者和掘墓人，绝不能培养出一些"长着中国脸，不是中国心，没有中国情，缺少中国味"的人！立德树人，关系党的事业后继有人，关系国家前途命运，不管什么时候，教育为党育人的初心不能忘，为国育才的立场不能改。

（二）对我国当今教育目的的分析

1. 马克思主义关于人的全面发展的学说是其理论依据

早在马克思之前，就有许多思想家，如亚里士多德、夸美纽斯、卢梭、裴斯泰洛齐，提出过德、智、体等多方面和谐发展的思想。然而，与他们不同的是，马克思是从个人发展的社会历史条件出发，阐明人的全面发展的内涵的。

马克思认为，"人的本质并不是单个人所固有的抽象物，在其现实性上，它是一切社会关系的总和"①。因此，有关人的认识，应该从他们现有的社会联系，从他们的生活条件出发。他认为，人的发展"既和他们生产什么相一致，又和他们怎样生产相一致"，"个人是什么样的，取决于他们进行生产的物质条件"②。这意味着，人的发展是与社会的生产力和生产关系紧密结合在一起的，也就是说，人的发展是与

---

① 马克思：《费尔巴哈提纲》，载《马克思恩格斯选集》（第1卷），人民出版社1995年版，第56页。
② 马克思：《德意志意识形态》，载《马克思恩格斯选集》（第1卷），人民出版社1995年版，第68页。

社会生产的发展相一致的。

但是,资本主义及旧式的劳动分工造成了人的"异化",造成了人的片面发展。因此,马克思认为,分工本身是一定物质力量(社会历史条件)的产物,只有当个人重新驾驭这些物质力量并消灭(旧的)分工时才能使个人获得自由的和全面的发展。在马克思看来,这种全面发展的人应该是"能够适应极其不同的劳动需求并且在交替变换的职能中……使自己先天的和后天的各种能力得到自由发展的个人",应该"以一种全面的方式,也就是说,作为一个完整的人,占有自己的全面的本质"①。要驾驭这些物质力量并消灭旧的分工,没有集体是不可能实现的。"只有在集体中,个人才能获得全面发展其才能的手段,也就是说,只有在集体中才可能有个人自由。"②但是,不是任何集体都能使个人自由发展的,只有"真实的"集体,即个人的自由联合体(即共产主义的社会),才能实现一切社会成员的自由的、全面的发展。

因此,教育的任务就是培养自由而全面发展的个人。要实现这一任务,马克思认为,要将教育与生产劳动结合起来,特别是在机器生产时代,尤其要将童工的生产劳动与教育结合起来。他认为,教育主要有三件事:"第一,智育。第二,体育,象体操学校和军事训练给予的。第三,技术教育,这种教育传授全部生产过程的一般原理,同时引导儿童和年轻人实际使用和掌握一切行业的基本工具。"③

2. "教育必须为社会主义现代化建设服务、为人民服务"是对教育目的的社会性质的规定

教育目的具有浓郁的社会制约性,它既有着现实的社会根源,也必须要能满足一定社会的需要。"教育必须为社会主义现代化建设服务",从中反映的是我国当代社会生产力发展的要求,特别是经济发展的要求,以及以我国特定的生产关系为基础的政治观点、政治设施的要求。在这一表述中,"现代化"是一个代表事实判断的中性概念,它是与工业化相伴相随的,是对一种世界性社会现象的理论概括。④ 而"社会主义"的限定词,则规定了这种"现代化"应表现出的特性。"教育必

---

① 马克思:《1844年经济学哲学手稿》,载《马克思恩格斯全集》(第42卷),人民出版社1979年版,第123页。
② 马克思、恩格斯:《德意志意识形态》,载《马克思恩格斯选集》(第1卷),人民出版社1995年版,第119页。
③ 马克思著,瞿葆奎译,马骥雄、邵瑞珍、林祥嵋校:《马克思就若干问题至临时总委员会代表的指示·4.男女青少年和儿童的劳动》,载《外国教育资料》1983年第3期。
④ 关于现代化的概念,有着诸多不同的认识,可参见张静:《关于现代化的概念》,《社会学研究》1990年第5期;武斌:《解释、探索、转换——走向现代化的传统文化》,《学习与探索》1993年第4期;[美]罗伯逊著、黄育馥:《社会变迁与现代化》,《国外社会科学》1987年第11期;张立文:《论传统与现代化的契合》,龚书铎等编:《民族文化虚无主义评析》,中国人民大学出版社1990年版。

须为人民服务"，这是由中国共产党作为执政党的性质决定的。中国共产党来自人民、扎根人民、造福人民，全心全意为人民服务是党的根本宗旨。教育必须以最广大人民根本利益为一切工作的根本出发点和落脚点，顺应民心、尊重民意、关注民情、致力民生。

3. "教育与生产劳动和社会实践相结合"表述的是教育目的实现途径

教育与生产劳动和社会实践相结合，是教育为社会主义现代化建设服务的前提保证，同时也是培养全面发展的人的基本途径。马克思说："正如我们在罗伯特·欧文那里可以详细看到的那样，从工厂制度中萌发出了未来教育的幼芽，未来教育对所有已满一定年龄的儿童来说，就是生产劳动同智育和体育相结合，它不仅是提高社会生产的一种方法，而且是造就全面发展的人的唯一方法。"[①]社会实践主要是指人类社会为生存和发展所进行的最基本的物质资料的生产活动，是人类全部活动的核心。教育起源于人类社会实践活动，并以不同的水平和方式为社会实践服务。两者的结合，是教育发展的内在要求，也是办好教育的普遍规律。

专栏5.4　语文老师，也许我们该做点什么

前不久，我们家乡4所中学联合举行了一次期中测试，交换阅卷，我和刘老师批八年级的作文。这一次的作文题目是：《秋天的颜色》。

刚阅卷不久，刘老师就说："你看现在的孩子，连什么季节收麦子都不知道，而且远远不止一个学生，这刚批就出现了好几个了。"

我说："我这里也是，有的学生，整篇文章就是写秋天割麦子。"这真是让人哭笑不得。

卷子越批越多，写秋天收麦子的学生也是越来越多。

孩子们写道："秋天到了。田地里的小麦穿着黄色的新装，彬彬有礼地向我点着头，瞬间感觉自己高大上了许多。""秋天枫叶似火，所有的粮食都成熟了，田野里一片金黄小麦随风飘动，像金色的波浪。"

……

我的同行，让我们做点什么吧！

真的感谢这一次考试的命题者，让我们发现了一些忽略的东西。

让我们的学生作文，更多地真正关注身边的事吧！

---

① 马克思：《资本论》，《马克思恩格斯全集》第23卷，人民出版社1975年版，第529—530页。

让我们的学生更多地接触大自然吧！

让我们的学生的学习不要脱离社会实践吧！①

4."培养德智体美劳全面发展的社会主义建设者和接班人"提出的是培养人才的素质要求

"培养德智体美劳全面发展的社会主义建设者和接班人"，提出的是培养人才的素质要求，也意味着我们实施的是全面发展教育。在这里，全面发展教育是对含有各方面素质培养功能的整体教育的概括，是对为使受教育者多方面得到发展而实施的多种素质培养的教育活动的总称，具体由德育、智育、体育、美育、劳动教育构成。

专栏5.5　马克思就若干问题给临时总委员会代表的指示

男女青少年和儿童的劳动

我们认为，现代工业使男女儿童和青少年参加伟大的社会生产事业的趋势，是进步的、健康的和正常的趋势。然而在资本主义条件下，这种趋势被造成了畸形而成为使人憎恨的事情。在合理的社会状态中，无论哪一个儿童，从9岁起都应当成为生产劳动者，正像身体健康的成年人一样，都不应当逃避普遍的自然规律。这个规律是：为了能够有饭吃，就要劳动，不仅用脑劳动，而且也用手劳动。

可是，现在我们只是谈（工人的）带男女儿童和年轻人。（应当把他们）分为三类，区别对待。第一类的范围，从9岁到12岁；第二类，从13岁到15岁；第三类，包括16岁和17岁。我们建议，任何工场或家庭劳动雇用第一类的时间，由法律限于二小时；第二类，限于四小时；第三类，限于六小时。对第三类，还必须至少给一小时的间歇，用来吃饭或休息。

在9岁以前开始小学的教学，也许是可取的。但是我们在这里谈的，只是抵制资本主义制度各种趋势最必要的措施。这个社会制度把工人贬低为仅仅是资本积累的工具，并且使穷困的父母成为出卖他们自己子女的奴隶主。儿童和青少年的权利必须加以维护。他们自己还不能这样来行动。因

---

① 谭中玉：《语文老师，也许我们该做些什么》，《中国青年报》2019年1月21日。

此,替他们来行动是社会的义务。

如果资产阶级和贵族阶级忽视对它们后代的义务,那是它们自己的罪过。享受这些阶级特权的儿童,是注定要受到它们各种偏见的危害的。

工人阶级的情况则迥然不同。工人是没有自由的人。在极其多的情况下,他甚至无知得连他孩子的真正利益,或人类发展的正常条件也不能了解。可是,工人阶级中较有觉悟的一部分人,充分了解这个阶级的未来,从而人类的未来,全都决定于形成年轻的工人一代。他们知道,首先,必须把童工和青少年工人从目前制度的摧残下拯救出来。这只有变社会意识为社会力量才能实现,而在一定的情况下,除了通过国家权力实施的普遍法律以外,没有别的方法能这样来做。工人阶级实施这种法律,不是巩固政府的权力。相反,他们把现在用来反对他们的那种权力,变为他们自己的武器。他们靠集体的行动,能够得到靠许多分散的个人努力所不能得到的结果。

从这个观点出发,我们说:除非同教育结合起来,就决不容许任何一个父母和任何一个雇主去使用青少年的劳动。

至于教育,我们理解为三件事情:

第一,智育。

第二,体育,像体操学校和军事训练给予的。

第三,技术教育,这种教育传授全部生产过程的一般原理,同时引导儿童和年轻人实际使用和掌握一切行业的基本工具。

智育、体育和技术教育循序渐进的过程,应当同青少年劳动者的分类相一致。技术学校的开支,应当靠出售它们的产品来得到部分的弥补。

有报酬的生产劳动、智育、体育和综合技术教育的结合,将会使工人阶级提高到远远超过贵族阶级和资产阶级的水平。

不言而喻,法律必须严禁雇用所有从 9 岁到 17 岁的人(包括 17 岁在内),去做夜工和在一切有害健康的行业中劳动。

马克思写于 1866 年 8 月底。[①]

德育是指向学生传授一定社会思想准则、行为规范,并使其养成相应思想品德

---

① 马克思著,瞿葆奎译,马骥雄、邵瑞珍、林祥嵋校:《马克思就若干问题给临时总委员会代表的指示·4.男女青少年和儿童的劳动》,载《外国教育资料》1983 年第 3 期。

的教育活动,是思想教育、政治教育、道德教育、法治教育、健康教育等的总称。

智育是指向学生传授系统的科学文化知识和技能,培养和发展学生智力和才能的教育。

体育是指向学生传授身体运动及保健知识,增强他们体质,发展他们身体素质和运动能力的教育。

美育是培养学生健康的审美观,发展他们感受美、鉴赏美和创造美的能力的教育。

劳动教育是引导学生掌握劳动知识和技能,形成劳动观点和习惯的教育。

在当前我国学校的实践中,"五育"不只是学校教育的目标和内容,而且常常被当作学校中相对独立的五项工作。比如,一些人会认为,班主任或辅导员负责的是德育工作,教授语言文学、数学、科学、社会和历史之类科目的教师主要承担的是智育工作,体育教师承担的是体育工作,美术、音乐教师承担的是美育工作,至于劳动教育,则是在技术和实践、劳动周之类的活动中予以体现。这种"工作化",表面看来有助于促进"五育"从目的到内容和手段的具体化,但是在认识和实践上都构成了对"五育"的割裂。实际上,学校的所有教师,无论从事何种科目的教学,对学生进行何种指导、训练或管理,都需要考虑如何促进学生的道德、理智、审美、身体及劳动方面的成长和发展。即使在体育、美术、劳动之类的教学或活动中,也包含着丰富的知识教授和道德价值观传递。

在全面发展教育中,五育是一个"既相互独立,又相互促进"的整体。所谓相互独立,是指各育都有独特的内涵、价值、任务和内容,彼此之间是不能相互替代的;所谓相互促进,是指各育共同构成了全面发展教育的整体,忽视其中任何一者,都会导致全面发展教育的内涵肢解,造成人的片面发展。但从人的发展过程来说,"五育"之间的划分只是相对的,实际上它们之间是相互渗透的关系,即任何一者的展开,都可能附带地承担或完成了其他各育的某些任务。

◇ **讨论题** ▪▪▪

1. 有人认为,教育旨在增进人的知识,发展人的智慧;也有人提出,教育的目的是培养人的德性。你如何看待这两种观点?

2. 据编写者介绍,《义务教育课程方案和课程标准(2022 年版)》,旨在全面落实培养担当民族复兴大任时代新人的要求,结合义务教育性质及课程定位,将党的教育方针具体细化为本课程应着力培养的学生核心素养,体现正确价值观、必备品格和关键能力的培养要求。"让核心素养落地"，是本次课程标准修订的工作重点。核心素养导向，既是课程标准研制工作的主线，也是课程标准文本的主旋律。请查找并阅读《义务教育课程方案（2022年版）》，并将某门学科的课程标准作为分析对象，就以上观点进行评述。

3. 在《民主主义与教育》中，杜威提到，"生长是生活的特征，所以教育就是生长；在它自身之外，没有别的目的"，"教育过程在它自身以外无目的；它就是它自己的目的"，"教育的过程和目的是完全相同的。如要在教育之外另立一个任何目的，例如给它一个目标和标准，便会剥夺教育过程中的许多意义，并导致我们在处理儿童问题时依赖虚构的和外在的刺激"。有人据此认为杜威是教育无目的论者。对此，你有何评论？

4. 选取一些有代表性的国家，通过这些国家颁布的教育政策文本，比较它们在教育目的上的异同。

5. 结合当前我国教育的实际，说明人的全面发展与个性发展的关系。

6. 自20世纪90年代开始，我国教育界出现了一个颇令人瞩目的概念——素质教育。素质教育与全面发展教育到底是一种什么样的关系，众说纷纭。有人说，两者是一回事；有人说，素质教育是全面发展教育的具体化；还有人说，素质教育是对全面发展教育的超越。请查找相关资料，对素质教育与全面发展教育之间的关系作出独立判断，并结合自己的中小学学习经历分析，我们当下的教育离素质教育究竟有多远？如何才能真正走向素质教育？

7. 调查劳动教育在我国教育政策和学校实践中的具体体现。

8. 梁启超先生在近代中国被誉为"中国精神之父"和"中国珍贵的灵魂"。他不但是大思想家、大政治家、大学问家，对教育问题也有着深入思考和研究。1922年，梁启超应苏州学界之邀作了一场关于教育问题的演讲，其中说到：人类心理，有知情意三部分。这三部分圆满发达的状态，我们先哲名之为三达德——智、仁、勇。为什么叫作"达德"呢？因为这三件事是普通道德的标准，总要三件具备才能成一个人。三件的完成状态怎么样呢？孔子说："知者不惑，仁者不忧，勇者不惧。"所以教育应分为知育、情育、意育三方面。现在讲的智育德育体育，不对。德育范围太笼统，体育范围太狭隘。知育要教到人不惑，情育要教到人不忧，意育要教到人不惧。教育家教学生，应该以这三件为究竟，我们自动地自己教育自己，也应该以这三件为究竟。一个世纪过去了，梁启超的演讲对你有哪些启示？试进行评析。

 **参考资料**

1. 瞿葆奎主编，丁证霖等选编:《教育学文集·教育目的》,人民教育出版社1989年版。

2. 杜威著,王承绪译:《民主主义与教育》,人民教育出版社1990年版。

3. 怀特海著,徐汝舟译:《教育的目的》,北京师范大学出版社2018年版。

4. 怀特著,李永宏等译:《再论教育目的》,教育科学出版社1997年版。

5. 扈中平:《教育目的论》,湖北教育出版社2004年版。

6. 陈桂生:《普通教育学纲要》,华东师范大学出版社2009年版。

7. 上海师范大学《教育学》编写组:《教育学》,人民教育出版社1979年版。

8. 吴刚平等主编:《新方案·新课标·新征程》,华东师范大学出版社2022年版。

第六章　学校教育制度

1. 掌握学校的性质，了解学校产生与发展的历史概况。

2. 了解现代学制的基本类型，认识我国现代学制的基本构成和主要特征。

3. 掌握义务教育的特点和相关的法律规定内容，了解发达国家学制改革发展的主要趋势。

4. 认识学校内部的基本制度，学校内部各机构及其基本职能。

学校是根据人类社会的需要，有目的、有计划、有组织地对人进行培养教育的社会组织。人的一生大部分时间都隶属于这样或那样的组织，如家庭、学校、公司、政府机构等。学校组织是指为完成学校的培养目标而将学校各个部门按一定形式组合而成的整体。对于学校，杜威曾有这样的论述：教育是一种社会过程，学校是社会生活的一种形式。学校必须呈现现在的生活——对于儿童来说是真实的、生气勃勃的生活。脱离生活的学校教育，结果总是呆板的、死气沉沉的。① 这段论述在一定程度上体现了杜威对学校性质和职能的要求。

美国教育学家古得莱得（Goodlad，J.I.，1920—2014）在其名作《一个称作学校的地方》中提到，在一些学校较为普遍存在这样的现象：

教师用解释或讲授的方式给全班学生上课，偶尔问一下有标准答案的问题。当教师不在讲课时，便是在观察和监督学生在他们各自的书桌前做习题；学生在听或看上去在听老师讲课，偶尔回答教师的问题；学生在各自的书桌前读书或写字。这一切都发生在没有什么情感的环境里，既没有人与人之间的热情交流，也没有敌意的表示。

---

① 约翰·杜威著，赵祥麟等译：《学校与社会·明日之学校》，人民教育出版社 1994 年版，第 6—8 页。

这样的学校、这样的教学课程明显脱离了青少年的现实世界,教师们所做的教育工作与学生们的家庭生活和其他社会生活经验毫不相干。在这样的学校里,学生们在日常生活里最关心的事情可能会被教师们看成是与学校不协调的,甚至是被禁止的。学校注重的是他们的学术天赋和努力学习的态度,而不是他们在这一人生阶段所最关心的生理、社会和个人方面的需求。①

一、学校的起源与发展

(一) 学校的萌芽

一般认为,学校这种特殊的教育机构是在奴隶社会时期产生的,但是,若追溯其根源的话,可以在原始社会后期见到其萌芽。

据考证,在原始社会,确切地说是在母系氏族社会时期,曾出现过一种公共教育机构——"青年之家"②。"青年之家"是原始社会全体成员的儿童都在里面受教育的一种原始社会制度的特殊机构。

在原始部落中,常常依据不同的年龄将人们划分为不同的人群,同时,每种年龄群都有自己特殊的标志,儿童和青年们只有经过了一定的仪式之后,才可以从一个年龄群转入另一个年龄群。这种仪式常被称为"冠礼"或"青年礼"。在这种仪式之后,他们(年龄大体是 7—9 岁)即与成人分开单独居住,接受即将到来的生活训练,以便履行氏族组织加在他们这个年龄群体肩上的那些义务。他们居住在一些特别的房间——"青年之家",接受着专门的训练。到了父系氏族时期,这种"青年之家"逐步演变成为"男子之家",并且成为一个氏族的社会生活、军事生活和宗教生活的中心。

在"青年之家"中,少年和青年们受着从事未来劳动生活的训练,学习自我照料,参加社会劳动,如建筑房屋、耕种或收获、照看牲畜等。从一定年龄起,成年人就向他们传授作战的方法,吸引他们参加部落间的争斗。

他们还要学会举行各种宗教仪式,与部落生活相关的庄重礼节。成人们教他们唱歌、游戏、舞蹈,给他们讲各式各样的传说,讲氏族和部落的历史,帮助他们通晓已形成的风俗和已建立起来的行为规则。

原始社会中,新生一代在"青年之家"所受的教育是多方面的,但这种教育远未达到理想化的境地,正像列宁所讲的,"过去从来没有过什么黄金时代,原始完全被

---

① 约翰·Ⅰ·古得莱得著,苏智欣等译:《一个称作学校的地方》,华东师范大学出版社 2007 年版,第 3—4 页。

② 对这种机构的称谓,在不同原始社会组织中有所不同。

生存的困难，同自然斗争的困难所压倒"。①

（二）学校的产生

"青年之家"产生于前文字时期，也就是说，产生于文字尚未出现的时期，而作为学校来讲，则大为不同了：它是同文字一起，与社会要使新生一代掌握文字等要求一起产生的。

传递文字以及文字所承载的知识经验，在原始社会末期的"青年之家"中就已经进行了，但是，由于文字产生的时候，也是社会阶级逐步形成并分化的时候，脑力劳动和体力劳动发生了分离，于是造成了一部分人（主要是僧侣和官吏）对文字的垄断。在这种情况下，往日的"青年之家"就分解成两种机构：一种是为大多数儿童设立的公共教育机构（在一定意义上，也可称之为学校），它与以往的"青年之家"没什么不同；一种是为一小部分儿童，主要是僧侣和官吏的孩子专门开设的学校。学校逐步从"青年之家"中分化出来，成为一个独特的教育机构。当然，此时的学校仍属于原始状态的教育组织，在很多方面与真正意义的学校不符。它还兼具着多方面的功能。

在我国，学校的萌芽在原始社会末期就可能出现了，古籍中传说虞舜时代便已有了"庠"这种社会机构。例如，《礼记》中的《王制》说："有虞氏养国老于上庠，养庶老于下庠"；《明堂位》说："米廪，有虞氏之庠也。"但是，那时的"庠"并不能算是一种学校，而是一种带有教育作用的养老机构。到后来，进入奴隶制社会的历史阶段时，"庠"才成为学校。"庠"的原始意义是饲养家畜的地方，后来又变为储存谷物的地方，故又名"米廪"。

夏朝开始进入奴隶制社会，有可能产生了学校。《孟子》说："夏曰校，殷曰序，周曰庠"。《说文》及《汉书·儒林传序》说："夏曰校，殷曰庠，周曰序。"由此可见，夏朝可能已出现了尚未发展成学校形式的非专门的教育机构。"庠"是从虞舜时代继承下来的，大概是起源于养老与敬老的习俗，以养老为主，并附带教育儿童和青年的功能；"序"和"校"大概是起源于军事训练的需要，因为"序"是习射的地方（《孟子》说："序者，射也"），"校"是角力比武的场所。

我国学校至商朝已初具雏形，它已经成为一个有组织的教育机构，也有着一定的目的任务和一定的教学内容。但是，此时的学校并不纯粹是一个教育机构，还兼有其他的任务，虽然它们逐渐地发展起越来越大的教育功用，但在教学专门人员的选用及教学的组织上，都不可与现代的学校同日而语。

---

① 列宁：《土地问题和"马克思的批评家"》，载《列宁全集》第5卷，人民出版社1985年版，第90页。

学校在产生初期含有非教育的功用,并非是我国原始形态学校的独有特征,西方也是如此。英语中的 school 源于拉丁语的 schola,其原意是闲暇、休息,这正像《管子》说的:"……处士必于闲燕",人没有闲暇,就不会有学校生活。认识到这一点,大概对我国夏朝时期,为何把"养老"与教育结合在一起,就不会感到奇怪了。

目前世界上所发现的、有较丰富的文字记载的学校,是位于现在伊拉克卡迪西亚省尼善尔以南的苏美尔学校(Sumerian School)。1902—1903 年,挖掘出了大量的、大约公元前 2500 年的学校"教科书",这些"教科书"实际上是几百块刻有象形文字的小泥板,上面是供学习和练习用的词汇表,也有一些是写满各种作业的练习泥板。这些考古发现汇集的材料,为我们提供了一幅苏美尔学校的图画。

专栏 6.1　苏美尔学校

苏美尔学校的校长叫"尤米亚"(ummia),是一个"专家""教授",也被称为"学校之父"(school father);学生叫作"学校之子"(school son);助教叫作"老大哥"(big brother),他的任务是书写新的泥板,以供学生誊写,并检查学生的抄写作业,以及听学生背诵功课。其余教员,有的教绘画,有的教苏美尔语。此外,还有一些导生,他们负责考勤,有一人负责鞭打,他大概是负责纪律问题的。

苏美尔学校的学生自制了许多泥板,例如数学泥板,以及自编各种复杂的数学题并附上答案。在语言学方面,学习苏美尔语语法的情况在泥板中得到了充分的体现,有一批泥板刻着名词复数形式和动词形式的表格,显示了对语法已有相当熟识的探讨。此外,在公元前 2250—前 2000 年,由于苏美尔人逐步被闪米特·阿卡德人所征服,苏美尔的教师们编写了各种为人们知道的最早的"字典"(dictionary)。

至于苏美尔学校使用的教学方法和教学技术,我们仍然所知无几。学生们早晨一到学校,显然要学习自己前一天准备的泥板,接着"老大哥"准备一块新的泥板,提供给学生誊写和学习。在学生们的学习中,记忆无疑起着非常重要的作用。教师和助教还必须进行大量的叙述和解释,补充空白的表格和课文,以供学生誊写和学习。尽管这些"教学内容",对于我们了解苏美尔的科学、宗教和文学思想确实是无价之宝,但它们很可能没有被全部记载下来并因此而永远失传。

在纪律方面,教师经常鞭打学生。尽管当教师鼓励学生时,可能会采用赞誉和表扬的手段，教导他们好好学习，但教师主要依靠棍棒以纠正学生的过错和不当行为。学生没有轻松的时间，每天从早到晚都生活在学校里。[1]

（三）学校的发展

在学校产生后的历史过程中，随着社会的发展，其组织不断完善。到17世纪，由于文科中学的出现，现代意义上的学校已经形成，它作为一种有组织、有计划的特定的教育机构，专注于传递知识经验、教育儿童，其先前的其他功用已被渐渐削弱了。教育的组织在文科中学中也较以前更为严密，无论是对学生入学的标准，还是对所要学习的内容，以及教师的选择等，都有着较为严格的规定，与现代的学校也更为接近。但同时也应注意到，此时的学校虽已日趋完善，但学校系统尚未发展起来。学校形成一个相对完整的系统，还是在18世纪以后。

文科中学是以古典人文主义教育为特征的，它偏重传授拉丁文和希腊文等内容，忽视自然科学，及至后来，才增加了一些现代人文教育与自然科学教育的成分。到18世纪初，与文科中学相应的实科中学出现了。这种类型的学校，比较注重自然科学与现代语文的教学，它是面向广大贫民的，是贫民化的学校。尽管实科中学在创立初期受到歧视，但终究仍缓慢地发展着。18世纪中叶以后，在欧洲一些国家，相继出现了实科中学，与普通教育平行的职业教育逐步成为学校教育系统中的一个重要组成部分，学校教育在类型分化的同时，各个不同层次的衔接也逐步加强。大体是在19世纪下半期，严格意义上的学校教育系统在西方已基本形成。

我国的学校虽历经数代，形式日趋多样化，层次也日益多样，但是，组织程度远不像今天这样严密，按现在的尺度来衡量，它们在一定程度上还只能算是一种非正规教育。就拿由各朝廷直接设立并管辖的、最为"正规"的太学来说，在汉代，太学虽大规模发展，太学生由50人发展到后来的3万多人，但教学制度非常不严格。许多学生仅仅是"注册"而已，而不去参加正规的学习。并且，由于学生众多，太学里一方面设立长十丈、宽三丈的讲堂，使同时听讲的人数多达几百人；另一方面，采取以高年级学生教低年级学生的形式，"至一师能教数百人，必由高足弟子教之"[2]。学生入学也没有年龄限制，其中有年仅"弱冠"的青少年，也不乏白发苍苍、已届垂

---

[1] 克雷默著，崔允漷等译：《最早的学校》，载瞿葆奎、沈剑平选编：《教育学文集·教育与教育学》，人民教育出版社1993年版，第260—261页。

[2] 转引自毛礼锐等编：《中国古代教育史》，人民教育出版社1979年版，第177页。

暮之年的老人。这些太学生或住校内,或住校外,真正上课的时间并不多,主要靠自修,随自己的兴趣去研究。太学也没有肄业年限,只要通过了考试,就可以毕业,并被授以一定的官职。

魏朝时期,官学时兴时废,太学生几乎是来去无踪,一般的是"冬来春去,岁岁如此"①,其中有很多是为避役而来的;进行教学的"博士"也是"率皆粗疏,无以教弟子"。如此而来,"学者虽有其名而无其实,虽设其教而无其功",也就不足为怪了。

清朝的府、州、县学,与科举密切相关,由童生参加入学考试,取得秀才资格后,方是府、州、县学的生员,对入学年龄没有限制。而且童生入学以后,在校学习时间也甚少,入学肄业,实际上是有其名而无其实,主要的任务就是考课。

可以说,直到19世纪末,也就是仿照西方的样式设立"学堂"之前,我国在学校的组织上,始终是不完备的,或者说尚没有出现真正意义上的学校教育。虽然我们无法给学校下一个严格的定义,申明哪些机构属于学校,而哪些则不属于学校,是哪种类型的教育机构,但是,学校作为一个组织严密的教育机构来说,具备下列条件是必要的:

一是严格的入学规定。这些规定包括对年龄方面的以及入学水平方面的要求。

二是修业年限的规定,即在不同级别、不同层次学校中学习年限方面的要求。

三是分年级教学,即依照不同的年龄、不同的学业水平区分不同的年级。

四是有明确的课程方面的要求,即依照学校教育的目的,对学习内容提出一定的要求。

五是有严密的管理制度,特别是严格的组织纪律方面的规定。

六是有较为固定的专职教学人员。

七是有较为固定的教学场所。

依此看来,我国近代以前的学校,还只是学校的雏形,是一种不完备的学校形式。清末"废科举,兴学堂"以后所建立的一些"学堂",才是真正意义上的学校。

专栏6.2　非学校化思潮

在对学校未来所进行的分析中,有一种较为激进的思潮,被称为"非学校化理论"教育思潮,也称非学校论或反学校论。这是20世纪60年代产生于美国的一种较为激进的教育理论流派,其代表人物主要为伊利奇(Illich,

---

① 见《三国志・魏书・王肃传》注引《魏略》。

I. ）、赖默（Reimer，E. ）。①

他们认为，在学校这种结构体制下，由于在学习活动中学生必须先学着服从权威——教师或校规等，然后在教师的引导下，依次学习那些被预选好的、被过滤的信息，这样，在这个过程中，就已隐藏了资本主义"消费"形态的生产关系。学校成了服务性的"工厂"，教育成了"训练"，学校所要生产的"商品"（即知识），是专家学者根据社会需要所设计的，然后在教师的促销下（扮演广告的角色），使学生无选择地成为"消费者"。学生的主体自由由此被完全剥夺了，所接受的是"成套"讯息的强迫学习。因为学校活动中渗透着经济、政治、社会制度等权力关系，所以，在学校结构的作用下和教师的引导下，学生就逐渐达成了社会化，最后变成政治上的"顺民"，经济上的"工人"和文化上的"消费者"。伊利奇指出，学校已由一个使人"解脱"的场所，变成一个束缚人性的地方。

为使教育彻底从学校的束缚中解放出来，伊利奇等人主张充分地利用其他教育机构和手段，如家庭生活、卫生保健、社会服务、法律结构和大众传媒等，创造一种"非学校化社会"，认为它是人类未来可能会面对的情况。在这种社会中，没有现行的学校制度，代之以"学习网络"：第一，学习资料、设施、设备的网络；第二，有技能的人员相互交流的网络；第三，选择学习伙伴的网络；第四，教育专家的网络。②

伊利奇等人认为，设计这些网络的目的是为人们提供方便的经济条件，以便在诸如图书馆、实验室、博物馆、工厂、农庄这样一些传统的地点进行精心设计的学习；提供图书、影片、工具、机器、计算机、游戏之类起教育作用的实物，借以进行教学；提供非正式的便利的方法，以便使各个小组能够交流思想和讨论书本；提供机会使学习者能接近那些准备教授特殊技能的专业人员、专业辅导人员。这种安排，既承认社会上其他有关机构的潜在的教育性质，又承认所有技术性工作中所固有的可资教学的内容，每个人一边劳动，一边结合劳动不受强制地根据需要来进行主动的学习，彻底恢复教育的本来面貌。

---

① 郑金洲等：《"学校消亡论"评析》，《外国教育动态》1990 年第 5 期。

② 伊万·伊利奇著，吴康宁译：《非学校化社会》，桂冠图书股份有限公司 1992 年版，第 111 页。

二、现代学制

现代教育制度的核心是学校教育制度。学校教育制度简称学制,指的是一个国家各级各类学校的系统及其管理规则,它规定着各级各类学校的性质、任务、入学条件、修业年限以及它们之间的关系[①]。

(一)我国学制的历史沿革

我国学制是从清末开始建立的。1902 年,清政府采取了"废科举,兴学堂"的措施,制定了学制,颁布了《钦定学堂章程》,也称"壬寅学制",这是我国政府正式颁布的第一个学制,但没有实施。

1904 年初,以当时的日本学制为蓝本,又颁布了《奏定学堂章程》,也称"癸卯学制",这是我国正式实施的第一个学制。其特点是教育年限长,共 26 年。

第一次世界大战后,以美国学制为蓝本,北洋政府于 1922 年颁布了"壬戌学制",通称"六三三制",将学校教育分为 3 段,即小学 6 年,初中 3 年,高中 3 年。高等教育 4—6 年。该学制是沿用时间最长的,影响深远。

中华人民共和国成立后,中央人民政府政务院于 1951 年颁布了《关于改革学制的决定》,明确规定了中华人民共和国的新学制。这是我国学制发展的新阶段。该学制规定,幼儿教育四年,初等教育五年,中等教育 6 年(包括中学、业余工农速成中学、业余学校、中等专业学校),高等教育 2—5 年(包括大学、专业学院和专科学校)。

1958 年,中共中央、国务院发布了《关于教育工作的指示》,要求各地对新学制进行典型试验,取得充分经验后规定全国通行的新学制。随后,许多地区开展了学制改革的试验。例如:提早入学年龄到 6 岁的试验;中小学十年一贯制的试验;多种形式办学的试验等。

改革开放以来,我国学制逐步走向完善,形成了现行的学制体系。

(二)世界学制的主要类型

从世界范围来看,现代学制主要有三种类型:双轨学制、单轨学制、分支型学制。

1. 双轨学制

双轨学制以德国和英国为代表。一轨自上而下,其结构是大学(后来也包括其他高等学校)、中学(包括中学预备班);另一轨从下而上,其结构是小学(后来是小学和初中)及其后的职业学校(先是与小学相连的初等职业教育,后发展为与初

[①] 王道俊、郭文安主编:《教育学》(第七版),人民教育出版社,2016 年版,第 106 页。

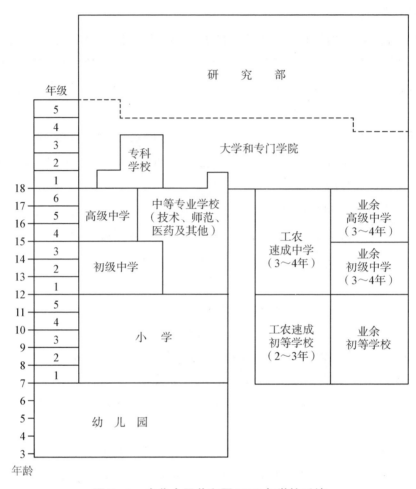

图 6-1 中华人民共和国 1951 年学校系统

中相连的中等职业教育)。双轨制是两个平行的系列,既不相通,也不连接,因为一轨从中学开始(基于家庭教育),一轨最初只有小学。这样就剥夺了在群众性小学上学的子女升入中学和大学的权利。后来随着社会改革的深入,英国尝试在初中高中进行融合,允许双轨之间进行一定程度的交流。欧洲国家的学制都曾为双轨制,后来随着时代发展的要求都进行了改革,二者之间可以进行交流融通。

2. 单轨学制

单轨学制以美国为代表。美国单轨制的结构是从小学、中学到大学,各级各类学校相互衔接。其基础教育的特点是,一个系列、多种分段,即六三三制、五三四制、八四制等分段。单轨制最早产生于美国,因其有利于教育的普及和现代生产科技的发展,逐渐被世界许多国家所采用。

3. 分支型学制

分支型学制以俄罗斯等国家为代表。该学制在初等教育阶段和中等教育阶段由单一的学校系统构成,此后(初中或高中)开始分化,形成多种学校系统(普通学术教育和职业教育)与之衔接。这样构成的整个学校体系就像一把叉子,所以这种学制类型又被称为分叉型学制。它与欧洲双轨制不同,因为它一开始不分轨,而且职业学校的毕业生也有权进入对口的高等学校学习。而且,它与美国单轨制也有区别,因为它升入中学阶段时又开始分叉。

(三)我国当前的学制

我国当前的学制,融合了单轨制、双轨制以及分支型的优点,学生在高中阶段开始分轨,一部分进入普通高中,为升入高等学校做准备;一部分进入职业教育,为就业和职业发展做准备。同时,普通高中的学生将来也可以进入高等职业教育学校学习,而职业教育序列的学生将来也可以通过考试等进入非高职院校学习。既有分,又有合;变一次选择,为多次选择。

经过一个世纪的发展,我国已建成比较完整的学制。我国现行学制是 1995 年颁布的《教育法》里确认的学制。它包括以下几个层次的教育:

学前教育(幼儿园):招收 3—6 岁的幼儿,学制 3 年。

初等教育:指全日制小学教育,招收 6—12 岁儿童,学制 5—6 年;还包括成人业余初等教育。

中等教育:指全日制普通中学、各类中等职业学校和业余中学。全日制普通中学修学年限为 6 年,初中 3 年,高中 3 年。职业高中 2—3 年,中等专业学校 3—4 年,技工学校 2—3 年。属成人教育的各类业余中学,修业年限适当延长。

高等教育:指全日制大学、专门学院、专科学校、研究生院和各种形式的业余大学。高等学校招收高中毕业生和同等学力者。专科学校修业为 2—3 年。大学和专门学院为 4—5 年,毕业考试合格者,授予学士学位。研究生包括硕士研究生和博士研究生,硕士研究生修业年限为 2—3 年,博士研究生修业年限为 3—5 年。在职研究生修业年限可以适当延长。

当前在义务教育阶段,上海市实施的是"五四学制",即小学 5 年,初中 4 年,而其他省市实施的是"六三学制",即小学 6 年,初中 3 年。

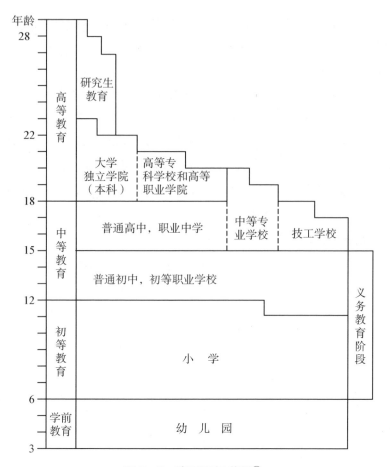

图 6-2　我国现行学制①

　　上海市实验学校是一所年轻的、现代化的、富有鲜明特色的学校,其前身是上海师范大学教育科学研究所"中小学教育体系整体改革实验班"。1986年,该学校由上海市人民政府发文成立。学校实行小学、初中、高中十年一贯制弹性学制,其中小学 4 年,初中 3 年,高中 3 年。

　　学校通过对学制、课程、教材、教法、教学管理等方面的整体改革,早期开发儿童智慧潜能,和谐发展学生个性,精致教育教学过程,培养具有自我发展能力和富有创造精神的优秀中学毕业生,从而使学生在十六岁左右考入大学,在二十来岁就能进入创造发明最佳期。

　　学校独立自主编纂小学至初中的语文、数学等教材,在注重培养学生"兴趣""情趣""志趣"上开发了一系列学养课程,并且根据十个年级,设立了十个系列的拓展性课程,提供近 200 门 Ten for Ten 课程,贯穿爱的教育、人文、科学、STS、艺术、体育、考察、身心健康、节庆等领域,极大地丰富了学生的知识面,培养了学生的社会责任感和公益意识。学校还依据学生的个性特长,设计了特需课程,以满足不同学生的学习需求。

　　我国学制改革和发展的基本方向是:大力普及单轨的基础教育使之逐渐均等化,大力发展基础教育后的职业教育和专业教育使之逐渐多样化。

(四) 我国义务教育

　　义务教育是国家统一实施的所有适龄儿童、少年必须接受的教育,是国家必须予以保障的公益性事业。它对于人的发展、教育发展和社会发展都具有重大意义。《中华人民共和国义务教育法》规定,我国的义务教育年限为九年。2015 年修订的《中华人民共和国义务教育法》第四条规定:"凡具有中华人民共和国国籍的适龄儿童、少年,不分性别、民族、种族、家庭财产状况、宗教信仰等,依法享有平等接受义务教育的权利,并履行接受义务教育的义务。"经过各方面的努力,到 2008 年底,我国实现了免费的普及义务教育,这是我国教育取得的伟大成就。但我国的义务教育也存在发展不平衡的问题,促进义务教育的优质均衡发展成为我国现阶段教育改革和发展的重要任务。

　　义务教育的三个基本特点是强制性、普及性、免费性。

　　1. 强制性

　　让适龄儿童、少年接受义务教育是学校、家长和社会的义务。谁违反这个义务,谁就违反了法律规定。义务教育的国家强制性,是义务教育最本质的特征。它指义务教育依照法律的规定,由国家强制力保证推行和实施。义务教育不仅是受教育者的权利,而且是受教育者应尽的义务。国家要依法保障适龄儿童接受义务教育的权利,这是国家意志的体现。为了保证义务教育的实施,必须伴之以系统、完善的立法、执法和监督体系,依靠国家法律的强制力予以保证。在我国,只有义务教育和扫盲教育能够强迫一定的教育对象接受一定程度的教育,并为法律所规定和允许,其他任何教育制度都没有这种权力。义务教育的国家强制性还表现在任何违反义务教育法律规定,阻碍或破坏义务教育实施的行为,都应依法承担法律责任,受到强制性处罚或制裁。

2. 普及性

义务教育是提升国民素质的基础,实现社会公平的起点。义务教育是面向全体适龄儿童少年的基本公共服务,提供基本均衡的义务教育是政府的法律责任,每一个适龄儿童少年都应该享有接受质量合格的义务教育的平等机会。根据法律规定,所有适龄儿童、少年都必须完成9年教育,接受基础知识、基本技能、基本方法和基本态度等方面的教育。这不仅是社会生产力发展的客观要求,而且是现代社会对每一个公民素质的最基本要求。世界上大多数国家都以法律的形式规定适龄儿童少年接受一定年限的义务教育,这是一种全民性的普及教育,而不是英才教育。

3. 免费性

免费教育是义务教育的本质特征,免费的步骤可以根据国情来分步实施,但必须坚持免费的特点。公益性是整个教育事业的特征,义务教育要更彻底一些,不仅仅是普及的、强制的,还应该是免费的。2006年我国实现西部地区农村义务教育阶段中小学生全部免除学杂费,2008年我国实现所有地区义务教育阶段中小学生全部免除学杂费,实现了免费义务教育。

专栏6.4 《中华人民共和国义务教育法》

《中华人民共和国义务教育法》是国家实行九年义务教育制度的根本大法。国家统一实施的所有适龄儿童、少年必须接受的教育,是国家必须予以保障的公益性事业。实施义务教育,不收学费、杂费。国家建立义务教育经费保障机制,保证义务教育制度实施。《中华人民共和国义务教育法》1986年4月12日由第六届全国人民代表大会第四次会议通过,1986年7月1日起施行。2018年12月29日第十三届全国人民代表大会常务委员会第七次会议第二次修正。

第四条 凡具有中华人民共和国国籍的适龄儿童、少年,不分性别、民族、种族、家庭财产状况、宗教信仰等,依法享有平等接受义务教育的权利,并履行接受义务教育的义务。

第五条 各级人民政府及其有关部门应当履行本法规定的各项职责,保障适龄儿童、少年接受义务教育的权利。

适龄儿童、少年的父母或者其他法定监护人应当依法保证其按时入学接受并完成义务教育。

依法实施义务教育的学校应当按照规定标准完成教育教学任务,保证教育教学质量。

社会组织和个人应当为适龄儿童、少年接受义务教育创造良好的环境。

第六条　国务院和县级以上地方人民政府应当合理配置教育资源,促进义务教育均衡发展,改善薄弱学校的办学条件,并采取措施,保障农村地区、民族地区实施义务教育,保障家庭经济困难的和残疾的适龄儿童、少年接受义务教育。

国家组织和鼓励经济发达地区支援经济欠发达地区实施义务教育。

(五) 发达国家学制改革发展的主要趋势

进入 21 世纪以后,世界发达国家对教育的重视程度越来越高,在学制改革上,也呈现出一些新的发展趋势。

1. 义务教育年限延长

数十年来,发达国家的教育已逐渐普及到初中和高中,小学已成了普通基础教育的初级阶段,小学入学年龄提前到 5 岁或 6 岁,小学年限缩短到 5 年(法国)或 4 年(德国),小学和初中衔接,取消初中的入学考试。在当代,随着普及教育达到高中阶段,很多国家的义务教育也延长到高中。联合国教科文组织编辑的《世界教育报告》显示[①],在有数据可查的 171 个国家中,义务教育的平均年限为 8 年,北美、欧洲一些主要发达国家平均年限为 10—12 年。

2. 职业教育层次高且多样化

发达国家的职业教育是由古代学徒制教育向现代职业教育发展的。但因现代生产和科技发展对劳动者、科技人员与管理者的文化科技要求越来越高,于是现代职业教育进行的阶段也在逐步提高,最初职业教育是在小学阶段进行的,后来依次发展到在初中、高中和高等专科院校进行。职业教育在哪个阶段进行,取决于现代生产与科学技术基础发展的状况。

当代发达国家的职业教育已有向高中后教育发展的趋势。例如,美国高中职业科缩小,而社区学院职业教育的比重在增大;日本相当于短期大学的"专门学校"远远超过相当于高中程度的"专修学校"。这是因为发达国家高中教育在普及,而当代职业教育日益需要建立在更高的文化科学技术基础上。而且,职业教育的类

---

① 容华:《联合国教科文组织关于世界教育状况的报告》,《世界研究与发展》2002 年第 3 期。

型也越来越多样化。

3. 高等教育多样化与大众化

19世纪至20世纪初,高等学校主要是3—4年制的本科教育。二战后,随着生产发展和科技进步,对高等学校培养人才的要求日益提高并多样化,推动高等教育有了重大发展。一是多层次,包括专科、本科、研究生(硕士、博士);二是多类型,现代高等学校的层次、类型、院系、专业均十分多样。有的注重学术性,有的侧重专业性,有的偏重应用性,有的侧重职业性,与社会经济文化发展的各个方面联系越来越密切,对社会经济文化的发展也有着越来越重要的影响和推动作用。

20世纪中后期以后,西方发达国家中等教育逐渐普及,高等教育发展也很快,逐渐实现大众化。根据美国学者马丁·特罗(Trow, M., 1926—2007)的研究[1],如果以高等教育毛入学率为指标,则可以将高等教育发展历程分为"精英、大众和普及"三个阶段。一般来说,高等教育毛入学率在15%以下时属于精英教育阶段,15%~50%为高等教育大众化阶段,50%以上为高等教育普及化阶段。现在,美国以及欧洲一些主要国家在学大学生数均超过18—21岁青年人口的一半。在观念上,当入学人数极为有限时,接受高等教育被普遍认为是出身好或天赋高或两者兼备的人的特权;而在入学率达到或超过适龄人口15%的大众教育阶段,人们开始逐渐把接受高等教育看作那些具有一定资格者的一种权利;当入学率达到或超过适龄人口50%的普及教育阶段时,接受高等教育逐渐被看作一种义务。

4. 构建终身教育体系

新的科学技术成果在生产上的应用,造成了职业的变动和工人的流动。因此,经过一次职业训练已经不能保证终身的职业。这就迫使人们不断学习和重新接受训练,以适应瞬息万变的世界,于是出现了终身教育的思想。各种类型的新型学校应运而生,如开放大学、暑期课程等,利用各种时间、采取各种方式为成年人提供继续教育的机会。高等教育也不再只限于招收18—25岁的青年入学,而是逐渐为所有人提供第二次、第三次受教育的机会。在发达国家,大学生的年龄结构越来越复杂,有三十多岁、四十多岁甚至退休以后继续就读的学生。

> **专栏6.5 终身教育的提出**
>
> "终身教育"自1965年在联合国教育、科学及文化组织(简称"联合国教

---

[1] 黄福涛:《马丁·特罗高等教育发展阶段理论的检视与反思》,《高等教育研究》2022年第3期。

科文组织")第三届成人教育国际促进会议上提出后,迅速得到了国际社会的广泛认同,成为 20 世纪最有影响的教育思潮。朗格让(Lengrand, P., 1910—2003)在其终身教育提案中,提出了终身教育发展的五项目标,即:(1)社会要为人的一生提供教育的机会;(2)对各级各类教育的实施必须进行协调与统合;(3)小学、中学、大学及其他地区性社会学校、地区性文化中心所发挥的教育功能,政府或社会应予以鼓励;(4)政府或社会应对有关劳动日的调整、教育休假、文化休假等针对本国公民的制度或措施的实施起促进作用;(5)为了对以往的教育观念作根本的改变,应使此理念(终身教育)渗透到教育的各个领域。[①]

　　在终身教育看来,教育的目标不是为了获取知识的宝库,而是为了个人的发展,终身教育不仅仅是一些具体的教育活动,更是一种强调协调性和连贯性的教育理念。教育已不再是某些杰出人才的特权或某一特定年龄的规定活动,教育正在向包括整个社会和个人终身的方向发展。在终身教育的理念下,人不再是教育的对象,而成为教育的主体,教育是一个人或社会本身存在的状态。这种状态是学习型社会。学习型社会就是以学习求发展的社会,就是不断创新的社会。具体指,以个体学习、终身学习来追求个体的全面发展,以组织学习和创新来追求组织的发展,以社会的学习和创新来促进社会的发展,从而达到全面小康的和谐社会。在终身教育的理念下,现代学制不断相互衔接融通,成为支持终身教育的纵横衔接的立交桥。

三、学校的组织机构与基本制度

(一) 学校的组织机构

1. 我国中小学组织机构的历史沿革

　　我国中小学校内组织机构的设置,与学校领导体制改革密切相关,同时也与教育教学的内在规律相关。新中国成立以后,我国中小学校内组织机构历经了几次变革,主要围绕第二管理层级进行改革。

　　我国中学组织机构形式初步形成于 20 世纪 50 年代初。当时的有关文件规定:中学设教导、总务两处,教导处设主任,管理的事务包括教学行政事务、班主任工作

---

① 保尔·朗格让,滕星等译:《终身教育导论》,华夏出版社 1988 年版,第 21—32、45—46 页。

和课外校外活动等，必要时设副主任；总务处设主任。各学科设教研组和组长，规模较小的学校可联合相近学科组织教研组。1957年，为加强思想政治工作，不少学校增设了政教处，管理班主任及团队工作，而先前的教导处改为教务处。1962年，中共中央转发教育部制定的《全日制中学暂行工作条例》（草案），政教处取消，而改设教导处。"文化大革命"中，中学普遍成立了"革命委员会"。"文化大革命"结束后，学校恢复了原来的机构设置，有的在校长下设二处——教导处、总务处，也有的设三处——教导处、政教处、总务处，同时也恢复了"文革"中曾被取消的教研组。1985年，《中共中央教育体制改革的决定》出台，中学开始试行校长负责制。1992年，《中国教育改革和发展纲要》颁布，校长负责制在中小学全面实行，校长领导下的"两处一室"（或"三处一室"）的行政性组织机构被进一步确定。

2. 我国中小学组织机构的基本形式

（1）行政性的组织机构

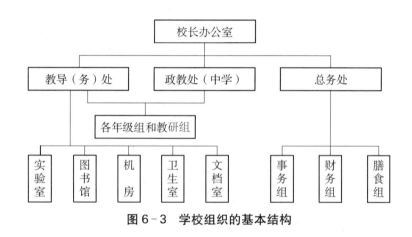

图6-3 学校组织的基本结构

各部门的主要职责如下。

校长办公室：校长领导下处理日常校务的办事机构。它协助校长处理对外联系、对内协调的工作，负责对外联络、文件收发、报表统计、信息反馈等，通常设主任或干事1—2名。

教导处：组织和管理学校教务业务的机构，具体领导各科教学研究组、年级组及班主任的工作，同时兼管与教学业务有关的科室，如实验室、图书馆、文印室等。教导处的日常行政事务包括：掌握学籍、整理教学档案、统计成绩、安排作息时间、编制课表、组织课外活动等。一般设主任、副主任若干人。

政教处：管理学生思想工作、组织学校各种德育活动的机构，对各年级组的德育工作负有领导、管理和协调责任，一般设主任、副主任若干人。需要说明的是，不是所有的中学都设政教处，有些规模较小的中学可能就没有这一机构，这些学校的德育工作由教导处统一管理和协调。

总务处：组织和管理学校后勤的机构，负责学校的基建、物资的供应、设备的维修、财务的支出和报销等事项，同时兼管学校的食堂、宿舍等，其宗旨是为教学服务，为师生服务。总务处一般设主任、副主任及办事员若干人。

教研组：各学科教学研究组，是学校的基层教学活动单位之一，负有组织本学科教学、开展教学研究活动、提高教师教学业务能力等责任。此外，教研组有责任对本学科的教学质量进行监控和评价，发现问题并及时提出整改意见。教研组一般由同学科的教师组成，通常设组长一人。

年级组：同一年级的班主任和任课教师的集体组织。它的任务是了解同年级学生的德、智、体发展的实际情况，沟通班主任与班主任、班主任与任课教师之间的关系，统一认识，统一步调，提高教育质量。年级组长对本年级教学工作、思想政治工作、体育卫生、课外活动、生产劳动进行组织安排，落实各项活动，评估活动效果。

（2）非行政性的组织机构

中小学非行政性组织机构一般包括党、群、团组织和各种研究性团体，各机构的主要职责如下。

党支部：一般来说，由于中小学规模有限，因此不设党委而设党支部或党总支。党支部主要抓好学校政治建设、思想建设和组织建设，体现党的全面领导，把师生的政治思想工作放在重要地位，同时还参与学校重大问题的决策，对学校的教学、人事、财务管理等工作起到指导、监督和保证实施的作用。

工会、教代会：大多数中小学都设有工会组织和教代会组织，其性质属党支部领导下的教职工群众组织。它们是党政联系群众的桥梁，负有下情上达、向学校工作提出批评和建议、推动学校民主管理、依据有关教育法律或劳动法律维护教职工的合法权益、组织教师开展休闲娱乐活动等责任。

共青团、学生会：党支部领导下的青年教师和学生的群众组织。其中，共青团由青年教师和符合年龄要求的学生组成，参加者须具备一定的条件；学生会则由学生组成，一般没有严格的加入条件。这两种组织主要围绕青年教师或青少年学生的特点开展活动，活动内容涉及思想教育、教学、文体活动、社会活动等。

研究性团队：一些学校为了更好地开展教育教学活动，成立了相关的研究性组织，如学科教学研究会、文学社、艺术会等。对于这些组织，学校行政应给予热情支持，并积极进行引导，使之对学校的工作起到有益的辅助促进作用。

（二）学校的基本制度

1. 学校基本制度的本质

俗话说：没有规矩，不成方圆。要办好一所学校，必须有章可循、有制度可依据。每一所学校都有自己的一套管理制度，这些制度的内容和方式或许不同，但目的一致：要根据教育的方针政策和要求服务于培养全面发展的健康的人这个目的。

教育的本质是爱与责任，学校基本制度的本质是为了促进学生的学习发展而维护好学校正常的教学活动秩序。制度的制定是为学生的权益服务的，而不是为了规避学校管理人员的责任。

2. 学校章程的制定

学校建立章程制度，并按章程制度办事，是现代学校制度的基本要求。《中华人民共和国教育法》第二十条规定，设立学校及其他教育机构，必须具备章程等基本条件。国家教育行政部门颁布的《小学管理规程》《特殊教育学校暂行规程》，以及国务院颁布的《中外合作办学条例》《民办非企业单位登记管理暂行条例》，都规定了中小学、特殊教育学校和中外合作办学机构、民办学校必须具备章程这一基本要求。

可以说，学校章程是学校内部的"宪法"，由学校根据国家或地方政府的教育法律法规，结合学校自身实际，按照一定的程序制定的有关学校组织性质和基本权利的并且具有一定法律效力的治校总纲领。学校章程主要包括的内容有：学校性质、招生对象、隶属关系、办学理念、发展目标、管理体制、教学工作、学生管理、教职工管理、后勤管理、机构设置、校长职权、学校标识、校园文化等。近年来，我国中学一般都制定了学校章程，为依法实施教育教学活动，依法实施对学校的自主管理，依法维护学校、教师、学生等教育关系主体的合法权益提供了保障。

3. 学校内部基本制度

学校内部基本管理制度包括学校组织领导工作管理制度、学校行政综合工作管理制度、学校教学工作管理制度、学校师生员工管理制度、学校工作监督评估制度、学校后勤工作管理制度、教学文书写作范本等七大类[1]。具体如下：

（1）学校组织领导工作管理制度：包括学校行政领导工作制度、学校组织机构管理制度、学校形象礼仪管理制度等。

（2）学校行政综合工作管理制度：包括学校行政通用管理制度、学校档案综合管理制度、学校安全综合保卫制度、学校图书馆综合管理制度等。

---

[1] 方圆编著：《新编学校内部管理制度范本大全》，北京工业大学出版社 2010 年版，扉页。

（3）学校教学工作管理制度：包括学校教学工作通用管理制度、学校教学质量管理制度、学校素质教育管理制度、教学职能科室管理制度等。

（4）学校师生员工管理制度：包括教师管理制度、学生管理制度、班级工作管理制度、非教职员工管理制度等。

（5）学校工作监督评估制度：包括教育教学工作督导评估制度、教学质量评估达标制度、教职员工工作评估达标制度等。

（6）学校后勤工作管理制度：包括学校财务管理制度、学校校车管理制度、学校食堂管理制度、学校宿舍管理制度、学校环境卫生管理制度、学校财产和设施管理制度、学校医务保健管理制度等。

（7）教学文书写作范本：包括教学管理类文书写作范本、教学教育文书写作范本等。

◆ **讨论题** ▪▪

1. 有人这样谈论学校：

有一个地方，叫学校，他就像一列火车

他会经过很多地方，所以终会有人下车，离开，也许会有恋恋不舍，但是到站了，就要下车

他开往哪里谁也不知道，但是，他建立了一车人的友谊

有人很恨他，因为时间太短，有人喜欢他，因为有一帮逗比

我们在这里发生了许许多多，笑过，哭过，痛过，爱过，伤过，离开过，后悔过

……

最后

火车到站了

该下车了

大家也要去往属于自己的地方

谁也不知道下一次的见面是什么时候

……

下一个夏天，教室里坐满了人

却不再是我们

六年

三年

三年

感情不是一吹就散的

也不是一说就破裂的

感情积累不容易

请好好珍惜

一世就只有一个他，一个你，一个我

或许你是一个过客

却不会再有第二个你

你同意作者的这种认识吗？联系本章内容，结合自己的学校学习经历，谈谈你对学校的认识。

2. "非学校化"思潮提出了学校消亡的论断，现在随着互联网、智能化乃至元宇宙的普及，也有人提出，在不远的将来，作为物理形态的学校将会消失，取而代之的是在社会场所随时随地学习，不必聚集在一个固定场所接受系统教育。你同意这种看法吗？为什么？

3. 在一次会议上，有一位著名作家建议对我国现行学制进行重大改革，具体做法是把中小学制从 12 年改到 10 年，理由是"为了小升初、初升高、高升大的三次考试，要提前一个月，甚至一学期进行强化培训，累计起来十二年当中，最少有一年半的时间复习应考，而长期的复习和模拟考试，学生的厌学情绪加重"，并提出应该取消中考，减轻学生负担。请结合心理学、政治学等学科相关知识，结合本章内容，对这种观点作出评判。

4. 高等学校招生录取制度是学校教育制度中的重要组成部分，推进高考改革是我国教育体制机制改革的重要内容。总体来看，近年来我国高考改革重点集中在两个方面，一是普通高校逐步推行基于统一高考和高中学业水平考试成绩的综合评价、多元录取机制；二是加快推行职业院校分类招考和注册入学，一些报考高职院校的学生可不参加高考，由学校依据其高中学业水平考试成绩和职业倾向性测试成绩录取。联系自己的高考经历以及本章所学内容，查阅相关资料，对我国高考改革的科学性及实际效果作出评析。

5. 从自身教育经历尤其是九年义务教育经历出发，分析：当下义务教育存在哪些突出问题？如何解决？义务教育均衡化发展如何推进？

6. 向你曾就读的高中求教，询问是否有学校章程，如有的话，对章程文本进行分析，了解章程落实情况，并在班内进行交流。

7. 走访一所中小学，考察该校有哪些组织机构和基本制度，记录并收集整理成为文本资料。

8. 某中学为加强教师考勤管理，制定了上、下午上班签到的考勤制度，并且每天由值班领导亲自给教职工签到。这项制度已经施行了几年，基本上杜绝了迟到、早退和无故缺勤现象的发生。随着学校考核评价等一系列管理办法的实施和教学成绩的不断提高，学校声誉越来越好，学校和教师所承受的各种压力也越来越大。在一次骨干教师座谈会上，老师们提出能否取消下午考勤签到的问题，理由是："老师们很累，下午第一节如果没有课，中午想踏踏实实休息一会儿，缓解一下。如果有签到，就不敢休息，有时刚睡着就惊醒，这样下去总得不到充分的休息，对身体健康很不利，也不能精力充沛地投入工作。"有位主管领导说："签到是我校实行了多年的制度，如果取消就会给一些对自己要求不严格的人带来可乘之机，这样就会产生由于少数人的不自觉而影响整个教职工群体的现象，会造成严重的后果，所以签到不能取消。"

联系本章内容，分析一下该案例中下午的签到到底该不该取消。

✦● 参考资料

1. 约翰·杜威著，赵祥麟等译：《学校与社会·明日之学校》，人民教育出版社1994年版。

2. 约翰·I·古得莱得著，苏智欣等译：《一个称作学校的地方》，华东师范大学出版社2007年版。

3. 保尔·朗格让著，滕星等译：《终身教育导论》，华夏出版社1988年版。

4. 杨汉清主编：《比较教育学》(第三版)，人民教育出版社，2015年版。

5. 王道俊、郭文安主编：《教育学》(第七版)，人民教育出版社2016年版。

6. 程凤春主编：《学校管理的50个典型案例》，华东师范大学出版社2009年版。

7. 陈玉琨：《一流学校的建设》，华东师范大学出版社2008年版。

8. 李希贵：《学校如何运转》，教育科学出版社2019年版。

9. 伊万·伊利奇著，吴康宁译：《非学校化社会》，桂冠图书股份有限公司1992年版。

第七章　课　　程

△ **学习指导** ▮▮

1. 掌握课程的定义，了解不同课程流派的基本观点。

2. 认识课程的基本类型，把握每种课程类型的主要特征。

3. 认识课程的表现形式，掌握课程计划、课程标准、教科书、课表的基本内容。

4. 掌握课程的基本要素，了解各要素的含义及实施要求。

5. 了解课程开发的影响因素及不同模式。

在第一章中，我们了解到，教育因素由三方面构成：教育者、受教育者和教育中介。课程可以说是教育中介的核心内容，是实施教育的重要支撑。了解课程，认识课程，进而掌握课程的运用，是所有教师做好教育工作的逻辑前提。

一、课程的含义与流派

（一）课程的含义

课程是一个使用广泛而含义多重的术语，不同时代、不同的人、不同语境中，所使用的课程概念的内涵和外延是不相同的。在某种程度上，每个人都有对课程的认识、理解和建构。因此，要给出一个较为一致的、受到大家认同的课程含义，是非常困难的。但从人们对课程的不同理解中，却可以看出各种取向的课程概念。

在中国，"课程"一词最早出现在唐朝。唐朝孔颖达在《五经正义》里为《诗经·小雅·巧言》中"奕奕寝庙，君子作之"一句注疏："维护课程，必君子监之，乃依法制。"据考证，这是"课程"一词在汉语文献中的最早记载。孔颖达用"课程"一词指"寝庙"，其喻义为"伟大的事业"。这里的"课程"含义十分宽泛，远远超出学校教育的范围，与今天的课程之意相去甚远。宋朝朱熹在《朱子全书·论学》中多次提及课程，如"宽着期限，紧着课程""小立课程，大作工夫"等。朱熹的"课程"主要指"功课及其进程",这与今天人们对课程的理解基本相似。在中国,从词源来分析,课是指"课业",程是指"进程",课程主要指功课及其进程。

在西方,英语里面最早出现"课程"(curriculum)一词的文章是英国著名哲学家、教育家斯宾塞在 1859 年发表的一篇著名文章——《什么知识最有价值》。"curriculum"这个词在拉丁文中原意是静态的"跑道"(race-course)或"道路"(career)。根据这个词源,最常见的课程解释是"学习的进程"(course of study)。这一解释无论是在英国牛津字典,还是美国韦伯字典,甚至《国际教育字典》中,都是如此。

课程作为一个独立的研究领域,对其进行系统研究并从理论上加以概括是 20 世纪以后的事。一般认为,美国课程专家博比特(Bobbitt,F.)1918 年出版的《课程》(the Curriculum)一书,标志着课程作为专门研究领域的诞生。随后,查斯特(Charters,W. W.,1875—1952)、拉尔夫·泰勒(Ralph Tyler,1902—1994)、布鲁纳(Bruner,J. S.)、麦克唐纳德(MacDonald,J. B.,1829—1901)等西方学者对推进课程论研究作出了突出的贡献。

一般而言,可以把课程界定为:课程是按照一定的教育目的,在教育者有计划、有组织的指导下,受教育者与教育情境相互作用而获得的全部教育经验。

博比特

(1876—1956)美国教育家,被誉为"现代课程理论之父",他开启了课程开发的科学化运动。主要著作:《课程》《怎样编制课程》等。

(二)课程流派

在课程发展史上,由于价值追求的不同,对课程的理解不同,课程实践操作不同,逐渐形成了不同的课程流派,主要有学科中心课程论、活动中心课程论、社会中心课程论。

1. 学科中心课程论

学科中心课程论是主张以学科为中心来组织课程的理论,其主要观点是,学校课程应以学科的分类为基础,以学科教学为中心,以掌握学科的基本知识、基本规律和相应的技能为目标。代表人物有夸美纽斯、斯宾塞、赫尔巴特、布鲁纳等。

> **专栏 7.1 布鲁纳的结构主义课程论**
>
> 美国学者布鲁纳的结构中心课程论是学科中心课程论的重要分支流派。

布鲁纳主张，任何学科都有一个基本结构，不论教什么学科，务必使学生理解学科的基本结构。所谓的学科基本结构，是指一门学科中的基本概念、基本原理、基础公理及相应的学习和探究该学科的基本态度和方法。例如，英语中的语法结构、构词规则，数学中的运算律、定理、公式等，都属于学科的基本结构。

布鲁纳认为，学科结构在课程编制上有两方面的意义：一是必须把学科普遍的和强有力的观念态度作为课程的中心，二是将教材分解为不同水平，使之与不同学生的接受能力结合起来。因此，布鲁纳主张要螺旋式编制课程。他提出了螺旋式课程编制的三个具体要求：符合儿童认识发展特点，教材能适当地加以转换，采用适合于促进儿童智慧成长的教学方式。

布鲁纳

（1915—2016）美国心理学家、教育学家，结构主义教育思想的代表人物。主要教育著作：《教育过程》《论认知》《教学论探讨》《教育的适合性》等。

依学科中心论组织课程，有利于文化遗产的保存与传递，有利于学生系统知识的掌握，有利于促进学生思维的发展，有利于基础知识与基本技能的学习。此外，由于课程结构比较明了，容易教学和评价。

其存在的缺陷也很明显。按学科组织教学内容，容易把相关知识割裂开来；重视了学科内容，而往往忽视了学科内容与社会问题的联系，导致与社会问题相脱节；重视了学科内容，往往忽视了学生的兴趣和需求，不利于学生积极性、主动性的发挥。

2. 活动中心课程论

活动中心课程论，也称"儿童中心课程论"或"经验主义课程论"，是主张以儿童活动为中心来组织课程的理论，代表人物有卢梭、杜威等。作为与学科中心课程论相对立的一种课程理论，其主要观点如下：

第一，课程设置上，以儿童活动为中心。课程是为儿童的发展服务的，因此，课程设置应当以儿童的活动为中心，而不是以学科为中心。

第二，教材内容上，以儿童经验为内容。儿童的一切学习都来自经验，学习就是经验的改造或改组。学习必须和个人的特殊经验发生联系，教学必须从学习已有经验开始。儿童的直接经验就是教材的内容。

第三，学习方式上，强调在活动中学习。该理论认为，按学科编排课程不符合社会生活实际,不能解决现实问题,因而必须打破严格的学科界限,有步骤地扩充学习单元和组织教材,强调在活动中学习。

第四,教材编排上,基于儿童心理结构。教材的编排不应该从学科的逻辑出发,而应从儿童的心理结构出发,即根据学生的心理发展规律来安排教材。

第五,教师作用上,发挥协助引导作用。儿童是学习的主人,学习什么、什么时候学、如何学等,都应充分尊重儿童。教师不是学生学习的主导者,而应是儿童学习的辅助者和引导者。

依活动中心论组织课程,其优点:①尊重学生,重视学生的需要与兴趣,充分体现学生的主体性,有利于学生学习的主动性、积极性的发挥。②强调实践活动,重视学生通过亲身体验获得直接经验,有利于培养学生解决实际问题的能力。③重视课程的综合性,主张以社会生活问题来统合各种知识,有利于学生获得对世界的完整认识。④强调教材的心理组织,有利于学生在与文化与科学知识的交互作用中获得人格发展。

其缺点:①过分夸大了儿童经验的重要性,忽视了儿童思维和其他智力品质的发展,往往把儿童日常生活中个别经验的作用绝对化而不顾及这些经验本身的逻辑顺序。②忽视了系统的学科知识的学习,学生只能学到一些支离破碎的知识,降低了学生的系统知识水平。③课程实施难度大。相对于学科课程而言,活动课程难以设计与组织实施,实施起来费时费力,资源消耗较大。④降低了教师的指导作用。教师在教学中多扮演儿童学习参谋或顾问的角色,难以发挥教师的指导作用,也容易使教师丧失责任心。

3. 社会中心课程论

社会中心课程理论,是从进步主义教育运动中分化出来的,主张围绕重大社会问题来组织课程内容的理论,主要代表人物有布拉梅尔德(Brameld.,T,1904—1987)等。社会中心课程论可以分为两大派:社会适应派与社会改造派。社会适应派认为,社会变化是个人发展的决定因素,社会在发生变化,设置课程和选择教学内容应为学生了解不断变化的世界与求得生存服务。社会改造派认为,社会在变化,把社会问题作为课程设计的核心,其宗旨不是为适应社会,而是把学生培养成社会改造的工具,帮助他们积极地投入社会改革中去。

社会改造主义论认为,设定课程目标的目的,不是让学生适应现存社会,而是要培养学生的批判精神和改造社会现实的技能。为此,课程目标要统一于未来的"理想社会"的总目标;各门学科的内容统一于"社会改造";课程安排统一于解决问题的活动。课程内容要以社会问题为中心,如学校课程要关注犯罪、战争、贫富、种族歧视、失业、环境污染、疾病、饥饿等问题，学生对这些问题要有批判性见解。课程组织以解决社会问题为逻辑，而不是以学科知识的逻辑为主线来组织课程。要尽可能让学生参与到社会生活中去，增强学生适应社会生活的能力。

依社会中心论组织课程，其优点：①强调课程建设要关注社会焦点问题，以社会需求来编排课程，反映社会政治经济变革的客观需求，有利于服务社会。②重视教育与社会、课程与社会的联系，强调课程结构有意义的统一性，深刻认识到社会因素对教育的制约作用。③重视课程学习应深入社会生活中，重视各门学科的综合学习，有利于学生掌握解决社会问题的方法，发展解决社会问题的能力。

其缺点：①夸大了教育的作用，夸大了学校变革社会的功能，认为许多社会问题可以靠教育来解决，把课程设置的重心完全放在适应和改造社会生活上，这是不现实的。②忽视了学生的主体性，阻碍了学生主体意识和能力的发展，其预想的课程目标很难实现。

二、课程的类型

课程涵盖内容丰富，涉及学生在学校生活中获得的所有经验。对课程从不同角度进行划分，可分出不同的类型。

（一）学科课程、活动课程和综合课程

根据课程的性质，可以把课程分为学科课程、活动课程和综合课程。

1. 学科课程

学科课程（subject curriculum），又称"分科课程"，是按照学科分别设置，在教师的严密组织和具体指导下，侧重于各学科的逻辑顺序，以学习、掌握系统的基础知识和基本技能，发展学科能力为主要目的，以理论知识和间接经验为主要内容的教育课程。

学科课程的历史最悠久。我国古代，《礼记》上就有"诗书礼乐以造士"的记载。《史记》说："孔子以六艺教人。"中国古代的"六艺"，指礼、乐、射、御、书、数。在西方，古希腊、古罗马学校中，通行的有代表性的课程为所谓的七种自由艺术，简称"七艺"，即文法、修辞、辩证法（逻辑）、算术、几何、天文、音乐。到中世纪，还有所谓的"武士七技"，即骑马、游泳、投枪、打猎、下棋、吟诗。这些都可看作最早的学科课程。

学科课程经过夸美纽斯、赫尔巴特和斯宾塞等人的进一步理论深化而更加成熟。一直到今天，学科课程仍然是学校课程的主要课程形态。

学科课程之所以具有长久的生命力与它所具有的优点是分不开的。学科课程可以使相同或相近学科领域的基础知识连贯起来，形成逐步递进、内容连续的逻辑

系列,有利于人类文化的传递;所授知识、技能具有完整性、系统性和严密性,便于老师教学和发挥教师的主导作用。

但学科课程也具有明显的局限性。学科课程的内容往往与学生的生活实际相脱离,在教学中容易忽视学生的兴趣及学生全面发展的价值,可能会压抑学生在教学过程中的主动性和积极性。因此,有必要对学科课程进行改革。

2. 活动课程

活动课程(activity curriculum),也称为"经验课程"或"儿童中心课程",是从儿童的兴趣和需要出发,以儿童的经验为基础,以各种不同形式的一系列活动组成的课程。

活动课程强调联系儿童的社会生活经验,从儿童的兴趣与需要出发,以儿童的活动为中心来设计课程的内容、结构与过程。

专栏7.2 活动课程案例

在英国的一次生物教学中,教师提着一筐土豆进了教室,要求学生自己想办法,来说明土豆皮的作用。教室里有多种仪器可供学生选用。其中有一个学生做得非常好。(1)他选择了大小不同的两个土豆,把大的削去皮,拿到天平上去称,直至与小的土豆同重。(2)然后,把两只土豆放在炉子里烘烤一段时间。(3)拿出来后,再放到天平上称。结果发现,带皮的土豆重于去皮的土豆。由此说明,土豆皮具有保持水分的作用。(4)然后,把两只土豆放在空气中,结果,几天后去皮的土豆烂了,而带皮的土豆没有。由此说明,土豆皮可防止腐烂。

这一案例中,教师没有直接向学生讲授:土豆皮的作用有两点,一是保持水分,二是防止腐烂;而是给学生提供土豆、仪器,提出要求,指导学生发挥自己的聪明才智去解决问题。学生通过自己的思考想出了与众不同的方法,其创新精神得到了培养;学生通过自己动手实验,其实践动手能力也得到了锻炼。

活动课程强调学生的自主性和主动性,强调学生通过自己的实践活动获得直接经验,强调训练学生的综合能力及个性养成。但它也有局限性:课程内容及安排往往没有严格的计划,不易使学生获得系统、全面的科学知识和基本技能。

活动课程与学科课程,很大程度上是对立的两种课程类型,也是迄今为止使用范围最广的两种课程。两种课程类型无论是在认识论、方法论层面，还是在具体实际操作层面，差异明显。

表 7-1　学科课程与活动课程的差异[①]

	学科课程	活动课程
认识论	知识本位	经验本位
方法论	分析	综合
教育观念	社会本位论 "教育为生活作准备"	个人本位论 "教育即生活"
知识的传递方式	间接经验	直接经验
知识的性质	学术性知识	现实有用的经验性知识
课程的排列	逻辑顺序	心理顺序
课程的实施	重学习结果	重学习过程
教学组织形式	班级授课制	灵活多样
学习的结果	掌握"双基"	培养社会生活能力、态度等

3. 综合课程

综合课程（integrated curriculum）是与分科课程相对应的一类课程，它打破传统的从一门科学中选取特定内容构成课程的做法，根据一定的目的，从相邻、相近的几门科学中选取内容并将这些内容相互融合，构成课程。

根据综合课程的综合程度及其发展轨迹，可分以下几种。一是相关课程（correlated curriculum），就是在保留原来学科的独立性基础上，寻找两个或多个学科之间的共同点，使这些学科的教学顺序能够相互照应、相互联系、穿插进行。二是融合课程（fused curriculum），也称"合科课程"，就是把部分的科目统合兼并于范围较广的新科目，选择对学生有意义的论题或概括的问题进行学习。三是广域课程（broad curriculum），就是合并数门相邻学科的教学内容而形成的综合性课程。四是核心课程（core curriculum），就是围绕人类基本活动或一些重大的社会问题来确定中心学习内容的一种课程。人类基本活动或社会问题就像包裹在教学内容里的果核一样，所以叫核心课程问题，因而核心课程也被称为"问题中心课程"。

---

① 郑金洲：《教育通论》，华东师范大学出版社2000年版，第283页。

综合课程的综合范围可大可小，可以是相近学科在基础范围中的综合，也可以是拓展边缘学科的新课程领域。综合课程的开设既是现代科学发展的需要，又是学生认识和把握科学知识基础的需要。综合课程往往以主题组织教学内容，围绕主题把与主题相关的内容，既综合又分开地讲授出来。

> **专栏7.3 综合课程案例**
>
> "认识海洋"这一课程会以"海洋"为主题，涉及很多学科的相关内容。(1)课程中会讲到世界各大洋的分布、海洋生态、大气圈、季风的形成等内容，这就涉及自然地理的内容。(2)在讲海洋中的动植物时，则会涉及生物学的内容。(3)在讲海洋的形成时会讲到水，水是由 H 元素和 O 元素组成的；也会讲到海水里面含有大量的盐，其主要成分是氯化钠，这就涉及化学的内容。(4)当然，讲到水时会讲到水的"三态（液体、固体、气体）变化"：水受冷至零摄氏度时会结成冰，受热至一定程度时，会蒸发变为气体，这就涉及物理学的内容。这样，通过海洋这一主题，就把地理、生物、物理、化学等学科的内容有机地组合在一起，实现了课程的综合，从而使学生对"海洋"有了一个全方位的立体的了解与认识。

综合课程有助于增强学科间的横向联系，避免完整的知识被人为地割裂；符合学生认识世界的特点，有利于学生整体把握客观世界；有利于解决有限的学习时间与人类科学技术飞速发展的矛盾。通过综合课程，能够在一定程度上压缩课时，使学校能够在较短的时间里安排学生学习更多的知识。

当然，综合课程并不是简单地将几门学科拼凑到一起，若不能真正体现综合，就会变成"凑合"，就不能体现综合课程的优势。因此，无论是综合课程的开发还是教学，都要真正体现综合性。

（二）国家课程、地方课程和校本课程

根据课程的管理归属，可以把课程分为国家课程、地方课程和校本课程。当前，我国的基础教育在课程类型上，是以国家课程为主，地方课程和校本课程为辅的。

1. 国家课程

国家课程（national curriculum）是由国家教育行政部门规定的课程。

国家课程具有统一规定性和强制性。国家课程是一个国家基础教育课程方案

的主体部分，对于基础教育的发展，特别是人才培养的质量和规格具有决定性作用。国家课程可以确保学生学习的权利，明确学生在接受学校教育时应达到的标准，提高学生接受学校教育的连续性和连贯性，为公众了解学校教育提供依据。

2. 地方课程

地方课程（local-based curriculum），又称为"地方本位课程"或"地方取向课程"，它是地方教育主管部门以国家课程标准为基础，在一定的教育思想和课程观念指导下，根据地方社会发展及其对学生发展的特殊需要，充分利用地方课程资源所设计的课程。

地方课程常用来指地方自主开发、实施的课程。它是不同地方对国家课程的补充，反映了地方和社区对学生素质发展的基本要求，具有鲜明的地域色彩。对于地方课程的地方本位，可以从三方面理解：一是立足于地方，二是服务于地方，三是归属于地方。地方课程可以促进国家课程的有效实施，弥补国家课程的空缺，加强教育和地方的联系，调动地方参与课程改革与课程实施的积极性。

3. 校本课程

校本课程（school-based curriculum）是学校在充分理解国家课程标准的基础上，从实际出发，根据自身特点与资源，灵活组织编制并实施的个性化课程。

校本课程的本质内容主要表现在三个方面：一是在课程的权力方面，学校拥有课程自主权；二是在课程开发的主体方面，教师是课程开发的主体；三是在课程开发的场所方面，具体学校是课程开发的场所。

所谓校本，一是为了学校，二是在学校中，三是基于学校。"为了学校"，是指要以改进学校实践、解决学校所面临的问题为指向。"在学校中"，是指要树立这样一种观念，即学校自身的问题，要由学校中的人来解决，要经过学校校长、教师的共同探讨、分析来解决，所形成的解决问题的诸种方案要在学校中加以有效实施。[1] 校本课程可以确保国家课程的有效实施，照顾学生的个别差异，促进教师专业能力的持续发展。

校本课程开发（school-based curriculum development 或 site-based curriculum development，缩写词是 SBCD），是以学校作为课程开发的基地，通过学校教师的日常教学实践推进课程开发的一种形式。校本课程开发的价值追求在于各学校间的个性、多样性与灵活性。

---

[1] 郑金洲：《走向"校本"》，《教育理论与实践》，2000 年第 6 期。

表7-2　国家课程与校本课程开发模式比较[①]

项目	国家课程开发	校本课程开发
课程目标	以开发全国共同、统一的课程方案为目标	以开发符合学生、学校或地方等特殊需要的课程方案为目标
参与人员	课程开发是学者专家的权责,只有校外的学者专家有权参与课程开发	所有的与课程开发有利害关系的人士均有参与课程开发的权责
课程观	课程即书面的课程文件,是计划好的课程方案	课程即教育情景与师生互动的过程与结果
学生观	学生无个别差异,是被动的学习个体,课程可以在事前做好详细、完善的计划	学生不但有个别差异,也有主动建构学习的能力,课程因学生需要进行调整
教师观	教师仅是课程的实施者,教师的职责就是依照设计好的课程方案加以忠实地呈现	教师是课程的研究者、开发者与实施者,教师有主动诠释课程、开发课程的能力

专栏7.4　某中学校本课程开发案例

主题:《家乡名胜古迹》

一、课程目标

1. 培养学生学会利用多种方式搜集、整理资料信息的能力。

2. 培养学生动手制作能力、动口表达能力、协作能力、归纳总结能力。

3. 培养学生热爱家乡、热爱祖国的高尚情感及自觉承担起建设祖国的责任感。

二、课程门类和内容

(一)门类:历史。

(二)内容:1.查资料了解当地名胜历史古迹及历史。2.实地观察当地名胜古迹并拍成照片或制作成视频。3.学生动手写下自己了解当地名胜古迹后的感受。

三、课程实施设想

学生分组活动,每组同学各自分工。1.根据调查内容不同分别采用收集数据、图片、照片，访谈长辈等不同方式开展活动。2.将收集到的资料制作成多媒体课件、手抄报、演讲稿、其他绘画作品等展示家乡名胜古迹。3.针对展示资料谈感想。

四、课程评价设想

（一）分类评价。

1. 学习态度。优秀：态度明确，积极参与，大胆质疑，主动探究。良好：态度端正，主动参与，认真完成各项任务。合格：态度较端正，能参与活动，按时完成各项任务。

2. 实践作品。优秀：主题明确有创意，材料详细。良好：材料详细，能完成作品。及格：能完成作品。

（二）反思性评价。

在期末，每班以"我对家乡的名胜古迹了解多少"为主题进行反思性评价，旨在让学生描述自己的经历与体会，引导学生自觉反思过去的得与失，从而掌握探究式学习方法，为今后不断完善、改进做准备。反思性评价后，全班采用民主评议的方式，对表现突出的学生进行适当的奖励。

（三）综合性评价。

这一课程涉及多种调查分析材料的能力，教师要善于发现学生的闪光点，及时进行鼓励、表扬以赏识为核心。

五、课程开发保障

进行这一课程前要对学生进行鼓励、发动。在活动过程中教师也要尽量参与到讨论、制作、评价中，及时给予学生以指导、鼓励。

（三）必修课程和选修课程

根据课程的修习要求，可以把课程分为必修课程和选修课程。

1. 必修课程

必修课程（required course）是指同一学年的所有学生必须修习的公共课程。必修课程是为保证所有学生的基本学力而开发和设置的课程，它强调学生的"共性发展"。在基础教育阶段设置国家规定的必修课程是为了保证学生有良好的基本学力和最低限度的共性发展。必修课程的学习会为选修课程的学习打下良好的基础。过早的教育分流很可能会对学生今后的专业学习及转换造成不可逆的负面影响。必修课程也是对学生进行通识教育的重要措施。

2. 选修课程

选修课程（elective course）是指依据不同学生的个性特点与发展方向，容许个人有所选择的课程。选修课程是适应学生的个别差异而开发和设置的课程，它强调学生的"个性发展"，也将尽可能发掘每个学生的潜在可能性作为课程的目标。

专栏7.5　选修制度

选修课程的产生与选修制度（elective system）相关。选修制的确立最初是在大学，后来才传播到中学。最早倡导选修制的是1810年创办柏林大学的德国著名教育家洪堡，他主张在大学里，教授可以自由地教他认为最好的课程，学生也可以学习他愿意学习的任何课程。选修制的真正发展是在美国。1825年，弗吉尼亚大学首开选修课，但作为一种制度尚未正式确立。直到1869年，选修课制度才由美国教育家、哈佛大学校长埃利奥特（Eliot, C.W.）加以正式确立，并大力推行。1893年，以埃利奥特为首的美国"中等学校研究十人委员会"（the Committee of Ten on Secondary School Studies）基于充分的调查研究，正式倡导在中学开设选修课程。至20世纪初，选修制开始席卷欧美大中学校。选修制传入我国是在20世纪初，它的出现与"五四"运动时期倡导科学与民主，倡导个性自由与解放的思潮直接有关。

（四）显性课程和隐性课程

根据课程的表现形态，可以把课程分为显性课程和隐性课程。

1. 显性课程

显性课程（explicit curriculum），通常称为"正式课程"，是指为实现一定的教育目标而正式列入教学计划的各门学科以及有目的、有组织的课外活动。显性课程具有计划性的特点，一般有固定的教材，有规定的教学内容，有明确的教学目标，同时易于进行测量与评价。凡是列入课程表的课程都是显性课程。

2. 隐性课程

隐性课程（hidden curriculum），又称为"潜在课程""隐蔽课程"，与显性课程相对，是指学校通过教育环境有意无意地传递给学生的非公开性的教育影响。隐性课程中的课程并非实指，而是借以指伴随着正规教学内容，或不自觉随机出现的对学生产生潜移默化教育影响的那些内容。它包括渗透在教材和教学活动中的被人忽视的各种因素，如校容校貌、班风学风、礼仪习惯、人际关系、信仰偏见、教师的举止言行以及学校制度等。

三、课程的表现形式

课程作为学生在学校生活中获得的经验，是通过一定的形式表现出来的。这些具体表现形式，主要有课程计划、课程标准、教科书和课程表等。

（一）课程计划

1. 课程计划的含义

课程计划，是国家教育主管部门根据教育目的和培养目标制定的有关教学和教育工作的指导性文件。课程计划是课程的具体表现形式之一，是课程的总体设计或总体规划，它规定教学的科目、学科设置顺序、各门学科的教学时数和学年编制。课程计划体现着国家对学校的统一要求和办学的质量标准，是学校组织教学和教育工作的重要依据，是实现教育目的和任务的蓝图。

2. 课程计划的内容

课程计划主要由培养目标、课程设置、实施要求、课程评价等内容组成。

（1）培养目标

课程计划对培养目标做出了相应的反映。我国中小学教育的培养目标是通过对学生实施全面的基础教育，使他们在德、智、体、美、劳等方面都能得到发展，使他们具有为社会主义现代化建设服务的基础文化素质。

（2）课程设置

课程设置是课程计划的核心内容，它对学校开设的教学科目、各学科的开设顺序、各门学科的授课时数及学年编制等都做出明确规定。

科目设置。开设哪些学科是课程计划的中心问题。中小学的教学科目设置，基本以科学的分类为依据，并选择其中最一般的、对青少年一代最必需的科学知识构成学科。

学科顺序。各门学科的开设顺序是课程设置的重要内容。课程计划中设置的各门学科不能齐头并进，也不宜单科独进，一定要按规定年限、学科内容、各门学科之间的衔接、学生的发展水平，由易到难，由简到繁，合理安排，使先学的学科为以后学习的学科奠定基础，同时学的学科之间能相互沟通，并满足学生多方面发展的需要。

课时分配。课时分配包括各学科的总时数，每一门学科各学年（或学期）的授课时数和周学时等。各门学科的课时数的分配要根据学科的性质任务、内容分量、难易程度、在课程计划中的地位和作用等进行综合考虑。

学年编制和学周安排。这部分主要包括学校里的学期划分、各个学期的教学周数、学生参加生产劳动的时间、假期和节日的规定等。我国学校一般均为秋季招生与始业,一学年分为两个学期,学期之间有寒假或暑假。

（3）实施要求

实施要求是对课程计划的实施所做出的各项要求,是顺利完成课程计划的必要保障,它对课程计划的地位、调整权限、适用范围等做出指令性解释。

（4）课程评价

课程评价主要是对课程评价方式方法、评价原则等做出总体规定。课程评价是对学生学习效果的检测,是对学校教育教学工作的鉴定和考核。

专栏7.6 《义务教育课程方案和课程标准（2022年版）》

课程计划,也称为"课程总纲""教学计划""课程方案"等。

教育部2022年印发义务教育课程方案和语文等16个课程标准。新修订的义务教育课程,强调育人为本,依据"有理想、有本领、有担当"时代新人培养要求,明确了义务教育阶段培养目标。

各门课程基于培养目标,将党的教育方针具体化细化为学生核心素养发展要求,明确本课程应着力培养的正确价值观、必备品格和关键能力。进一步优化了课程设置,九年一体化设计,注重幼小衔接、小学初中衔接,独立设置劳动课程。与时俱进,更新课程内容,改进课程内容组织与呈现形式,注重学科内知识关联、学科间关联。结合课程内容,依据核心素养发展水平,提出学业质量标准,引导和帮助教师把握教学深度与广度。通过增加学业要求、教学提示、评价案例等,增强了指导性。

（二）课程标准

1. 课程标准的含义

课程标准是确定一定学段的课程水平及课程结构的纲领性文件。它规定了学科的教学目的与任务,知识的范围、深度和结构,教学进度以及有关教学方法的基本要求。课程标准是课程计划的分学科展开,它体现了国家对每门学科教学的统一要求,是编写教科书和教师进行教学的直接依据,也是衡量各科教学质量的重要标准。

2. 课程标准的内容

课程标准一般由以下几部分内容组成。

前言：说明本课程的性质与地位，本课程的基本理念，以及本课程标准的设计思路等。

课程目标：规定课程的总体目标及各学段（或年级）的具体目标。

内容标准：课程标准的中心部分或基本部分，结合具体内容，规定教学所要达到的最低标准，通常会以案例的形式给出教学建议。

实施建议：给出教学建议、评价建议、教材编写建议以及课程资源的开发与利用建议等。

专栏 7.7　课程标准编制

《义务教育课程方案（2022 版）》明确，课程标准编制必须坚持以下基本原则：

坚持正确的政治方向和价值导向，加强思想性。有机融入社会主义先进文化、革命文化和中华优秀传统文化，以及法治、国家安全、民族团结、生态文明、生命安全与健康等教育内容，反映科技进步新成果、经济社会发展新成就，特别是马克思主义中国化最新成果，引导学生树立正确的世界观、人生观、价值观。

坚持素养导向，体现育人为本。落实党的教育方针，依据义务教育培养目标，凝练课程所要培养的核心素养，体现课程独特育人价值和共通性育人要求，形成清晰、有序、可评的课程目标。基于核心素养培养要求，明确课程内容选什么、选多少，注重与学生经验、社会生活的关联，加强课程内容的内在联系，突出课程内容结构化，探索主题、项目、任务等内容组织方式。

注重学段衔接与科目分工，加强课程一体化设计。注重幼小衔接，科学评估学前教育结束后学生在健康、语言、社会、科学、艺术等领域的发展水平，合理设计小学一至二年级课程，注重活动化、游戏化、生活化的学习设计。依据学生从小学到初中在认知、情感、社会性等方面的发展，把握课程深度、广度的变化，合理安排不同学段内容，体现学习目标的连续性和进阶性。了解高中阶段学生特点和学科特点，为学生进一步学习做好准备。不同课程涉及同一内容主题的，根据各自课程的性质和育人价值，做好整体规划与分工协调。

课程标准编制要适应"六三"学制、"五四"学制的相关要求。

（三）教科书

1. 教科书的含义

教科书，也称教材、课本，是依据课程标准编制的、系统反映学科内容的教学用书。教科书是课程标准的具体化，课程计划中规定的各门学科，一般均有相应的教科书。教科书不同于一般的书籍，通常按学年或学期分册、单元和章节。它主要由目录、课文、习题、实验、图表、注释、附录等部分构成。课文是教科书的主体部分。

随着科学技术的发展，教学手段的现代化，教学内容的载体也多样化了，教科书的概念也已经扩展了，有人用教材的概念来表达。下面的内容都属于教材：

① 教科书；

② 教学指导书/参考书；

③ 自学指导书/辅导书；

④ 实验指导书/辅导书；

⑤ 补充读物/课外读物；

⑥ 工具书、挂图、图表、其他直观教具；

⑦ 多媒体教学软件、教学程序软件包；

⑧ 录音磁带；

⑨ 幻灯片、电影片、音像磁盘或录像带等。

其中，使用最普遍的还是教科书，其他大都具有教学辅导材料的性质。

专栏7.8　世界上的教科书认可和采用制度

日本教科书研究中心的研究人员在对23个国家和地区的教科书制度研究后，把教科书的认可和采用制度归纳为以下五大类：

第一类是国定制，即由国家和地方教育行政部门决定的制度，苏联、印度等国是完全实行国定制的，韩国除此之外还部分使用审定制，有的国家则部分使用国定制。

第二类是审定制，即由民间编写，经国家或地方教育行政部门审查、批准的制度，日本、西班牙、以色列等国就实行这一制度。

第三类是认定制，即由民间编写，经国家或地方教育行政部门认可的制度，它与审定制的不同在于它的教科书的内容不受官方的制约，这种制度的使用以法国、加拿大为典型。

第四类是选定制，即由国家或地方教育行政部门在各门学科里都选定几种教科书，供各学区或学校选择，荷兰以及美国的 27 个州就采用这种制度。

第五类是自由制，即教科书的出版发行完全自由，教科书的使用也由学区或学校自己选择，英国、澳大利亚等一些国家和地区就使用这种制度。

2. 教科书的编写

（1）教科书编写原则

教科书的编写要求妥善处理思想性与科学性、观点与材料、理论与实际、知识和技能的广度与深度、基础知识与当代科学新成就的关系，并遵循一些基本原则，这些原则是：

适应性原则。教科书要适应当前的社会发展、个人发展、知识发展，适应教育制度、教学目标、教学环境等。

综合效应原则。教科书编写要兼顾传授知识、培养能力和思想品德方面，兼顾社会发展和个人发展。

整体性原则。教科书是作为一个整体存在并发挥其综合功能的，单科教材与教材系列要互相一致，构成一个整体。

系统性原则。教科书编写要重视知识的连贯性，它和整体性一起构成了学生所学内容的总框架。

稳定与弹性结合原则。教科书编写要注意教科书的稳定性和变动性的统一。

渐进性原则。教科书编写要不断总结经验，采用螺旋式上升策略。

效能原则。教科书编写要有助于教学，有助于提高教学效率。

（2）教科书编写方式

在已经确定教科书内容的基础上，针对各科教科书的特点确定教科书的排列和组合方式，教科书历史上大致出现过以下几种方式。

直线式：对一科的教科书内容采取环环相扣、直线推进的排列方式，基本上以学科体系为纵轴。

圆周式：随着学生年龄的增长和理解程度的加深而逐步扩大教科书的广度，深度上没有特殊要求。

螺旋式：针对学生接受能力、认识能力和学科特点，按照繁简、深浅、难易等的不同程度，使一种教科书的基本概念和基本原理分层次的重复出现，逐步扩展，螺旋式上升。螺旋式编制，一方面保证"直线式"组织课程的优点，另一方面又继承

"圆周式"由同心圆一波又一波拓宽的心理组织方式,以使学生在"深"和"宽"两方面得到循序渐进的提升。

过渡式,为学生跨入新阶段、学习新知识、掌握新方法而提前安排有关奠基内容的编排方式。

(四) 课程表

课程表是课程在实施过程中具体而微观的表现形式,它以表格的方式呈现课程(科目)在具体实施中的位置。课程表上不仅反映课程(科目),也反映晨起、晨练、晨读、(早、晚)自习、班会、课间休息、课间操、课外活动等内容。

课程表,按照所适用的范围,一般分为学校课程表和班级课程表两种类型。

学校课程表,是对全校不同年级和不同班级课程的安排。学校课程表要协调不同课程(科目),教师时间,教室使用,学校设备、设施使用等多方面的因素。

班级课程表,是对一个具体的班级的课程的安排。班级课程表,在学校课程表协调的基础上,还要协调不同课程(科目)、自习、班会等相关因素。

课程表的安排,一般在于明确时间、地点、人物、课程、活动等因素。

课程表上的时间,一般是以"周"为单位编排的,即每周如此循环;有的课程要分单、双周;另一方面,每天的时间也可清清楚楚地加以科学地划分,要写清楚具体的上下课时间和活动时间,以便师生按时上下课或开展相关活动。

课程表上的地点,主要是教室、实验室、上课使用的场地等。这些地点在学校课程表上往往需要标注清楚,以备查询或调课时使用。由于这些地点的使用相对固定,教师告诉学生一下就可以了,所以班级课程表上一般不标注。

课程表上的人物,主要是任课教师,或某班级(的学生)。这主要在学校课程表上体现。

课程的安排是使用课程表的根本目的所在。课程表要把不同课程(科目)在每天、具体的时间上的安排体现出来。

课程表还会把晨起、晨练、晨读、(早、晚)自习、班会、课间休息、课间操、课外活动等活动内容体现出来。这些活动内容有的是全校统一、全年级统一的,需要体现统一性;有的则需要不同年级或班级之间错位开展。因此,安排课程时,需要统筹考虑。

课程表中,有时用些说明性的文字,对在表格中不能清晰表达的内容加以解释说明。总之,小小的一张课程表,就规划好了学校的日常生活。

四、课程的构成要素

一般认为,课程的构成要素主要包括课程目标、课程内容、课程实施和课程评价四个方面。

专栏7.9　泰勒模式

据说,美国课程论专家拉尔夫·泰勒(Tyler, R. W)主持了著名的"八年研究"(Eight-Year Study)后名声大振。在一次午餐时,有个学校的校长向他请教,到底怎样才能把学校搞好,才能使课程教学有效。泰勒当即想了四句话要告诉他,他想把它们写下来却找不到纸,只好在一张餐巾纸上写下了那四句话。

第一,学校应该试图达到什么教育目标?

第二,提供什么教育经验最有可能达到这些目标?

第三,怎样有效组织这些教育经验?

第四,我们如何确定这些目标正在得以实现?

围绕上述四个中心,泰勒提出了课程编制的四个步骤或阶段,可进一步归纳为:"确定教育目标""选择教育经验""组织教育经验""评价教育计划"。这就是"泰勒原理"的基本内容。因为后面三个阶段都是围绕"教育目标"展开的,所以,泰勒提出的课程开发模式也称为"目标模式"或"泰勒模式"。

泰勒

(1902—1994)是科学化课程开发理论的集大成者,被誉为"现代评价理论之父"。主要著作:《课程与教学的基本原理》《成绩测验的编制》等。

(一) 课程目标

1. 课程目标的含义

课程目标是指课程要实现的具体目标和意图。课程目标是指导整个课程编制的准则,也是指导教学的重要准则。

课程目标与教学目标联系最为紧密,常有人把二者混为一谈,甚至使用"课程与教学目标"这样含混的说法。但二者的区别是明显的。这主要体现在目标制定者、目标使用范围和目标功能方面。[1]

课程目标主要是由教育行政部门和课程工作者完成的,具有较强的方向性和规定性;教学目标主要由教师来制定,具有较强的实用性和灵活性。

---

[1] 高孝传、杨宝山、刘明才主编:《课程目标研究》,教育科学出版社2001年版,第5—7页。

课程目标首要作用是为课程编制提供依据和参考,其次是为教师的教和学生的学提供参考;教学目标主要为教师的教和学生的学提供依据。

教学目标是最具实践性和实效性的教育目标,它是教学活动的起点和终点,也是教学评价的重要依据;课程目标是培养目标和教学目标的桥梁目标,其衔接作用和指导意义是其他教育目标不可代替的。

2. 课程目标的制定

制定课程目标需要有一定的依据。根据已有的研究,可以确定的是,学生、社会、学科是课程目标的三个基本来源。因此,要对它们进行研究,并处理好三者之间的关系。美国著名课程论专家泰勒在《课程与教学的基本原理》(*Basic Principles of Curriculum and Instruction*)一书中,把学习者的需求、当代社会生活的需求和学科的发展作为课程目标的三个来源。他认为,任何单一的信息来源,都不足以提供能让学校为教育目标做出全面且理智的决定的基础。每种来源都具有某种可取的价值。

(1) 对学习者本身的研究

课程是为学习者而设的,如果不熟悉学习者的状况就无从设定目标。泰勒强调对学习者需要和兴趣的研究,"学校没必要重复学生在校外已获得的教育经验。学校应将精力集中于学生现阶段发展的严重差距上"[①]。因此,那些指明这些差距(教育性需要)的研究十分必要,它能为选择教育目标提供基础。这类研究大多由两部分组成:一是发现学生的现状,二是将这种状况与公认的常模作比较,以确定差距或需要。另一种特别值得关注的是对学习者的研究,是对学生兴趣的调查。这是因为课程学习是一个主动的过程,它要求学习者自己积极主动地努力。清楚了学生的需要和兴趣,就为提出课程目标提供了有价值的基础。

(2) 对当代社会生活的研究

随着社会的发展和知识体系的突飞猛进,学校要完成其所担负的所有任务实有困难,学生要学习所有的知识也不可能。因此,有必要从文化遗产中精选最重要的内容教给学生。同时,社会的发展对人的素质也提出了要求,教育要培养适应社会发展的人。为此,有必要对当代社会生活进行研究,并据此设置课程目标。

(3) 对学科的研究

学生在学校中所要学习的课程主要是在日常社会生活经验中难以获得的知

---

① Ralph W. Tyler 著,罗康、张阅译:《课程与教学的基本原理》,中国轻工业出版社 2008 年版,第 7 页。

识，而学科是知识的主要支柱，而且它们在课程目标的实现上具有重要教育功能。学生在学校中所学习的课程实际上要通过分门别类的学科（subject 或 discipline）来实现。因此，学科知识及其发展成为课程目标的基本来源之一，制定课程目标时必须研究学科知识、类型及其价值。

在把学科及其发展作为确定课程目标的来源时，必须正确地认识并把握知识的价值。这需要思考如下问题。第一，知识的价值是什么？即知识的存在是为了理解世界，还是为了控制世界？第二，什么知识最有价值？英国的斯宾塞提出了这一著名命题，那就是"什么知识最有价值？一致的答案就是科学"①。今天看来，这种功利主义的课程观并不能解决人类所面临的问题，人们开始意识到，最有价值的知识除了科学，还有使生活意义得以提升的知识，因此必须坚持科学精神与人文精神的整合、科学知识与人文知识的整合。第三，谁的价值最有价值？知识并不是价值中立的，而是价值负载的，它负载着社会意识形态，负载并衍生着文化、种族、民族、阶级的差异和不平等。因此，在将学科知识确定为课程目标时，应当考虑知识的价值问题。

（二）课程内容

课程内容是课程的主体部分。课程目标一旦有了明确的表述，就在一定程度上为课程内容的选择和组织提供了一个基本的方向。课程内容是课程目标的最直接的体现，是实现课程目标的手段，直接指向"应该教什么"的问题。

课程内容的核心问题是课程内容的选择，即课程选择（curriculum selection）。学生、社会和学科是课程目标制定，也即课程开发的三个维度，对这三个基本维度的关系的不同认识，反映了不同的教育价值取向，由此形成了"学科本位课程论""社会本位课程论""儿童本位课程论"三种典型的课程观。课程内容的选择，也即形成了三种基本的取向：课程内容即学科知识，课程内容即社会生活经验，课程内容即学习者的经验。

1. 课程内容即学科知识

当把学科的发展作为课程目标的主要来源时，学科知识就成为课程的主要内容。人们有把课程内容视为学生需要学习的知识的传统。这种做法是把有价值的知识系统化为以事实、原理、体系等形式构成的一定的科目或学科，并在此基础上对学生进行分科教学。这种取向的实质是从知识本身出发，强调学科知识的系统化及教育进程的安排，教学的任务是把经过精心选择和系统化的知识传递给学生。

---

① 斯宾塞著，胡毅、王承绪译：《斯宾塞教育论著选》，教育科学出版社 2005 年版，第 44 页。

这些系统化的知识,主要体现在"教材"中,教材成为学科知识的载体,由此导致"教教材"现象的出现。以学科知识为教学内容,有助于体现所学内容的系统性;教学内容明确,却对学生的学习需求与兴趣等缺乏关注,容易抑制其学习积极性与主动性。

2. 课程内容即社会生活经验

当把社会生活经验作为课程目标的主要来源时,社会生活经验就成为课程内容。美国著名课程论专家博比特曾明确指出,课程应当反映社会的需要,并通过研究成人的活动,识别各种社会需要,把它们转化为课程目标,再进一步把这些目标转化为学生的学习活动。

实际上,选择社会经验的根本问题是如何处理学校课程与社会生活的关系。对此,出现过三种典型的观点。

(1)被动适应论

被动适应论认为教育只是社会生活的准备,学校课程是使学习者适应当代社会生活的工具。美国课程论专家博比特和查特斯是这种观点的典型代表。

(2)主动适应论

主动适应论认为个人与社会是互动的、有机统一的,学校课程不仅适应着社会生活,还不断改造着社会生活。美国的约翰·杜威是典型的主动适应论者,他明确地说:"学校是社会进步和改革的最基本的和最有效的工具。"①

(3)超越论

超越论认为学校课程与其他社会生活经验的关系是一种对话、交往、超越的关系。学校应主动选择社会生活经验,并不断批判与超越社会生活经验,不断构建新的社会生活经验。

3. 课程内容即学习者的经验

当把学习者的需要作为课程目标的主要来源时,学习者的经验就成为课程内容。经验课程论者,大都把学习者的经验置于课程的核心或重要地位。实际上,学习者的经验,既不同于一门课程所涉及的内容,也不同于教师所从事的活动,而是指学习者与外部环境的相互作用。学习者是课程的主体和开发者,学习者的个人知识和经验、学习者在同伴交往和其他社会交往中所形成的社会经验是课程内容的基本构成。课程内容取决于学习者的经验所强调的是,学习的质和量取决于学生而不是教材。学科知识和社会生活经验只有为学习者所选择、认同、接受的时

---

① 约翰·杜威著,赵祥麟等译:《学校与社会·明日之学校》,人民教育出版社1994年版,第16页。

候,才能对他们的发展起作用。

上述三种取向的课程内容,都有其合理性与局限性,课程内容的选择,只有在三者之间进行有效的协调、平衡,才能使课程内容发挥最大的效用。

(三)课程实施

1. 课程实施的含义

课程实施(curriculum implementation)是指把课程计划付诸实践的具体过程,它是达到预期课程目标的基本途径。

从课程计划到课程实施还有一个过渡环节,即"课程采用"(curriculum adoption)。课程采用是指做出使用某项课程计划的决定过程。课程采用不同于课程实施。课程采用关注的焦点为是否决定采用某项课程计划;课程实施关注的焦点是课程实践中实际发生的变革的程度及影响变革的因素。

专栏 7.10　课程的五种类型与课程实施

美国著名课程论专家古得莱得将"课程"划分为五个层次,也是五种不同的类型,这对我们理解课程实施很有帮助。

1. 理想的课程(ideological curriculum),即观念层次的课程,由一些研究机构、学术团体和课程专家提出的应该开设的课程。这类课程能否产生实际影响,要看它是否被官方所采用。

2. 正式的课程(formal curriculum),即由教育行政部门规定的课程计划、课程标准和教材,我们平时在课程表中看到的课程即属此类。正式的课程包括社会层次的课程与学校层次的课程。社会层次的课程,是由教育行政部门规定的课程计划、课程标准、科目表和教科书等。学校层次的课程(institutional curriculum),被限定于日、周、学期、学年的确定的时间里,通常以学科的形式组织起来。这部分课程大多源于国家和地方确立的"社会层次的课程"。学校有关人员根据学校的特色和需要,以社会层次的课程为基础,进行选择和修改,由此形成学校层次的课程。

3. 领悟的课程(perceived curriculum),即教学层次的课程(instructional curriculum),也就是学校教师对于正式课程加以解释后所认定的课程。这个层次的课程体现了教师对课程的理解。领悟的课程与正式的课程之间可能会产生一定的距离,从而减弱正式课程的某些预期的影响。

4. 运作的课程(operational curriculum),即在课堂上实际实施的课程。

观察和研究表明,教师领悟的课程与他们实际实施的课程之间会有一定的差距,因为教师常常会根据学生的反应随时进行调整。

5. 经验的课程(experiential curriculum),指学生在课堂学习中实实在在体验到的东西,即实际学习或经验的课程。

从古得莱得的课程五层次来看,理想的课程和正式的课程属于课程计划、课程采用阶段,而领悟的课程、运作的课程和经验的课程则进入课程实施阶段。古得莱得的课程层次理论,更新了传统的课程概念,拓展和深化了对课程变革内涵的理解。

2. 课程实施的取向

课程实施的取向是对课程实施过程本质的不同认识以及支配这些认识的相应的课程价值观。课程实施的取向集中表现在对课程计划与课程实施过程之间的关系的不同认识上。美国课程学者归纳出课程实施的三种基本取向,即忠实取向、相互适应取向和课程创生取向。

(1) 忠实取向

课程实施的忠实取向(fidelity orientation)或忠实观认为,课程实施过程就是忠实地执行课程计划的过程。衡量课程成功与否的基本标准是课程实施过程对课程计划的实现程度,实施的课程愈接近预定的课程计划,则课程实施愈成功,反之则实施程度低或失败。

这一取向把课程实施看作一种线性的过程,课程专家在课堂外设定课程变革计划,教师在课堂中实施计划。其实质是,教师即课程专家所制定的课程变革计划的忠实执行者,教师对课程几乎没有任何改动的余地。这就限制了教师的自主性与创造性。实践表明,忠实取向的课程实施是不太可能实现的。

(2) 相互适应取向

课程实施的相互适应取向(mutual adaptation orientation)或相互适应观把课程实施看作一个连续的动态过程,其课程实施是一个由课程设计者和课程实施者共同对课程进行调整的过程。调整包括两个方面:一是课程计划为适应具体教学情境和学生特点而进行的调整,二是课程实施以及教师和学生为适应课程计划而做出的调整。

相互适应取向强调课程实施不是单向的传达、接受,而是双向的相互影响与改变。课程并不是固定不变的,规定的课程与实施的课程可能是不同的,会在一些方面存在差异和不一致。这一取向突出了课程实施的实践性，即具有较强的可行性。

（3）课程创生取向

课程实施创生取向（curriculum enactment orientation）或课程创生观认为，真正的课程是教师与学生联合创造的教育经验，课程实施过程是教师与学生在具体教学情境中共同合作、创造新的教育经验的过程。已有的课程计划只是课程创生过程中，可供选择的一种参考而已。

课程创生取向认为，教师的角色是课程开发者。教师与学生成为建构积极的教育经验的主体，课程创生的过程也就是教师和学生持续成长的过程。这一取向最大限度地调动了师生的积极性，发挥了师生在课程改革和实施过程中的作用。但也对师生的创造才能提出了极高的要求，是否能够适合大多数的教育实际，尚待验证。

（四）课程评价

课程评价（curriculum evaluation）是课程研究中必不可少的环节，也是衡量课程目标实现程度的重要依据。

1. 课程评价的概念

课程评价的概念最早由美国"课程评价之父"泰勒提出，他认为："评价的过程，从本质上讲，就是判断课程和教学计划在多大程度上实现了教育目标的过程。"[①]可见，泰勒把课程评价看作对课程与教学目标实际达成程度的描述，即把课程评价看成对行为与目标之间一致性程度的确定。随后，这一概念被广泛运用于课程理论与实践中，并成为课程研究中定义最为多样、最难理解的概念之一。其后的评价专家大多认为评价还应是做出价值判断的过程，还有人提出"评价即研究"的命题。

我们把课程评价理解为评价者根据一定的标准，以适当的方法、途径对课程计划、活动及结果等有关问题的价值或特点做出判断的过程。这一理解包含这样几个要点：一是评价主体是课程评价者；二是评价的对象包括课程计划、课程活动和课程结果等方面；三是评价的标准，即课程评价需要持一定标准进行；四是评价的方法、途径，即课程评价需要通过一定的方法和途径进行；五是评价的性质，即课程评价是价值或特点的判断，不是纯技术性的工作，也不单是现象的客观叙述。

2. 课程评价的对象

在许多情况下，课程评价是针对学生的学习，特别是学习的结果进行的。其实，课程评价的对象范围远比学生学习结果要广泛得多。国外随着教育系统内各

---

① Ralph W. Tyler 著，罗康、张阆译：《课程与教学的基本原理》，中国轻工业出版社 2008 年版，第 226 页。

项事业的进展,课程评价的对象逐渐扩展到课程计划、课程内容、课程目标等,从而逐渐明确了课程评价的对象不应局限于学生的学习。这使课程评价的对象不断地丰富起来。

国外有学者把美国著名课程论专家施瓦布(Schwab,J.,1939—1986)提出的四个课程要素,即教师、学习者、教材以及环境,作为课程评价的对象。这四个要素作为课程评价的对象还是太狭隘了一些。从课程的动态过程来看,课程评价的对象包括课程方案、课程实施、课程效果。

(1) 课程方案

课程方案包括课程计划、课程目标、课程内容、课程资料等。这类评价对象中还应包括课程设计思想。附属评价对象是课程设计者。

(2) 课程实施

对这类对象的评价主要看,课程实施得是否到位,是否符合课程方案的精神等。附属评价对象是课程实施者(学校、校长、教师等)。一般情况下,人们侧重于将教师教学活动和教师行为作为评价的主要对象。

(3) 课程效果

对这类对象的评价主要看,课程实施是否达到最初的设计标准,课程的实际效果如何等。附属评价对象是课程受益者(学生的学习结果,家长、社会的满意度等)。一般情况下,人们习惯于把学生的学习成绩作为课程评价的对象。

此外,课程评价还应该包括一个自反性评价,即课程评价的反思性评价,也就是上述对课程的评价是否合适,存在什么合理处与不足处。

3. 课程评价的类型

依据不同的标准,课程评价可以有多种不同的分类方法。

(1) 形成性评价与总结性评价

根据评价的作用性质,把评价分为形成性评价与总结性评价。这两种评价是由美国课程评价专家斯克瑞文(Scriven,M.J.,1928—2023)于1967年提出的两种评价类型。

形成性评价(formative evaluation)是在课程开发或课程实施尚处于发展或完善过程中进行的,其主要目的在于搜集课程开发或实施过程中各个局部优缺点的资料,作为进一步修订和完善的依据。

总结性评价(summative evaluation)则是在课程开发或课程实施完成之后施行的,其主要目的在于搜集资料,对课程计划的成效做出整体的判断,作为推广课程计划或不同课程计划之间进行比较的依据。

专栏 7.11　诊断性评价

与形成性评价与总结性评价相关的还有一种评价类型,称之为诊断性评价(diagnostic evaluation)。诊断性评价是在课程计划或教学活动开始之前,对需要或准备状态的一种评价,其目的在于使计划或活动的安排具有针对性。在布卢姆(Bloom,B. S.,1913—1999)的评价体系中,曾把诊断性评价、形成性评价、总结性评价作为达成预定教育目标的序列手段。不同的评价在学生学习的不同时段施行,以促进预定行为目标的达成。

（2）效果评价与内在评价

根据评价关注的焦点,把评价分为效果评价与内在评价。效果评价(pay-off evaluation)与内在评价(intrinsic evaluation)也是由斯克瑞文提出的,这两种评价的区分代表着两种不同的思想取向。

效果评价是对课程或教学计划实际效用的评价,它注重课程实施前后学生或教师所产生的变化;至于课程运用的具体状况、变化产生的原因等,则被置之度外。因此,效果评价往往是通过对前测与后测之间、实验组与控制组之间的差异做出判断而进行的。

内在评价则是对课程计划本身的评价,不涉及课程计划可能有的效果。效果评价与内在评价,一个关注结果,一个关注过程,二者具有互补性。理想的课程评价体系应该把两种评价结合起来。

（3）内部人员评价与外部人员评价

根据评价人员的身份,把评价分为内部人员评价与外部人员评价。

内部人员评价(insider evaluation)是指由课程设计者或使用者自己作出的课程评价。内部人员评价的长处在于评价者了解课程设计方案的内在精神和技术处理技巧,评价结果有利于课程方案的修订与完善;其缺点是,评价者可能蔽于自己的设计思想,不了解其他人对于课程设计的需要,致使评价缺乏应有的客观性。

外部人员评价(outsider evaluation)是指课程设计者或使用者之外的人员作出的课程评价。外部人员评价中,评价者虽然对计划的内容思想不太了解,却有更为开阔的评价思路,可能取得具有客观性和令人信服的结论。

总之,各种分类使用的是不同的标准,一种分类方式并不一定能够涵盖所有的评价形式,而且各个类型之间并非相互排斥,而是可以彼此相容的。即使某种分类内部,也并非十分严格,而且只是一种典型的概括。因此,评价分类研究并非为了对号入座,而是为了便于理解、把握各类评价的特点。

◈ **讨论题** ||||||||||||||||||||||||||||||||||||||||||||||||||||||||||||||||||||||||||

1. 通过本章的学习,结合自己的学习体验,谈一下你对课程的理解。

2. 简述学科中心论、活动中心论、社会中心论的基本观点及优缺点。

3. 请查找并认真阅读《义务教育课程方案和课程标准(2022年版)》,了解中小学课程类别与科目设置,并联系自己在中小学的学习经历进行评析。

4. 假如你在自己曾就读的中学执教,学校领导交给你一项任务:开发一门校本课程。你打算选择什么主题? 如何设计、实施、评价? 请写出这门校本课程开发的基本方案。

5. "泰勒原理"和古得莱得的五种课程对教师的课程理解有怎样的价值?

6. 课程标准在课程实施中如何落实? 在落实中会遇到哪些困难? 如何克服?

7. 如何理解教育目的、培养目标、课程目标与教学目标之间的关系? 请查阅相关材料予以辨析。

8. 你如何理解认识课程评价? 考虑一下:在实际教学工作中,如何巧妙运用课程评价引导学生的成长发展?

9. 我国新一轮基础教育课程改革自2001年启动至今已有20多年的历史,近来有一些论者专门就新课程改革进行了总结和反思,请搜集整理相关材料,进一步了解新课程改革的进程及成效,并对这些论著的观点进行评析。

◈ **参考资料** ||||||||||||||||||||||||||||||||||||||||||||||||||||||||||||||||||||||||||

1. 约翰·富兰克林·博比特著,刘幸译:《课程》,教育科学出版社2017年版。

2. 拉尔夫·泰勒著,施良方译,瞿葆奎校:《课程与教学的基本原理》,人民教育出版社1994年版。

或版本:Ralph W. Tyler著,罗康、张阅译:《课程与教学的基本原理》,中国轻工业出版社2008年版。

3. 威廉·F·派纳等著,张华等译:《理解课程》(上下),教育科学出版社2003年版。

4. 丹尼尔·坦纳、劳雷尔·坦纳著,崔允漷等译:《学校课程史》,教育科学出版社2006年版。

5. 科林·马什著，徐佳、吴刚平译：《理解课程的关键概念（第 3 版）》，教育科学出版社 2009 年版。

6. 小威廉姆·E·多尔著，王红宇译：《后现代课程观》，教育科学出版社 2000 年版。

7. 钟启泉编著：《现代课程论（新版）》，上海教育出版社 2003 年版。

8. 施良方：《课程理论——课程的基础、原理与问题》，教育科学出版社 1996 年版。

9. 张华：《课程与教学论》，上海教育出版社 2000 年版。

10. 王斌华：《校本课程论》，上海教育出版社 2000 年版。

11. 杨明全：《课程论》，中国人民大学出版社 2016 年版。

第八章 教　　学

▲ 学习指导

1. 理解教学的含义与意义，了解教学过程的特殊性。
2. 了解教学的基本组织形式，认识各种组织形式的特征及适用范围。
3. 认识教学的主要环节，掌握各环节的基本要求。
4. 掌握教学策略的基本要求，初步学会在教学情境中运用这些策略。

一、教学概述

教学是教育的重要途径，是教师工作的主要内容。为了更好地从事教学工作，我们需要对教学的含义及其意义有深刻的理解，并对教学过程的本质有所认识。

（一）教学的概念

"教学"的概念，古今中外有不同的理解。在我国，早在殷商时期的甲骨文里就出现了"教"与"学"二字，《书·尚书·兑命》中出现了"学学半"，这是我国古代萌芽状态的教学思想。《周易》中的"蒙"卦介绍了当时的教学情况，并提出了"蒙以养正"的教学思想。在西方，"教""学"和"教学"，早在古希腊文中都有。英语中，与之对应的单词有 teach 或 teaching（教、教导）、learn 或 learning（学、学习）和 instruct 或 instruction（教导、教学）。

专栏8.1 "学"字探源

关于汉字"教"的产生发展，我们在第一章专栏1.1中已有介绍，这里着重说明汉字"学"的来源。

學(xué)

甲骨文中的"学"字①

学，也是个表意字，具有教导、启迪之意，指代的是教师交叉（爻）着双手（臼）用于驱散笼罩在（宀）学生（子）脑海中的疑团（见下图②）。这就是指学习。

根据甲骨文的形体，学者们做出了这样的解释："学"字表示古人用双手构木为屋，或修葺房屋的情形。其中的"臼"为双手形，上部中间的"爻"或"×"为构筑房屋用的木料等物品，其下的"宀"为房屋形。"学"是个会意字。构筑或修理房屋在先民眼里是十分复杂的技术，一定要向别人学习才能获得。因此，甲骨文中的"学"字，有"学习"的意思。

不过，甲骨文的"学"字还有"教"的意思。向别人学习房屋的建造或修理技术，自然也包括掌握这种技术的人向学习者传授技术的过程，即"教"。如甲骨文中的"王学众"，其意思是：王教众人。所以有的学者认为，甲骨文中的"学"与"教"同为一字，那就是"学"字。

繁体字的"學"，其实也包括"教"与"学"两方面的意思。可以理解为用双手（臼）持爻（本为卦术，此处指古代的书籍），以教膝下（宀，两腿之形）之子

---

① 马如森：《殷墟甲骨文实用字典》，上海大学出版社2008年版，第84页。
② ［新加坡］陈火平：《趣味汉字》，新世界出版社2009年版，第27页。

（子），或"子"用双手（白）捧书（爻）学于大人膝下（冖）。可见，古代的"教"与"学"，原为一字，以后才分化为二字。"学"字的构形充分反映了我们民族的先人早就注重对儿童的教育，教育必须从孩子抓起。学者们从"学"字的结构出发，作了不同的理解，但有一个共同点，即都认为"学"字有"学习"的意思。这大概就是"学"的本义。①

比较"教""学"两个字的构成，可以说"教"字来源于"学"字，或者说教的概念是在学的概念的规定性中加上了又一层规定性。

一般认为，教学是教师在一定条件下运用教学方法引导学生学习知识、技能、态度等以促进其发展的实践活动。

这个界定有以下几个要点：（1）教学的主体是教师（教学主体）；（2）教学的对象是学生（教学对象）；（3）教学的内容是知识、技能、态度（课程）；（4）教学的目的是促进学生的发展（教学目的）；（5）教学是在一定条件或环境中发生或进行的（教学环境）；（6）教学的手段是教学方法的运用（教学方法）；（7）教学的实质是一种实践性活动（教学实质）。

（二）课程与教学的关系

对于课程与教学之间的关系，由于两者词义上的模糊，中外专家的不同认识，也由于文化传统特别是教育传统的影响，至今仍未有比较一致的见解。汇总起来，有这样一些看法：

1. 大教学小课程

认为教学是上位概念，课程是包含于其中的，只是教学的一个组成部分而已。这种看法的突出代表，要算是苏联的一些教育学著作了，我国当今的一些教育学、教学论著作，也持有同样的观点。在这种对课程与教学的理解中，课程往往是教学内容的代名词，属于教学的一部分；课程也往往被具体化为教学计划、教学大纲和教科书这样三部分。

2. 大课程小教学

与前者相反，这种看法认为课程所涵盖的范围要宽于教学，教学只不过是课程的一个组成部分而已。这种看法在北美较为普遍。美国现代课程论的奠基人泰勒在其《课程与教学的基本原理》中，提出课程原理要研究的四个问题：学校应该试图

---

① 吴东平：《汉字的故事》，新世界出版社 2006 年版，第 273—274 页。

达到哪些教育目标？学校提供哪些教育经验才能实现这些目标？怎样才能有效地组织这些教育经验？怎样才能确定这些目标正在得到实现？[①] 其中，教学就是被囊括在课程之中的。

3. 课程与教学属目的与手段的关系

西方一些研究学者在意识到课程与教学两者需加以分离的前提下，提出课程是指学校的意图，教学则是指达到教育目的的手段，它们分别侧重于教育的不同方面。许多关于课程与教学的隐喻也是从这样一个角度来谈的，如：

课程是一幢建筑的设计图纸，教学则是具体的施工过程；

课程是一场球赛的方案，教学则是球赛进行的过程；

课程是一首乐谱，教学则是对这首乐谱的演奏。

奥苏伯尔（Ausubel，D. P.，1918—2008）所作的分析要更为透彻一些，他用图（图 8 - 1）来说明课程与教学所关注的不同问题。[②]

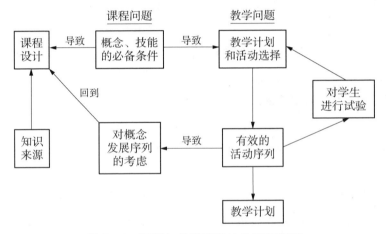

图 8 - 1 课程与教学所关注的不同问题

从课程与教学涉及范围，以及课程理论与教学理论研究的不同对象上来看，这种目的—手段论似乎更为适宜一些。两者在一定程度上，也可以说是内容与形式的关系。

（三）教学的意义

1. 传承人类成果的重要手段

从社会发展的角度看，教学是传承人类文明成果的重要手段。在人类历史的

---

① 泰勒著，施良方译，瞿葆奎校：《课程与教学的基本原理》，人民教育出版社 1994 年版，第 17 页。
② 施良方：《课程理论》，教育科学出版社 1996 年版，第 261 页。

发展中积累了丰富的文明成果,这些成果只有经过不断的传承才能保证人类更好地生存与延续。教学即是一种有效的传承人类文明成果的手段,它以人类已有的知识为主要对象,力求在较短时间内传授大量人类的科学文化遗产,使个体的认识突破时空的局限及个体经验的局限,与人类历史上那些最为优秀的成果相接通,从而实现人类知识的传递与社会生活经验的再生产,保证人类社会有更好的延续与发展。

2. 促进学生发展的有效形式

从个体发展的角度看,教学是促进学生发展的有效形式。教学,特别是学校的教学,是一种专门组织起来的传授活动,可以高效地进行知识技能等的传授,从而有力地促进学生的身心发展,使他们在较短的时间内获得更丰厚的知识技能等,获得更快更好的发展与成长,达到人类发展的一般水平,成为社会有用之人。

3. 实现教育目的的基本途径

从教育实施的角度看,教学是实现教育目的的基本途径。教育的目的是培养德智体美劳各方面全面发展的人。学校的教学活动是最全面、最集中、最经常使用的实现德育、智育、体育、美育、劳动技术教育的途径。这种途径是其他途径不易替代的。通过教学,在一个统一的过程中,实现学生德智体美劳等方面的全面发展。

(四) 教学过程观

教学是人类许许多多认识活动中的一种具体形式。教学过程是学生在教师引导下,通过学习来认识客观世界的特殊过程。

专栏8.2　关于教学过程的不同观点

教育史上,对教学过程的本质有不同的认识,由此形成了不同的教学过程本质观。

认知发展说认为,教学过程是教师有目的、有计划地指导学生掌握系统的科学文化知识和基本技能,发展学生的智力和体力,培养学生的良好品德和健康个性,使其形成科学世界观的过程。这种观点的缺陷在于只是罗列了教学任务,未能对教学过程进行科学抽象的概括。

社会实践说认为,教学过程是教师组织、启发、引导、支持、促进学生主动掌握文化工具,认识客观世界、全面发展身心的一项社会实践。这种观点的缺陷是仅站在教师角度分析教学过程。

双边活动说认为,教学过程是教师的教与学生的学相结合的双边活动过程。这种观点的缺陷是把"教"与"学"、教师与学生对立了起来。

多重本质说认为，教学过程本质应该是一个多层次、多类型的结构，因而提出教学过程有认识论、心理学、生理学、伦理学和经济学五个方面的本质。这种观点的缺陷在于未能从整体上对教学过程进行合理的、综合的深刻把握。

交往合作说认为，教学过程是教师和学生以课堂教学为主渠道的交往过程。教学过程完全可以视为师生交往过程，交往即教学过程的本质。这种观点的缺陷是未能揭示教学过程这一特殊的实践活动与其他社会实践活动的不同。

人们对教学过程的认识不尽相同，但对其特殊性，或者说本质特征，有着一定的共识。一般来说，作为一种特殊的认识过程，教学过程具有以下特征。

1. 直接经验与间接经验相统一

教学过程中既重视间接经验的传授，又重视直接经验的运用，两者结合，辩证统一。

直接经验就是个体认识世界时体悟、感知到的经验。大多数情况下，直接经验都是个体通过活动所积累起来的。例如，牛顿在实践摸索中发现了万有引力定律，这于他而言就是直接经验。间接经验是人类在文明史的演进历程中所积累起来的人类一切经验，即前人总结获得的知识。书本知识就是属于典型的间接经验。学生通过书本来学习牛顿的万有引力定律，对他们而言这就是间接经验。

（1）以间接经验为主是教学活动的特点

首先，学生以学习间接经验为主。教学过程中，学生认识的对象是间接经验，学生的学习内容是经过选择、精心加工的人类文明经验的精华。

其次，学生以间接的方式去体验。在学生的认识方式上也表现出间接性，即通过老师的传授，学生能够在短时间内掌握大量的知识，这期间就是以老师为中介的间接性学习。

教学活动之所以以间接经验为主，是因为这可以避免人类认识活动中曾经经历过的曲折和失败，使学生在最短的时间内快速而有效地掌握大量的、系统化的科学文化知识，使学生站在前人的肩膀上继续认识客观世界，开拓新的认识领域。

（2）学习间接经验要以直接经验为基础

间接经验的学习也必须依靠个人以往积累的或现时获得的直接经验为基础。

学生学习的间接经验,即书本知识,是以抽象的文字符号表示的,是前人的认识和概括,而非学生的实践和经验,两者之间具有很大的隔阂,为了使学生更好地理解和掌握间接经验,就需要在教学中充分利用学生的已有知识和经验或者创造直接经验,帮助学生实现经验的链接、迁移与整合。

（3）促进直接经验与间接经验的结合

在教学过程中,教师要充分注意以直接经验促进间接经验的学习。

一方面,有效调动学生的已有经验与所学间接经验的结合。例如,物理老师在讲解"摩擦力"这个抽象概念时,可以调动学生已经存在的一些直接经验,如皮球踢一脚不会一直滚下去之类的例子,以帮助理解。

另一方面,尽可能组织学生活动以增加学生的直接经验。教学中的直接经验包括亲自观察、亲身实践、亲自探究等。教学过程中多组织学生活动,可以增加学生学习新知识所必须有的感性认识,以保证教学的顺利进行。

2. 掌握知识与发展能力相统一

教学过程中既重视学生对知识的掌握,又重视学生的能力发展,两者相互结合、相互促进、辩证统一。

（1）掌握知识是发展能力的基础

能力的发展有赖于知识的积累,能力是在掌握知识的基础上发展起来的。只有具备相应的知识才会发展出相应的能力。比如,想要提高英语口语表达能力,需要储备一定的单词、句型、语法知识,没有这些知识就很难形成良好的口语表达能力。因此,掌握知识是发展能力的基础。

需要注意的是,掌握知识虽然是基础,但并不意味着掌握知识多了就一定可以发展能力。"高分低能"的现象就反映了掌握知识而未提升能力的情况。再比如,有的人记住了很多单词、句型、语法知识,但口语交流能力仍然很低。这是因为能力发展还需要不断地实践练习。

（2）能力发展是掌握知识的条件

在学习知识的过程中还依赖能力的发展,能力发展是掌握知识的必要条件。学生只有具备一定的能力,才能够学习掌握一些知识。比如,学生抽象思维能力发展有助于抽象知识的学习,反之,如果抽象思维能力没有发展起来,也很难学习抽象知识。小学教材中不会设置立体几何和函数的知识,而初高中教材中则可以,就是因为初高中的学生抽象思维发展起来了,学生可以学习立体几何和函数知识了。这就可以看出能力发展是掌握知识的必要条件。

当然,能力发展了,未必意味着会获得更多的知识。这是因为知识的获得还取决于个人的主观能动性，缺少主观能动性也无法获得更多的知识。

（3）掌握知识与发展能力互相促进

知识与能力是互为前提的，没有相应的知识就不可能具备相应的能力，而没有一定的能力，掌握知识也是不可能的，两者在教学中是相辅相成的关系。因此，教学过程中，既要重视学生知识的掌握，也要重视学生能力的培养，在知识掌握的过程中发展能力，在发展能力的过程中掌握知识，将两者有机地统一在一起。

专栏 8.3　形式教育与实质教育之争

在教育史上有形式教育与实质教育之争，涉及重视知识学习还是能力（智力）发展的分歧。形式教育注重智力的发展，实质教育只注重传授更有用的知识。

形式教育论认为，教育的任务在于训练心灵的官能。身体上的各种器官，只有操练才能使它们发展起来。教育应该以形式为目的。在教育中灌输知识远不如训练官能来得重要。学习的迁移是心灵官能得到训练而自动产生的结果。教学的主要任务在于通过开设希腊文、拉丁文、逻辑、文法和数学等学科发展学生的智力，至于学科内容的实用意义则是无关紧要的。代表人物有英国教育家洛克、瑞士教育家裴斯泰洛齐等。

实质教育，又称"实质训练"，是欧洲 18—19 世纪对立于形式教育而出现的一种教育学说。实质教育论认为，普通教育应以获得有价值的知识为主要任务，而学习知识本身就包含着能力的培养，能力无须加以特别训练。代表人物有德国教育家赫尔巴特、英国教育家斯宾塞等。[1]

3. 传授知识与思想教育相统一

教学过程中，既重视知识的传授，也重视思想教育。传授知识的过程也是思想教育的过程，思想教育的过程也是传授知识的过程，两者是辩证统一的。换言之，教学是传授知识与思想教育相统一的过程，两者有机融合，不可割裂。

（1）知识是思想品德形成的基础

思想品德的形成有赖于相关知识的获得。学生思想品德的发展通常是按照知、情、意、行的顺序进行的，知识的获得、认知的发展有利于道德判断的发展，从而

---

[1]　瞿葆奎、施良方：《"形式教育"与"实质教育"》，《华东师范大学学报（教育科学版）》1988 年第 1、2 期。

形成良好的品德。例如,在语文课上,学生学习了《岳阳楼记》,从中学到"先天下之忧而忧,后天下之乐而乐"的情怀,而个人的情怀也因此得到拓展;学习了朱自清的《背影》,从而对父爱有了更深刻的理解与认识,懂得了对父母的敬爱,等等。由此不难理解,知识的学习是思想品德形成的基础。

（2）思想提升有助于知识的学习

思想品德的发展、提升能引导学生将个人的学习与社会发展、祖国前途联系起来,进而激发出学习的热情,使其刻苦学习。例如:周恩来的爱国情怀激励他"为中华之崛起而读书"。在教学过程中,不断提升学生的思想品德,是促进其更好地掌握知识的重要条件。

（3）教学过程永远具有教育性

德国教育家赫尔巴特提出了教学的教育性命题。他说:"我想不到任何无教学的教育,正如相反我不承认任何无教育的教学。"他认为,在教学活动中除了完成传授知识和培养能力外,还要落实人文教育、道德教育、管理教育的任务。

教学过程永远具有教育性。具体来说表现在如下方面。①教学目标与教学内容具有教育性。教学目标、教学内容都蕴含着一定的教育立场、观点与思想体系,这些都具有教育性。②教学过程具有教育性。一方面,教师总是通过对知识的解释、传授来传授特定的思想观念。另一方面,任何学科教育有自己特定的方法论,学生在学习掌握这些方法论的过程中认识世界、形成自己的认识。③教师的言行具有教育性。教师的一言一行、一举一动,总是会有意无意地、直接间接地、显性隐性地影响着学生。此外,学校环境,如校风、班风等也都会对学生产生教育的影响。

4. 教师主导与学生主体相统一

教师主导与学生主体相统一的规律是指教学过程中教师的主导作用与学生的主体地位相互配合才能收到良好的教育效果。

（1）教师在教学中起主导作用

教师在教学过程中处于组织者、引导者的地位,具有主导作用。其主导作用主要体现在:教师指导决定着学生学习的方向、内容、进程以及结果和质量,对学生的学习起到引导、规范、纠正、评价等作用。教师的"教"还影响着学生的学习方式、积极性主动性,影响着学生人生观、世界观的形成,等等。

（2）学生在教学中具有主体性

学生是学习的主体,具有主体性。其主体性主要体现如下。一方面,学生对教师所传授内容具有选择的能动性和自觉性。受原有知识经验、思维方式、情感意志、价值观等的影响,学生会对教学内容做出判断与筛选。因此,并不是教师教授什么，学生就原封不动地接受什么。另一方面，学生对外部信息的加工具有独立性和创造性。受到兴趣爱好、个人需要、外部要求的推动和支配等影响，学生对所接收到的信息进行独立自主的个性化、创造性加工，进而形成属于自己的个体知识。

（3）教师主导与学生主体辩证统一

教学过程中要充分发挥教师的主导作用与学生的主体作用，实现两种作用的合力。从教学过程来看，教学任务的完成需要教师与学生的共同努力，教师是促进学生学习的外因，学生是学习的内因。外因是变化的条件，内因是变化的根据，外因通过内因起作用。教师必须在教学过程中激发学生学习的主动性，使学生积极主动地学习，从而取得良好的学习效果。教师的主导作用发挥得越好，学生的学习积极性越高，教学效果就越好。

二、教学组织形式

教学组织形式是指为完成特定的教学任务，教师和学生按照一定的要求组织起来进行活动的结构。教学组织形式涉及教学中的人员、时间、空间、教学内容等因素的组织与分配。这些因素的不同组织与分配方式构成了不同的教学组织形式。教学组织形式随着社会的发展而产生变化。在教育史上出现过的有较大影响的教学组织形式有个别教学制、班级授课制、分组教学制、贝尔—兰卡斯特制、文纳特卡制、道尔顿制、小队教学制等。

（一）个别教学制

个别教学制，在历史上最早出现，是最古老的教学组织形式。可以说，教学形式在人类社会存在，一开始就是以个别化的组织形式进行的。

1. 含义

个别教学制是教师在同一时间以特定内容面向一两位或几位学生进行教学的一种形式。

古代以手工劳动为主的生产力水平比较低下，社会对学校培养人才的规模、速度和质量的要求都有一定的限度，所以那个时候主要是个别教学制。我国商、周至隋、唐时期的各级官学和私学，古希腊、古罗马时代的各类学校以及欧洲中世纪的教会学校和宫廷教育等，均采用个别教学制。例如，中国春秋时期的孔子根据其有教无类、因材施教的原则，自创私学，广收弟子，常与门下弟子逐个研讨，传授学问，指点疑难。汉代著名教育家马融，由于来学弟子众多，于是创造"次相传授"的教学形式，由资深弟子向后进弟子代为传授。在西方，柏拉图、亚里士多德的阿加德米学园及苏格拉底的"产婆术"等都是基于混合教学的个别教学组织形式。

2. 主要特征

个别教学制的主要特征有如下几点：

从学生来源看，学生的年龄、文化程度等参差不齐。

从师生关系看，教师只对个别学生发生联系，几位学生虽然在一起学习，但并未形成真正的学生集体。

从教学安排看，教学内容与进度等缺乏计划性与系统性，具有较强的随意性。

从教学管理看，教学活动和教学时间等没有明确的规定，学生入学、毕业、退学等并没有制度化。

个别教学制的优点是能够较好地适应个别差异，有助于因材施教；缺点是规模小、速度慢、效率低，难以大面积地培养人才。

专栏8.4　人工智能赋能个别化教学

人工智能与人类和传统的信息系统相比，其核心优势在于高速增长的大数据资源以及依赖于大量计算能力的深度学习算法。在教学过程中，人工智能系统能够感知、收集、存储并处理教师和学生的行为数据；能够有效组织和管理海量的学习资源和课程内容；能够提供给学生丰富的个性化学习资源与学习指导，帮助教师实现更高水平的教学目标。

首先，人工智能可以基于对学生的个性化分析，为教师推荐准确的内容和资源，实现有针对性的课程准备。其次，人工智能可以提供智能分组、智能交互、伴随式评价等教学辅助手段，从而根据学生的学习进展和接受情况，动态调整教学方案，达到"以学定教，精准教研"。再其次，人工智能可以实现作业自动批阅、自动组卷、难点分析与预测、习题推荐与辅导、教学数据反馈等，将教师从繁重的课后教学管理工作中解放出来，让他们能够把更多的精力用于和学生的情感交流，以及提升学生创造性思维和综合素质的实践活动中。

（二）班级授课制

班级授课制，是迄今为止使用范围最广的一种教学组织形式，也是最为常见的教学组织形式。

1. 含义

班级授课制是把一定数量学生按年龄特征和学习特征编成班组，使每一班组有固定的学生和课程，由教师根据固定的授课时间和授课顺序（课程表），根据教学目的和任务,对全班学生进行连续上课的教学制度。

随着生产力的发展,个别教学制已经难以满足社会对人才数量和规格的要求,逐渐出现了集体教学制,比起个别教学制虽进步了很多,但依然不够规范,于是慢慢就出现了班级授课制。最先使用班级授课制的是15世纪末德国纽伦堡和萨克森选帝侯国的人文主义学校。在这些学校里,按学力将学生分成若干阶段、编成班级进行教学的制度,从而短时间内指导大量学生。16世纪,欧洲一些学校逐渐开始使用班级集体授课的形式。17世纪,捷克教育家夸美纽斯在其著作《大教学论》(1632年)中第一次为班级授课制进行了理论论证。随着17世纪资本主义的发展,18、19世纪产业革命的促进,19世纪后半叶班级授课制开始普及。

我国的班级授课制最早是在1862年的京师同文馆推行,并在1904年的《奏定学堂章程》即"癸卯学制"中以法令的形式确定下来,1905年清朝政府"废科举,兴学堂"以后,在全国推广。

在理论上,班级授课制最早由夸美纽斯加以论证,后来赫尔巴特完善了这一理论,苏联的教育家凯洛夫最终完善了这一理论。

2. 主要特征

以"班"为单位组织。以"班"为人员单位,按年龄和知识水平分别编成固定的班级,即在同一个教学班,学生的年龄和受教育程度大致相同,并且人数固定。教师同时对整个班集体进行同样内容的教学。

以"课"为单位教学。把教学内容以及通过实现这种内容的教学手段、教学方法而展开的教学活动,按学科和学年分成许多小的部分,分量不大,大致平衡,彼此连续而又相对完整。这每一小部分内容和教学活动,就叫作一"课",教师便一课接着一课地进行教学。

以"课时"固定时间。把每一"课"规定在固定的单位时间内进行,我们把单位时间称为"课时"。课时可以为50/45/30/25/20/15分钟,但都是统一的和固定的。课与课之间有一定的间歇和休息,从各学科总体而言,可能是单科独进,也可以是多科并进,轮流交替。

3. 优缺点

班级授课制的优点:

① 利于扩大教育规模。班级授课制由一位教师同时教授多位学生,扩大了一个教师的教学能量,有助于全体学生共同前进,提高了教学效率,可以大规模地、大面积地培养人才。

② 利于保证教学的系统性。班级授课制以"课"为教学活动单元,从而保证学

习活动循序渐进,同时可以使学生获得系统的科学知识。

③ 利于加强教学管理。班级授课制以固定的班级人数和统一的时间单位组织教学,有利于学校合理安排各科教学的内容和进度并加强教学管理,从而赢得教学的高速度。

④ 利于发挥教师主导作用。班级授课制以教师的教学为主,可以充分发挥教师的主导作用。

⑤ 利于学生全面发展。班级授课制在实现教学任务上比较全面,从而有利于学生多方面的发展。它不仅能比较全面地保证学生获得系统的知识、技能和技巧,同时也能保证对学生进行思想政治影响,启发学生思维、想象能力及学习热情等。

⑥ 利于发挥集体作用。班级授课制使学生在班集体中学习,学生由于共同目的和共同活动集结在一起,可以互相观摩、启发、切磋、砥砺。学生可与教师及同学进行多向交流,互相影响,从而增加信息来源或教育影响源。

班级授课制的缺点:

① 学生主体性受到限制。班级授课制的教学活动多由教师主导,以教师讲授为主,学生学习的主动性、独立性、积极性都受到一定程度的限制。

② 教学内容易被割裂。班级授课制以"课"为活动单元,而"课"又有时间限制,因而往往将某些完整的教学内容和教学活动人为地分割以适应"课"的要求。

③ 难以容纳新内容。班级授课制的时间、内容和进程都固定化、形式化,不能够容纳和适应更多的教学内容和方法。

④ 教学的实践性不强。班级授课制在封闭的课堂上教学,学生动手机会较少,教学的实践性不强,不利于培养学生的实际操作能力。再者,学生主要接受现成的知识成果,其探索性、创造性不易发挥。

⑤ 不利于因材施教。班级授课制强调的是统一,齐步走,而且一个教师面对众多学生,所以难以照顾到学生的个别差异,不利于因材施教,不利于个性化的培养。

正因为班级授课制有众多优点,所以,它被人们普遍接受,至今在世界范围内仍然是学校教学的基本组织形式,即便经历了众多的怀疑、非难,甚至猛烈抨击,也仍然站得住脚。也正是因为班级授课制有不少的局限性,所以人们才屡屡对它提出批评,并不断寻求新的教学组织形式。

专栏8.5 走班制

"走班制"就是不把学生固定在一个班级、一个教室,或根据学科的不同,或根据教学层次的不同，学生在不同的教室中流动上课。

"走班制"有三种基本做法：首先，"走班"的学科和教室固定，即根据专业学科和教学内容的层次不同固定教室和教师，部分学科教师挂牌上课，学生流动听课。其次，实行大小班上课的多种教学形式，即讲座式的短线课程实行大班制，研究型的课程实行小班制。通过不同班级、年级学生的组合教学，增强学生的互助合作。再次，以兴趣为主导的走班形式，学生根据自己的兴趣选择上课内容，不固定教师与教室。在这种教学组织形式中，不同层次的班级，其教学内容和程度要求不同，作业和考试的难度也不同。

（三）分组教学制

分组教学制，可以说是处在个别教学制与班级授课制之间的一种组织形式。其用意在于解决班级授课制不易照顾到个别差异，个别教学制效率不高，难以形成学生"学习共同体"的问题。

1. 含义

分组教学制是把学生按能力或学业成绩分为不同的班或组，通过定期测验决定学生升级（组）或降级（组）的教学组织形式。

19世纪末20世纪初，由于工业生产迅猛发展和资产阶级自由竞争的需要，不仅要求教育培养大批人才，而且要求教育适应学生个别差异，于是出现了按能力、按成绩分组的教学形式。20世纪70年代，苏联教育学家也对班内分组教学进行了专题实验，并从心理特性、学习论角度分析了各组学生的特点，发现在掌握知识的过程中，学生在小组内比在整个班集体中的主动性、独立性更多一些，证明了分组教学的必要性。

分组教学的做法有两种：外部分组和内部分组。

① 外部分组。指学校打破按年龄编班的传统习惯，根据学生的能力水平或学习成绩编班进行教学。外部分组主要有两种形式，即学科能力分组和跨学科能力分组。外部分组后，各组以不同的进度学习同样的教材，到学期或学年结束时重新编班。

② 内部分组。指在传统的按年龄编班的班级内，按学生的能力或学习成绩等编组。内部分组后，各组学习的内容有多有少，有深有浅，但升级时间和结业年限相同。

2. 优缺点

分组教学有以下优点：它比班级上课更切合学生个人的水平和特点，便于因材施教,有利于人才的培养;便于学生的交流合作;有助于学生组织能力、管理能力、表达能力以及解决问题能力的培养;有利于学生在与小组成员的竞争与合作中,强化自己的学习动机。

分组教学也存在一些缺点。一是很难科学地鉴别学生的能力和水平。二是在对待分组教学上,学生、家长和教师的意愿常常与学校的意见很难达成一致。三是分组后对学生心理发展的负面影响较大,往往使快班学生容易骄傲自满,而普通班、慢班学生容易产生破罐子破摔的心理,学习积极性普遍降低。

(四) 混合教学制

个别、班级、分组,是教学组织形式的三种基本类型。除上述基本形式外,还有一些教学组织形式,是将三者融合在一起,教学中既有集体上课的班级形式,也有分组的学习交流,或者个别辅导。典型的有以下几种形式:

1. 贝尔—兰卡斯特制

贝尔—兰卡斯特制,是由英国国教会的牧师贝尔(Andrew Bell,1753—1832)和公益会的教师兰卡斯特(Joseph Lancaster,1778—1838)所开创的一种教学组织形式,又称导生制(monitorial system),是教师先对年龄大、成绩好的学生(即"导生")施教,然后由他们代替教师职责,转教其他学生的教学组织形式。

专栏8.6　贝尔—兰卡斯特制的产生

1791年(或1792年),贝尔在印度马德拉斯的兵士孤儿学校计划用沙盘教学生练习书写。但是,一些教师拒绝帮助。于是,贝尔选择一些年龄较大的学生帮助他教其他的学生。他的这种做法后被人称作"马德拉斯制"。1795年,贝尔回到英国,于1798年出版了《一个教育实验》(*An Experiment in Education*)来介绍自己的思想和具体的做法。

1798年,兰卡斯特在伦敦办学。由于学生太多,又没有钱去请教师,于是,兰卡斯特打算先教年龄较大和成绩较好的学生,然后,让他们去教其余的学生。这时,他发现了贝尔的书,并吸取了他的一些观点。1803年,兰卡斯特出版了《教育的改良》(*Improvements in Education*)一书来描述自己的计划。

1805年,贝尔和兰卡斯特相见,并交换了关于导生制的意见。由此,贝尔—兰卡斯特制诞生。为了使教师们能很好地运用导生制,贝尔还为广大教师写了一本《教育指南》。该书于1827年出版。

贝尔—兰卡斯特制实施中，导生不但负责教学，而且还负责检查和考试，完全是教师的助手。有了导生的帮助，教师的教学工作量大大减轻了，因而能够教育更多的学生。借助导生的帮助，全班同学在学习过程中，都可以得到个别化的指导，使每个同学都能得到学习的帮助，实现学习目的。

导生制教学有很多优点：① 省钱。以导生代替教师，费用就大为减少。② 省师资。③ 扩大受教育者的范围。④ 有助于儿童自我管理能力的培养。

但是，导生制也有很多缺点。导生"现学现用"，自身的水平和能力存在问题，其教学方法呆板机械，会不可避免地造成教育质量下降。事实证明，采用这种形式进行教学的学校，教学质量一般很低，很难满足大工业生产对学校教育质量的要求。

2. 文纳特卡制

文纳特卡制（Winnetka Plan）是把课程分为知识技能与社会活动，以个别教学和团体活动的方式进行施教的教学组织形式。

文纳特卡制，又称"文纳特卡计划"，是美国教育家华虚朋（C. W. Washburne）于1919年在芝加哥文纳特卡镇公立中学创建的一种教学组织形式。华虚朋在1919—1945年任伊利诺伊州文纳特卡教育官员期间开展了教育实验，形成了文纳特卡制。1928年，文纳特卡制传入中国，开始引起人们的兴趣。1931年，华虚朋来中国讲学，做过一系列讲座。文纳特卡制在中国并没有像道尔顿制那样产生广泛的影响，只在1933—1935年间，在厦门、福州、开封、上海等地做过一些实验研究。

文纳特卡制设定了四个目标：(1)给儿童以优美快乐的生活；(2)充分发展儿童的个性；(3)个人的社会化；(4)养成儿童普遍必需的知识和技能。

依据这四个目标，文纳特卡制把课程分为两个部分。

第一部分，为儿童将来生活必需的知识和技能，按照学科进行，由学生个人自学读、写、算和历史、地理等方面的知识、技能。这类课程通过个别教学进行，以学生自学为主，教师进行个别辅导，要求每个儿童在个别化教学中学得十分纯熟，以考试来检验学习结果。这类课程属于学科课程，安排在上午进行。

第二部分，创造地参与社会的活动——使儿童个人的能力和社交意识得到发展。通过音乐、艺术、运动、集会以及开办商店、组织自治会等团体活动来培养和发展学生的"社会意识"。不必使全体儿童有统一的态度和同一程度的熟练，不进行考试。就儿童个人来说，可以发展个人的才能，是一种创造表演；而就团体来说，可以培养社会意识、团队和协作精神。这一部分的课程，属于"活动课程"，安排在下午进行。

文纳特卡制完全打破班级教学,谋求彻底的个别化教学,且没有年级的编制。它既注重儿童的个性和自由,也强调儿童的团体意识和社会化过程。这是它的优点。但是,文纳特卡制对学生要求较高,由于它在小学低年级学生自学能力比较差的时候就实行自学和个别作业,缺少教师的直接讲授,常有抄袭作业、敷衍了事之类的事情发生,导致学生不能获得系统扎实的基础知识,教学质量下降。

3. 道尔顿制

道尔顿时制(Dalton Plan)是教师不再系统讲授教材,而只为学生分别制定自学参考书、布置作业,由学生自学和独立作业,有疑难时才请教师辅导,学生完成一定阶段的学习任务后,向教师汇报并接受考查的教学组织形式。

道尔顿制是美国的海伦·帕克赫斯特(Helen Parkhurst,1887—1973)结合蒙台梭利(Maria Montessori,1896—1898)与杜威的教育思想,于1920年在美国的马萨诸塞州道尔顿中学提出的一套独具特色的教学组织形式。此制在20世纪20年代后曾在一些国家试行。1922年,始于美国道尔顿学校的教育理念和方法开始传入欧洲,并被广泛推广。1922年10月,中国第一个道尔顿制实验班设立在上海的中国公学(即现在的吴淞中学)。此后,北京、南京、开封等地也进行过实验。

实行道尔顿制的学校,教师依照学生的能力指定作业,而不强迫学生学习相同的功课。学生可以自由支配学习的时间,而没有上课时间表的束缚。在道尔顿制学校中,没有年级的限制,把各年级的学生打成一片,使他们彼此之间有交互合作的机会。学生要拟订学习的计划,支配学习的时间。在每月开始时,每一学生接受各科的指定作业,然后他们就要支配学习的时间,务必在一个月的时间内能够完成各科所指定的作业。

道尔顿时制最显著的特点是重视学生自学和独立思考。但是,道尔顿制削弱了教师的主导作用,不利于教师作用的发挥。同时,大多数青少年学生尚不具备独立学习与作业的能力,如果没有教师的系统讲解,他们往往在摸索中白白浪费了时间而收获甚微。另一方面,道尔顿制的实施要求学校要有较好的教学设施与条件,这在一般学校很难具备。

4. 小队教学制

小队教学制是由一些教师联合组成教学小组(teaching team),共同研拟教学计划,分工协作,共同完成教学活动的一种教学组织形式。

小队教学,又称协作教学、协同教学。小队教学的基本特点是采用两名或两名以上的教师合作施教,并根据小队成员的能力和特长组成"互补式"的结构,在教学中分别承担不同的角色和任务,通过分工协作,共同去完成教学任务。教学小队的教师集体定期开会研究、评价和计划他们的工作。

小队教学的一般实施过程：50名到100名学生合成大班上课，由一位教师顺次主讲（介绍单元活动内容，引起动机，说明教材，设计学习活动，评价学习结果等），其他教师协助工作，然后学生分组学习和讨论，教师分工辅导，最后学生们到特定教学中心，利用各种仪器、图书和设备独立学习（独立阅读，听录音、唱片，独立观察，实验，制作，写笔记和报告等）。

小队教学的优点有如下方面。（1）有助于发挥教师的集体力量和个人特长，共同对学生进行教学，提高教学质量，可收到互助合作的效果。（2）根据学生向教师学习、相互学习和自我学习的不同学习途径，采用大班上课、分组讨论与独立学习相结合的形式，既有集体的学习，又兼顾学生的个性特点，有助于培养学生的自学能力。（3）能比较有效地使用人员、仪器、图书和设备。（4）教学小队的教师还可开展某些教学研究活动，有助于提高新教师的水平。

小队教学在社会科学的许多学科方面，能充分发挥其优越性，但在数学、艺术等学科方面则有其局限性。

三、教学环节

教学活动是一个完整的教学系统，由一个个相互联系、前后衔接的环节构成。任何一个教学环节脱离整体或出了问题，都会影响整个教学工作的质量和效果。要提高教学质量必须扎实做好每一个教学环节的工作。教学工作的基本环节主要包括备课、上课、作业的布置与批改、课外辅导以及学业成绩考评五个基本环节。

（一）备课

备课是教师根据课程标准的要求和本门课程的特点，结合学生的具体情况，选择最适合的表达方法和顺序，以保证学生有效地学习的课前准备活动。

备课是教学工作的起始环节，是上好课的前提。高质量的教学取决于高质量的备课。另一方面，"凡事预则立，不预则废""有备无患"，备课可以减少教学时的失误，减少教学的不确定性，同时可以增强教师对课堂教学的掌控感、自信心和安全感。

备课的内容可以概括为：制订"三个计划"，做好"四备"工作。

1. 制订"三个计划"

从整体角度看，备课一般可以分为学期（或学年）备课、单元（或课题）备课和课时备课三种。为此，教师要做好三个教学计划。

（1）学期教学计划

学期教学计划是对一个学期（或学年）教学工作的整体筹划，一般在学期（或学年)开始前制订。

学期计划的主要内容包括：学期（或学年）教学的总要求，教科书各章节或课题及其教学时数和时间的具体安排，教学改革的整体设想，各课题所需的教具、资料及相关教学活动的安排，学生情况的分析等。

（2）单元教学计划

单元教学计划是对一个单元（或课题）教学工作的统筹安排，一般在单元（或课题）教学前制订。

单元教学计划的主要内容包括：单元（或课题）的名称，单元（或课题）的教学目标，课时的分配，每一课时的教学任务，课的类型、主要教学方法及教学手段的运用等。

2. 课时教学计划

课时教学计划即教案，是教师以课时为单位设计的教学方案，一般在教学前制订。

课时教学计划的主要内容包括：班级、学科名称、授课时间、课题名称、课的类型、教学目标、教学重点、教学难点、教学方法、教具准备、教学过程、板书设计、作业设计等内容。

专栏8.7　课的类型

课的类型，简称课型，是课堂教学最具有操作性的教学结构和程序。

现代教学理论认为，教学过程结构是课型分类的主要依据之一，特定的课型必然有特定的教学过程结构。教师把握课型可以更好地掌握各种类型课的教学目的、教学结构、教学方法等方面的规律，提高教学设计、实施和评价的能力。

根据教学任务的不同，可以划分出的课型有新授课、练习课、复习课、讲评课、实验课等，统称"单一课"。如果一节课里要完成两个或以上的主要任务，这种课就叫"综合课"。

根据课的教学组织形式和教学方法，可以划分出的课型有讲授课、讨论课、自学辅导课、练习课、实践或实习课、参观或见习课等。

---

3. 做好"四备"工作

教师的备课工作具体体现为四备：备课标、备教材、备学生、备教法。

（1）备课标

课程标准不仅是课程的直接规定，教材编写的根本依据，而且是教学工作的重要指导性文件，同时也是检查、评定学生学业成绩的标准和衡量教师教学质量的标准。因此，教师要高度重视对课程标准的研读，对本课程的教学有整体的把握，明确课程目的、课程内容、课程实施、课程评价等的具体要求，并对课程标准里的各种实施建议、评价建议等认真研究，在教学过程中加以创造性地实施与运用。教师把握了课程标准，才能站在课程的高度教学。站在课程的高度教学，才能真正落实好课程标准的各项要求，做到高质量的教学。

（2）备教材

教材，特别是教科书，是教学的必备中介，是教学的重要依据。教师只有对教材熟透才能真正地运用好教材。教师钻研教材有一个不断深化的过程，一般要经过"懂""透""化"三个阶段。"懂"是指对教材的基本思想、基本概念等搞清楚、弄明白。"透"是指透彻地理解和把握教材结构、重点、难点以及教材编写的逻辑及其背后的价值取向，对教材融会贯通，能够自如应用。"化"是指教师能够把教材内容与自己的思想感悟，与社会生活、学生生活，与其他学科等有机地融合在一起，能够举一反三、触类旁通地运用教材。

（3）备学生

备学生是教学的基础和前提。教师要做三种学情的分析。①一般学情分析，即分析学生常态下所具有的情况，如家庭背景、生活经历、个性心理特征、兴趣爱好、班风班纪、知识能力状况等。一般学情具有稳定性，可以在日常接触中把握，它对教学会产生直接或间接的影响。②具体学情分析，即分析学生学习具体的一个课题或课文时所具有的情况，包括学生已经具备的知识与能力、经过努力对将学内容的把握程度、对将学内容的困惑或困难等。具体学情具有多样性与个性化，将对教学产生直接影响。教学目标是在分析、归纳、根据具体学情的基础上确定的。③目标学情分析，即分析为了达到教学目标学生所具备的知识与能力、存在的问题与困惑等。目标学情具有针对性，它指向教学目标的达成。教学设计要重点关注目标学情，要对应"目标学情"与"目标达成"之间的关系，有针对性地利用学生的已知、已会、已能，有针对性地解决学生的问题与困惑。

（4）备教法

备教法即设计教法，主要解决教师如何把内容传授给学生的问题。备教法主要包括以下方面。①组织教材，即合理安排教材内容的层次顺序、详备取舍。②确定课的结构，即根据课型确定教学活动的方式、课的组成部分及其实施程序。③设计教学策略,即选定用哪些基本的教学方法、怎样相互配合、灵活运用。④确定教学手段和教具等。⑤考虑学法,包括学生的预习、课堂学习活动与课外作业等。

专栏8.8 "教案"的内容

教案是教师为顺利而有效地开展教学活动,根据课程标准、教学大纲和教科书要求及学生的实际情况,以课时或课题为单位,对教学内容、教学步骤、教学方法等进行具体设计和安排的一种实用性教学文书。

教案中对每个课题或每个课时的教学内容、教学步骤的安排、教学方法的选择、板书设计、教具或现代化教学手段的应用、各个教学步骤教学环节的时间分配等,都要经过周密考虑、精心设计,才能确定下来,体现着很强的计划性。

教案一般包括下列具体内容:

1. 课题(说明本课名称)

2. 教学目的(或称教学要求,或称教学目标,说明本课所要完成的教学任务)

3. 课型(说明属新授课还是复习课)

4. 课时(说明属第几课时)

5. 教学重点(说明本课所必须解决的关键性问题)

6. 教学难点(说明学习本课时易产生困难和障碍的知识传授与能力培养点)

7. 教学方法(要根据学生实际,注重引导自学,注重启发思维)

8. 教学过程(或称课堂结构,说明教学内容、方法步骤)

9. 作业处理(说明如何布置书面或口头作业)

10. 板书设计(说明上课时准备写在黑板上的内容)

11. 教具(或称教具准备,说明辅助教学手段使用的工具)

12. 教学反思(教者对该堂课教后的感受及学生的收获、改进方法)

(二)上课

上课就是教师对课堂教学活动的实施达到预定的教学目标的行为。上课是教学的中心环节,是提高教学质量、培养学生的关键途径。

1. 上课的基本阶段

上课的基本阶段,也称为教学的基本阶段,大致划分为五个阶段。

(1) 激发学习动机

教学伊始,教师常通过课堂教学导入环节激发学生的学习动机。学习动机是个体进行学习活动或维持已引起的学习活动,并使行为朝向一定学习目标的一种内在过程或内部心理状态。学习需要、学习兴趣、学习期待、求知欲望等都属于学习动机。具有浓厚的学习兴趣和求知欲望是学习的基本条件和心理起点,是直接推动学生学习的动力。

激发学习动机主要依靠以下三个方面。①所学的内容及知识本身,如事实、现象、特点、逻辑等,具有吸引力。②要强调学生的活动,让学生在活动中加强感知与体验。③依靠教师的引导,教师要特别注意把所学内容与学生的生活实际、社会的热点问题等有机地结合起来。

(2) 领会知识

领会知识是教学过程的中心环节,包括使学生感知教材和理解教材两个阶段。

第一,感知教材。教师要引导学生通过感知形成清晰的表象和鲜明的观点,为理解抽象概念提供感性知识的基础并发展学生相应的能力。感知的来源包括:学生已有的知识经验、直观教具的演示、参观或实验,教师形象而生动的语言描述和学生的再造想象,以及社会生产、生活实践。这一阶段学生对教材没有深层了解,只看到表面。

第二,理解教材。教师引导学生在感知的基础上,通过分析、比较、抽象概括,以及归纳演绎等思维方法的加工,形成概念、原理等,真正认识事物的本质和规律。理解教材可以有两种思维途径:一是从具体形象思维向抽象逻辑思维过渡;二是从已知到未知,不必都从感知具体事物开始。这一阶段学生可以透过表面深入理解教材,这也是领会知识阶段的中心。

(3) 巩固知识

巩固知识是教学过程的一个必要环节。巩固的必要性体现在以下两方面。第一,学生在课堂上所获得的知识是间接知识,容易遗忘,必须通过复习来加以巩固。第二,只有掌握与记住知识,才能为下一步学习奠定基础,才能顺利地学习新知识、新材料。

巩固并不只是在学习完新知识之后,而是在教学的每一个环节上,都应重视教材的识记与巩固。教学中用一段时间专门复习,定期复习,对巩固知识是十分必要的。

(4) 运用知识

掌握知识是为了运用知识。在教学中,运用知识,形成技能技巧,主要是通过实践来实现的,如完成各种书面或口头作业、实验等。学生从掌握知识到形成技能,再从技能发展成为技巧,需要经过反复的练习才能达到。此外,运用知识还包括"知识迁移"的能力和创造能力等。

(5)检查知识

检查知识是指教师通过作业、提问、测验等方式对学生的学习效果进行考查的过程。检查学习效果的目的在于,使教师及时获得关于教学效果的反馈信息,以调整教学进程与要求;帮助学生了解自己掌握知识技能的情况,发现学习上的问题,及时调节自己的学习方式,改进学习方法,提高学习效率。

专栏8.9 《岳阳楼记》教例

以《岳阳楼记》的教学为例,说明五个上课环节。

教学伊始,老师会介绍一下作者范仲淹生平,讲一下岳阳楼的故事。这样做的目的:一方面是为了给学生提供背景知识,另一方面是为了激发学生学习这篇课文的兴趣。这就是教学导入的过程,也是教学的第一个基本阶段——激发学习动机。

在介绍背景知识以后,老师让学生自己默读课文,或者带领学生朗读。在默读或朗读中,学生可以搞清楚字词的发音,同时也可以对《岳阳楼记》的内容有个初步的了解,比如头脑中浮现出作者所描绘的场景。之后,老师带领学生逐字逐句地欣赏佳句,体会文章的精妙之处。这个过程就是教学过程的第二个基本阶段——领会知识。其中,默读或朗读是感知教材阶段,佳句欣赏、体会精妙之处是理解教材阶段。

老师讲完课文内容之后,让学生再自己朗读或者默读课文。这么做的目的是希望学生能够对刚讲的知识复习巩固,加强记忆。这也就是我们教学过程中的第三个阶段——巩固知识。

在学习完巩固完之后,教师布置学生完成课后习题,同时教师还补充了一些课文之外的习题让学生练习。这就需要学生运用课堂上学习到的文言知识去解决课后问题,以及创造性地解决教师补充的习题。这就是教学过程的第四个阶段——运用知识。

教学结束时,老师给学生布置了一些课外作业:要求背诵课文并完成课外练习册上的习题。下次上课时,老师抽取同学上来背诵课文,并收取课外练习册进行后续批阅。这个就属于教学过程中的第五个阶段——检查知识。

2. 上课的基本要求

教师要上好课，除了必须遵循教学规律、贯彻教学原则、符合学生身心发展特点外，还要达到以下要求。

（1）教学目标明确

教学目标的确定要符合课程标准要求、符合教材和学生实际，做到确切、全面、具体、切实可行。教学目的能够兼顾"知识与能力""过程与方法""情感态度价值观"三个维度。

（2）教学内容正确

教学内容正确是指教师在教学中传授的内容必须具有严密的科学性和高度的思想性。教师所讲授的内容必须是科学的、正确的，不能与科学结论公理相悖，对概念、定理等的表述要准确无误，对原理、定理的论证要确切无疑，对学生回答问题时所反映的思想观点要仔细分析，发现问题及时给予纠正。

（3）教学结构合理

一堂好课要有好的教学结构。教师要精心设计和妥善安排教学的各个环节和活动，做到结构合理紧凑，有严密的计划性和组织性，充分发挥课堂每一分钟的效能。好的课堂结构，既有良好的开课，又有层层推进的过程，还有完美收束的结课；讲述、演示、板书、练习等活动穿插有序、过渡自然，并能随着教学内容的需要跌宕起伏。此外，教师还要妥善、巧妙地处理课堂教学中的"生成"和突发事件。

（4）教学方法得当

教学方法得当，既包括教学方法选择上的得当，也包括教学方法使用上的得当。教师所选择和使用的教学方法要符合教学目标、教学内容和学生特点，做到方法与它们之间具有良好的匹配性与针对性。教学过程中，正确灵活地运用各种教学方法，能将各种教学方法有机结合、综合运用、运用自如。善于运用启发式教学，调动学生的学习主动性和积极性。善于利用各种教具和现代化教育技术、教学手段，以增加教学效果。同时，教师注意对学生学习方法的指导，授以"鱼"更授之以"渔"，教会学生掌握多样的学习方法，学会学习、善于学习。

（5）教学氛围和谐

好的教学还需要有和谐良好的教学氛围。教学是师生双方共同活动的过程，其效果取决于教师与学生的参与度与积极性。因此，教学过程中要发扬教师民主，师生之间保持平等、信任、理解的状态，创设轻松愉快、和谐有序、生动活泼的课堂氛围。这样才能使教师的主导作用得以有效发挥，使学生保持浓厚的学习兴趣、注意力的高度集中与思维的活跃，积极参与到各种活动中来。

（6）教学效果良好

教学效果是检验教学质量的最终标准。从教师角度来看，教学效果良好，是指教学目标有效达成、教学内容准确传授、教学实施完成度高等。从学生角度看，教学效果良好，是指学生"学得愉快，学有所获"。学得愉快，是就学习过程中的情感体验而言的，是学生对学习过程满意的表现。学有所获，是就学习结果的习得而言的，是学生知识、技能等学习后能够理解、掌握等的表现。

专栏8.10　一堂好课的标准

怎样评价一堂课？什么样的课才是好课？大致表现在5个方面。

① **有意义，即扎实。** 初步的意义是他学到了新的知识；再进一步是锻炼了他的能力；再往前发展是在这个过程中有良好的积极的情感体验，使他产生更进一步学习的强烈的要求；再发展一步，在这个过程中他越来越会主动地投入到学习中去。

② **有效率，即充实。** 表现在两个方面：一是对面上而言，这堂课下来，对全班学生中的多少学生是有效的，包括好的、中间的、困难的，他们有多少效率；二是效率的高低，有的高一些，有的低一些，但如果没有效率或者只是对少数学生有效率，那么这节课都不能算是比较好的课。

③ **有生成性，即丰实。** 这节课不完全是预设的，而是在课堂中有教师和学生的真实的、情感的、智慧的、思维的、能力的投入，有互动的过程，气氛相当活跃。在这个过程中既有资源的生成，又有过程状态生成。这样的课可称为丰实的课。

④ **常态性，即平实。** 课堂有它独特的价值，这个价值就在于它是公共的空间，这个空间需要有思维的碰撞、相应的讨论，最后在这个过程中师生相互地生成许多新的东西。一堂好课应该是平时都能上的课，而不是很多人帮你准备，然后才能上的课。

⑤ **有待完善，即真实。** 课不可能十全十美，十全十美的课作假的可能性很大。只要是真实的，就是有缺憾的，有缺憾是真实的一个指标。公开课要上成是没有一点点问题的课，那么这个预设的目标本身就是错误的，这样的预设会给教师增加很多心理压力，使之作大量的准备，最后的效果却是出不了"彩"。①

---

① 叶澜：《一堂好课的标准》，《考试（理论实践）》2014年第12期。

（三）作业的布置与批改

作业，通常是指课外作业，是课堂教学的必要补充，是课堂教学的继续和发展，是教学活动的有机组成部分，是进行因材施教、分类指导、学生巩固及消化所学知识和教师反馈教学效果的重要手段。教师精心设计作业并认真批改对提高教学质量至关重要。

1. 作业的布置

布置作业的目的主要有四个方面：巩固所学、拓展所学、运用所学和预习将学。布置作业要注意以下方面。

（1）要求须明确具体

作业的要求要明确具体地告诉学生，比如作业要完成到何种程度、写多少字、什么时候交作业等。

（2）内容具有代表性

作业并不是越多越好，而是要注重作业内容的选择。要选择具有代表性的内容让学生进行巩固复习或练习，以求通过对该内容的练习达到"精彩练多学""举一反三"的目的。

（3）作业要富有弹性

设计的作业要富有弹性，适合不同水平和层次的学生练习。可以设计必做题与选做题以体现作业的弹性。

（4）难度大应有提示

对难度较大的作业题，应该给予提示，或提示解决思路、解题方法、所用知识，以及参考答案等，以降低学生学习的难度，从而帮助学生更好地完成作业。

（5）作业的量要适中

作业的量要适中，不要增加学生的学习负担。要考虑到，不仅自己这门课程有作业，学生所学习的其他课程也还有作业，每门课程的作业加起来，学习的作业量就会很多，负担就会很大。

2. 作业的批改

作业批改有书面批改与面批等不同形式。作业批改通常是指书面批改，即教师对学生的书面作业进行书面上的指点或修改。面批是指教师与学生面对面地对学生作业进行交流指点。面批常用于对学习有困难的学生或有个别需要的学生。教师可以根据情况有针对性地选择批改方式。

作业批改有如下要求。

（1）作业批改要及时

收到作业之后，要及时批改。及时批改才能保证及时反馈。同时，及时批改也可以避免作业越积越多，以致后续工作量激增，或出现疲于应付、草率应付的情况。

（2）作业批改要规范

作业批改是一项专业的活，要遵循批改规范。批改作业，态度要认真细致，做到准确无误，无漏批、批错现象。书面课外作业要求逐题批改，标明错对。批改符号要清楚明白，尽量不用半对半错符号。作业批改一律用红笔，对的打"√"，错的圈出加"?"；指明作业的正、误处，做一定的点评。作文的批改要求有圈点、眉批、尾批、病句、错别字的标识，要有批改时间、评语、得分。提倡给学生指导性、鼓励性评语。评语必须写规范字，忌讳字迹潦草、辨识不清。每次作业批改要注明批改日期。

（3）重视批改的反馈

教师不仅要重视批改过程，还要重视批改的反馈。①反馈要及时。作业及时批改之后，还要及时反馈给学生。及时反馈作业批改情况有助于满足学生心理期待，使学生及时发现问题并反思改进。学生完成作业、交给教师之后，会有对教师评价的心理期待。如果教师不能及时反馈作业批改情况，学生的心理期待期过去之后再返回作业，学生学习的兴趣已经衰减或者丧失了，作业的效果就大打折扣了。所以，要注重作业批改后的及时反馈。②注重作业讲解。除书面反馈外，还需要当面反馈。教师在批改作业后，要对学生作业中出现的问题做出归纳概括，分析问题出现的原因，并提出改进的对策，可以在下次教学中进行专门的作业问题讲解，以求彻底解决作业中存在的问题。

（四）课外辅导

1. 课外辅导的作用

课外辅导是在教学规定的时间之外，教师对学生的帮助与指导。课外辅导是课堂教学的必要补充，有助于对学生进行个别化指导，帮助学生解决学习过程中遇到的困难。

课外辅导有多种方式，如答疑、指导、补课、提供各类帮助等。课外辅导的内容也多种多样，有课堂学习的内容、与课堂教学相关的内容、学生感兴趣的内容等。

2. 课外辅导的要求

（1）因材辅导

课外辅导要从辅导对象的实际出发，确定辅导的内容与方法等，因材施教，因材辅导，以增加辅导的针对性、有效性。

（2）主次分明

课外辅导是课堂教学的补充，以学生的自学为主，不能以"导"代"教"。辅导时要有明确的目的性，启发学生思考，发挥学生的主动性。

（3）耐心辅导

辅导时要耐心、细致，循循善诱，诲人不倦。不能因是课外时间，额外付出，就心急气躁，草率应付。要谨记，教师与学生在一起的任何时间都是教育。

（4）无偿辅导

教师职业道德规范要求教师要廉洁从教，不利用职业之便谋取私利。教师对学生的课外辅导应该是无偿辅导，避免有偿辅导。

（五）学业成绩考评

学业成绩的考评是教学过程中的一个重要环节，是诊断学生学习状况、检验教学效果、调控教学进程、促进教学改革的重要手段。

1. 考评的原则

（1）全体性原则

学生成绩考评面向全体学生进行，一视同仁。

（2）全面性原则

学业成绩考评注重对学生综合素养的考查，旨在检测或促进学生的全面发展。考查既涉及对学生德智体美劳等方面的全面考查，也涉及对知识与能力、过程与方法、情感、态度、价值观等方面的全面考查。

（3）公正性原则

学业成绩考评秉持客观公正的原则，保证考评过程的公平和考评结合的公平。

2. 考评的方式

学业成绩考评的方式主要有平时考查与测验考试。

（1）平时考查

平时考查在日常教学中随时进行。考查方式包括观察、了解、口头提问、作业检查、书面检测、单元检测等。考查的内容涉及学习态度，是否有迟到、早退、旷课、缺课等情况，课堂纪律，平时成绩等内容。平时考查的优点在于能及时了解和掌握学生的学习情况、日常表现，帮助教师改进教学，帮助学生克服不足。

（2）测验考试

测验考试多集中在期末，或一段教学时间后进行。测验考试主要有期中考试、期末考试和毕业考试等。考试的方式分为笔试、口试和实践性考试三种。笔试可开卷考,也可闭卷考,中学常用的笔试一般采用闭卷的形式。口试是采用口头问答的方式对学生进行考查。实践性考试包括实验操作、上机操作、实践活动、表演、调查报告等。

组织考试应注意以下问题:一是考试要在学生系统复习的基础上进行,二是考试方式要多样化,三是提高命题质量,四是加强考试管理,五是做好考试质量分析。

3. 考评的记录

学业成绩考评的结果一般采用记分、等级、评语等方式加以记录。

(1) 记分

记分是以抽象的数字表明学生学习成绩所处的水平。常用的记分有百分制、十分制等。百分制,是学校评定学生成绩的一种记分方法,0—100 数字越大,分值越高,成绩越好,100 分为最高成绩,60 分为及格。十分制,也是评定学生成绩的一种记分方法,0—10 数字越大,分值越高,成绩越好,10 分为最高成绩。

(2) 等级

等级就是把学生成绩划分为不同的等级以作区分。这是一种模糊计分的方法。从等级的级别上分,常用的有五级制、四级制、三级制等。从等级的表示方式上分,有文字记分、数字记分、符号记分、字母记分等。

例如,把成绩分为优秀、良好、一般、及格、不及格,是五级制,文字记分;以数字1—5 标明五种等级,是五级制,数字记分;以 1 颗星号(☆)到 5 颗星号(☆☆☆☆)标明五种等级,是五级制,符号记分;把成绩分为优、良、中、差四等,甲、乙、丙、丁四等,是四级制,文字记分;把成绩分为 A、B、C、D 四等,是四级制,字母记分;把成绩分为优秀、合格、不合格三等,是三级制,文字记分。

(3) 评语

评语是对学生学业表现或学业成绩的评价性语言。评语能够反映和表达学生学业的具体特点、分析问题原因、指出努力方向,是对学生学习情况的总结。实践性考试、期末总评等常采用写评语的方式。

写评语要客观、简洁,根据学生表现写出个性化的评价,抓住重点、突出特点,忌千篇一律。写评语还要注意多用鼓励性语言,以激励学生奋发前进。

四、教学策略

教学过程涉及多种不同的要素,对于这些要素如从不同的角度出发,会有不同的分类。一般地说,任何教学活动,都会包含有教学目标、对学习者进行诊断、选择教学策略、师生互动、进行教学评价这样五个组成部分。它们间的联系、运行,构成

了教学的全过程。① （参见图 8-2）

图 8-2 教学流程示意图

在图 8-2 中，选择教学策略是至关重要的一环，它是教学目标实现的保证，也是师生能否真正做到互动的前提。这里限于篇幅，介绍几种常用的策略。

（一）讲述的策略

讲述是常用的教学方法，无论在古代教学还是现代教学中，都占有着重要地位。近代以前，教学的典型过程是②：

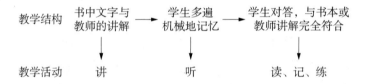

这种教学常具体化为以下九个步骤：教师朗读所选文章；用慢速重读一遍，让学生记下要点；讲解文章大意；逐字分析；联系其他学科进行分析；让学生记忆课文；布置班长检查每一学生背诵这段课文是否正确；引导学生就文章大意进行讨论；奖励优秀学生。

近代赫尔巴特所主张的教学阶段及教学方法对后世有着重大的影响，从这些阶段和方法中，也充分体现了教师讲述的重要性：

在明了阶段，教师要尽可能简练、清楚、明白地讲解新教材，用讲解、示例或演示等方式进行教学；在联想阶段，学生要把上一阶段获得的观念与旧有观念联系结

① 黄光雄主编：《教育导论》，台湾师大书苑有限公司 1996 年版，第 273 页。
② 王策三：《教学论稿》，人民教育出版社 1985 年版，第 135 页。

合起来，为此，教师要与学生进行无拘束的、从容不迫的谈话，这种谈话要在学生已有知识的基础上进行，以便引起学生已有的观念，并使之建立起与新的观念的联系；在系统阶段，由于需要概括出各种各样的结论，所以在教学方法上采用综合法；在方法阶段，要使学生把系统化了的知识运用于实际，在教学方法上使学生独立完成各种练习、演算及按教师指示来修改作业、练习等。[1]

凯洛夫教育学所揭示的教学过程，也主要是教师通过系统的讲授使学生掌握书本知识的过程，其结构大致如下：

教学结构　　诱导学习动机　→　领会新教材　→　巩固新知　→　运用新知　→　检查

教学活动　　复习旧知导入新知　→　讲解新知　→　练　习　→　布置作业　→　检查作业

在这些教学过程中，教师的讲述是主要的手段。当今的教学虽已不再一如上述教学过程，但不可否认的是，讲述仍是教师从事教学的重要方法。在一定意义上，讲述不当，良好的教学效果也就无法保证。

一般地说，讲述大体可分三个阶段进行。

第一阶段：介绍讲述纲要。在讲述一章一节或一课时，用很短的时间，介绍一下这一单元的主要内容或基本概念，并略加说明。这样做的目的，是使学生对所要讲述的内容有一整体了解，能够在学习过程中知道各部分内容间的联系，也能抓住学习的重点。

第二阶段：详述内容。介绍完纲要后，按照纲要所罗列的内容顺序逐一讲解。讲述的内容要尽可能地与学生原有的知识基础发生联系，符合学生的接受能力。同时，讲述要注意带有启发性，在讲述过程中，可不断地提出问题、解决问题，为学生提供科学的认识、解决问题的范例。尤其需要注意的是，在这一阶段，要注意结合运用其他方法，如讨论、问答等，让学生参与到学习过程中来。

第三阶段：综述要点。教师将本单元的主要内容或结论再次展示给学生，使学生能够加深对这些问题的认识，形成对本单元的完整印象。

这一流程如下所示[2]：

第一阶段　　　介绍讲述纲要 { 全单元纲要　上节要点　本节要点

---

[1] 王天一等编著：《外国教育史》(上)，北京师范大学出版社 1993 年版，第 325—326 页。

[2] 黄光雄主编：《教学原理》，台湾师大书苑出版公司 1988 年版，第 123 页。

第二阶段　　详述内容　　本节内容

第三阶段　　综述要点　$\left\{\begin{array}{l}\text{旧要点} \\ \text{新要点}\end{array}\right.$

对于讲述过程中策略的运用等,可参照下列量表(表8-1)进行评价[①]:

表8-1　讲述评价量表

受评者：	测评者：		年　　月　　日	
1	动机的激发	恰当	尚可	不太恰当	
2	教学目标	全部达成	部分达成	没达成	
3	内容的讲述	有系统、层次分明	尚可	不够具体、明确	
4	提出的问题	有创造性、思考性	发散性问题较多	没有提问	
5	提问的技巧	恰当	尚可	不恰当	
6	语言表达	生动、清晰	尚可	不生动、不清晰	
7	教学手段使用	恰当	尚可	不恰当	
8	不同方法的配合	灵活配合	较少运用其他方法	只进行讲述	
9	学生的活动	有联系、活动	很少活动	没有活动	
10	学生的反应	反应热烈、积极参与	尚可	没有反应	
合　　　计				

(二) 提问的策略

提问是课堂教学中的主要方式,无论是在教学活动开始时,还是在教学活动进行过程中或是在教学活动结束时,提问都会经常用到。它对学生来说,可起到引发学生学习动机,激发思维,考查理解程度的作用;对教师来说,可起到检查教学目标,重新组织教学等的作用。

有研究发现,教师在教学当中提出的问题,较为常见的是低水平的认知问题,大概占 $60\%\sim80\%$,这类问题多属于回忆性质,而少见的是高水平的带有激发创造性思考性质的问题。实际上,从教学的要求和学生身心发展来看,这两类问题都是需要的。

教师编制的问题在不同的领域有着不同的类型,单就认知领域来看,至少可以

[①] 黄政杰:《教学原理》,中国台北师大书苑1997年版,第199页。

参照布卢姆的分类法提出这样一些问题：

1. 知识性问题

主要是考查对所学内容，如名词、概念、原理等的记忆。如中国的四大发明是什么？这类问题，要求学生从记忆中找出答案，几乎不必加以思考。知识性问题也被称为低智性问题。

2. 理解性问题

主要是考查对一些原理、原则的理解程度，可用语言、文字、符号、数据等形式来表达。如 A＞B 代表什么？这类问题要求对所问的事情有所认识，并作出描述，在智力活动上比知识性问题要求略高。

3. 应用性问题

主要是考查能否将所学知识、技能应用于其他新情境，实现学习的迁移。如让学生设计图表，或示范正确的步骤、过程。如为防止煤气中毒，热水器应该装在什么位置？这类问题要求学生利用已有的知识或技巧来解决问题，可促使学生巩固所学知识，并作较深入的思考。

4. 分析性问题

主要是考查学生能否将各种概念加以分解，找出各要素之间的相互关系。如某地区在倾盆大雨过后，常出现水土流失现象，为什么？这类问题比应用性问题的思考程度更深，要求学生具备一定的分析能力，对智力活动的要求又再高一层。

5. 综合性问题

主要考查学生能否将不同的要素等归纳、组合成一个整体。它与前者的思维过程正好相反。这类问题需要学生作出创造性的思考，并且不一定有标准答案。假如您所在的地区处于地震带上，遇到地震，你如何处理？这类问题要求学生具有较强的处理和组织资料的能力，重在促使学生对问题作出逻辑性思考。

6. 评价性问题

主要考查学生对问题的判断以及自身的价值观念。它所处的层次最高，统合了上述五个问题。如你认为一个良好的社区应具备什么样的条件？这类问题对智力活动的要求最高，它是建立在分析、综合的智力活动之上的，要求学生对问题作出理性的评判。[①]

这些问题，可根据不同的情况加以选用。

教师的提问，除需选用上述不同类型的问题外，还可斟酌参考下列建议：

---

① 黄政杰主编:《教学原理》,台湾师大书苑出版公司 1997 年版,第 213—214 页。

备课过程中要对课堂上所提问题有所准备，并写进教案，以免临渴掘井。

问题要能激发学生思考，最好能包含有"为什么""如何作"以及要求解释、比较、批判或找出因素、关系、用途等内容。

问题要适合学生的能力、兴趣、教育程度与学习经验。

问题中所用的文字语句，要简要明晰，避免引起学生模糊纷乱的感觉。教师一般不要一次提太多的问题，如一次提出两个、三个或更多的问题，这样会干扰学生对问题意义的认识。

提出问题后，需有一定的候答时间。有研究发现，一定的候答时间（3 至 5 秒）对学生来说，意味着更多的、自发的恰当性回答，较少变化不定的回答，更多的思考；对教师来说，则意味着增加灵活性和问题的多样性。[①]

提问要注意贯彻先易后难的原则，比如先提知识性问题，再提理解性问题，后提综合性、评价性问题。

提出的问题要面向全体学生，使大家都有回答、参与的机会。一般先让全班学生举手，然后个别提名要求作答。但注意对思维能力较强的学生，可将问题的难度加大，借以促进其迅速进步、深入发展；而对于思维能力较弱的学生，则可将问题的难度减小，使之有尝试回答的可能性，引起他们的学习兴趣。

对于学生的回答，应当面反馈，但对回答不当的学生，不可责备、讥笑，而应指示线索，促使其作进一步思考。

教师要注意倾听学生的回答，以和颜悦色的态度对待学生，有时要点头微笑表示赞许。

如果教师对学生所提的问题一时不能回答，应诚恳地、实事求是地告诉学生，表示课后查阅有关资料后再来作答，不可敷衍、恼怒。

（三）讨论的策略

教师在讨论之前，要有适当的布置，以引起学生乐于参加讨论的动机。在讨论全过程中，教师要起到指导作用：

开始时，教师要说明所要讨论的问题，引导学生进行讨论；

讨论过程中，如有学生的发言离题太远，教师便须唤起他的注意，重复解释所讨论的主题；

在讨论中，如有两个或更多的学生意见不同而发生争执，教师则须为他们调

[①] 胡森等主编，中央教育科学研究所比较教育研究室译：《简明国际教育百科全书·教学（上）》，教育科学出版社 1990 年版，第 275 页。

解,使大家和平友好地交换意见;

如有学生垄断讨论,说话时间太长,或说话次数过多,以至剥夺了别人发言的机会,教师则须婉言劝阻,使大家发言的机会均等;

如有学生畏缩不前,不愿在讨论中发言,教师亦须劝告,鼓励其发言;

如有学生说话,词不达意,教师也要帮助他表达清楚;

在讨论中,如有学生提出疑问,教师可作简要的回答,但最好是指示线索,促使学生深入思考;

当讨论完毕时,教师当作总结,归纳大家发言中的重点,以使学生所讨论的知识具有系统性,或解决所研究的问题,得出结论。[①]

在教学中,一般较为常见的是小组讨论,可以有不同的分组形式,如同桌的 2 人小组、前后桌的 4 人小组。有研究表明,讨论一般以 5 至 8 人最为理想,超过这个数目,平均每个人的发言次数和内容就会相对减少,进而降低组员的参与感和满足感。这里介绍一个 6 人小组的讨论方法。这种方法,每组以 6 人为限,每人发言 1 分钟,6 人共计有 6 分钟的讨论时间,因此也被称为六六法(six-by-six method)。这是由美国学者菲利普斯(Phillips, J. D.)提出的。其进行程序如下:

分组:以教师指定或学生自愿的方式,6 人一组。每组需选出一位主持人和记录员。

提出讨论问题:教师提出事先准备好的题目,清楚说明题意后,要求各小组讨论出一个较一致的答案,并说明主持人和记录员的职责。如果拟定的讨论题目是学生不熟悉的课题,可提供有关资料来源,要求学生事先准备。

进行讨论:限制 6 分钟的讨论时间,其间教师应巡视各组,观察讨论情形,并提供必要的协助。

综合报告:每组指派一名组员(亦可由记录员担任),介绍本组的观点。

总结:教师综合归纳各组论点。

这种讨论方式适合于争议较大、学生感兴趣的问题。它使用简便,经济有效,在短暂的时间内,迫使团体所有成员能快速而普遍地表明意见,并综合归纳出比较一致的观点。[②]

---

① 张德琇:《创造性思维的发展与教学》,湖南师范大学出版社 1990 年版,第 289—290 页。
② Orlich, D. C. et al. , *Teaching Strategies: a Guide to Better Instruction*, 1985, p. 227.

专栏 8.11　头脑风暴法

这是一种独特的讨论法，意在集思广益，聚集众多人的智慧解决问题，它可使学生在短时间内表现出高水准的创造力。这种讨论所花的时间视人数多寡而定，人数少，所花时间相对较少。一般参加人数在 5—15 之间。

头脑风暴法进行的步骤大致如下：推选主持人；进行第一次讨论，这时的讨论重量不重质；进行第二次讨论，与前次相反，这时的讨论重质而不重量。

1. 推选主持人：在头脑风暴过程中，主持人扮演着重要的角色。他首先要向组员陈述讨论的问题，并决定记录的方式。在进行讨论时，他必须要能掌握讨论进程，并激发成员参与讨论的意愿。适合头脑风暴法的问题性质强调"应该如何做"，例如，废弃的电池该如何处理？遇到蛮不讲理的人怎么办？

2. 进行第一次讨论：要求每位成员提出各种可能的解决办法，尤其是鼓励并协助沉默的参与者发言。此时，禁止对任何办法作评论，以免遏制其他人的发言意愿。但是，允许对提到的办法进行修正。这个阶段的主要用意在于广泛征求各种意见，重量不重质。

3. 进行第二次讨论：将第一个阶段记录下来的办法，根据一定标准，逐一评论其可行性和价值，最后从中选出最佳的办法。这个阶段，重质而不重量，但对其所作的评论本质上应具有建设性，切忌对参与者进行人身攻击。

（四）角色扮演的策略

角色扮演在我国中小学教学中运用得越来越普遍，一些教学方法，如情境教学法、愉快教学法等，都采用这一做法。它对于激发学生的学习兴趣，深化学生对教材的理解，密切师生之间、同学之间的关系等都具有重要的作用。

角色扮演过程中，教师需注意如下事项：

每次演出的时间不要太长；

灵活运用中止技术和进行再表演；

最好由学生自愿参加演出；

可由学生推荐有经验者参加演出，但不可强迫；

再扮演时可用原班人马，也可更换新人演出；

不管是扮演者还是观众，应避免使他们感到有压力和受伤害；

若出现人身攻击，教师应敏锐察觉并予以制止；

应积极倾听,尊重学生意见,不要给予太多的干涉;

引导学生抓住问题的关键,以进行演出和讨论;

鼓励学生自由地发挥创意,但不要因而造成班级混乱的现象。

角色扮演的活动步骤,可参照谢夫特(Shaftel,F. R.)等人设计的模式进行[1]:
(见表 8-2)

表 8-2　角色扮演设计模式

结构序列	
第一阶段:使小组活跃起来	确定或引出问题 使问题明确、具体 解释问题所表现出的故事,探讨故事中的冲突 说明所要扮演的角色
第二阶段:挑选参与者	分析角色 挑选角色扮演者
第三阶段:布置舞台	划定表演的行动路线 再次说明所要扮演的角色 深入到问题的情境中去
第四阶段:观察者的准备	说明要注意些什么 指定观察任务
第五阶段:表演	
第六阶段:讨论和评价	回顾角色扮演的过程 讨论扮演中存在问题及所揭示的问题 设计下次表演
第七阶段:再次表演	扮演修正过的角色 提出以后的行动步骤
第八阶段:讨论和评价	同第六阶段
第九阶段:共享经验与概括	把问题情境与现实经验和现行问题联系起来探索行为的一般原则

◇ **讨论题** ▪▪

1. 陶行知先生在谈到教学目标时,曾说过:千教万教,教人求真;千学万学,学

---

[1] 乔伊斯著,丁证霖等编译校:《当代西方教学模式》,山西教育出版社 1991 年版,第 332 页。

做真人。请结合自身教育经历谈谈你对这个问题的理解。

2. 在教学过程的认识上，我国较为普遍地认同教师为主导，学生为主体，这种看法也被称之为"主导主体说"。但也有研究者提出不同看法，认为这种观点有值得质疑的地方，主要表现为理论本身缺乏内在的（指对教师和学生之间）同一的衡量标准，"主导""主体"是两个不同哲学范畴的概念，它们不能构成同一标准来衡量教学过程中师生间的地位与作用。请查找相关材料，结合学习的哲学等学科知识对这些质疑是否合理作出分析评判。

3. 孔子与苏格拉底，两人都主张启发式教学，孔子说："不愤不启，不悱不发。举一隅不以三隅反，则不复也"，苏格拉底提出"产婆术"，请对两人的教学思想进行对照分析，判断其异同，并对两者教学思想对今天中西方的影响进行评论。

4. 日益发展的教育信息技术，大大推动了个别化教学的水平，有人就此分析，个别化教学将来会替代班级授课制，请收集资料，对这种观点进行评析。

5. 请就班级授课制的优缺点进行分析，并对班级授课制未来的发展方向进行预判。

6. 请选择某一学科某位老师的教案，结合本章学习内容，对该教案进行评析。

7. 学案，是近年出现的"新生事物"，是在教师主导下，由师生共同设计的，供学生在整个学习过程中完成学习任务使用的学习方案。有人对比了教案与学案的区别：

目的：教案——为教师上好课做准备；学案——为学生自学提供指导

性质：教案——教师中心，单向性、封闭性；学案——学生中心，互动性、开放性

角色：教案——教师自导自演，学生是听众；学案——教师组织调节，学生是主角

表达：教案——界面规整，表述严整周密，多用书面语；学案——界面亲切，表述生动活泼，多用口语

请收集相关资料，对学案的必要性、可行性、科学性，实施中容易遇到哪些问题以及如何解决这些问题进行分析。

8. 如何评价一堂好课？请收集一些专家或学校提出的评课标准，进行分组讨论分析。

9. 回忆一下你在中小学阶段，老师对你的学习行为给出过哪些评语？什么样的评语对你激励作用最大、影响最深？假如你去一所学校任教，你如何运用考评来激励学生的学习与成长？

参考资料 ||||||||||||||||||||||||||||||||||||||||||||||||||||||||||||||||||||||||||||||||||||||

1. 瞿葆奎主编，徐勋、施良方选编：《教育学文集·教学（上中册）》，人民教育出版社 1988 年版。

2. 李秉德主编：《教学论》，人民教育出版社 2001 年版。

3. 王策三：《教学论稿》，人民教育出版社 2000 年版。

4. 裴娣娜等：《现代教学论》，山西教育出版社 2010 年版。

5. 施良方、崔云漷主编：《教学理论：课堂教学的原理、策略与研究》，华东师范大学出版社 1999 年版。

6. 杨小微、张天宝：《教学论》，人民教育出版社 2007 年版。

7. 谢利民主编：《教学设计应用指导》，华东师范大学出版社 2007 年版。

8. 郑金洲编著：《教学方法应用指导》，华东师范大学出版社 2006 年版。

9. 李冲锋编著：《教学技能应用指导》，华东师范大学出版社 2007 年版。

10. 苏·考利著，范玮译：《学生课堂行为管理（第 3 版）》，教育科学出版社 2009 年版。

11. F·戴维著，李彦译：《课堂管理技巧》，华东师范大学出版社 2002 年版。

12. 李晓文、王莹编著：《教学策略》，高等教育出版社 2000 年版。

13. Thomas L. Good、Jeer E. Brophy 著，陶志琼译：《透视课堂（第十版）》，中国轻工业出版社，2009 年版。

14. 安德烈·雷德芬著，于涵译：《卓越教师的 200 条教学策略》，中国青年出版社 2016 年版。

第九章　德　育

▲ **学习指导** ┉┉┉┉┉┉┉┉┉┉┉┉┉┉┉┉┉┉┉┉┉┉┉┉┉┉┉┉┉┉┉┉┉┉

1. 记忆道德的含义，了解道德对于人类存在的重要意义。

2. 认识道德与教育之间的关系，理解德育是教育的最终目的。

3. 认识德育目的确定因素及其意义。

4. 掌握德育内容的类别及其确定依据。

5. 了解直接的道德教育与间接的道德教育两种不同德育途径的利与弊。

6. 认识学科教学是学校德育的基本途径，学会应用德育的基本方法。

教育作为人类实践活动，与培养人的品德具有密切的关系。教育从本质上是一种道德实践，它离不开对人的品德的养成，即对人进行的道德教育。

一、道德与教育

（一）什么是道德？

道德是以善恶评价为形式，依靠社会舆论、传统习俗和内心信念，用以调节人与人、人与社会、人与国家之间的关系的一种特殊的行为规范，是社会意识形态之一。在中国，"道""德"二字连用而成为一个词始见于《荀子·劝学》。"道德"所对应的英文单词 morality，源于拉丁文中的 moralis，意谓风俗、习惯、个性、品行等。道德在体现形式上，首先是具体的历史范畴，随着社会经济生产方式的发展而变化；道德同时也是地方性的，也就是说，道德在具体形态上会反映不同历史文化共同体的生活方式的特殊性。

一般而言，道德可以分为客观和主观两个方面的内容。客观方面，指一定的社会对其成员的要求，包括伦理关系、伦理原则、道德标准、道德规范和道德理想等，它贯穿在社会生活的各个方面，如社会公德、家庭美德和职业道德等。主观方面，指的是个人的道德意识与道德实践，包括道德信念、道德情感、道德意志、道德判断、道德行为和道德品质等。道德的主要社会职能是通过确立一定的善恶价值标准和行为准则来规范人们的相互关系和约束个人行为，从而调节社会关系。道德的主要价值目标是实现个人的人格完善，并通过对社会的基本人际关系及其处理原则的自觉认识，和对善的价值理想的自愿践行来实现人生的意义和人格的升华。[①]

由此可以看出，"道德"这个名词通常在评价的意义上被首先使用，它体现着人类社会对人的行为的善恶评价。也就是说，当我们谈到道德时，总是意味着与道德方面的错误或道德败坏相对立的道德方面的善恶、正当与否有关。当人们谈到某一具体的行为是在一定的情境中"做了一件道德的事"时，这并不仅仅是指它是一个正确或错误的问题，而是指它是一个"正当的"行为。

（二）人是道德存在

人是一种道德存在。之所以说人是一种道德存在，是因为我们作为人是社会性的，是处在"相依"状态的(being for others)，除了与他人一起生活，我们就无法活得更好。[②] 人天生就是社会性的存在，社会性就是人的自然属性。[③] 人只有在社会中才能真正地成为一个人。在社会性的交往中，人不可避免地与他人处于一种相依存的状态，在这种相依存的状态中，人性不可避免地会存在着善恶价值的选择，并在这种无可避免的对于善恶价值的选择中承担起对于他人的责任。"个人生活"的存在，是以社会生活的存在为前提的。如无社会生活，则无个人生活可言。鲁滨逊式的单个人孤悬独岛的生活在现实生活当中是不可想象的。其实，按道德的含义，如只有单个人，便无道德存在的必要。而鲁滨逊一有了黑人奴隶"星期五"为伴，便产生了道德的需要。

专栏9.1 人是相互依存的

> 没有人是独自存在的岛屿；每个人都是大地的一部分；如果海流冲走一团泥土，大陆就失去了一块，如同失去一个海岬，如同朋友或自己失去家园；任何人的死都让我蒙受损失，因为我与人类息息相关；因此，别去打听钟声为谁而鸣，它为你鸣。[④]

---

① 朱贻庭主编：《伦理学小辞典》，上海辞书出版社 2004 年版，第 29—30 页。

② 金生鈜：《规训与教化》，教育科学出版社 2004 年版，第 272 页。

③ 施特劳斯著，彭刚译：《自然权利与历史》，生活·读书·新知三联书店 2003 年版，第 130 页。

④ 海明威：《丧钟为谁而鸣？》，上海译文出版社 2006 年版，第 12 页。

人之所以是道德存在,还在于人的存在的超越性。这种超越性是这样的:人的生存不像其他生命存在物一样,其生存的目的只在于维持物质性生命的存在与延续;人除了维持其物质性存在之外,还追求对这种物质性生存的超越。亚里士多德指出,人的道德生活即是一种"善生活"(good life)或"好生活"。人可以选择且实际上选择着自己的生活,使生活呈现出好与坏、善与恶的程度。人与其他物类的区别就在于,人不仅要生存,而且要生活;不仅要生活,而且要过"好生活"。因此,就人类生活自身而言,道德就是人类生活的内在目的之一。"好生活"或"善生活"的概念,从根本上解释了道德的价值意义,"它具有价值本体论的意味,是人的存在、生活和行动本身的基本价值维度,因而具有与人的存在、人生和人的行动相同的哲学特性——即价值的存在论暨本体论特性"。① 到了近代,康德在论证道德之于人类自身的目的意义时,也曾经指出:"道德就是一个有理性的东西能够作为自在目的而存在的唯一条件,因为只有通过道德,他才能成为目的王国的一个立法成员。于是,只有道德以及与道德相适应的人性,才是具有尊严的东西。"人类不仅要有灵性地存在,而且还要有尊严地存在。作为有尊严的文明人,人是有理性的。理性让人选择了道德的生活方式和行为方式,道德使人真正成为目的,获得其独特的价值尊严,道德的目的王国正是人类孜孜以求的理想生活。

专栏9.2　人是超越性的道德存在

有两样东西,我们愈经常愈长久地加以思索,它们就愈使心灵充满始终新鲜不断增长的景仰和敬畏:在我之上的星空和居我心中的道德法则。……后者通过我的人格无限地提升我作为良知存在物的价值,在这个人格里面道德法则向我展现了一种独立于动物性甚至独立于整个感性世界的生命;它至少可以从由这个法则赋予我此在的合目的性的决定里面推得,这个决定不受此生的条件和界限的限制,而趋于无限。②

人不仅为了维持其物质性生命而存在,而且还追求超越于物质性存在,这种对于人的本质属性的认识,也深刻地体现在中国传统文化当中。"不是人!"("非人"或"禽兽")可能是汉语里对一个人的最严重的指责。这一极端性的日常表达可以一直追溯到孟子的人禽之辩。孟子认为:"人之所以异于禽兽者几希,庶民去之,君

① 万俊人:《人为什么要有道德?》(上),《现代哲学》2003年第3期。
② 康德著,韩水法译:《实践理性批判》,商务印书馆1999年版,第177—178页。

子存之。舜明于庶物,察于人伦,由仁义行,非行仁义也。"①也就是说,人与禽兽在许多生理本能上是相同的,只在一点上与禽兽不同,这一点就是人有人伦仁义道德,而禽兽则没有。而这正是人之为人的本性。孟子在同告子辩论人之本性时,也提出了同样的观点。告子主张"生之谓性","食色,性也"②,认为人性是人生而具有的饮食男女的自然本能。而孟子则认为"然则犬之性犹牛之性,牛之性犹人之性与?"③指出告子的说法抹杀了人与动物的本质区别。在孟子看来,动物"与我不同类也",人之性与动物之性是有本质区别的,人之性就是人之所以为人的本质,就是人所特有的仁、义、礼、智四种道德心理情感,即恻隐之心、羞恶之心、辞让之心、是非之心。所以,"无恻隐之心,非人也;无羞恶之心,非人也;无辞让之心,非人也;无是非之心,非人也"④。孟子把"人性"特指为道德心理情感,逻辑上包含着人的本质与动物的本质的根本区别,即人本质上是一种道德存在的结论。

人是超越性的道德存在,典型地体现在孟子这一段话中⑤:

人之有道也,饱食、暖衣、逸居而无教,则近于禽兽。圣人有忧之,使契为司徒,教以人伦:父子有亲,君臣有义,夫妇有别,长幼有序,朋友有信。

人不仅仅是为了生存,而且要生活;人不仅要生活,而且要追求善生活。如果人仅仅停留在"饱食、暖衣、逸居"的层面上,则与动物毫无区别,人的生存只不过是一种动物性生存而已。

（三）德育与教育

1. 教育首先是一种道德实践

人在本质上是道德存在物,但人不是天生就有道德的。那么,人怎样才能做到有道德地生活呢? 远在人类的轴心时代,人类就确信,要使人有道德地生活,就必须要对人进行教育和道德教育。教育和人性的完善天然地联系在一起,教育发自人类对善的不断追求。从根本上说,教育从其产生的那一天起,就是一种道德实践。

专栏9.3 教育究竟是为了什么

一位纳粹集中营的幸存者,当上了美国一所中学的校长。每当一位新教

---

① 《孟子·离娄下》。
② 《孟子·告子上》。
③ 同上。
④ 《孟子·公孙丑下》。
⑤ 《孟子·滕文公上》。

师来到学校,他就交给那位老师一封信,信中这样说:

"亲爱的老师,我是集中营的生还者。我亲眼看到人类所不应当看到的情景:毒气室由学有专长的工程师建造,儿童由学识渊博的医生毒死,幼儿被训练有素的护士杀害,妇女和婴儿被受过高中或大学教育的人们枪杀。看到这一切,我怀疑:教育究竟是为了什么? 我的请求是:请你帮助学生成为具有人性的人。你们的努力绝不应当被用于制造学识渊博的怪物、多才多艺的变态狂、受过高等教育的屠夫。只有在能使我们的孩子具有人性的情况下,读写算的能力才有其价值。"①

考察人类的教育发展史,可以发现,教育发自人类对善的不断追求,人类对于善的追求是跟教育实践紧密地联系在一起的。例如,《说文解字》言,"教,上所施下所效也";"育,养子使作善也"。古希腊苏格拉底提出的问题,基本与追求"善"的真理有关。继苏格拉底之后,柏拉图提出的问题,归根到底,也是探索使人善的最终根源。至于亚里士多德,他在探索人间的种种"善"及其得以实现的途径时,还探索了作为宇宙的最终原理的至高无上的"善"。古罗马的著名的《辩论》一书把理想的雄辩家描绘成"善人"。在中世纪,在向"神"祈求人的成长和生存的规则时,那个符合"神"的准则的人,也被看作"善人"。在文艺复兴时代,教育理想是追求"全人",洛克的教育理想是追求"绅士",卢梭的教育理想是追求"自然人"。然而,"全人"也好,"绅士"也好,"自然人"也好,归根到底,都不过是该时代、该环境中的"善人"的社会形象。由上可见,从古希腊时期开始,西方社会教育的中心一直是实现人的"善"。人们对教育的关心有着共同点,即都在下功夫研究"善"的性质,研究"善人"的形象以及"使之善"培养的工作。② 由此,康德断言:相对于动物依靠本能实现自身天定的命运,人借助理性实现其存在的目的。"人只有通过教育才能成其为人,人纯粹是教育的产物。"③因此,"人是唯一需要教育的存在";④不仅如此,人还是唯一可教的存在。

教育不仅是一种有目的的活动,它们的目的还必须合乎道德。教育不仅是一

---

① 鲁洁、王凤贤主编:《德育新论》,江苏教育出版社 2002 年版,第 171 页。
② 大河内一男、海后宗臣等著,曲程、迟凤年译:《教育学的理论问题》,教育科学出版社 1984 年版,第 317—323 页。
③ I. Kant,1803,*Education*. Translated by Annet Churton, The University of Michigan Press,1971,p. 6.
④ Ibid. ,p. 1.

种有意施加的影响,这种影响还必须出自善意。教育包含使人为善的意图,德育代表使人为善的教育意图。教育"指的是人们有意地以某种道德上可以接受的方式传递着或传递了某种有价值的东西。说一个人受过教育但一点改善也没有,或者说某人在教育自己的儿子却不想传授任何有价值的东西,这在逻辑上都是自相矛盾的"①。教育实践既是人们试图去传递有价值的内容的实践,又是人们成功地传递了有价值的内容的实践。

2. 德育是教育的最终目的

从上面的考察中,我们得知,教育在本质上是一种道德实践,教育的本质是使人为善。因此,教育必然包含道德的目的,没有道德的目的,就无所谓教育。可以说,德育即教育的道德目的。

纯粹的智力训练并非智育。促进学生智力发展的活动,只有服务于一定社会的道德目的,包含使人为善的意图,才是一种教育。纯粹的健身运动和竞技运动并非名副其实的体育。促进学生体力发展的活动,只有服务于一定社会的道德目的的意义,包含使人为善的意图,即只有那些含有培养锻炼身体的习惯、合作和竞争的精神、坚强的毅力、运动技能等意图的健身运动和竞技活动,才堪称"体育",才是一种教育。② 因此,如果从教育的本义而言,德育就是教育的最终目的。所以近代教育学家赫尔巴特明确提出:"教育的唯一工作与全部工作可以总结在这一概念之中——道德。道德普遍地被认为是人类的最高目的,因此也是教育的最高目的。"③

专栏9.4 教育的道德属性思想实验

假定我精通保险箱的工作原理,向一群年轻人传授有关保险箱的知识,我告诉他们保险箱有哪些类型、每种保险箱是什么结构、有什么特点、薄弱环节在哪里,我还告诉他们在不知道密码的情况下如何打开保险箱。请问:我这是在教育,还是在教唆?可能你已经发现,这个问题很难回答。主要是因为我没有交代行动的目的。如果我的意图是培养一批能够设计和生产出更加安全、可靠的保险箱的人,我就是在教育;如果我的意图是培养盗窃分子,

---

① I. Kant, 1803, *Education*. Translated by Annet Churton, The University of Michigan Press, 1971, p. 6.
② 黄向阳:《"教育"一词的由来、用法、含义》,载瞿葆奎主编:《元教育学研究》,浙江教育出版社 1999年版。
③ 赫尔巴特:《论世界的美的启示为教育的主要工作》,载张焕庭主编:《西方资产阶级教育论著选》,人民教育出版社 1964 年版,第 249—250 页。

> 我就是在教唆。可见，传授知识和技能、开发智力的活动，是不是教育，是不是智育，取决于活动的意图。唯有包含使人为善的道德目的，促进智力发展的活动才是教育，才是智育。①

二、德育目的

（一）什么是德育目的？

什么是德育目的呢？可以说，德育理论的基本问题之一是什么样的人才能被称为在道德上受过教育的人，即道德教育所要培养的人应当具有什么样的道德品质。因此，简单地说，德育目的就是德育活动预先设定的结果和德育活动追求的终极目标，是德育活动所要生成或培养的品德规格。德育目的表达的是"为了什么进行德育"的问题。

道德教育的目的是一定社会客观现实的反映，它是从社会客观实际出发，根据社会对青少年一代的品德要求和受教育者自身发展的需要提出来的。道德教育目的都体现了当今社会基本行为方式和交往方式中稳定的、长期形成的行为规范和准则，都来自客观现实、来自现实生活。

一般来说，德育目的总是可以概括为以下两个因素：①培养一个有道德的人；②建设一个有道德的社会，乃至建设一个繁荣昌盛的人类共同体。换句话说，任何一个可称得上良善的德育目的的确定，总是需要顾及两个维度：一个是个人品格的完善，一个是社会乃至人类共同体的完善。也就是说，无论从道德来源还是从道德的功能来看，道德总是产生于人类的现实生活需要，并且是为了促进人类个体的自我完善与人类群体的繁荣的。不同的民族国家、不同的文化共同体在确定本国、本民族的道德教育的目的之时，尽管在具体的内容上会有着差异，但在实质精神上，都必定会体现这两个维度，也只有同时体现了这两个维度，才能称得上是一个良善的德育目的。

（二）决定德育目的的因素

德育的目的是一定的社会现实的反映，它的制定，总是受到一定的社会现实因素的制约。具体来说，确定德育目的受到以下几个主要因素的影响。

1. 历史文化传统的影响

德育目的的确定，会受到共同体的历史文化传统的深刻影响。在不同的历史

---

① 黄向阳：《德育：淡化"工作意识"，强化"目的意识"》，智乐园网，http://www. zhly. cn/EduNews/NewsShow. aspx？ NewsId＝678。

文化共同体之间常常会存在着不同的文化样态与价值观体系,人们之间的文化与价值观差异形成了不同的生存方式、生活方式以及不同的善观念。因此,任何道德都是首先以谱系的方式存在和发展着。不同群体、不同阶层、不同个人所形成的伦理道德观念都从属于他们不同的生活方式、生活环境和生活目标。因此,"在道德实在论的意义上,任何一种道德或者道德观念首先都必定是地方性、本土的。人们对道德观念或道德知识的接受习得的接受方式也是谱系式的"①。西方民主社会中的人们所接受的道德观念及习得方式和一个东方阿拉伯伊斯兰教社会中的人们所接受的道德观念及习得方式会具有很大差别。"道德"一词的本义就是习俗、习惯。因此,德育目的的确定,总会受到一定的共同体的历史文化传统的深刻影响,从这个意义上说,道德教育目的是人类历史发展的产物,并随着社会历史的发展变化而变化。任何国家在设定道德教育目的时,必然要结合自己民族的历史文化传统,在消化、吸收和弘扬本民族优秀传统文化的过程中,重塑本国的思想、道德、文化价值观。任何一个国家和民族,由于长期生活在同一的社会环境中,必然形成大致相同的文化传统,这会影响他们对德育目的的制定。

中国学校的道德教育的目的就要求学生努力养成诚实守信、勤劳敬业、谦虚谨慎、言行一致、尊敬师长、朴素大方、廉洁奉公等美德,这些美德体现了中华伦理道德传统的固有特色,与中国古代"士""君子"和"圣贤"的道德教育目的具有内在的一致性;日本天皇于1890年颁布《教育敕语》,望臣民"孝于父母、友于兄弟、恭俭律己、博爱民众、时守国法、义勇奋公",以继承和发扬"先祖之遗风",而成为"忠良臣民"。战后至现在,日本极力提倡本国历史教育,培养学生具有国家意识,成为认识日本"大和"文化传统的青少年。在美国,民主、自由、人权、个人主义等传统价值观念是美国精神的象征。1987年,美国总统里根提出学校应培养美国人的"国民精神",围绕这一目的实施爱国主义教育和文明史教育。不难看出,中、日、美三国在设定本国道德教育目的时,都非常重视继承和弘扬本民族优秀的历史文化传统,并吸收人类文明发展的一切优秀成果。②

2. 民族国家政治经济体制的影响

随着近代民族国家的建立,教育逐渐制度化。制度化的学校教育是在民族国家之内进行的,学校教育因而受到民族国家的深刻影响。不同的政治制度与经济制度的民族国家,具有不同的政治理想和经济精神,这种政治理想和经济精神,会

---

① 万俊人主编:《20世纪西方伦理学经典》(第二卷),中国人民大学出版社2004年版,第8—9页。
② 程晋宽:《中、日、美三国道德教育目的的比较》,《外国中小学教育》2005年第1期。

深刻地影响教育目的和德育目的的确定。任何一个民族国家在推行教育之时,都会根据本国现实的政治、经济和文化等方面的需要,以及未来发展的理想要求,来确定本民族国家所需要的培养下一代年轻人的"规格",并据此来确定道德教育的目的。因此,具有不同的政治理想与经济精神的国家,其道德教育目的的内涵是有区别的。

3. 时代精神的影响

德育目的的确定,还受到每一个时代的不同时代精神的深刻影响。按照黑格尔(Hegel, G. W. F. ，1770—1831)的观点,时代精神是每一个时代特有的普遍精神实质,是一种超脱个人的共同的集体意识。它体现于社会精神生活各个领域的历史时代的客观本质及其发展趋势。时代精神具有时代的、历史的特点,它随着时代的推移,而不断变化发展、推陈出新。

时代精神是一个时代的人们在文明创建活动中体现出来的精神风貌和优良品格,是激励人们奋发图强的强大精神动力,构成同时代精神文明建设的重要内容。根据一个国家、一个民族时代精神的内涵以及它在经济、政治、文化等建设活动中所发挥出来作用的大小,可以透视其国民的理性程度与成熟水平,因而成为衡量其文明进步的重要标准。

时代精神反映了一个时代人类社会发展变化的基本趋势,反映和影响着人们共同的心愿、意志和精神追求。道德教育目的必须反映人类的共同要求,并要反映一定的时代特点,因此,道德教育的目的确定,也总是受到一定时代的时代精神的深刻影响。例如,随着现代科学技术革命的兴起和全球经济的一体化,人类社会面临着越来越多的、共同的社会道德问题。面对经济全球化的世界趋势,全球众多国家和地区在制定道德教育目的时,都强调把人类普遍的价值观作为道德教育的根本目的和共同因素。

三、德育内容

（一）德育内容的类别

德育内容是指德育活动所要传授的具体的道德价值与道德规范及其体系。应该说,德育内容包含广泛,凡是一切与善恶评价有关的理论与行为规范,凡是具有道德陶冶价值的素材,都可以是德育的内容。

从理论上说,德育内容虽然包蕴广泛,但在学校教育的范围内,德育内容还是需要经过严格选择的,并非所有与道德有关的素材均可作为道德教育的内容。正如教育应该选择那些最有价值的知识素材作为教育内容一样,道德教育的内容也需要去芜存菁,择取那些最好、最适合的道德素材作为道德教育的内容。同时,道德教育的内容,也必须按照青少年儿童的发展阶段或者程度来区分和呈现。

那么,道德教育应该包含哪些内容? 这些内容又应该按照什么样的原则来择取呢? 按照道德的定义,道德是以善恶评价为形式,依靠社会舆论、传统习俗和内心信念,用以调节人与人、人与社会、人与国家之间关系的一种特殊的行为规范。我们也知道,一定的德育目的总是指引着道德教育实践的进行,因此也指引着德育内容的选择。根据前面的分析,任何一个可称得上良善的德育目的的确定,总是需要顾及两个维度:一个是个人品格的完善,一个是社会乃至人类共同体的完善。由此,根据道德的定义以及德育目的的规定,可以看出,在道德教育中,按照道德调整的关系以及道德教育需要达到的目的,道德教育通常包含了两个方面的内容:与个人自身有关的道德;与社会及国家有关的道德。不同国家不同的道德教育研究者,在涉及德育内容时,总包含了这两个方面的内容。

(二) 德育内容的确定

在人类相当长历史时期内,对于什么是道德,对于怎样确定道德教育的内容,人类曾经有过三种不同的答案。第一,社会共同体共同认可的社会规范和习俗就是道德,道德教育的内容就是这些得到社会共同体共同认可的社会规范。第二,存在着先知先觉的道德完美的圣人或者是神,或者佛陀等其他万能的神,这些圣人或者神为普罗大众规定了必须遵守的道德规范,道德教育的内容就是把圣人或者神规定的道德规范传授给下一代,如中国儒家圣人所规定的五伦、家族代代相传的家训,又如基督教的摩西十诫。第三,某个掌握了政治权力的集团(阶级、阶层或者宗教团体、政治组织)或者个人,利用所掌握的世俗权力,制定某种以维护其集团利益为主要目的的道德价值观体系,把这种道德价值观体系强行推行到整个社会生活领域当中,并且要求每个人都予以遵守,否则,便要承受种种物质上与精神上的制裁。不管是哪种答案,对于道德教育的双方,不管是传授者还是接受者来说,这些道德教育的内容都是先在的,通常也是无可置疑的。在这种情况下,家庭、学校和社会所共同遵循的道德规范是一致的,道德教育所要做的,就是把这种为大家所公认的道德规范内容传递给年轻一代。

专栏9.5 颜氏家训

颜之推,字介,系孔子得意门生颜回的第三十五世孙,是南北朝时期著名的教育家、文学家。其晚年撰写的《颜氏家训》,是一部记述个人经历、思想、学识并以之告诫子孙的经典家训，也是一部涉及语言学、文学、音韵、训诂、民俗学等多个领域的学术著作，主要从道德层面上明确了家庭成员的行为规范，被誉为"古今家训，以此为祖"。

全书共七卷二十篇：卷一：《序致》《教子》《兄弟》《后娶》《治家》；卷二：《风操》《慕贤》；卷三：《勉学》；卷四：《文章》《名实》《涉务》；卷五：《省事》《止足》《诫兵》《养生》《归心》；卷六：《书证》；卷七：《音辞》《杂艺》《终制》。该书以儒家思想为主导，旁涉道、佛，涵盖了从饮食起居、修身养性到为人处世、求仕致学等方方面面的内容，凝聚了一位饱经沧桑的老人对人生的深切体验，也体现了一位仁慈睿智的长者对子孙的舐犊之情。

如果说人类在相当长时期里，对于什么是有道德的生活，曾经由人们在社会中所担任的角色、所具有的身份决定了的话，那对于什么是道德，在一个文化与社会共同体内具有基本一致的理解，即人们只要确定了自身的身份，自然就清楚了社会对于自身的道德要求；如果说曾经由神、佛陀或者是先知、圣人告诉人们什么是道德，什么是一种有道德的生活，社会所认同的价值评判基本上是统一的，即什么样的行为将会受到褒扬，什么样的行为将会受到贬抑，社会成员是比较清楚的，他们知道该做什么和不该做什么。如果在学校道德教育中，道德教育的内容是容易确定的话，那么，在一个价值观多元的当代社会里，这种"安逸的道德生活"已经不复存在。

价值观多元时代，是指在一个社会里，在遵守法律和公共道德，不妨碍他人自由和不侵害他人利益的前提下，人们可以按照各自的能力、性格、兴趣、爱好和对于人生意义的理解去自由地追求善的价值目标，尊重人们对于善的理解的独特性和多样性，承认人们在善的追求中可以自由地选择不同的道德观，选择任何一种合乎人性的生活方式。从这个界定出发，价值观多元意味着承认不同的价值观念、不同的善的生活方式是平等的。这些不同的价值观念是否能够为人们所接受，只能够通过它们之间的平等自由的博弈、竞争，凭借它们对生活意义和人生价值的诠释和引导的力量来确定。人们必须依靠自己的智慧，去思考，去探索，努力在各种不同的，甚至是相互冲突的价值观中选择那些能够指导自己生活目标的道德价值观念。

如果说价值观多元意味着存在不同的甚至是对立的价值观体系，意味着不同的对于善的生活的理解，这种种不同的价值观体系和善的生活方式，很难说哪一种更加优越的话，那么，要进行道德教育，首先就面临着"教谁人的道德、谁人的价值"

的问题,也就是要对道德内容进行选择和确定。

1. 内生型的确定方式

达成共同的道德规范的一种途径,是社会共同体在长期的社会生活中,自然地形成的、经过人们的社会生活的检验,证明能够良好地处理人们之间的利益关系并且得到人们认可的优良道德规范。这是一种自然地从人们的社会关系、社会生活实践内部产生的道德价值观。这是一种扎根于人们的生活世界的"内生型"的途径。

无论从道德来源还是从道德的功能来看,道德总是产生于人类的现实生活需要,并且是为了促进人类个体的自我完善与人类群体的繁荣的。伦理道德的根基在于它首先是人的现实存在方式、生活方式、实践方式之一,而不是仅仅发生于人们观念中的东西;因此,它必然与人的社会生活实践相联系,并由此从人的社会生活实践当中强有力地创生出来。伦理道德的内容和本质,在于体现和维系人的社会生活所依赖、所需要的社会关系的结构、秩序和规则,因此它必然就存在于人的现实生活实践之中,并且与人和社会生活的现实一起,呈现其具体的、历史的面貌。也就是说,伦理道德总是在具体的社会生活现实中"内生"的。

2. 价值商谈的方式

在当今价值观多元社会当中达成道德共识的另一途径,即作为共同立法者,每个人都参与到了合作过程之中,并且依靠主体间视角共同进行商谈并达成共同道德规范。

当今社会,由于一种为人们的道德实践提供评价标准的超验性、终极性的绝对价值的丧失,一个道德规范、一种道德原则,如果要得到人们的共同遵从,就必须得到社会大多数成员的认可。那么,一种道德规则既然不再能够借助政治权力或者宗教权力来强迫人们加以遵守,那就只能通过人们借助现代公共领域提供的公共平台,进行民主平等的商谈、对话,达成共识,才会具有道德权威,从而对社会大多数人具有约束力。

这种通过民主平等的商谈达成道德共识的途径,也就是康德所说的,一个真正的道德主体,他必然既是道德的执法者,又是道德的立法者,也就是说是权利与义务的统一体。公民既然是国家的主人、社会的主体,因此也是公共道德的主体。就是说,公民在履行道德义务时,也享有相应的道德权利。公民在道德上是权利和义务的统一,是社会主义道德文明的真实基础。与义务相比,公民的道德权利大体包含两个方面。一是公民对个人行为的权利,如在不违背法律和公序良俗的情况下,个人有选择自己道德行为、自主恪守道德准则的权利,有维护自己道德人格、名誉、尊严的权利,有保护个人隐私不受侵犯的权利,等等。二是公民对公共道德的权利,如对于与自己有关的公共道德规范,公民有知情权和平等参与制定、修改、实施的权利,有要求和维护社会道德秩序的权利,有在履行义务时获得社会承认和他人尊重的权利,有对公共服务部门进行道德监督的权利,等等。总之,世界上任何权利和责任都应该是相互依存的。没有责任的权利是非法的权利;没有权利的责任是没有保证的责任。道德上的权利和义务也是如此。而公民拥有向往和追求自己的道德理想,并把它付诸实践,用以指导生活、完善自我、推进社会文明的权利。这是我们每个公民在国家社会生活中最根本的道德权利。

因此,如果我们要建构当前我国学校道德教育的内容,就应该遵循内生型与价值商谈的途径。一是考察我国当前的社会生活当中,哪些是逐渐得到了社会大多数人的共同认可,已经被当前的社会生活证明是有效的,是能够较好地调节人们的道德关系的优良道德规则和道德原则,并且把它们作为学校道德教育内容的基础;二是在学校的道德实践当中,学校应该允许和鼓励学生们参与到具体的学校道德规则的制定当中来,通过师生双方之间的民主平等的商谈、对话,达成为大家所公共遵守的规则。

四、德育途径

德育途径可以区分为两种:直接的道德教育与间接的道德教育。

(一) 直接的道德教育

直接的道德教育途径主要是通过开设专门的道德课程,系统地向学生传授道德知识和理论。杜威把这种德育途径称作"关于道德观念"的教学。

在近代以前,道德教育主要是通过渗透在古典人文知识的教学中来进行,通过何种途径进行道德教育,本不是个问题。但随着近代自然科学的兴起与学科教学的愈加分化,以及实利主义思潮的兴盛,以自然科学知识为主的学科教学越来越在学校教育中占有中心的地位,相反,原来以培养人的道德品格为主要目的的教育活动则愈来愈被边缘化。为了保证学校教育的道德目的,教育行政部门与学校当局不得不考虑开设专门的道德教育课程来进行专门的道德教育。

专栏9.6 专门的道德教育课程的开设

1872年,日本颁布《学制》,要求小学开设"修身"课,中学开设"修身学"课;

1882年,法国在西方率先以法令形式规定"道德课"为学校的正式课程;

1902 年,清政府颁布《钦定学堂章程》(壬寅学制),规定蒙学堂与小学堂均开设"修身课";

1904 年,清政府颁布《奏定学堂章程》(癸卯学制),规定小学堂开设"修身课";

1912 年,民国政府颁布《小学校教则及课程表》,规定初等小学校开设修身课;

1912 年至 1913 年,民国政府先后颁布《中学校令》《中学校令施行规则》《中学校课程标准》,规定中学校开设修身课,要求注意讲求"本国道德之特色";

1923 年,民国政府颁布《中小学课程标准纲要》,将修身课改为公民课。

1. 开设专门道德课程的优点

开设专门的道德课程进行道德教育,虽说是近代为了应对智育在学校教育中占有优势地位、德育被边缘化的处境而设,但也有着一些无可否认的优点:[1]

一是在德育日益被边缘化的今天,至少可以保证学校可以提供一定的时间和一定的专职人员来关注和实施德育;

二是开设专门的道德教育课程,可以向学生系统地传授道德知识,在一定程度上可以提高学生的道德认识;

三是如果组织得法,道德教育课程还可以促进学生道德思维能力和道德敏感性的发展。

2. 对直接道德教育的质疑

设立单独的道德课,在理论上有诸多难以解决的问题。事实上,直接的道德教育作用相当有限。1920—1930 年间,美国学者哈桑(Hartshorne,H.,1885—1967)与梅尔(May,M. A.,1891—1977)进行的一个大型实证研究,选取了从小学五年级到初中二年级的 11000 名青少年作为研究的样本,评估了他们与品性有关的行为,选用了 33 个不同行为测量表,测量内容包括利他主义、自制、诚实与欺骗等,结果显示了当时学校中的品德教育课及参加主日课(Sunday School)对孩童在实际生活中的诚实和利他主义水平的提高并无显著效果。1936 年琼斯(Jones)的相关实验研究也得出了相同的结果。杜威就断言,直接的道德教学对学生行为即使有所

---

[1] 黄向阳:《德育原理》,华东师范大学出版社 2000 年版,第 193 页。

改善,其改善也是有限的。杜威指出:如果不"使道德目的在一切教学中——不论是什么问题的教学——普遍存在并居于主导地位。如果不能做到这一点,一切教育的最高目的是形成性格这句人们熟悉的话就会成为伪善的托词;因为人人都知道,教师和学生的直接的、即时的注意力必然在大部分时间内是放在智力问题上。它谈不上把道德上的考虑放在最重要的地位"。在这样一种情况下,直接的道德教学只不过是一种"关于道德观念"的教义问答式的教学而已。① 而且,直接的道德教育还会产生消极的后果。将道德课与其他学科相提并论,客观上造成了教师在"道德教学"和"学科教学"之间的分工。担任学科教学的教师,可能会认为自己在德育方面没有责任,把德育推诿给担任道德教学的教师,导致学校大多数教师不管德育的现象。②

> **专栏 9.7　杜威对直接的道德教育的质疑**
>
> 　　如果在学校里,我们把品德的陶冶当作最高目的,但同时把获得知识及理解能力的培养当作是学校的主要活动,且与品德修养无关,这样一来,学校的品德教育将毫无指望。在这种情况下,道德教育无可避免地将沦为记诵的教学,或只是学习有关道德的课程。"有关道德"(about moral)的课程指的是大家认为是美德及义务的课程。但这必须是学生对他人恰好能同情及具有高尚的情操才会有效。若不是这种情况,那些道德的课程对品德的影响就像记亚洲有哪些山脉一样。事实上,道德的直接教学(direct instruction)只有在少数权威者控制着多数人的团体中才有效。也并不是教学有效,而是整个统治的势力增强了其作用。若在民主国家,这种方式只能依赖情感上的魔力才有效。③

(二) 间接的道德教育

　　所谓间接的道德教育主要指通过各科教学和学校、班级的集体生活,以及学校与班级的文化环境有意或者无意地对学生进行道德教育。

　　间接的道德教育的主要渠道有学科教学中的道德渗透、学校与班级或者社团

---

① 杜威:《教育中的道德原理》,见杜威著,赵祥麟等译:《学校与社会·明日之学校》,人民教育出版社 2005 年版,第 136—137 页。
② 黄向阳:《德育原理》,华东师范大学出版社 2000 年版,第 192 页。
③ 杜威著,林宝山译:《民主主义与教育》,五南图书出版公司 1989 年版,第 358 页。

活动中的道德渗透，以及学校与班级文化环境建设中的道德渗透等。

1. 课程内容的道德影响

正如我们在前面所说的，"教育"一词的标准内在地要求教育者所传授的内容必须是善的或者是某种具有终极价值的东西。国家在制定各门学科的课程标准时，就往往会明确规定本学科教学的"德育目标"。

各门学科教材中，尤其是母语、历史、社会等人文学科，都会渗透着或明或隐的道德内容与价值取向，是对学生进行道德教育的重要资源。

课程内容的选择，必须有助于为任何文化背景、不同性别、不同宗教的儿童提供道德发展和道德成长的经验，让他们在现在和将来都能够积极地实践道德，理解和尊重不同的信仰和文化，理解和欣赏社会的多样性，帮助他们发展从事有价值的事业和活动的能力，引导他们去建立有价值的生活目标和生活方式，积极地过好自己的生活；必须有助于发展儿童的道德理性、道德判断力、道德实践能力、道德情感与态度，发展和体验积极的人伦关系，引导他们热爱生命、尊重生命、热爱生活，探寻积极生活的意义；必须有助于培养学生公共生活和个人生活的价值、技能、知识和理解，形成关心他人，关心社群，关心自然，发展他们的社会责任感与社会合作精神，同时促进社会的共同福祉，让他们成为积极参与的负责任的公民。

2. 教学方法蕴含的道德影响

把别人引入有价值的领域，存在许多不同的方式。传统观念认为，教师是这方面的权威，教师的工作就是把有价值的内容印刻在学生的脑海和心灵之中。教师通过包括体罚在内的各种不同的强制性技术支持下的正规指令（formal instruction），来做这种工作。但是，教育本身是一种道德实践的内在属性，规定了教学应该以一种在道德上可以接受的方式来进行。这就要求，在教学方法上必须是合乎道德的，或者至少是不违背道德的。"教学是一种复合型的特殊实践。从内容上讲，教学是围绕某类学科展开的实践；从形式上讲，教学是师生交往互动的实践。如此，意味着教学不是一种技术，而是具有提升师生生命质量的内在利益的实践。获得教学的内在利益，需要师生在教学过程中修养德性，教学也就成为德性实践的过程。"[①]教师采取的教学方法如何，会影响到学生的德性成长。

教师采取什么样的教学方法，涉及如何看待教师自身、如何看待他所教的内容自身以及如何看待学生自身三个因素。当教师采取的教学方法把自己看作不用置疑的知识权威，看作真理的代言人，当教师采取的教学方法把自己所教的知识看作

---

① 王凯：《教学作为德性实践——价值多元背景下的思考》，江苏教育出版社 2009 年版，第 42 页。

不可质疑的真理知识,当教师在教学过程中把学生看作被动吸收知识的容器时,他就是采取了一种在一个民主多元的社会中被视为不道德的教学方法。谢弗勒指出:"诚然,教可以用各种不同的方法来进行,但是,有些使人做事的方式被排除在涵盖'教'一词的标准之外。从标准上说,教至少要在某种程度上服从学生的理解力和独立判断力,服从学生对理性的需要,服从学生对充分解释的构成的看法。教就是要承认学生的'理性',也就是,要承认学生对理性的需求和判断。"①在教育方法是否合道德性的要求上,排除了在教学上采取灌输、洗脑、宣传、条件反射式的训练等方法。因为,这些教育方法的主要特征在于它是以教师为中心,以"传递""控制""强迫接受"为宗旨的,这种教育方法把儿童视为被动接受的和顺从的、需要塑造使其成形的客体,而不是"思考""选择""决定""检查"的主体,剥夺了儿童仔细独立思考与道德价值相关的问题的权利,它所能导致的最大结果不外是学生虚伪的顺从。它否认人是聪慧的和有思想的,认为人们不能够周到地考虑问题,变得明智。实际上这是对人的尊严的一种否定。

与此相反,教学方法在一般精神上,如果"着重点是放在建造和发表上,而不是放在吸收和单纯的学习上",不是放在鼓励排他性的竞赛和竞争的动机上,而是放在鼓励儿童在学习当中相互交流、分工合作和共同参与上,就有可能克服儿童的个人主义的学习动机,从而培养起儿童的服务于社会的伦理精神。②

3. 班级与学校生活的道德影响

班级和学校是师生共同学习、共同活动、共同休息、共同生活、彼此交往的场所。班级和学校的制度结构和交往活动方式会深刻地影响学生的德性成长,教育本身的性质决定了班级与学校作为一个伦理结构的特征,班级与学校不仅是一个学习共同体,而且还应该是一个道德共同体。正如美国学者科尔伯格(Lawrence Kohlberg,1927—1987)所说的,"要教正义,就得有正义的学校。"③假如班级和学校的制度结构和交往活动方式是不正义的,存在着随意贬低、排斥、歧视学生的现象,假如班级和学校的制度结构和活动方式是划一的整体主义或竞争的个人主义的,那么,培养学生的良好品行同样会成为一句空话。因此,必须全方位塑造学校的道德文化,使得学校不仅成为一个新型的学习共同体,而且成为具有新的道德气质的

---

① 引自黄向阳译:R. S. Peters, *Ethics and Education*. Scott, Foresman and Company,1967,Chapter 1: Criteria of "Education"。
② 参见杜威:《教育中的道德原理》,见杜威著,赵祥麟译:《学校与社会·明日之学校》,人民教育出版社2005年版。
③ 科尔伯格著,魏贤超等译:《道德教育的哲学》,浙江教育出版社2000年版,第276页。

道德共同体。也就是说,把学校建设成具有道德性的教育共同体,学校整体上必须是道德性的机构。这是教育具有人文精神的根本,在此基础上,学校才是一所好学校,学校才能造就品行良好的好学生。

五、德育方法

（一）榜样法

榜样法是我国道德教育中最为常见的方法之一。所谓榜样教育,就是教育者通过引导被教育者模仿、学习某个(某些)品德高尚者的品德的道德教育方法。

榜样教育的理论基础在于人的模仿天性。美国心理学家班杜拉(Bandura A.,1925—2021)的社会学习理论认为人的社会行为是通过"观察学习"获得的。在观察学习中,具有决定性影响的是环境,如社会文化关系、榜样等客观条件,只要控制这些条件,就可促使儿童的社会行为向社会预期的方向发展。他在实践中证明,在观察学习中,人们不用什么奖励或强化,甚至也不需参加社会实践,只要通过对榜样的观察,就可学到新的行为。由于好的榜样是某种优良品德的具体体现,其生动鲜明的形象,使人们对行为准则、道德规范易于理解,易于效仿,从中受到感染和激励,因而具有强烈的教育作用。

对于榜样在道德教育中的良好作用,古今中外很多教育家都看到了这一点。我国古代教育家历来重视榜样教育。在先秦儒家的道德教育理论中,道德榜样占据着异乎寻常的关键地位。对道德榜样在道德教育中的巨大作用的深信不疑,在先秦儒家的著作中常常可以看到。譬如,孔子说:"君子之德风,小人之德草。草上之风,必偃。"①孟子说:"故闻伯夷之风者,顽夫廉,懦夫有立志。……故闻柳下惠之风者,鄙夫宽,薄夫敦。……"②荀子则说:"学莫便乎近其人。……学之经莫速乎好其人"③。这都极大地肯定了道德榜样的教育作用。外国教育家同样重视榜样教育,夸美纽斯强调"要用良好的榜样教育学生",洛克也认为,"对于孩子们尽管给以各种训导,天天告诉他们一些关于礼仪的精湛的指示,但是最能影响他们的举止的还是那些与他们相处的人和左右诸人的言行"。

---

① 《论语·颜渊》。
② 《孟子·万章下》。
③ 《荀子·劝学篇》。

这也都指出了榜样在道德教育中的作用。

在运用榜样教育的方法时，榜样的选定是一个关键的因素。通常，榜样教育中的榜样可以分为两类：一类是社会和学校、教师树立的榜样。在我国，仿效道德榜样不是唯一的道德教化方法，但它作为道德教育的方法，其使用程度远胜于任何国家。在新中国成立以后的道德教育中，从历史到现实，从学校到社会，从社会的各个阶层，从各个系统，建立起完备周密的道德榜样网络，把之视为造就美好社会或者是改造人的思想，从而达成社会教化的一个有效的方法。另一类是学生自己选定的榜样。学生自己选定的榜样由于比较贴近学生自身的生活，容易引起学生自身情感态度上的共鸣，从而自然地产生道德影响。所以，教师应该注意帮助和引导学生选择学生身边具有良好品德的人，如同伴、家长、教师等，作为道德学习的榜样。

在榜样教育中，教师起着至关重要的作用。在榜样教育中，教师不仅要帮助学生鉴别、选择那些道德上足供效法的榜样（现实中和历史上的），以及帮助学生辨别那些不宜效法的人——道德榜样的对立面，而且要通过身教，以自身的道德行为、道德人格为学生树立起一个可供仿效的榜样。教师的一言一行，他们在课堂上的所有言谈举止，甚至他们组织课堂的方式，都反映着指导他们行为的价值观和标准。只需通过观察教师的言行举止，儿童就能知道教师认为什么是重要的、有价值的、值得表扬的，什么与此相反。例如，教师不需要明确说出要尊重别人，他的学生仍能知道教师是否尊重他。而对于年幼的容易受到权威影响的儿童来说，教师的言行举止所表达出来的价值观更是对儿童具有很深的影响。实际上，在学校的道德教育中，对儿童的道德价值观的影响最为重要的，往往正是担任着教育者角色的教师在学校生活与课堂教学中有意无意地表露出的道德倾向。因此，科尔伯格坚持认为："我们相信，在隐蔽课程中，要紧的是教师和校长的道德品质和思想意识，因为这两样东西会转化成一种动态的社会环境，而这种社会环境则影响儿童的环境。"[①]

专栏9.8　雷锋当初学的谁

　　在一次单位组织召开的"向雷锋同志学习"座谈会上，一位年轻同志提出这样一个问题："雷锋当初学的谁？"此问题引发了大家的思考。带着这个问题，我翻阅学习了《雷锋日记诗文选》《雷锋的故事》等书籍，最后找到了答案：

---

① 科尔伯格著，魏贤超等译：《道德教育的哲学》，浙江教育出版社2000年版，第274页。

雷锋是以他身边的领导作为学习榜样的。

雷锋初到湖南望城县委当公务员时，有一次，他跟县委书记张光玉一起去开会，走着走着，看见路上有颗螺丝钉，他踢了一脚就走开了。张书记却走过去捡起来，装进了口袋。雷锋觉得奇怪：一个县委书记，捡个螺丝钉干什么？过了几天，雷锋要到一个工厂去送信，张书记拿出螺丝钉交给他带去，说："小雷，咱们国家底子薄，要搞建设，就得艰苦奋斗，一颗螺丝钉，别看东西小，缺了它也不行。滴水积成河，粒米堆成箩呀！"这颗小小的螺丝钉，在雷锋心中留下了难忘的记忆……

雷锋入伍后的第一天晚上生病发烧，营长来查铺，知道他感冒了，连夜从卫生队叫来医生为他诊治，还脱下自己的棉大衣，并送来一床新被子，盖在雷锋身上，雷锋感动得泪水流湿了枕头。后来就有了雷锋帮助战友乔安山的事。雷锋主动向灾区捐款，团政委韩万金得知后，热情宣传他为国为民分忧，而韩政委自己把工资捐给灾区，却不向外露一个字……

有这些品德高尚的领导言传身教，雷锋思想不断得到升华，最终成为共产主义战士、全国人民学习的榜样。[①]

（二）道德两难案例讨论法

美国学者科尔伯格（Kohlberg, L）的道德认知发展模式在 20 世纪七八十年代广泛影响美国而成为道德教育界及学校的道德讨论的中心点，并且深刻地影响了西方道德教育理论研究领域。

1. 道德认知发展三水平六阶段模式

道德发展的阶段概念是科尔伯格道德发展的心理学思想的核心概念。通过大量的研究，科尔伯格提出了道德发展的三水平六阶段理论。三水平是指前习俗水平、习俗水平、后习俗水平。六阶段是指每个水平又可划分为两个不同的阶段。

科尔伯格

（1927—1987）美国儿童发展心理学家，一生专注于研究道德认知发展问题。主要著作：《10—16 岁学童道德思维与判断方式之发展》《教育和道德发展》等。

---

① 陈思炳：《向雷锋学习，雷锋当初学的谁？》，《人民日报》2008 年 1 月 10 日。

专栏 9.9　科尔伯格的道德发展三水平六阶段模式

水平	阶段	道德推理的特点	关于"海因茨两难"的道德推理	
			不该偷的理由	该偷的理由
前习俗水平	1	以惩罚与服从为定向	偷东西会被警察抓起来，受到惩罚	他事先请求过，又不是偷大东西，他不会受重罚
	2	以行为的功用和相互满足需要为准则	如果妻子一直对他不好，海因茨就没有必要自寻烦恼，冒险偷药	如果妻子一向对他好，海因茨就应关心妻子，为救她的命去偷药
习俗水平	3	以人际和谐为准，也称为"好孩子"取向	做贼会使自己的家庭名声扫地，给自己的家人（包括妻子）带来麻烦和耻辱	不管妻子过去对他好不好，他都得对妻子负责。为救妻子去偷药，只不过做了丈夫该做的事
习俗水平	4	以法律和秩序为准则	采取非常措施救妻子的命合情合理，但偷别人的东西犯法	偷东西是不对，可不这样做的话，海因茨就没有尽到丈夫的义务
后习俗水平	5	以法定的社会契约为准则	丈夫没有偷药救妻子的义务，这不是正常的夫妻关系契约的组成部分。海因茨已经为救妻子命尽了全力，无论如何都不该采取偷的办法解决问题，但他还是去偷药了，这是一种超出职责之外的好行为	法律禁止人偷药，却没有考虑到为救人性命而偷东西这种情况。海因茨不得不偷药救命，如果有什么不对的话，需要改正的是现行的法律，稀有药品应该按照公平原则加以调控
	6	以普通的伦理原则为准则	海因茨设法救妻子的性命无可非议，但他没有考虑所有人的生命的价值，别人也可能急需这种药。他这么做，对别人是不公正的	为救人性命去偷是值得的。对于任何一个有道德理性的人来说，人的生命最可贵，生命的价值提供了唯一可能的无条件的道德义务的源泉①

　　科尔伯格的道德发展模式给我们勾画出：道德发展是连续地按照不变的顺序由低到高逐步展开的过程，更高层次和阶段的道德推理兼容更低层次和阶段的道德推理方式，反之，则不能；各阶段的时间长短不等，个体的道德发展水平也有较大

---

① 黄向阳：《德育原理》，华东师范大学出版社 2000 年版，第 225 页。

差异,有些人可能只停留在前习俗水平或习俗水平,而永远达不到后习俗水平的
阶段。

2. 道德两难案例讨论法

科尔伯格认为学校道德教育的目的是促进学生道德判断能力的发展。他根据
儿童道德认知发展的阶段性提出了"道德两难案例讨论法",简称"道德两难法",即
通过给学生提供一些包含着相互冲突的道德原则的故事或设置一些这样的处境,
让学生必须说出在这种情况下各种可能的行为选择,并做出评价。这些两难处境
所包含的各种可能的行为选择必须要么都是可取的,要么都不可取,而不能是两者
兼而有之。如果两者兼有,那就不称其为两难处境了。那样的话,个人只需要照他
最希望的行为方式去行事就可以了。

在道德两难故事的讨论中,启发儿童积极思考道德问题,从道德的冲突中寻找
正确的答案,来发展儿童的道德判断力。下面是一个典型的利用道德两难问题的
讨论来促进学生道德认知发展的例子:

专栏 9.10　汉斯与药剂师

在欧洲有一位妇女得了一种特殊的癌症,快要死了,医生认为只有一种
药能救她的命,这种药是本镇上的一名药剂师最近发明的,用镭制成的。药
的成本很高,而药剂师把药卖得比成本价还要高十多倍。他买镭花了 200 美
元,而一颗小剂药却要卖 2000 美元。

患病妇女的丈夫汉斯向所有他认识的人借钱,可只弄到了 1000 美元,只
够药价的一半。他告诉药剂师他妻子快要死了,请求他把药便宜一点卖给他
或是允许他以后再还钱,可是药剂师却说:"不行,这药是我研制的,我要用它
来赚大钱。"汉斯因此非常失望,他想闯进药店去把药偷出来给自己的妻子
治病。

问题:汉斯该不该去偷药?

步骤:

1. 提问学生汉斯应该怎么做并说出理由。("汉斯该怎么办呢?")

2. 把学生分成几个小组,或者按学生的不同意见分组,或者随机分组。
让他们讨论他们的理由,为他们的行为选择找出正当理由。("为什么汉斯应
该照你说的做?")

3. 允许各小组对自己的立场作总结和澄清。

　　4. 进一步提问下列问题：

　　(1) 一个人的亲属的幸福比其他人的幸福更重要吗？

　　(2) 汉斯应该为一个陌生人偷药吗？应该为他的宠物偷药吗？

　　(3) 汉斯去偷药违反法律吗？从道德上讲，这种行为是错误的吗？为什么是或为什么不是？

　　应该鼓励学生发表有理有据的价值立场，但没必要要求他们一定要达成一致意见。①

　　实施道德两难案例的讨论法的具体步骤和要求是：

　　① 根据道德判断测量表测出学生道德发展已达到的实际阶段，并根据测试结果将学生分组。

　　② 然后再选择适当的道德两难故事和问题引导学生进行讨论。教师在给学生讲述道德两难故事时，应能让学生完全听懂并能复述出故事里的情节，使学生能真正明确故事中的道德两难问题和矛盾冲突是什么。在组织学生讨论时应给学生一定的思考和准备时间，还需就故事里的道德难题提出一些相关问题以启发学生思考。

　　③ 讨论时可采取先分小组进行，然后再集中的办法，让每个人都有充分发表个人见解的机会。

　　④ 教师要注意让学生就不同的方案进行比较、辩论，要能引起学生道德认知上的冲突，以引发更深的思考和逻辑推理，要让道德发展阶段相邻的同学有相互交流的机会，使较低水平的同学能学到较高阶段的道德推理。

　　⑤ 讨论不要追求意见一致的结局，而应通过讨论达到提高学生道德推理能力和认知水平的目的。

　　⑥ 讨论结束前要及时引导学生进行总结和继续对该问题作进一步的思考。

　　科尔伯格认为这种方法与传统教育有原则区别：与传统的道德教育相反，道德两难问题讨论强调：①了解儿童当前的道德发展的阶段水平；②唤起儿童真正的道德冲突和在问题情形上的意见不一（相反，传统的道德教育强调成人的"正确答案"，强调对认为美的总会得到奖励这一信念的强化）；③向儿童揭示高于他所属阶段的那个阶段的道德思维方式（相反，传统道德教育或是求助于远远超出特定儿童

---

① 杜威著，林宝山译：《民主主义与教育》，五南图书出版公司 1989 年版，第 358 页。

发展水平的成人抽象说理，或者诉诸惩罚和谨慎措施，总易在这两者之间来回变化）；④最终促进儿童向高一级的道德推理水平发展。①

3. 对道德两难案例讨论法的简要评价

大量的实验研究证明，道德两难案例讨论法是一种颇为有效的道德教育方法，它可以促进学生道德判断力的发展，培养学生道德敏感性，使他们能够更加自觉地意识到在现实生活中可能存在着的道德冲突，并在对这些道德冲突的反思当中提高在道德问题上的决断能力，做出正确的道德选择。

对道德两难案例讨论法也存在着许多批评。这些批评要么对科尔伯格理论的适用性提出质疑，要么对高一阶段推理能力是否真的比低阶段的推理更好提出质疑。纽约大学心理学教授卡罗尔·吉利根（Carol Gilligan）就认为，按照科尔伯格的等级分类，女性所能达到的阶段要比男性低，但这并不是因为女性的道德推理水平欠佳，而是因为女性经常从一种不同的伦理——一种以人与人之间的关爱为基础的伦理——出发，来判断某种行为是否道德。② 此外，也有许多批评者指出，科尔伯格的道德两难法忽视了情感因素在人的道德形成中的作用。

（三）价值澄清法

价值澄清法是帮助学生个体澄清他们的价值到底是什么的一种道德教育方法。它认为，在现实生活当中，大多数人平时并不能清楚地意识到指导着自身的生活实践的价值观到底是什么。

价值澄清理论产生于20世纪60年代中期，是美国价值观多元背景下，最早兴起的、得到广泛应用、影响巨大的一种道德教育模式。这一道德教育模式主要代表人物是路易斯·拉思斯（Louis Raths）、梅里尔·哈明（Merrill Harmin）、西德尼·西蒙（Sidney B. Simon）和霍华德·柯申鲍姆（Howard Kirschenbaum），最重要的理论著作则是拉思斯、哈明和西蒙三人在1966年出版的《价值与教学》（*Values and Teaching*）一书。

1. 对价值的界定

价值澄清法对价值有着独特的理解。拉思斯认为，"除非某一事物都符合下面所提到的七个标准，否则我们便不能称之为价值，而是称之为'信仰'、'态度'或除价值之外的某一事物。换言之，要成为价值的事物，必须同时适用以下七个标准，他们共同说明了评价过程"③。

---

① 柯尔伯格著，魏贤超等译：《道德教育的哲学》，浙江教育出版社2000年版，第22—23页。
② 同上书，第162—163页。
③ 路易斯·拉思斯著，谭松贤译：《价值与教学》，浙江教育出版社2003年版，第25页。

选择

① 鼓励孩子们自由地做出自己的选择；

② 当面临几种不同的选择时，帮助他们发现各种可能的选择；

③ 帮助孩子们仔细斟酌其他的选择、考虑每一种选择的后果；

评价

④ 鼓励学生们去思考他们所看重和珍视的是什么；

⑤ 给他们向别人声明自己的选择的机会；

行动

⑥ 鼓励学生去按照自己的选择行事；

⑦ 帮助他们意识到生活中出现的重复行为和模式。

拉思斯指出："上述过程共同构成了价值的定义。评价过程的结果被称为价值。"从价值澄清学派对获得价值的过程的强调，可以看出杜威对经验的界定的影响。杜威强调，个人的经验的获得同样也是个人与他所处的生活环境相互作用的结果，个人经验的获得同样也是一个过程。

2. 反对灌输

由于认为不存在普遍有效的道德真理，价值澄清法明确表示反对对儿童进行价值观的灌输。拉思斯认为，"澄清反应避免道德说教、批评、向儿童灌输价值观或进行评价。在这种反应中，成人应摒弃一切关于'好的''对的'或'可接受的'等暗示"①。"当教师认真地参与价值澄清时，他不进行道德说教、训诫、灌输或谆谆教诲。教师必须信赖学生的明智的和考虑周到的想法，尽管他当然可以自由地使学生面临那些尚未被认识到的各种可能选择和未曾想到的后果。"②他认为，"道德说教就是努力使他人未经思考而接受某种普遍的价值立场的行为"③。

为了提醒教师在进行价值澄清中出现灌输的行为，拉思斯提出了六种有助于努力克服道德说教的观点：④

① 至于价值问题，避免使用你在头脑中已形成答案的问题，诸如在吉姆用拳头猛击菲利斯之后问"你愿意我用拳头猛击你吗"，使用启发问题，如"本来还可以怎么做"。

② 避免"为什么"这类的问题、"是或不"之类问题、"非此即彼"之类的问题或容

---

① 路易斯·拉思斯著，谭松贤译：《价值与教学》，浙江教育出版社 2003 年版，第 54 页。

② 同上书，第 94 页。

③ 同上书，第 275 页。

④ 同上书，第 263 页。

易使学生有所戒备,迫使他们为其立场自圆其说或限制他们的选择的问题。

③ 从诸如价值单和思想单之类的书面价值课着手,从而你能在学生理解它们之前重读你的反应,在做出反应之前从容不迫地认真思考。

④ 请一位朋友听你读课堂反应或朗读你关于价值问题的书面评论,并注意道德说教的倾向。

⑤ 问学生他们是否觉得你好像有失公允地事先规定问题的结果,问他们是否觉得你在表明态度的情况中是否同意可供选择的价值观。

⑥ 极为重要的是,考虑开始使用你并没有以某种方式表示强烈反感的价值策略,诸如儿童应该如何消遣余暇或他们应当选择何种职业。教师没有表明立场时,他们就更加不会无意识地努力动摇学生的信念。

3. 价值澄清法的运用

既然价值澄清反对传统的价值灌输的方法,那么,进行价值澄清应该如何进行呢? 价值澄清的方法很多。拉思斯在《价值与教学》一书中列举了"书写策略""讨论策略""提高对结果的认识的策略"以及其他 19 种策略。其中以价值澄清法最为常见。

价值澄清是最灵活的价值澄清策略。它是教师针对学生所说的话或所做的事而作出的反应,旨在鼓励学生进行特别的思考。[1] 澄清反应的主题是八种与价值有关的重要类型:目标或目的、抱负、态度、兴趣、情感、信仰或信念、活动以及烦恼、问题或障碍,这八种与价值有关的类型被称为价值指示。所谓价值指示,是指向价值但尚未"到达"价值的表达方式。它们是适于价值澄清的理想题材。[2] 有效的澄清反应的标准是能促使个体检查并思考自己的生活和思想,它应具备以下因素:[3]

① 澄清反应避免道德说教、批评、向儿童灌输价值观或进行评价。

② 它能使学生有责任检查自己的行为或思想,并独立思考和决定他们的真正需要。

③ 澄清反应同样考虑到学生将不作检查、决定或思考的可能性。

④ 它并不试图以其无关紧要的评论去做重大的事情。

⑤ 澄清反应并不适用于访谈意图。

⑥ 通常不会出现扩大了的讨论。

⑦ 澄清反应经常是针对个人进行的。

---

① 路易斯·拉思斯著,谭松贤译:《价值与教学》,浙江教育出版社 2003 年版,第 52 页。

② 同上书,第 68 页。

③ 同上书,第 54—56 页。

⑧ 教师不对每一个学生在课堂上的一切言行做出反应。

⑨ 澄清反应在不存在"正确"答案的情景中发挥作用，诸如涉及情感、态度、信仰或目的之类的情景。

⑩ 澄清反应并不是严格遵循某种格式的呆板事物。

澄清反应采取的策略要求确立不同的取向，即不是增加儿童的观点，而是激励儿童澄清他已持有的观点。其做法通常是每次指向一个学生，经常是以短暂的、非正式的会话的形式出现在课堂上、走廊里、操场上，或教师能接触到学生的言行，并能引起学生的反应的其他任何地方。这种交谈方式叫作"单腿会议"，这是澄清反应最常见的方式，如下面对话所示：[①]

老师：布鲁斯，你不想出去到操场上玩吗？

学生：不知道，也许吧。

老师：你有别的更想干的事吗？

学生：不知道，没啥想做的。

老师：你似乎对什么都不在乎，布鲁斯，是吗？

学生：我想是的。

老师：我们做任何事情在你看来都无所谓，是吗？

学生：我想是的，哦，我想并不是所有的事情。

老师：好了，布鲁斯，我们现在最好出去和其他人一块玩。你啥时候想起了别的想做的事情的话，不妨告诉我。

澄清反应所进行的交谈通常很简短，因为拉思斯认为，长时间的系列探讨或许会使学生感到自己在被盘问，从而产生戒备心理；此外，长时间的探讨会给学生留下太多的思考余地。澄清反应同样可以应用于全班讨论，以及作为评论写在学生的书面作业的空白处。不管怎样，澄清反应的目的都是通过师生之间的对话，使学生在头脑中提出问题，促使他们检查自己的生活、行动和思想，并期望其中的一些学生愿意将这种外在的刺激看作是澄清他们的认识、目的、情感、抱负、态度、信仰等的机会。

除了澄清反应之外，其他常见的澄清策略还包括书写策略、讨论策略、提高对结果的认识的策略等。就其本质来说，澄清反应是一种集中指向个体的策略，而书写策略与讨论策略则是着眼于团体讨论的策略。书写策略是指把某一发人深思的陈述和一系列问题列成价值单，然后把它复制在一张纸上并分发给学生。陈述的

---

① 大卫·A·威尔顿著，吴玉军等译：《美国中小学社会课教学策略》，华夏出版社 2004 年版，第 158 页。

目的在于提出教师认为或许与学生有着价值意义的问题。这些旨在促使每个学生带着这一问题从头到尾经历价值澄清的过程。每个学生都应亲自完成价值单,并将答案写在纸上。稍后,学生之间或师生之间可就上述答案进行交流,或者可将答案当作大规模讨论或小规模讨论的基础。通常在采用书写策略时,学科问题和价值问题应穿插在一起。教师负有教授这两种问题的责任,而且这两种学习相辅相成。拉思斯指出,"儿童无以发展出明确的和切合实际的价值观,除非他们拥有对各种可能选择以及每种选择的后果的理解力。但是儿童几乎不能实实在在地利用他们的理解力,直至其对现实生活有切肤的认识为止,而这就是评价过程的作用,教师同样必须加以支持。两种对于受过教育的人来说都是不可或缺的"①。这是因为,理解力的学习和评价过程通常是相得益彰的。缺乏理解力的评价是肤浅的。两者相辅而行。

讨论策略是针对大规模的团体讨论而采取的澄清策略,它主要包括四个步骤:选择主题,鼓励学生谨言慎行,组织交流,以及帮助学生汲取知识。这四个讨论步骤,适合于任何一种课堂讨论。同样,在采取讨论策略时,教师应特别注意避免微妙的灌输。

总之,不管采取什么澄清策略,价值教育方法都应该避免采用说教的方法灌输某种具体的价值观念,而是意在培养学生独立思考价值问题——在评价和思维的过程中训练他们,从而最终形成自己的价值。"倘若我们每天生活在思维与选择在其间成为日常练习的教室里,我们就会不断成长,而成长即成熟。"②

4. 对价值澄清法的简要评价

价值澄清法有着许多优点。首先,价值澄清学派关注儿童的生活世界,关注儿童生活世界中的价值观困惑问题。价值澄清不是像传统的道德教育一样,向儿童灌输外在于他们的生活世界的抽象的道德规则,而是关注与儿童的生活密切相关的态度、情感、活动、信仰、目标、抱负、兴趣或烦恼等问题,具有浓厚的生活气息。价值澄清真挚地试图帮助儿童检查他们的生活,鼓励他们在积极的、可接受的氛围中思考人生,探寻人生的意义。其次,与传统的道德价值观教育相比,价值澄清学派富于民主、平等、自由与宽容的精神。他们尊重学生,强调倾听、对话,注重为学生创造一个自由选择的环境与氛围,相信学生具有自由探寻自己的生活道路与人生意义的权利、能力与勇气,体现了对人类尊严的尊重和美好人性的信任;这是培

---

① 路易斯·拉思斯著,谭松贤译:《价值与教学》,浙江教育出版社 2003 年版,第 101 页。
② 同上书,第 221 页。

养民主社会的民主公民所必要的。再次,价值澄清方法有可能帮助学生形成一个较为完整的自我概念,从而指导自己的生活。价值澄清学派强调对儿童生活世界中态度、情感、活动、信仰、目标、抱负、兴趣或烦恼等与价值有关的问题进行澄清,有助于儿童认识自己,从而最终有可能帮助他们建立一个完整的自我概念,并据以指导他的道德生活。

价值澄清法也存在一些缺点:①它可能会侵犯学生的隐私权;②可能会使教师扮演一种训练有素的心理问题咨询员(或心理医生)的角色;③不能区分开道德问题和非道德问题;④认为所有的价值信仰都是等效的,有助长伦理相对主义的危险。①

◇ **讨论题** ‖‖‖

1. 为什么说人在本质上是道德存在?

2. 分析教育与灌输、训练、洗脑、教唆之间的区别。

3. 如何理解德育是教育的最终目的? 如何在学校教育中贯彻落实这一目的?

4. 从中小学任何一个年级的语文课本中选择任何一个单元,看看该单元的内容在多大程度上是关于道德问题的。假如你是教师,请你设计一个教案,思考一下如何将道德教育融入你所教的这部分内容之中。

5. 假如你是班主任,有一天,有一位在你的班上担任学科教学的老师跑来找你,对你说班上有位学生经常违反课堂纪律,要求你必须处理这位学生。面对这种情况,你会如何应对?

6. 假如你是班主任,你觉得有必要在班里制定一些要求学生遵守的规则吗? 你打算怎么做?

7. 现代社会是大众娱乐社会,许多青少年都有着自己崇拜的偶像。假如你是教师,你如何看待这种偶像崇拜的现象? 你能够运用你在本章学到的知识,想办法把青少年崇拜的偶像转化为激励他们努力做人做事的榜样吗?

8. 运用本章所学知识,根据你或者你所熟悉的人在道德实践中曾经遇到过的道德难题,撰写一个道德两难案例,并请你的同学就此道德两难案例进行讨论,然后分析他们在讨论中表现出来的道德思维方式。运用本章所学知识,设计一项开放性的角色扮演活动。

---

① 大卫·A·威尔顿著,吴玉军等译:《美国中小学社会课教学策略》,第158—159页。

参考资料

1. 何怀宏:《伦理学是什么?》,北京大学出版社 2002 年版。

2. 费尔南多·萨瓦特尔著,于施洋译:《伦理学的邀请:做个好人》,北京大学出版社 2008 年版。

3. 亚里士多德著,廖申白译注:《尼各马可伦理学》,商务印书馆 2009 年版。

4. 杜威著,王承绪译:《民主主义与教育》,人民教育出版社 1990 年版。

5. 杜威:《教育中的道德原理》,见杜威著,赵祥麟等译:《学校与社会·明日之学校》,人民教育出版社 2005 年版。

6. 黄向阳:《德育原理》,华东师范大学出版社 2000 年版。

7. 爱弥儿·涂尔干著,陈光金等译:《道德教育》,上海人民出版社 2006 年版。

8. 路易斯·拉思斯著,谭松贤译:《价值与教学》,浙江教育出版社 2003 年版。

9. 柯尔伯格著,魏贤超等译:《道德教育的哲学》,浙江教育出版社 2000 年版。

10. 肯尼思·A·斯特赖克、乔纳斯·F·索尔蒂斯著,洪成文等译:《教学伦理》,教育科学出版社 2007 年版。

11. 程亮:《教育的道德基础——教育伦理学引论》,福建教育出版社 2016 年版。

第十章 教 师

△ **学习指导** ▰▰▰

1. 了解历史上教师地位的变化,认识教师的特殊作用。

2. 了解教师的角色特征,体认教师在教育教学中的角色冲突。

3. 认识教师职业道德的功能,掌握我国教师职业道德规范。

4. 学习教师专业发展阶段的不同理论,掌握教师专业发展阶段的划分标准,认识自己在未来职业发展中的阶段特征。

5. 了解我国教师任用和管理相关的制度。

6. 认识"教师中心论""学生中心论",初步掌握形成师生正确关系的技能技巧。

在教育活动中,教师是最为重要的因素,教师与学生的关系是最为重要的人际关系。认识教师的职业特征,把握教师的主要要求,是教师履行好岗位职责的前提保证,也是做好教育教学工作、促进学生身心健康发展、实现个人生命价值的基本条件。

一、教师的地位和作用

(一)教师的地位

自从学校出现以后,教师作为一种相对独立的职业也就出现了。在不同的历史时期,不同的历史条件下,教师的地位是不同的。

在我国历史上,儒家把教师的地位抬得很高,常常把师与君相提并论。孟子在与齐宣王对话时,引《尚书》中"天降下民,作之君,作之师"①。随后,荀况进一步把师纳入天、地、君、亲的序列。他说:"天地者,生之本也;先祖者,类之本也;君师者,

---

① 《孟子·梁惠王下》。大意是:上天降生人民,替他们设置了君主,安排了教师。

治之本也。无天地，恶生？无先祖，恶出？无君师，恶治？"①在此以后，一些读书人家把"天地君亲师"刻写在牌位上，摆在厅堂供奉起来。荀况还对尊师的原因作了这样的解释："国将兴，必贵师而重傅；贵师而重傅，则法度存。国将衰，必贱师而轻傅；贱师而轻傅，则人有快（放纵性情），人有快则法度坏。"②

谨遵师命，或者说从师、尊师，是儒家教育思想中的一个重要组成部分，这是与其倡导的人伦观念一脉相承的（参见本书第三章有关内容）。《吕氏春秋·劝学》就曾谈道："君子之学也，说义必称师以论道，听从必尽力以光明（听从师所行），听从不尽力，命之曰背，说义不称师，命之曰叛。背叛之人，贤主弗内于朝，君子不与交友。"由于师之所传，弟之所受，一字毋敢出入，就形成"好信师而是故""不知难问"的风气。

尽管儒家非常重视教师的地位与作用，但在整个封建社会时期，并非把"师道尊严"或"尊师重道"一直置于突出地位，其间也有"非师无学"的情形。韩愈在《师说》中曾慨叹："嗟乎！师道之不传也久矣！"他的朋友柳宗元深有同感地说："由魏晋氏以下，人益不事师。今之世，不闻有师；有辄哗笑之，以为狂人。"③魏晋至唐初，"师道"之所以不传，与当时的取士制度有关。三国时代，魏文帝曹丕行九品官人法，取士大权操之诸姓，在政治上逐渐形成"高门华阀有世及之荣，庶姓寒人无寸进之路"，"举贤不出世族，用法不及权贵"。士族高级阶层的子弟不必具有真才实学就保证有官可做，他们自然不肯也不需要认真学习。学校陷于废弛，教师作用也就难以发挥。在元代，教师曾被安排在行九的位置，有所谓一官二吏……九儒十丐的说法，教师仅比叫花子高一级。

此外，值得注意的是，儒家所讲的从师、尊师，主要是就成人之师而言的。比如，韩愈《师说》中的教师即是成人之师，而非童子之师。他说："彼童子之师，授之书而习其句读者，非吾所谓传其道解其惑者也。"其意是，童子之师，不过是能识文断字的教书匠，没有多大才学，算不得真正能够传道解惑的教师。实际上，他是把童子之师排除在教师行列之外了。清人唐彪在他所著《父师善诱法》中说："人仅知尊敬经师，而不知尊敬蒙师。经师束修犹有加厚者，蒙师则甚薄，更有薄之又薄者。经师犹乐供膳，而蒙师多令自餐，纵膳而亵慢而已矣。"在整个封建社会时期，蒙师的处境似乎一直是不太好的。

---

① 《荀子·礼论》。
② 《荀子·大略》。
③ 《答韦中立论师道书》。

童子之师的地位之所以如此低下，一方面是被人认为才疏学浅，另一方面他们大多出身贫寒，除了教蒙童，别无出路。蒲松龄的《醒世姻缘传》第三十三回，对于穷秀才治生的方法，曾想了好几个：一是开书店，二是开缎铺、布铺、绸铺、当铺，三是收大粪，四是开棺材铺，五是来往官府做绅士。他觉得这都不好，不是没本钱，就是捐税太重，或是不自由，或是做不动。所以"夜晚寻思千条路，惟有开垦几亩砚田，以笔为犁，以舌为耒，自耕自凿的过度，雨少不怕旱干，雨多不怕水溢，不但饱了八口之家，自己还要心广体胖……这便是秀才治生之本。"其实，塾师每年所得报酬极其微薄，难得"心广体胖"，特别是"先生越老，学生越小，功程越多，束修越少"，塾师自身的生活也难得温饱。在科举时代，描述塾师生活的诗文、故事很多，有同情也有讥讽。清朝郑板桥《教馆诗》，前六句是"教馆本来是下流，傍人门户度春秋。半饥半饱清闲客，无锁无枷自在囚。课少父兄嫌懒惰，功多子弟结冤仇。"是自嘲，也是自怨。诗的后两句："而今幸得青云步，遮却当年一半羞。"则是他得意以后的自我安慰。

在西方，教师的地位也屡有变迁。古希腊雅典伺候奴隶主子弟学习的成年奴隶，名叫教仆。奴隶主的子弟上学和放学时，教仆跟随伴送，并为他们携带学习用具。教仆也向儿童传递知识，然而身份依然是奴隶，主人随时可以把他们贴上标记，定出价格到市场上拍卖。

文艺复兴以后，教师的地位与作用日益受到重视，夸美纽斯说："我们对于国家的贡献，哪里还有比教导青年和教育青年更好更伟大的呢？"[①]他认为教师的职业是太阳底下最光辉的职业。但与东方一样的是，在西方直到 19 世纪，初等学校特别是为劳动人民所设立的初等学校的教师一直不受重视。19 世纪以前，欧洲各国初等学校的教师大多数由教堂里的唱诗人、旅馆的掌柜以及"坐着的手艺匠（裁缝、鞋匠等）"兼任。出现这种情况是由于教师的职业不能维持生活，手工业者的收入也难以维持生计，于是许多手工业者兼任教师，把教育儿童当作获得补充工资的工作。当时各国政府为了解决部分手工业者的生活问题，也提倡这种办法。以普鲁士为例，在 1722 年，便曾规定乡村小学教师应从裁缝、织布匠、铁匠之中挑选。1738 年，为解决裁缝的生活困难，特许他们包办本村的教育。后来，腓特烈·威廉二世下令：普鲁士的初等学校必须聘他的退伍老弱残兵当教师。在法国，初等学校的教师首先由教堂差役兼任，而他们的本职工作是：帮助主祭做各种教会职务，在做弥撒时义务唱歌，每天早晚和日间打钟，照顾教堂的钟，使它准确

---

① 夸美纽斯著，傅任敢译：《大教学论》，人民教育出版社 1984 年版，第 4 页。

无误。①

19 世纪以后,教师地位有所改善,但远不尽如人意。1850 年法国立法会议通过了教师法,马克思就此描述道:"教师法,使身为农民阶级的思想家、辩护人、教育家和顾问的学校教师受省长任意摆布,像追逐野兽一样把身为学者阶级中的无产者的学校教师从一个村庄赶到另一个村庄。"②在沙皇俄国,列宁说:"如果谈到教师的薪俸,俄国也是很穷的。他们只能领到少得可怜的一点钱。国民教师在没有生火的、几乎不能居住的小木房里受冻挨饿。国民教师同冬天被农民赶进小木房里的牲畜住在一起。任何一个地方的下级警官、农村黑帮分子或甘心做暗探和特务的人都可以陷害国民教师,至于来自官僚的各种挑剔和迫害就更不用说了。"③

历史发展到今天,教师的地位已有了很大提高。我国大力倡导尊师重教的社会风尚,教师具有较高的职业声望,具有较高的社会地位,教师的合法权益受到法律的保护。《中华人民共和国教师法》(以下简称《教师法》)明确提出,"全社会都应当尊重教师",要"改善教师的工作条件和生活条件,保障教师的合法权益,提高教师的社会地位"。对于教师的待遇,《教师法》明文规定,"教师的平均工资水平应当不低于或者高于国家公务员的平均工资水平,并逐步提高";"教师的医疗同当地国家公务员享受同等的待遇";"教师退休或者退职后,享受国家规定的退休或者退职待遇";等等。

在我国,教师有自己的专门节日,《教师法》规定每年的 9 月 10 日为教师节。教师节的建立,标志着教师在我国受到全社会的认可和尊敬。

> **专栏 10.1　教师节的由来**
>
> 　　教师节是我国仅有的包括护士节、记者节在内的三个行业性节日之一。自 1931 年以来,我国在不同历史时期共有过四种不同日期和性质的教师节。
> 　　我国历史上最早出现的教师节在 1931 年。当时,教育界知名教授邰爽秋、程其保等联络京、沪教育界人士,拟定每年 6 月 6 日为教师节,并发表《教

---

① 许椿生:《简谈历史上教师的作用和地位》,瞿葆奎主编,李涵生等选编:《教育学文集·教师》,人民教育出版社 1991 年版,第 10 页。

② 马克思:《1848 至 1850 年的法兰西阶级斗争》,华东师范大学教育系编:《马克思恩格斯论教育》,人民教育出版社 1979 年版,第 88—89 页。

③《论国民教育部的政策问题》,华东师范大学教育系编:《列宁论教育》,人民教育出版社 1979 年版,第 67 页。

师节宣言》,提出改善教师待遇、保障教师工作、增进教师修养三项目标。这个教师节没有被当时的国民政府承认,但在全国各地产生了一定的影响。

鉴于"六·六"教师节是教师自发组织设立的,国民政府没有承认,1939年,国民政府教育部决定另立孔子诞辰日(8月27日)为教师节,并颁发了《教师节纪念暂行办法》,但当时未能在全国推行。

1951年,中华人民共和国教育部和中华全国总工会共同商定,将教师节与国际劳动节合并在一起,5月1日作为我国教师节。由于种种原因,教师节实际上并未实行。

为了发扬"尊师重教"的优良传统,提高教师地位,1985年1月21日,在第六届全国人大常委会第九次会议上,正式通过国务院关于建立教师节的议案,确定每年9月10日为中国的教师节。

定教师节为9月10日,是考虑到新学年开始,学校要有新的气象,师生要有新的感觉。新生入学伊始,即开始尊师重教活动,可以给教师教好、学生学好创造良好的气氛。同时,9月份全国性节日少,便于各方面集中时间组织活动并突出宣传报道,促进全国范围内形成尊师重教、尊重知识、尊重人才的良好社会风尚。

(二) 教师的作用

对于教师作用,可以从两个方面来分析,一是从教师与社会特别是文化的关联方面,一是从教师与学生相联系的方面。也就是说,要研究教师与保存、改进文化的关系,研究教师与学生的关系。在这两个问题中,需注意教师能够发挥什么样的作用,以及教师应该发挥什么样的作用。

1. 教师与社会文化的传承、发展

就整个教师群体来看,教师无疑在文化的传承和保存之中起着重要的作用,但是具体到教师个人来说,是否发挥了这样的作用,则并不一定。另外,如果只是一味地强调社会文化的保存和继承,也就会使得教育与教学成为一股保守的力量,不能适宜于日益变化的社会文化。

教师如何在社会文化的传承和发展中发挥作用,要视其基本态度而定:

如果他是对传递已有文化漠不关心的人,那么,他常常会把各种文化看作是与儿童的天性相悖的东西,在教学中尽量去忽视它甚至把它抵消。这些教师常是那些极端的人本主义者,他们对每个学生自主的自我发展和自我实现抱有浓厚的兴趣,鼓励学生不顾文化中流行的社会习俗和道德风尚而自行其是。在这些教师那里,社会文化的继承与发展大致是无望的。

如果他是缔造新文化的人,那么,他就会把自己看作是激进的革新者,常在自己的思想观念中先设计一种理想文化的规范,然后将向着这种理想文化前进所需要的态度、价值和知识传递给学生。他常不满意于现状,而以一个"文化建筑师"的姿态出现,通过向学生灌输和宣传进行文化设计。在社会变革时期,持这种态度的教师会有所增多。

如果他是文化的保存者,那么,他就会把自己看作是传统态度、价值和知识的"卫道士"。他会着力去吸收、分析已有的文化,并试图去把它们完整地传给下一代。他不是把自己看作改造文化的积极力量,而是尽力去压制任何异乎寻常的思想,对与现有文化相悖的思想观念等持排斥态度。一般地说,在一个相对封闭的社会里,教师惯常以文化保存者的姿态出现。而在开放社会里,教师的这种态度常会遇到挑战,因为社会的变革使得旧的社会意识丧失,且伴随着这种旧意识并与之紧密结合的价值模式也会发生蜕变,与教师们所提倡的态度、价值和信念结构相协调的结构已经不存在了。

如果他是对文化进行批判性分析的人,那么,他就可能会从上述三种态度中得出一种自然的综合,把自己当作一个文化的研究者。在对待任何一种文化要素时,既不是单纯地忽视它,或是变革它,也不是单纯地保存它,而是对它进行评价和分析,一方面认识到文化中存在的矛盾和冲突,另一方面考虑到解决它们的各种可能的方式,至少要防止它们在学生头脑中引起的混乱。他会以民主的方式进行教学,师生之间在对于提炼、建设文化方面达成充分的理解。[①]

四种不同态度的教师,在社会文化的继承与发展中所发挥的作用是不同的。在当今文化多元的社会中,教师更应该取对文化进行批判性分析的姿态,鼓励学生去研究他们自己的文化和其他社会的文化,在此基础上促进文化的融合与进步。

2. 教师与学生的发展

教师在学生发展中的作用,早已有了诸多的论述,实在已是耳熟能详了。古罗马的西塞罗说:"教育者,所以使儿童道德心容易发达,而不流于罪恶之放肆,以高尚其思想也。"[②]英国教育家沛西·能认为,教师是塑造学生性格、沟通学生心灵的

---

① 参见比格著,张敷荣等译:《学习的基本理论与教学实践》,人民教育出版社 1991 年版,第 348—351 页。

② 姜琦:《西洋教育史大纲》,商务印书馆 1921 年版,第 57 页。

"思想搬运夫"。① 苏联教育家苏霍姆林斯基曾这样语重心长地寄语教师："你不仅是活的知识库，不仅仅是一名专家，善于把人类的理智财富传授给年轻一代，并在他们的心灵中点燃求知愿望和热爱知识的火花。你是创造未来人的雕塑家，是不同于其他人的特殊雕塑家。教育创造真正的人，就是你的职业。社会把你看成能工巧匠，我们国家的未来在很大程度上取决于这种能工巧匠。"②

教师的确能够在学生的成长和发展中发挥一定的作用，但是同时我们还应注意到，教师要"塑造"学生的心灵，帮助学生获得知识技能是有一定前提条件限制的。加拿大曾有学者形象地把教师比作一把钥匙（key），以为教师陪伴学生来到各种知识门前时，会出现两种情形：作为打开知识大门的教师，是为学生敞开知识之门呢？还是把学生锁在知识门外呢？

他提出在下列情况下，学生是被锁在知识门外的：

教师如果不了解学生就等于锁上了知识的大门。不同年龄的学生，其兴趣和面临的问题各不相同，他们是带着各种各样的情感和问题来到学校的，作为教师若不了解这些问题，就可能在学生感情方面锁上了大门。学生在感情等方面的问题与创伤得不到解决，就可能因之而与其周围的人产生隔阂，影响正常的学习。

教师如果没有为学生确定学习目标就等于锁上了知识大门。学生没有努力的目标，教师就无法衡量自己的教学效果；没有努力的目标，学生自身就没有什么鞭策的力量，既没有失败的惩罚，也得不到成功的喜悦。

教师跟不上学术的发展变化，就起不到向学生打开知识大门的作用。这里的"学术"指的是科学知识的新发展、教学方法的新认识和洞察学生个性发展的新途径。教师应对这些学术发展有所了解。

教师没有对教学做充分准备，也意味着锁上了知识大门。每个班级学生的情况都是有所不同的，同样的教材用于不同的班级，教学组织方法等也应有所不同。如果教师没有进行充分的备课，就会使教材枯燥乏味，影响学生对教学内容的理解。

在他看来，作为教师，和钥匙一样，锁门与开门都有同样的机会。当学生的天资、才能在教师的帮助下得以发挥，教师就是打开门的钥匙。并且，教师这把钥匙的确能打开丰富的知识宝藏，但更重要的是使学生本身成为打开知识大门的钥匙。教育事业的成败，就在于教师在多大程度上能使学生本身成为一把钥匙，在他们广

① 沛西·能著，王承绪译：《教育原理》，人民教育出版社1992年版，第115页。
② 转引自李范编：《苏霍姆林斯基论美育》，湖南人民出版社1984年版，第108页。

阔的未来以这把钥匙去探索、揭开知识的宝库。[1]

━━━━━━━ **专栏10.2 教师观的隐喻** ━━━━━━━

关于如何认识教师,有诸多比较含蓄的比喻方式,如我们通常会把教师看成工程师、园丁、蜡烛、春蚕、孺子牛、导演等。有研究者着重对教师的四种隐喻进行了分析,即"教师是人类灵魂的工程师""教师是园丁""教师是一桶水""教师是蜡烛"。这四种教师角色隐喻的特点如下。

表10-1 四种教师角色隐喻的特点

	工程师	园丁	一桶水	蜡烛
哲学观	机械主义	人本主义	机械主义	禁欲主义
时间取向	现世取向	现世取向	过去取向	未来取向
教师观	工程师	园丁	倒水者	蜡烛
学生观	产品	花朵	接水者	受益者
知识观	学科知识	学生认知结构	学科知识	—
学习观	机械定型	自然生长	灌输	—
发展观	静止	动态	机械积累	—
质量观	固定、统一	固定、统一	固定、统一	—
师生关系	单向	双向	单向	单向
教师作用	塑造灵魂	培育人才	传授知识	牺牲自己
学校观	工厂	花园	水泵	庙宇
大教育观	教育是复制	教育是生长	教育是灌输知识	教育是培养后代

二、教师的角色与特征

对教师的文化特征可以从多方面进行分析,我们从教师所承担的各种各样的角色中也可见其一斑。因为每种角色都有着与这种角色相称的思想和行为表现,体现着特定的文化方面的要求。

(一)教师角色:教育社会学的研究

我们先看看教育社会学中的有关研究。

[1] 珀金著,王英杰等译:《论教师的作用》,《外国教育动态》1980年第3期。

杰克逊（Jackson，P. W.，1929—2015）在《教室中的生活》（*Life in Classrooms*）一书中,曾形象地把教师在教室中的角色比喻为:交通警察、法官、供需长、计时员。

交通警察:设想一下教师行动的神速,他一会儿走到这儿,一会儿又走到那儿,他要像一个守门员一样来回跑动,他还要谈话,处理课堂对话,当一个学生在讨论中想发言时,教师一般要意识到学生的愿望,并引导他评论。

法官:课堂上常见几个学生同时想参加或回答问题,教师又要决定谁发言以及发言的顺序,或者决定不让谁发言。

供需长:对于一个教师特别是小学教师来说,由于教室的空间和物质资源都是有限的,他必须审慎地分配这些材料;与发放物品相关的就是向某些学生授予特权,一般是分派人人都渴望的任务,诸如发放器械等。

公共计时员:教师要掌握事情按时开始按时结束,或者延长或者缩短;他决定由讨论转入讲述课文或做其他活动的合适时机;他决定一个学生是否该休息了或是否该放学回家了。[1]

也有人将教师职业与牧师作了对比,以为两者间在很大程度上是相同的。"出于一些原因,学校几乎等同于教堂这样一个储备思想的仓库。教师就如同牧师一样,在很大程度上拥有社会上的神圣不可侵犯的东西,他必须要稍好于其他人,因此,他若是不吸烟那就更好一些。事实上,他必须要能控制所有那些应予以否定的德行,爱好生活中的美好的事物、文学、艺术和最好的音乐是他分内的事情。他同样必须要对所有美好的事业感兴趣,也就是对那些诸如不破坏社区中重要的既得利益的事业感兴趣……与牧师一样,教师会为得到真正的尊敬而兴奋不已,并且人们会把他看作多少有些荒谬可笑的人物。"[2]

教师承担的诸种角色及其表现,使得教师的思想、态度、行为、价值倾向等有着不同于其他社会群体的特征,成为一种相对独特的文化形式。阿普尔（Apple，M. W.）在对此进行分析时指出,教师多具有一种专业主义（Professionalism）倾向（一般与受雇者倾向相对,指教师有独立自决的心理定向,而不是以一个受雇佣者的形象出现:以学校领导成员的意志为转移,在处理事务上是被动的、消极的）,这与教师承担的诸多责任有关。教师在其与学生相互作用的日常活动中,随时都面临着诸多的选择和决策。例如,他要对测验进行分级,确定用什么样的技巧来教育

---

[1] 杰克逊著,张臻等译校:《教室里的组织压力》,厉以贤等主编:《西方教育社会学基本文选》,五南图书出版公司 1993 年版,第 559—560 页。

[2] Waller, W., The Teacher's Roles, in Roucek, J. S. et al. (eds.), *Sociological Foundations of Education*, 1942, p. 217.

学生,他要学会有效地管理不同的学生群体,要设计课程,如此等等。这种职业主义和责任感也促使他们努力地去工作,因为只有这样他们才能巩固、扩展其职业地位。

专栏 10.3　美国小说中的教师形象

　　有人甚至仔细考察了美国小说中的教师形象,依据教师的种种特征,为教师作了如下的素描:

　　他们渐渐变老,但是并不幸福,他们富有爱心但是自身却得不到爱,他们有需要但却得不到满足,他们永远是把生命奉献给其他母亲的孩子的教育的陌生人,随着岁月的流逝,他面露倦容,对事物愈加敏锐,感情日见淡漠,他在课堂上是位独裁者,而在社区则是位隐士,一旦她们接受了作为学校女教师的角色,也就等于接受了老处女的角色,她们默默地为自己所遭受的无法言表也无法理解的痛苦和挫折寻求着答案……在美国小说中,男教师常常是佝偻着身子、骨瘦如柴、面色阴沉、疲倦;他身着褴褛的衣衫,故作优雅,过时了的服装松垮地悬挂在他营养不足的骨架上……简言之,他们在成功地作为一个教师的同时,注定不会成为一个合格的男人或女人。①

　　此番论述来自小说中教师诸形象的汇总,难免有夸张的成分和色彩,但亦从中可见教师特征(其中包含文化特征)的独特之处。

(二)教师角色:教育心理学的研究

　　教育心理学中对教师角色也进行了许多研究,美国学者林格伦(Lindgren,H.C.)在其《课堂教育心理学》(*Educational Psychology in the Classroom*)中,把教师角色区分为三大类:教学与行政的角色、心理定向的角色、自我表现的角色。三大类别中又包含着若干小类别(子类别)。(见表9-1)

表9-1　教师的不同角色

教学与行政的角色	教学人员 社会榜样 课堂管理员 办事员 青年团体工作者 公关人员

---

① Foff, A., The Teacher as Hero, in Grambs, J.D., *Schools*, *Scholars and Society*, 1978, pp. 187-188.

续表

	人的关系的艺术家
心理定向的角色	社会心理学家
	催化剂
	临床医师
	帮助人的人
自我表现的角色	学习者和学者
	父母形象
	寻求权力者
	寻求安全者

1. 教学与行政的角色

教学人员是教师所表现出的首要的和最突出的角色。他之所以成为教师，其核心就在于他是一个发动、指导和评定学习的人。

社会榜样是教师常扮演的一个角色。他们常被看作"社会代表"，他们展示给学生以成人的行为样式，对于学生的行为具有深远的影响。

课堂管理员是基于建立或安排学习情境的需要而形成的角色，教师要为学习任务而制定种种规则和程序，并以此来限制和控制学生的行为。

教师扮演的另外一个次要角色是办事员。许多职业大多需要做大量的事务工作，教学也不例外。教师常有许多作业要批改和评分，测验要评阅，分数要登记，要作报告，要写信和发通知，要整理档案，等等。

青年团体工作者的角色常是在课外承担的，如做各式各样的体育活动的教练、各种节目的导演、辅导课外小组活动等。在这种种活动中，他们实际上是作为青年工作的领导者而出现的。

此外，每个教师都不同程度地扮演着公关人员的角色。无论是在教师与家长之间，还是在教师与其他社区成员之间，教师总免不了对一些问题进行阐明，对学校的种种政策予以讲解、说明，以帮助家长和社区其他人员更好地了解学校。

2. 心理定向的角色

教师还是在教育情境下工作的心理学工作者，在扮演这种角色时，教师常会意识到以往的教学法知识及管理课堂的技能太有限了，它们远不能有效地指导学生的启发性学习。在这种情境中，教师扮演的角色分为以下几种：

处理人的关系的艺术家是教师扮演的主要角色之一。他要学会运用多种不同的技巧来营造学习的情境，他要根据学生个性上的差异、社会背景的不同和所处的特定的教学情形，来使用不同的方法，他要将科学知识与个人经验融为一体。

他还是一位社会心理学家。教师在教学中会逐步清楚集体能够有意或无意地妨碍学习的进步,而且也会清楚借用集体的力量来刺激学习。此外,他很清楚精神振奋和团结一致的集体比涣散的集体更能接受学习。因此,他明了他的职责,会帮助学生彼此了解和相处,使得相互之间以及与教师之间更有成效地进行交流和沟通。

催化剂是促进变化的一种物质成分。一名教师也可以被认为是一种心理催化剂,因为学生产生的许多变化都是由于教师之故。可以说所有的教师对他们所在的班级都有着某种催化的效果。

临床医师的角色主要表现在帮助学生学习更有效的生活方式,减轻神经焦虑或是激发正常的紧张,帮助学生获得心理的需要,通过诸发展阶段的任务促使学生达到进一步成熟等。

3. 自我表现的角色

教师的行为有时是为了满足自身的需要的,这类角色有以下表现:

帮助人的需要。许多教师选择教学这样一个职业,是由于它提供了一个帮助别人的机会。正是帮助别人的献身精神,使得一些教师成年累月地在极其困难和原始的条件下工作。

学习者和学者。这两个角色是彼此重叠并结合在一起的。有许多教师是由于他对某个知识领域发生兴趣而从事教学工作的,这样的教师对所教的学科抱有极大的热情,并且会用自己的热情去感染、激发学生。

父母形象。这种角色使得教师与其他部门的从业人员区分开来。儿童在入学之初认为教师是父母的化身,在教师方面,有时认为自己与学生处在一种父子关系之中,因而对儿童的行为相应地予以酬答。在教师与儿童之间的许多关系之中,常蕴藏着非常稳固的父母般的行为暗流。

寻求权力者。扮演这种角色的教师会欣赏管制和指挥别人,他们常把自己的愿望强加在别人身上。

寻求安全者。与寻求权力有关的是寻求安全,有时教师为他的职业所吸引,是因为这个职业比较安定且能预知未来,他们可能选择教师职业是为了避免冒险和不破坏现状的变化。[①]

(三)教师的角色冲突

从上面的分析中可以看出,教师是承担着多种不同的角色的,并且这些角色有

① 林格伦著、章志光等译:《课堂教育心理学》,云南人民出版社 1983 年版,第 660—667 页。

着相当大的差异。在这种情况下，教师的角色冲突几乎是一件不可避免的事情，这种冲突既可能发生在几种不同的角色之间，也可能发生在教师角色和承担这种角色的情境之间。美国学者威尔逊（Wilson，B. R.，1926—2004）曾提出："所有对他人高度负责的角色，都要经受相当多的内在冲突和不安全感。"[1]

教师的角色冲突主要有以下几种类型：

1. 角色的弥散性和模糊性产生的冲突

教师的角色不是单一的、专门的，而是弥散的、模糊的。比如，教师都承担着这样的职责，即促使儿童社会化，激发他们的学习热情，向他们传递一定的价值规范，唤醒他们对社会及个人的责任感，并且能对事实和知识进行批判性的分析。这样的要求使得教师深深地把自己投入其中，但是，对于教师这一角色在改变学生的兴趣、行为、态度和价值观等更为广泛的责任范围里，却很难甚至不能证明已经取得了什么成就。他们不知道自己是否已经获得了成功，是否已经完成了工作，由此就会形成角色内在的冲突，即教师个人希望看到自己角色扮演的成果的需要，与他的角色扮演中许多成果的"无形性"之间的矛盾。尼尔（Neill，A. S.，1883—1973）曾这样写道："大多数教师或多或少模糊地感到他们的工作是一个无底洞。比起律师或医生来，教师感到自己的工作要更多地耗损心力……因为他的工作似乎永远不会了结，永远看不到尽头。"[2]

2. 不同团体对教师角色的不同期望产生的冲突

由于教师角色是多种多样的，具有弥散性的特点，因而社会中的不同团体对教师应该做什么和怎样做，都有着自己的看法，也就是说，不同团体对教师的期望是有差别的。在这种情形下，教师就会不可避免地面对各种相互冲突的期望，在自己应该扮演什么样的角色上犹豫不决，甚至无所适从。同样是对教师职责中的一个事物，如对学生自发形成的同伴群体的管理，不同团体的评价可能是大相径庭的，有的认为是教师分内之事，有的认为与教师职责没什么关联，有的可能认为对它加以管理、干涉，就意味着教育的全盘失败，如此等等。教师常常会觉察到这些相互冲突的期望，并受到它们的干扰。

3. 教师的受雇地位与自主性之间的对立产生的冲突

教师总是受雇于一定社区的，是当地社区的"公仆"，而对于教师来说，他们往往有着比社区更为宽泛的价值观和抱负，有着更大的自主性。因而，在社区的要求

---

[1] Wilson，B. R.，*The Teacher's Role：a Sociological Analysis*，1962，p. 27.

[2] Neill，A. S.，*The Problem Teacher*，1939，p. 47.

与教师的要求之间,常会产生这样或那样的冲突,也会出现教师为争取更大自主权而展开的斗争。此外,学校在社会的管理体制影响下,会出现官僚主义倾向,这也强化了教师的受雇地位,在这两者之间,有时也会产生冲突。

4. 教师的自我利益与他人利益之间的对立产生的冲突

教师角色所负的责任,与现代社会就业倾向之间存在着相互背离,这种背离就造成了教师严重的角色冲突。教师也是现代社会的一员,他也会与其他人一样,期望取得社会的认可,获得更大的社会成就,但是,教学角色却要求教师要与学生维持一种较为持久的关系,要求他较为长久地投身于特定的教学情景之中去。这样,这两者之间就会产生冲突。无论是教师根据个人意愿想脱离教学职业,还是想转到条件更为优越的学校,都是难以做到的一件事情。

5. 多元文化价值产生的冲突

在变化日益加速、文化日趋多样化的社会里,教师到底应采取哪种价值观呢?实际上,他们往往会遇到来自不同价值观的冲击,感受到不同价值观之间的冲突。在现代社会中,至少有两种不同的价值观存在着,一种是传统的价值观,一种是新生的价值观。教师若是作为以往时代的代言人出现,恪守传统的价值规范,就会持有传统的价值观,他在教学实践中,会常常感到来自学生的反叛甚至嘲笑;教师若是认同新生的价值观,在许多方面与学生相一致,他们也会常感到与校长期望、同事与家长期望的冲突。

6. 角色的边缘地位产生的冲突

作为角色的扮演者来说,如果他自己感觉他对所属的机构来说是重要的,就会有一种处于中心地位的认识。如果他感到自己在同事或管理部门看来,仅是处于一种无关痛痒的边缘地位时,就会出现冲突的情境。教师由于感觉处在边缘地位,也会产生种种冲突。比如,一些中小学由于过于强调升学,就会把学术科目置于中心地位,而职业技术学科的教师和体育教师,就会或多或少地认为自己的活动是"多余的"。边缘地位有时不一定与某个或某些学科紧密相关,在这其中,校长的教育定向和他对某些学科的"庇护"作用,是这些学科教师满意与否的重要因素。如果校长在某些事情上,如时间和资源的分配等,对一些原本处于边缘的学科给以青睐,那么,这些学科就不会再属边缘地位。①

---

① 格雷斯著,戴玉芳等译:《教师和角色冲突》,瞿葆奎主编,李涵生等选编:《教育学文集·教师》,人民教育出版社 1991 年版,第 205—220 页。

三、教师的职业道德

教师职业道德，又称"教师道德"或"师德"，是教师在从事教育职业中所遵循的行为准则和必备的道德品质。任何一项能称得上是职业的工作，都兼有服务社会目的和帮助个体谋生的功能。这种双重性，一方面意味着从业人员可以通过职业活动获得必要的经济回报或其他利益，但不能因此损坏职业活动所内含的社会目的，伤害到他人或社会的利益；另一方面意味着国家或社会可以要求从业人员恪尽职守，但也不能因此忽略个体通过职业活动谋生的基本需要，伤害到从业人员的基本权益。从这种意义上说，任何职业都内含着道德上的要求，不仅要考虑社会的共同利益和从业人员的个人权益，而且在很多时候，需要在两者之间维持必要的平衡。教师从事的工作更是如此，他们正是通过促进学生的多方面发展、增加学生的生活机会和服务社会的共同利益，获取相应的经济或社会回报的。由此或可说，教师从事的工作根本上就是一项道德的事业。

（一）教师职业道德的功能

对教师的道德期望或要求，并不是到今天才有的。尤其在我国，有着久远而优良的师道传统。古代所谓"师"，除了指军旅之外，通常是指"教示以善道者""有德行以教民者"。这意味着，师者不仅要教人以"善道"，而且要有优良的"德行"，成为教授生徒和教化民众的道德"模范"。这个传统，至今仍然深刻影响到人们对教师的道德观念，以及广大教师的道德自我。

> **专栏 10.4　为师之道**
>
> 　　为师之道，端在德行道艺有于身，而超于其类，拔乎其萃，聪明睿知，皆如泉源，砥节砺志，行可仪表，以身率教，而为人之模范也。《学记》言记问之学不足以为人师，荀子曰师术有四，博习不与焉。自汉氏以来，又有经师易遇人师难遭之说，此乃缘于经师仅及乎道艺，而人师则需德行道艺兼备。故历代言师资者，咸曰经明行修，而以行修尤推首要。盖以身教者从，以言教者讼；潜移默化，存乎德行。能以身为正义者，则其攻人之恶，正人之不中，不俟鞭策，而使人深切感悟，亶然乐从，教化所被，无思不服矣。是以古昔师儒之砥节砺行，莫不知微慎独，忠信笃敬。潜心至圣，耆艾而信。其守道崇礼，戴仁抱义之精神，诚富贵所不能淫，贫贱所不能移，威武所不能屈。浩气沛然，充塞宇宙，审乎为天地立心，为生民立命。其博学强识，则莫不博通坟籍，温故

知新。守约得要，知微而论。考前代之宪章，参当时之得失，收文武之将坠，拯微言之未绝，允矣为往圣继绝学，为万世开太平。师儒既博学而不穷，笃行而不倦，洵能日就月将，缉熙于光明，而臻乎经明行修之境矣。成身莫大于学，故其为学则学而不厌，不耻下问，无常师，师万物。利人莫大于教，故其为教，则有教无类，爱才如命，诲人不倦，恂恂善诱。是以先觉觉后觉，暗者求于明，而师道立矣。[①]

相比较古代"师"的概念，今天的"教师"概念具有明确的职业意味，意指一个或一群专门从事教育教学工作的人。但是，对现代教师的道德期待或要求，仍然在一定程度上沿袭了传统师道的要义。具体来说，教师在教育教学活动中，一方面作为道德教育者，需要教给学生道德知识或价值观，激发他们的道德情感，引导他们的道德行动，促进他们的道德成长，另一方面作为道德主体或能动者，需要以道德上负责任或可接受的方式（如"尊重学生"）传递知识、技能和价值观。很多时候，前一方面隐含着对后一方面的要求，即教师应该以道德的方式教给学生道德。很难想象，一个教师能以虚假的方式让学生习得诚实，能以专断的方式让学生学会民主。因此，很多人认为，教师的职责不仅在"教书"，而且在"育人"，在"立德树人"；不仅在知识的传授，更在品格的陶冶。这就要求教师有良好的道德品行，甚至崇高的道德境界。从这一角度来看，教师应该使自己职业行为符合道德上的要求，是源自他们对学生的道德教育责任。

然而，教师职业道德之所以重要，并非都是为了学生（道德）发展的考虑，还有专业上的考虑。美国学者里奇（Rich，J. M.）认为，职业道德具有四项功能：①对服务对象而言，确保提供的专业服务切合合理的高标准和可接受的伦理行为，这有助于从业人员在涉及服务对象的决策上进行相对独立的判断；②对公众而言，表明从业人员服务的是公共利益，应可持续赢得公众的信任、信赖和支持；③对从业人员来说，提供统一的规则和行为标准，可以让他们了解什么行为是可接受的，并以此调节自己的行为；④对职业本身来说，伦理准则有助于彰显一个职业或行业的专业特征，促进其从半专业迈向专业的地位。[②] 具体到教师工作领域，职业道德的功能主要体现在以下三个方面：

---

① 萧承慎：《教学法三讲》，福建教育出版社 2009 年版，附文：《师道征故》。
② Rich，J. M.，*Professional Ethics in Education*，Charles C. Thomas Publisher，1984，p. 6 - 7.

1. 保护学生权益

在任何专业活动中，专业服务不仅意味着一种社会性的关系，而且意味着关系双方（专业人员与服务对象）相互持有的态度。但是，在这一关系中，双方并不是自愿或对等的，其中专业人员居于支配地位，服务对象往往处在被动的地位，因此专业人员必须承担起对服务对象的道德责任。[①] 具体到学校生活中，教师在教育教学的过程中可以相对自主地决定这堂课教什么和怎么教，而学生对于这堂课教什么或怎么教并没有选择权和评价权。尽管学生也可以积极地参与到课堂教学过程中来，也会改变教师的课堂教学进程，但是这种参与或改变都在很大程度上取决于教师个人的教学方式和态度。有时，学生也可以评教，但他们的评教并不是专业意义的。由于这种非对等或支配性的关系，作为专业人员的教师必须防止自身专业权威的误用或滥用，避免对学生基本权益的侵犯或伤害。

2. 促进专业自治

从根本上说，教师职业道德并非全然来自国家或社会公众的强制或要求，而是源自教师工作本身的内在要求和从业群体的自我约束，反映的是教师专业社群的自律或自治。正因为如此，很多国家的教师职业道德规范都是以教师专业组织为主体制定的。尽管国家或地方的教育行政部门也会对教师职业行为提出道德上的要求，甚至制定标准和细则、进行评估和奖惩，但是这些来自外部的行政性规定或措施，既要充分尊重教师职业道德的性质和特征，也要切实赢得教师群体的积极参与与认同，否则这些规定或措施就很有可能难以发挥实际的效用，而且有可能伤害教师群体的专业自治。

3. 维护专业形象

维护专业形象这种承诺不只是为了保障学生的权利和利益，而且有利于维护教师的社会形象和专业地位。一旦人们发现教师涉嫌滥用自己的专业权威或权力，教育或教学这个专业在公众心目中的良好形象就可能受损。由于该专业对从业人员的准入和任用都有严格的要求，一起教师道德失范的事件，不仅伤害当事的学生和教师，而且可能造成家长或公众对他所在学校其他教师（乃至整个教师队伍）的质疑或负面评价。正因为如此，很多专业都试图建立和颁布严格的伦理准则，约束和规范从业者的专业行为，维护专业的社会声誉和地位。

---

① Downie, R. S., Professions and Professionalism. in D. E. W. Fenner（Ed.）, *Ethics in Education*. Garland Publishing, Inc., 1999, p. 8.

（二）我国教师职业道德规范

随着经济社会的发展和教育事业的推进，我国教师职业道德的建设也在不断加强。特别是近年来，国家颁布了一系列有关教师职业道德的文件，用以指导和规范教师日常的职业行为。从这些文件中，可以看到我国教师职业道德规范的主要内容及其所调节的关系范围。

1.《中小学教师职业道德规范(2008 年修订)》

我国制定有专门的教师职业道德规范——《中小学教师职业道德规范(2008 年修订)》(以下简称《规范》)。现行的《规范》，是教育部和中国科教文卫体工会全国委员会于 2008 年修订发布的，包括爱国守法、爱岗敬业、关爱学生、教书育人、为人师表和终身学习这 6 条要求。这些要求构成了调节教师与学生、教师与学校、教师与国家、教师与社会相互关系的基本行为准则。相比较以前，该《规范》更重视对学生权益的保护，明确要求教师在教育教学活动中不得讽刺、挖苦、歧视学生，不得以分数作为评价学生的唯一标准等。

> **专栏 10.5　《中小学教师职业道德规范(2008 年修订)》**
>
> 　　一、爱国守法。热爱祖国，热爱人民，拥护中国共产党领导，拥护社会主义。全面贯彻国家教育方针，自觉遵守教育法律法规，依法履行教师职责权利。不得有违背党和国家方针政策的言行。
>
> 　　二、爱岗敬业。忠诚于人民教育事业，志存高远，勤恳敬业，甘为人梯，乐于奉献。对工作高度负责，认真备课上课，认真批改作业，认真辅导学生。不得敷衍塞责。
>
> 　　三、关爱学生。关心爱护全体学生，尊重学生人格，平等公正对待学生。对学生严慈相济，做学生良师益友。保护学生安全，关心学生健康，维护学生权益。不讽刺、挖苦、歧视学生，不体罚或变相体罚学生。
>
> 　　四、教书育人。遵循教育规律，实施素质教育。循循善诱，诲人不倦，因材施教。培养学生良好品行，激发学生创新精神，促进学生全面发展。不以分数作为评价学生的唯一标准。
>
> 　　五、为人师表。坚守高尚情操，知荣明耻，严于律己，以身作则。衣着得体，语言规范，举止文明。关心集体，团结协作，尊重同事，尊重家长。作风正派，廉洁奉公。自觉抵制有偿家教，不利用职务之便谋取私利。
>
> 　　六、终身学习。崇尚科学精神，树立终身学习理念，拓宽知识视野，更新

知识结构。潜心钻研业务，勇于探索创新，不断提高专业素养和教育教学水平。

为了进一步落实《规范》的规定，强化教师职业道德规范的指导和约束功能，教育部于 2014 年制定了《中小学教师违反职业道德行为处理办法》（以下简称《办法》）。该办法更为明确地划定了教师违反职业道德的 10 项行为，包括：在教育教学活动中有违背党和国家方针政策的言行；遇突发事件时不履行保护学生人身安全职责；不公平公正对待学生；在招生、考试、考核评价、职务评审、教研科研中弄虚作假、营私舞弊；体罚学生和以侮辱、歧视等方式变相体罚学生；对学生实施性骚扰或者与学生发生不正当关系；索要或者违反规定收受家长、学生财物；组织或者参与针对学生的经营性活动，或者强制学生订购教辅资料、报刊等谋取利益；组织、要求学生参加校内外有偿补课，或者组织、参与校外培训机构对学生有偿补课；其他严重违反职业道德的行为。对于出现这些失范行为的教师，该《办法》要求根据情节轻重给予相应的处分，包括警告、记过、降低专业技术职务等级、撤销专业技术职务或者行政职务、开除或者解除聘用合同等。

2.《新时代中小学教师职业行为十项准则》

进入新时代后，我国更加重视教师队伍建设（尤其是师德建设）的工作。2018年 1 月中共中央、国务院《关于全面深化新时代教师队伍建设改革的意见》要求弘扬高尚师德，引导广大教师以德立身、以德立学、以德施教、以德育德，坚持教书与育人相统一、言传与身教相统一、潜心问道与关注社会相统一、学术自由与学术规范相统一，争做"四有"好教师，全心全意做学生锤炼品格、学习知识、创新思维、奉献祖国的引路人。

为了进一步增强教师的责任感、使命感、荣誉感，规范职业行为，明确师德底线，引导广大教师成为这样的"四有"好老师，教育部制定和颁布了《新时代中小学教师职业行为十项准则》（具体内容见下），并据此对《中小学教师违反职业道德行为处理办法》进行了重新修订。

专栏 10.6　《新时代中小学教师职业行为十项准则》

一、坚定政治方向。坚持以习近平新时代中国特色社会主义思想为指导，拥护中国共产党的领导，贯彻党的教育方针；不得在教育教学活动中及其他场合有损害党中央权威、违背党的路线方针政策的言行。

二、自觉爱国守法。忠于祖国,忠于人民,恪守宪法原则,遵守法律法规,依法履行教师职责;不得损害国家利益、社会公共利益,或违背社会公序良俗。

三、传播优秀文化。带头践行社会主义核心价值观,弘扬真善美,传递正能量;不得通过课堂、论坛、讲座、信息网络及其他渠道发表、转发错误观点,或编造散布虚假信息、不良信息。

四、潜心教书育人。落实立德树人根本任务,遵循教育规律和学生成长规律,因材施教,教学相长;不得违反教学纪律,敷衍教学,或擅自从事影响教育教学本职工作的兼职兼薪行为。

五、关心爱护学生。严慈相济,诲人不倦,真心关爱学生,严格要求学生,做学生良师益友;不得歧视、侮辱学生,严禁虐待、伤害学生。

六、加强安全防范。增强安全意识,加强安全教育,保护学生安全,防范事故风险;不得在教育教学活动中遇突发事件、面临危险时,不顾学生安危,擅离职守,自行逃离。

七、坚持言行雅正。为人师表,以身作则,举止文明,作风正派,自重自爱;不得与学生发生任何不正当关系,严禁任何形式的猥亵、性骚扰行为。

八、秉持公平诚信。坚持原则,处事公道,光明磊落,为人正直;不得在招生、考试、推优、保送及绩效考核、岗位聘用、职称评聘、评优评奖等工作中徇私舞弊、弄虚作假。

九、坚守廉洁自律。严于律己,清廉从教;不得索要、收受学生及家长财物或参加由学生及家长付费的宴请、旅游、娱乐休闲等活动,不得向学生推销图书报刊、教辅材料、社会保险或利用家长资源谋取私利。

十、规范从教行为。勤勉敬业,乐于奉献,自觉抵制不良风气;不得组织、参与有偿补课,或为校外培训机构和他人介绍生源、提供相关信息。

四、教师的专业发展

教师的专业发展,又称教师的专业成长,是指教师在整个专业生涯中,依托专业组织专门的培养制度和管理制度,通过持续的专业教育习得教育教学专业技能,形成专业理想、专业道德和专业能力,从而实现专业自主的过程。它包括教师群体的专业发展和教师个体的专业发展。

教师发展是一个动态的、漫长的过程。教师作为教学专业人员，其职业生涯会经历一个逐渐走向成熟的发展历程。职前的教育和在职的实践与再学习，都对教师的专业发展有着不可忽视的作用。

自20世纪60年代末，美国学者富勒（Fuller, F. F.）以其编制的著名的《教师关注问卷》揭开教师发展阶段理论研究的序幕以来，教师发展的相关理论研究，已成为一个蓬勃的研究领域，俨然成为欧美乃至世界各国教育界关注的新焦点。教师发展阶段理论是一种以探讨教师在历经职前、入职、在职以及离职的整个职业生涯发展过程中所呈现的阶段性发展规律为主旨的理论。

（一）富勒的教师关注阶段论

富勒认为，在成为专业教师的过程中，教师们所关注的事物是依据一定的次序更迭的。根据教师的需要和不同时期教师关注的焦点问题的不同，可以把教师的专业发展划分为如下阶段：

1. 关注生存阶段

关注生存阶段是教师成长的起始阶段。在此阶段的教师一般是新手型教师，他们非常关注自己的生存问题，即能否在这个新环境中生存下来。此时，教师以关注班级管理、教学内容及指导者的评价为主。此阶段，注重自己在学生、同事，以及学校领导心目中的地位，处于这种生存忧虑中，他们本身感觉压力大。

2. 关注情境阶段

当教师认为自己在新的教学岗位上已经能够完全适应时，便会尽其所能地将其所学运用于教学情境之中，如关注学生学习成绩的提高，关心班集体的建设，关注自己备课是否充分等与教学情境有关的问题。一般来说，老教师比新手教师更关注这个阶段。

3. 关注学生阶段

许多教师在职前教育阶段表达了对学生学习、品德和情绪需求的关注，却没有实际行动。直到他们能适应教学的角色压力和负荷之后，才能真正地关怀学生。在关注学生阶段，教师能考虑到学生的个别差异，认识到不同年龄阶段的学生存在不同的发展水平，具有不同的情感和社会需求。可以说，能否自觉关注学生是衡量一个教师是否成熟的重要标志。

（二）卡茨的教师发展时期论

美国学者卡茨（Katz, L. G., 1972）根据自己与幼儿园教师一起工作的经验，运用访问与调查问卷法，且特别针对教师的训练需求与专业发展目标，把教师的发展分为以下四个阶段：

1. 生存时期

新任职的教师，关心的是自己在陌生环境中能否生存下来，这种情形可能持续1—2年。此阶段，教师最需要支持、理解、鼓励，给予他们信心、安慰、辅导和教学上的技术协助。

2. 巩固时期

此阶段会持续到第三年。教师统整第一阶段的经验、技巧，开始注意个别学生的问题，以及思考如何帮助学生。在这一时期，给予教师教学的现场协助，让教师接触专家、同事以及顾问的建议都是必要的。

3. 更新时期

此阶段可能会持续到第四年。在这一时期，教师对于平日繁杂又规律刻板的工作感到倦怠。这一时期，必须鼓励教师加入教师专业组织，参加教学研究、进修活动。通过同行之间交流教学心得与经验，以学到新的经验、技巧和方法。

4. 成熟时期

有的教师教2—3年就能达到成熟的阶段，有的教师则需要五年甚至更长的时间。此阶段的教师，已有足够能力探询较深入、抽象的问题，同时，已习惯于教师的角色。在这一时期，教师适宜参加各种促进教师发展的活动，包括参加各种研讨会，加入教师团体组织，进修学位等。

（三）费斯勒的教师生涯循环论

美国学者费斯勒（Fessler，R.），于1985年推出一套动态的教师生涯循环理论，从整体上探讨教师生涯的发展历程。

1. 前教育阶段

此阶段是特定角色储备期，常指大学或师范学院进行的师资培育，也包括教师从事新角色或新工作的再训练。

2. 引导阶段

此阶段常指教师初任教师的前几年，是教师步入学校系统和学习教学工作初期。在此阶段，新任教师努力寻求学生、同事、学校与教育行政人员的认同，并设法处理好每天遇到的问题和有关事务。

3. 能力建立阶段

在此阶段的教师，努力增进与充实和教育相关的知识，提高教学技巧和能力，设法获得新的教学材料、方法和策略。此时的教师都想建立一套属于自己的教学体系，经常接受与吸收新的观念，参加研讨会和各种相关的会议，以及继续进修与深造。

4. 热心和成长阶段

教师在此阶段,已经具有较高水平的教学能力,但一位热心教育和继续追求成长的教师,会更积极地追求其专业形象的建立,发挥热爱教育的工作热忱,不断地寻找新的方法来丰富其教学活动。

5. 生涯挫折阶段

在此阶段,教师可能会受到某种因素的影响,或是产生教学上的挫折、倦怠感,或是工作满足程度逐渐下降,开始怀疑自己选择教师这份工作是否正确。

6. 稳定和停滞阶段

这一阶段的教师存在着"做一天和尚,撞一天钟"的心态。这些教师只做分内的工作,不会主动追求教学专业上的优秀与成长,只求无过,不求有功,可以说是缺乏进取心、敷衍塞责的阶段。

7. 生涯低落阶段

这是准备离开教育岗位,打算"交棒"的低潮时期。在此阶段,有些教师感到愉悦自由,回想以前的桃李春风,而今终能功成身退;另外一些教师,则会以一种苦涩的心情离开教育岗位,或是因被迫终止工作而感不平,或是因对教育工作的热爱而觉眷恋。

8. 生涯退出阶段

这是离开教职以后天涯寂寥的时期。有些人可能会含饴弄孙,颐养天年,也可能是齿危鬓秃,多病故人疏,总之是到了生命周期的最后落幕阶段。

(四) 司德菲的教师生涯发展模式

美国学者司德菲(Steffy,B. E. ,1989),依据人文心理学派的自我实现理论,吸收了费斯勒等人先期研究的成果,将教师的发展分为五个阶段:

1. 预备生涯阶段

这一阶段主要包括初任教职的教师,或重新任职的教师。初任教师通常需要 3 年的时间,才会进展到下个阶段,而重新任职的教师则能很快超越此阶段。在此阶段教师的特征:理想主义、有活力、富创意、接纳新观念、积极进取、努力向上。

2. 专家生涯阶段

这一阶段的教师已具有较高水平的教学能力与技巧,同时拥有多方面的信息来源。这些教师都能进行有效的班级经营和时间管理,对学生都抱有高度的期望,也能在自己的工作中,激发自我潜能,达成自我实现的目的。同时,这时的教师具有一种内在的透视力,可随时掌握学生的一举一动。

3. 退缩生涯阶段

初期的退缩。这一时期的教师的表现不是最好，也不是最坏。这一类的教师在学校中可说是最多，也是最易被忽视的一群。他们很少致力于教学革新，所用的教材内容，年复一年，他们的学生表现平平。此类教师所持的信念，都较为固执。因此，这些教师，多半都沉默寡言，跟随别人，消极行事。这时，如果教育行政人员给予适时、适当的支持与鼓励，这些教师又会恢复到专家生涯阶段。

持续的退缩。这一时期，教师表现出倦怠感，经常批评学校、家长、学生，甚至教育行政部门，有时对一些表现好的教师也妄加指责。此外，这些教师会抗拒变革，对于行政上的措施不做任何反应。这些行为都有可能妨碍学校的发展。处于此一时期的教师，或是独来独往，或是行为极端，或是喋喋不休。这些教师人际关系都不甚和谐，家庭生活有时也会出现问题。因此，这一时期的教师需要帮助。

深度的退缩。这一时期的教师在教学上表现出无力感，甚至有时还会伤害到学生。但是这些教师并不认为自己有这些缺点，且具有很强烈的防范心理，这是学校最难处理的事。解决办法是让这些教师暂时转岗或转业。

4. 更新生涯阶段

这一阶段的教师在一开始出现厌烦的征兆时，他们就采取了较为积极的对应措施，如参加研讨会，进修课程，或加入教师组织等。因此在此阶段的教师，又可看到预备生涯阶段朝气蓬勃的状态——有活力、肯吸收新知识、进取向上。唯一不同之处在于，预备生涯阶段的教师，对教学工作感到新奇振奋，而在更新生涯阶段的教师，则致力于追求专业成长，吸收新的教学知识。但在此阶段的教师，仍需要外在的支持，更需要学校的行政部门的支持与协助。

5. 退出生涯阶段

到了退休年龄，或由于其他原因而离开教育岗位。一些教师开始安度晚年，而一些教师则可能继续追求生涯的第二春天。[①]

以上各种教师发展阶段的理论，各有异同，从不同方面、不同角度展示了教师发展的一般过程，这为我们提供了完整地看待教师的发展历程的路线图。当然，其中的一些描述，也未必适应我国教师发展的情况，这就需要进一步地探究与完善。

① 杨秀玉：《教师发展阶段论综述》，《外国教育研究》1999年第6期；贺斌：《国外教师专业发展阶段理论简介》，《青年教师学报》2007年第5期。

专栏 10.7　第斯多惠关于教师学习的七条建议

第斯多惠在《德国教师培养指南》中提出的有关教师如何进行学习的七条建议：

1. 学习要有重点，在你所要学习的各个教学专业的文章上多下功夫，就是说要特别学习那些有争议的而又有独到见解的文章。

2. 集中时间和精力学习一个专业。一曝十寒，三天打鱼，两天晒网的学习方法会损坏一个人的身体和灵魂。

3. 学习要扎扎实实，在初读一本书时要彻底领会和理解逐句逐段的意义，彻底理解每一个概念的含义，如果有些地方看不明白，就要在这些模糊点上多下功夫，反复琢磨，反复研究，融会贯通，直到全面掌握为止。

4. 温故而知新，重点学习主要作品以及内容丰富的重要期刊。

5. 对于那些和你经常所学专业联系不太密切的文章，可以边读边摘录，抄写在笔记本上。

6. 建议你在学习教材时物色一个志同道合的朋友和几个勤奋好学的学生，共同备课，详细研究和讨论教材的内容。

7. 将你的学科作为你学习的核心。

五、教师的任用制度

具备教师资格证书，是担任教师的前提条件。教育行政部门和学校，根据教师聘任制度，聘任具备教师资格的人来学校从事教育工作。

（一）教师资格制度

教师资格制度是国家实行的、法定的教师职业许可制度。教师资格是国家对专门从事教育教学工作人员的最基本要求，是公民获得教师工作应该具备的特定条件。教师资格制度实施后，只有具备与学校办学层次相应的教师资格，才能被聘任担任教师工作。未取得教师资格的人将不能从事教师工作。教师资格作为一种法定国家资格一经取得，即在全国范围内不受地域的限制，具有普遍的适用效力。

为了保证教师队伍的质量和促进教师职业的专业化水平，不少国家都实行了教师资格制度。《教育法》和《教师法》也都规定，国家实行教师资格制度，国务院于 1995 年颁布了《教师资格条例》。2000 年，教育部发布了《〈教师资格条例〉实施办法》。

1. 实施教师资格制度的意义

第一，实施教师资格制度，是形成多渠道培养和聘任教师的重要环节和制度保障，有利于吸引优秀人才到教师队伍中来，有利于形成高质量的教师储备队伍，为真正实施教师聘任制，优化教师队伍奠定基础。

第二，有利于推动教育人事制度，建立"公平、竞争、择优"的教师选拔机制，促使教师的任用走上科学化、规范化和法制化轨道，保证教师队伍的整体质量，从根本上杜绝不适宜教育教学工作的人执教。

第三，有助于提高教师职业的社会地位与声望，并在全社会形成尊师重教的良好风气，使教师职业具有吸引力；同时，促进教师队伍素质、教育教学质量和报酬待遇之间形成良性循环。

2. 教师资格的条件

我国《教师法》第十条明确规定："中国公民凡遵守宪法和法律，热爱教育事业，具有良好的思想品行，具备本法规定的学历或者经国家教师资格考试合格，有教育教学能力，经认定合格的，可以取得教师资格。"《教师法》规定了取得教师资格的一般条件，要取得教师资格，还要具备以下条件。

（1）学历条件

教师资格必须具备的相应学历：

取得幼儿园教师资格，应当具备幼儿师范学校毕业及其以上学历；

取得小学教师资格，应当具备中等师范学校毕业及其以上学历；

取得初级中学教师、初级职业学校文化、专业课教师资格，应当具备高等师范专科学校或其他大学专科毕业及其以上学历；

取得高级中学教师资格和中等专业学校、技工学校、职业高中文化课、专业课教师资格，应当具备高等师范院校本科或者其他大学本科毕业及其以上学历；

取得高等学校教师资格，应当具备研究生或者大学本科毕业学历。

取得成人教育教师资格，应当按照成人教育的层次、类别，分别具备高等、中等学校毕业及其以上学历。

（2）教育专业技能

教师应当具备的教育教学工作基本素质和能力：要具有选择教育教学内容和方法、设计教学方案、掌握和运用教育学心理学知识的能力，语言表达能力，管理学生的能力，运用现代教育技术的能力，以及教育教学研究能力。除列入国家普通招生计划的师范类专业毕业的申请人外，其他人员需参加教育学、心理学补修；并经教师资格认定机构进行教育教学素质和能力测试，成绩合格。

（3）普通话水平

普通话水平应达到国家语言文字工作委员会颁布的《普通话水平测试等级标准》二级乙等及以上标准。其中，中小学语文教师和幼儿教师的普通话应达到二级甲等及以上标准。

（4）身体条件

申请人应当具备良好的身体素质和心理素质，无传染性疾病，无精神病史，有完全的法律行为能力等，在教师资格认定机构指定的县级以上医院体检合格。

3. 教师资格的类别与适用

我国的教师资格共分为七个类别，分别为：幼儿园教师资格、小学教师资格、初级中学教师资格、高级中学教师资格、中等职业学校教师资格、中等职业学校实习指导教师资格和高等学校教师资格。

取得教师资格的公民，可以在本级及其以下等级的各类学校和其他教育机构担任教师。其中，高级中学教师资格与中等职业学校教师资格相互通用；但取得中等职业学校实习指导教师资格的教师，只能在中等专业学校、技工学校、职业高级中学或者初级职业学校担任实习指导教师，不能与其他教师资格融通。

教师资格是从事教师职业所必须具备的基本条件，不具备这些条件，就没有当教师的资格，就不能成为一名合法的教师。取得教师资格的人，也不一定能够马上从事教师工作。是否能从事教师工作，还要受教师编制、学校师资需求、教师队伍学科结构、聘任条件等方面的限制。只有被学校或其他教育机构聘任为教师后，才能享有法定的教师权利，履行相应的教师义务。而且，获得了教师资格并不等于就能成为一名合格称职的教师，要真正成为一名合格称职的教师，还必须全面提高自我素养，并勇于探索和实践。

（二）教师管理制度

教师聘任制，是在符合国家法律制度的情况下，聘任双方在平等自愿的前提下，由学校或者教育行政部门根据教育教学岗位设置，聘请有教师资质或教学经验的人担任相应教师职务的一项教师任用制度，是我国法律法规明确的教师管理制度。教师职称评审制度也是关乎教师发展和教师管理的重要制度。

1. 教师聘任

我国《教师法》第十七条规定："学校和其他教育机构应当逐步实行教师聘任制。教师的聘任应当遵循双方地位平等的原则，由学校和教师签订聘任合同，明确规定双方的权利、义务和责任。实施教师聘任制的步骤、办法由国务院教育行政部门规定。"

（1）聘任制的步骤

教师聘任制分为聘用、聘任两个步骤。

聘用制是以合同的形式确定事业单位与职工基本人事关系的一种用人制度，即事业单位工作人员在本单位的身份属性通过与单位签订聘用合同确定。聘用制将传统的用人制度改革成为合同契约式的用人制度；简单地说，就是学校聘用某人做教师。

聘任制是事业单位内部具体工作岗位的管理制度，是相对委任制而言的。它是指用人单位通过契约确定与人员关系的一种任用方式。一般的做法是由用人单位采取招聘或竞聘的方法，经过资格审查和全面考核后，由用人单位与确定的聘任人选签订聘书，明确双方的权利义务关系和受聘人员职责、待遇、聘任期等。简要地说，就是学校确定教师的工作岗位和工作职责。

（2）教师聘任制的形式

教师聘任制依其聘任主体实施行为不同可以分为以下几种形式：① 招聘，即用人单位面向社会公开、择优选择具有教师资格的应聘人员；② 续聘，即聘任期满后，聘任单位与教师继续签订聘任合同；③ 解聘，即用人单位因某种原因不适宜继续聘任教师，双方解除合同关系；④ 辞聘，即受聘教师主动请求用人单位解除聘任合同的行为。

2. 教师职称

1986 年开始，我国建立以中小学教师职务聘任制为主要内容的中小学教师职称制度。1987 年，全国中小学第一次进行职称评审。2015 年 8 月 28 日，人力资源社会保障部、教育部印发《关于深化中小学教师职称制度改革的指导意见》规定，"建立统一的中小学教师职务制度，教师职务分为初级职务、中级职务和高级职务"。初级设员级和助理级；高级设副高级和正高级。员级、助理级、中级、副高级和正高级职称（职务）名称依次为三级教师、二级教师、一级教师、高级教师和正高级教师。

表 10.2　教师的职称等级

系列	正高级	副高级	中级	助理级	员级
高校教师	教授	副教授	讲师	助理讲师	无
中学教师	正高级教师	高级教师	一级教师	二级教师	三级教师
小学教师	正高级教师	高级教师	一级教师	二级教师	三级教师

在中小学，特别优秀的教师会被授予特级教师称号。特级教师是一种荣誉称号，不是中小学教师职称的一个等级。

专栏 10.8　特级教师是一种荣誉

"特级教师"是国家为了表彰特别优秀的中小学教师而特设的一种既具先进性，又有专业性的称号。特级教师应是师德的表率、育人的模范、教学的专家。评定对象是普通中学、小学、幼儿园、师范学校、盲聋哑学校、教师进修学校、职业中学、教学研究机构、校外教育机构的教师。

特级教师制度是 1978 年根据邓小平同志的意见建立的。1978 年 4 月 22 日，邓小平在全国教育工作会议上讲到尊重教师的劳动时明确指出："要采取适当措施，鼓励人们终身从事教育事业。特别优秀的教师，可以定为特级教师。"在会议召开之前，小平同志已经把景山学校当作试点，把学校挑选申报的三位老师亲自定为特级教师，这是全国第一次任命，也是最早的特级教师。根据邓小平同志的讲话，1978 年 10 月，教育部、国家计划委员会制定颁发了《关于评选特级教师的暂行规定》，12 月 7 日下达通知，在全国开始了评选特级教师工作。文件规定："评选特级教师应坚持从严掌握和实事求是的原则，严格按照评选条件认真、慎重地进行评选。各地和学校有符合评选条件的教师就评选，否则，就不评选。第一次评选，北京、上海、天津等大城市评选面暂定控制在万分之五以内，其他地方应低于这个比例。"

1993 年 6 月，原国家教委、人事部、财政部根据中小学教师队伍素质的提高和骨干教师队伍建设需要，按照小平同志关于中小学教师队伍建设的一系列讲话精神，将评选特级教师的暂行规定修订为《特级教师评选规定》，进一步明确了特级教师条件，增加了评选数量，提高了特级教师津贴。经国务院批准，从 2008 年 1 月 1 日起，中小学特级教师津贴标准做了进一步调整，公办学校发放特级教师津贴所需经费全额纳入财政预算。

六、师生的相互作用

关于师生之间的相互作用问题，凡是从事教育教学工作的人几乎都持有一种潜在的前提性的假设，或是以教师为中心，或是以学生为中心，或是两者间以相对平等的、较为民主的方式发生作用，或是几者间的混杂、综合。

（一）"教师中心论"与"儿童中心论"

"教师中心论"与"儿童中心论"，是教育发展史上影响较大的两种主张，他们对教师和儿童在教育过程中所处地位和作用的认识，深深影响着近代以来的教育实践活动，甚至在今天也不难寻其痕迹。

"教师中心论"强调教师在教育过程中的权威地位，强调教师对学生学习活动的控制和学生对教师的服从。而"儿童中心论"则与其相反，强调学生在教育过程中的中心地位，强调学生的自主和自动，将教师置于辅助地位。

"教师中心论"与"儿童中心论"，在历史发展中是犬牙交错、此消彼长的。在这里，我们采用一种多少有些简单化的方式，即以其各自的发展为线索来展示它们的发展脉络。

1. "儿童中心论"的发展

"儿童中心论"最早较为典型地体现在卢梭那里。这位反专制、反教条、反经院的愤世嫉俗的卢梭，这位崇尚自然、呼吁回归自然、提出"文明越进步，道德越堕落"二律背反命题的卢梭，给教育找到了一个出发点，那就是尊重儿童的天性，遵循儿童的身心发展。文艺复兴以来，的确响起了尊重人权的呼声，然而由尊重人权发展到尊重童权，是既相连续而又彼此不同的两件事。卢梭在承接近世以来尊重人权思想的基础上，竭力推崇儿童的天性和尊重儿童的主观能动性。他说在万物中人类有人类的地位，在人生中儿童有儿童的地位，必须把人当人看待，把儿童当儿童看待。这个近代教育范畴的强音，使得儿童在教育中步入了新的轨道。他从自然主义的教育观点出发，要求教育适应受教育者的成长和发育。他说儿童是未成熟者，不是学问家，不是道德学家，不是神学家，教师施教要设身处地为幼小儿童着想，不能脱离儿童，不能揠苗助长。

在卢梭所设计的教育过程中，儿童一直是被置于无外力强制的中心地位的。儿童自身的兴趣是教育的出发点，儿童自身的求知活动是教育的中介点，儿童的发展与成长是教育的归宿。整个教育活动大体是这样进行的：

观察自然现象引起儿童好奇心；

慎勿忙于满足这种好奇心，只是把问题放在儿童面前；

儿童独立研究，带着思虑和焦急熬过许多时日；

当某种方法不能解决时，还须换一种方法引导；

自觉地寻找出结论。[①]

[①] 引自杨小微：《中小学教学模式》，湖北教育出版社 1990 年版，第 31 页。

"卢梭一生所说的话，所做的事，有许多是愚蠢的。但他认定教育应当根据受教育者的天赋能力，根据研究儿童以发现这些天赋的能力，这种主张却是现代一切发展教育事业的努力的基调。他的意思是说，教育不是把外面的东西强迫儿童或青年去吸收，而是要使人类与生俱来的能力得以生长。从这个观念出发，就产生卢梭以后许多教育改革家所竭力强调的种种主张。"①

杜威所讲的这段话，在一定程度上是自身立场与态度的表征。他本人应归于他所说的"教育改革家"之列。他秉承"一切学习都来自经验"这样"一个古老的公式"，认为教学必须从学习者已有的经验开始，通过经验的生长，有步骤地扩充和组织知识。凡"有意义的经验"，总是在思维的活动中进行的，思维就是方法，就是在思维的过程中明智的经验的方法。因此，教学中采用的方法的要素与思维的要素是相同的。他结合思维过程对教学步骤作了这样一个描述，从中可以洞见学生在教学过程中的地位：

学生要有一个真实的经验的情境——要有一个对活动本身感兴趣的连续的活动；

在这个情境内部产生一个真实的问题，作为思维的刺激物；

他要占有知识资料，从事必要的观察，对付这个问题；

他必须负责一步步地展开他所想出的解决问题的方法；

他要有机会通过应用来检验他的想法，使这些想法意义明确，并且让他自己去发现它们是否有效。②

这一切正如杜威自己所宣称的："现在，我们教育中将引起的改变是重心的转移。这是一种变革，这是一种革命，这是和哥白尼把天文学中心从地球转到太阳一样的那种革命，在这里儿童变成了太阳，而教育的一切措施则围绕着他转动，儿童是中心，教育的措施便围绕他而组织起来。"③

"儿童中心论"在当今，当以人本主义教育家罗杰斯的"非指导性教学"为代表。

罗杰斯认为，传统教育中教学的主要特征是教师的"指导（direction）"，这种教学忽视了人的自我意识，限制了人的情感的充分表达，使个体不能很好地理解自己，内心充满各种各样的冲突，因此应代之以"非指导性教学"。这种教学以学生的"自发学习（self-initiated learning）"为特征，教学目的由学生来制定，最终的学习活动也许由学生而不是由教师作出评价，教师的工作应着力于培育学生的独立性、创

---

① 王承绪、赵祥麟编译：《杜威教育论著选》，华东师范大学出版社1981年版，第131页。

② 同上书，第191页。

③ 同上书，第53页。

造性和自我依赖。教师在学习过程，也即教育过程中的作用仅仅是一个"侍者（servant）"，并被形象地比喻为"音叉"，意为应学生之呼声而共鸣。他们在教育中的作用表现在：帮助学生澄清自己想要学习什么；帮助学生安排适宜的学习活动与材料；帮助学生发现他们所学东西的个人意义；维持某种滋育学习过程的心理气氛。①

专栏 10.9　罗杰斯的"非指导性教学"实例

　　罗杰斯的非指导性教学是一种无结构的教学，教学的目的、内容、进程和方法等由学生自己讨论决定，学生有绝对选择的自由，个人可以无拘束地提出自己的问题，发表自己的意见，一切活动由学生自己发展，自行组织。课程进行既无终结也不考察。这里且举 1958 年罗杰斯在布兰代斯大学为期四周的夏季课程教学的参加者坦恩鲍姆博士所写的报告为例，以见一斑。

　　课程的进程是完全不拘形式的，任何时候、任何人，甚至导师也不知道下一分钟教室里会出现什么局面，会对哪一个题目展开讨论，会提出哪些问题，哪些个人的需求、感觉和感情会宣泄而出。这种无拘无束的自由气氛是由罗杰斯本人造成的。在这里，人们享受到人类相互给予的一切自由。罗杰斯博士以一种既友好、又随便的态度和学生们（约 25 名）围坐在一张大桌子旁，他说他很乐意听我们谈谈自己的目的，再做一些自我介绍。接踵而来的是一段紧张的沉默，没有人讲话。最后为了打破这种局面，有个学生羞怯地举手发了言，接着又是一阵令人尴尬的冷场，之后另一个人举起手。在那以后，大家举手就踊跃多了。指导教师始终没有催促任何一个学生开口。

　　……他从来不做总结性发言，这是与所有教学法背道而驰的。各项讨论最后都悬而未决，课堂上提出的问题总是在流动变化之中。学生们出于获得知识、取得一致的愿望，力求去理解并得出结论。甚至学生们的分数都没有定论。分数意味着终结，罗杰斯博士是不给分的，而是由学生自己报分，这样就使这个表示课程完结的标志也变得悬而未决，没有定论了。同时，由于课程没有一定的结构，每个人都把自身投入课堂之中，他讲的是自己的话，而不是课本上的语言。因此，他以真实的自我与他人进行了交流，也正因为如此

---

① 方展画：《罗杰斯的教育思想与非指导性教学论》，载钟启泉等主编：《美国教学论流派》，陕西人民教育出版社 1993 年版，第 258—259 页。

才产生了这种亲密关系和热烈气氛，它与一般课程上那种非人格化的课程内容形成了对比。①

2. "教师中心论"的演进

"教师中心论"强调教师在教育中的权威作用，在近代以前尤为盛行。近代以前典型的教学方式为：讲、听、读、记（记录、记忆）、练，而且具有机械的性质。在中世纪大学刚刚兴起之时，这种教学方式体现得甚为明显。当时，印刷术尚未发明，图书很少，学生读的课文，是靠教师讲，学生记。教学的程序是读课文，接着教师对课文进行详细说明，再是评论特别有兴趣的段落，最后提问题进行讨论。

赫尔巴特是"教师中心论"的代表人物之一，他为"教师中心"给出了理论上的阐释。赫尔巴特认为："把人交给'自然'，甚至于把人引向'想像'，并在'自然'中锻炼只是一件蠢事。"他形象地把人的自然本性比作一只大船，教师比作舵手，大船要经得起风吹雨打，到达彼岸，必须依靠舵手把握方向，指挥它航行。他还主张："学生对教师必须保持一种被动的状态。"②并指出："按照方法培养心智的艰巨任务，从总体上讲应当留给教师。"③

在赫尔巴特那里，师生关系在很大程度上是被看成给予和接受、上级和下级甚至主人和奴隶的关系的。比如，他主张对儿童要严加管理，紧紧地牢固地抓住管理这根缰绳，因为"起初儿童并没有形成一种能下决断的真正意志，有的只是一种处处都会表现出来的不服从的烈性"④，他期望通过严格管理避免儿童那些危害他人和社会的不良行为。他还提出一系列具体的管理措施，如威胁、监督、命令和服从、惩罚，以保证教学的良好秩序。赫尔巴特的五段教学法——预备、提示、联系、总结、应用⑤，也主要是以教师的活动为着眼点的，预备是指教师要提出问题，说明目的；提示是教师提示新课程，讲解新教材；联系是通过师生间的交谈，使学生在旧有知识经验的基础上形成新观念；总结是教师对教学内容进行概括，得出各种结论；应用是学生按教师要求完成、修改作业，把系统化了的知识运用于实际。

赫尔巴特的五段教学法，对我国影响至深，特别是在正规的学校教育出现之

① 转引自吴文侃主编：《当代国外教学论流派》，福建教育出版社1990年版，第309—311页。
② 张焕庭主编：《西方资产阶级教育论著选》，人民教育出版社1964年版，第294页。
③ 同上书，第275页。
④ 赫尔巴特著，李其龙译：《普通教育学·教育学讲授纲要》，人民教育出版社1989年版，第23页。
⑤ 赫尔巴特起先是把教学分为四个阶段的，即明了、联想、系统、方法，后其学生齐勒（Ziller，T.）等人将其分为五段。

初,简直被视为"科学教学法"的代名词。正如陈宝泉所讲的:"前清末造,初兴学校的时候,真不知教授法为何事。曾忆初到日本,听教师讲五段教学法时,以为用科学的方法,发展儿童的本能,实为新教育之最大特色。所以当时官私编辑的小学教授用书,以及各小学实用的教授方法,殆无一不是适宜五段教授法原理的。"当时的中小学教育,在教学过程中,几乎都是以教师为中心的。据林砺儒等说:"中国自有学校教育,其教授法即通用演讲式之注入主义,非惟中学然也。大抵文学、历史、地理当科,专赖教师之取材与说明,即立刻之实验,亦由教师行之,作为说明之一种,学生旁观而已。学生之作业,除作文及演算外,惟图画、手工、体操,则非诉诸学生之动作不可,然亦不过模拟的作业而已。其教授之良否,则纯视教师之准备教材之是否丰富,说明之是否透辟为断。总之,学生所得,殆出自教授之授予。"①

凯洛夫的《教育学》也带有着浓郁的"教师中心"的倾向。在他主编的《教育学》中,提出课堂教学永远是在教师领导下进行的,教师的话带有法律的性质;学生并不负有发现真理的任务,他们的任务就是掌握基本知识,并学会利用这类知识。尽管他在教学原则中也曾提到学生自觉性和积极性的原则,但只是一带而过,他的教学理论,始终是把注意力集中在教师的教学上的,学生的活动在很大程度上被忽视了。人们常指责凯洛夫的《教育学》有"三中心"之嫌,即"以教师为中心""以教材为中心"为"以课堂教学为中心",是有一定道理的。

专栏 10.10 判定"学生中心论"者和"教师中心论"者的方法

如果要判定一个人是学生中心论者,还是教师中心论者,可阅读下列关于学习的假设,并用 5 分制来表示自己的同意程度,5 分表示坚决同意,1 分表示坚决不同意。

（1）儿童生来就是好奇的,在没有成人干预的情况下,他愿意探索周围的环境;

（2）儿童的探索行为是自我坚持的;

（3）假如儿童的心里没有受到威胁的话,他们会自然而然地显示出自己的探索行为;

（4）自信是与学习能力、与影响一个人作出重要学习选择的因素有极大关系的;

---

① 转引自《云五社会科学大辞典·教育学》,(台湾)商务印书馆 1973 年版,第 105 页。

（5）在一个丰富的、能提供大量操作材料的环境中的主动探索，将促进儿童的学习；

（6）在童年早期，游戏不能与占优势的学习模式那样的工作明显区别开；

（7）儿童对他们的学习既有能力也有权利采取重要的决定；

（8）如果让孩子们在学习材料的选择上有更大的自主权，学生就更有去学习的可能；

（9）如果有机会，孩子们将选择进行对他们最有兴趣的活动；

（10）如果孩子们完全卷入一种活动并对它感到有乐趣，学习就发生了。

如果你对以上问题的记分是 40 分以上，你就是一个学生中心论的支持者，记分若低于 20 分就标志着你更倾向于教师中心论。①

（二）师生相互作用的类型与方式

1. 师生相互作用的类型

"教师中心"和"学生中心"实际上为我们提供了两种师生相互作用的方式。那么，在教育教学中，我们除了这两种方式以外，还有无其他可供选择的方式？换句话说，这两种方式在教学中是否适宜呢？对此问题的回答，与其从哲学层面上去探讨，倒不如从实践或者说实证的层面上去探讨。

关于师生相互作用的一个经典实验，是 1939 年在勒温（Lewin，K.，1890—1947）的指导下，由李皮特（Lippitt，R.，1914—1986）和怀特（White，R. K.，1907—2007）所做的。他们的研究表明，教师的领导方式是课堂气氛及师生相互作用模式的重要因素。死板的安排、威胁和专制主义的控制，隔断了学生与学生之间的联系，使有的儿童与集体隔离。这些消极影响也造成学生的紧张、神经过敏和互相攻击。学会处理人与人之间的关系乃是学生学习的一个重要组成部分，没有良好的集体生活经验，学生的学习就不可能有效进行。他

勒温

（1890—1947）德国心理学家，格式塔心理学的后期代表，拓扑心理学的创始人。主要著作：《个性的动力理论》《解决社会冲突》等。

---

① 林格伦著，章志光等译：《课堂教育心理学》，云南人民出版社 1983 年版，第 408—409 页。

们根据实验研究,概括了四种师生关系和可能导致的学生的学习行为(见表10.3)。

表 10.3　师生关系与学生行为[①]

类　型	特　征	学生的典型反应
强硬专断型	1. 对学生时时严加监视 2. 要求即刻无条件地接受一切命令——严厉的纪律 3. 他认为表扬可能会宠坏儿童,所以很少给予表扬 4. 认为没有教师监督,学生就不可能自觉学习	1. 屈服,但一开始就不喜欢和厌恶这种领导 2. 推卸责任是常见的事情 3. 学生易激怒,不愿合作,而且可能会在背后伤人 4. 教师一离开课堂,学习就明显松垮
仁慈专断型	1. 不认为自己是一个专断独行的人 2. 表扬学生并关心学生 3. 他的专断的症结在于他的自信 4. 以我为班级一切工作的标准	1. 大部分学生喜欢他,但看穿他这套方法的学生可能会恨他 2. 在各方面都依赖教师——在学生身上没有多大的创造性 3. 屈从,并缺乏个人的发展 4. 班级工作的量可能是多的,而且质也可能是好的
放任自流型	1. 在和学生打交道中几乎没有什么信心,或认为学生爱怎样就怎样 2. 很难作出决定 3. 没有明确的目标 4. 既不鼓励学生,也不反对学生;既不参加学生的活动,也不提供帮助或方法	1. 不仅道德差,而且学习也差 2. 学生中有许多"推卸责任""寻找替罪羊""容易激怒"的行为 3. 没有合作 4. 谁也不知道应该做些什么
民主型	1. 和集体共同制定计划和作出决定 2. 在不损害集体的情况下,很乐意给个别学生以帮助、指导 3. 尽可能鼓励集体的活动 4. 给予客观的表扬与批评	1. 学生喜欢学习,喜欢同别人尤其喜欢同教师一道工作 2. 学生工作的质和量都很高 3. 学生互相鼓励,而且独自承担某些责任 4. 不论教师在不在课堂,需要引起动机的问题很少

[①] 转引自邵瑞珍等编著:《教育心理学——学与教的原理》,上海教育出版社 1983 年版,第 269 页。

这四种类型中，第一、二种更多地体现为"教师中心"，而第三种则主要体现为"学生中心"。从各种不同的师生关系所导致的教学效果来看，不言而喻，在当代社会，应取第四种类型，在教师与学生之间建立起一种民主的相互支持的关系，从而达到促进学生自主发展的目标。

2. 师生相互作用的方式

教师的不同活动方式给学生带来的影响不同，这其中就涉及了这样一个问题：师生之间是如何相互作用的？其间的机制是什么？近年来，曾有一些学者尝试用微观解释的方法对这种相互作用过程进行了研究，提出了下列模式（见图 10 - 1）[①]：

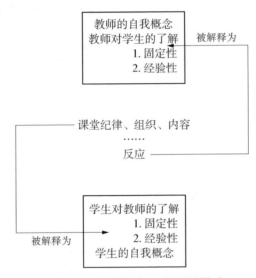

图 10 - 1　师生间相互作用的模式

在这个模式中，教师通过自己的教学经验形成了自我概念——对自己的认识，对教育内容的认识以及对学习方法的认识。并且教师会对学生有所了解和期望，其中有些期望来自固定的因素，如学生的年龄、性别、种族、家庭背景等。这种固定性期望，往往是教师在接触学生之前就已经存在了。教师也会有一些经验性的了解和期望，它们产生于教师在课堂上对学生行为的观察和评价。教师的自我概念与对学生的了解、期望相结合，就产生了课堂纪律、组织和内容等，形成了特定的课堂情境。

如同教师一样，学生也有其自我概念和对教师的了解，这些因素产生了学生对

---

① 布莱克莱吉等著，王波等译校：《当代教育社会学流派——对教育的社会学解释》，春秋出版社 1989 年版，第 264 页。

教师要求和期望的反应。教师对学生的各种反应进行解释、评价,形成对学生经验性的了解。这种新的了解和认识,可能使教师修改他对学生的某些要求和期望,并能改变教师的自我概念。正是由于教师与学生间的这种互动,使得教师对学生的了解逐步加深,学生对教师的了解也逐步加深,双方彼此对对方作出一定的反应。

师生之间的这种相互作用,可以通过有关教师期望对学生学业成绩的影响的研究得到更好的说明。教师期望是有关教师理论中研究颇丰的部分,已有的研究成果在一定程度上揭示出了教师期望与学生相互作用的机制。

教师期望常来自下列因素:

学生的身体特征。教师对有魅力的和逗人喜爱的孩子,怀有智力高、成绩好的期望。

学生的性别。认为女孩子语文和英语的成绩好,男孩子算术和理科的成绩好。同样的行为,发生在女孩子身上是无法无天,发生在男孩子身上则是精力充沛的表现。

社会经济地位。有关家长从事职业和家庭社会地位的偏见等,往往使教师产生一些不适当的期望。

测验的结果。智力测验和学业成绩的记录,常影响对学生的判断。有关性格和行为的记录也起同样的作用。

关于兄弟姐妹的知识。哥哥姐姐的成绩评价好,对弟弟妹妹的成绩往往也评价得好。要是由同一教师教兄弟姐妹,就更容易产生这种情形。

教师传达期望的方法:

分组。把一部分学生分为能干的学生,把另一部分分为问题儿童;把一部分分为升学组,把一部分分为就业组。在有些情况下,通过分派不同的课题和不同的设备,就可反映出这种期望。

和学生的相互作用量。常与成绩好的学生交谈和回答提问;而成绩差的学生,不作为谈话对象。

赞赏和支持的发言的量。对于期望其获得良好成绩的学生,支持和赞扬的行为就多;反之,对于另一些学生,即使出现同样的行为,也较少去赞扬和支持。

给予学生的作业水平。对期望其获得良好成绩的学生,就给予高水平的家庭作业等;反之,则布置低水平的家庭作业。

激励和暗示的量。对于期望殷切的那部分学生,激励的行为就会增多,或者为了引导其得出正确答案而给予暗示的情况就会增多。

专栏 10.11　教师如何传达期望：一些研究的综述

众多的研究表明，教师在对待学习成绩好和学习成绩差的学生时，采取的方式是不同的，大致体现为以下诸方面[①]：

1. 等候学习成绩差的学生回答问题的时间短；

2. 向学习成绩差的学生提供答案或叫另外某个学生回答，而不是通过提示或重复或改变提问的方式来促成他们对问题的回答；

3. 奖励低成就学生不适当的行为或不正确的回答；

4. 经常地批评那些学习成绩不良的学生；

5. 经常表扬学习成绩好的学生的长处而不大表扬学习成绩不良学生的同样行为；

6. 没有对学习成绩不良学生的回答给予必要的反馈；

7. 较少注意学习成绩不良的学生，较少与他们发生相互作用；

8. 不经常提问学习成绩不良的学生，或只是问一些比较容易不用过多分析的问题；

9. 把学习成绩不良的学生的座位安排在离教师较远的地方；

10. 教师对学习成绩不良学生的过分同情或提供不必要的、多余的帮助；

11. 与学习成绩不良学生的交往更多是在私下而不是公开进行，并更密切地监控和组织他们的活动；

12. 有区别地评阅测验或作业，在难以确定的两可情况下，教师所偏向的常是学习成绩良好的学生而不是学习成绩不良的学生；

13. 与学习成绩不良学生交往时不大友好，包括较少微笑和较少使用其他表示支持的非言语信息；

14. 对学习成绩不良学生作出的反馈比较简单、包含信息不多；

15. 在与学习成绩不良学生交互作用中较少有眼光的接触，或使用其他非言语方式来传递注意与反应，如身体向前倾、点头表示肯定；

16. 对学习成绩不良学生较少使用有效但又耗时的教学方法；

17. 较少接受和利用学习成绩不良学生的想法。

[①] 罗森塔尔、雅各布森著，崔允漷、唐晓杰译，吴棠校：《课堂中的皮格马利翁——教师期望与学生智力发展》，人民教育出版社 1998 年版，第 231—233 页。

教师期望导致的师生间人际关系的变化过程,大体是这样的:

对每个学生的成绩,教师分别抱有各不相同的期望;

基于这种期望,教师用不同的方法对待学生!

由于教师用不同的方法对待,学生就以不同的方法对教师作出反应;

对教师反应之际,学生就表现出补充或加强教师对自己的期望的行为;

其结果是,某些学生的成绩沿着教师期望的方向提高,另外的学生却没有产生朝那个方向的提高;

这样的结果在学年末的测验中表现出来,"预言的自我实现"的想法得到了证实。[①]

当然,教师的期望与学生行为间的转化过程远较此复杂,教师以何种形式表达自己的期望常因人而异;与此同时,对教师期望与行为的哪个方面最为敏感,或受到教师怎样输出的信息的影响,也因学生的个性特性以及班级的特有氛围而异。但就大致情况而言,教师期望与学生行为间的确是存在这种相互依存关系的。

◇ 讨论题

1. 回忆一下你中小学的学习经历,思考哪位老师对你的影响最大,并分析他或她对你成长发展产生了哪些影响。

2. 阅读下列材料,谈谈自己的看法与认识。

教师、医生和律师,与建筑师、工程师不一样。一类是跟物质生产相关,一类跟人相关。教师和医生,尽管面对的都是人,但仍不同:医生主要关注人的身体,医生在工作时,研究的是病与治病;教师关注的却是儿童、青少年的精神世界以及整个生命的发展。这之间的差异是清晰的,不难区别。

教师往往被他人贬称为"教书匠",这一"书"一"匠"两字对"师"字的替代,概括了许多人对教师职业性质的认识:他们只是教"书"的"匠"人而已;他们只是把已有的知识传递给青少年而已;他们只要认真工作,不把知识教错,教对、教好即可。充其量,教师是人梯,因牺牲自己的生命,造就他人的成长而伟大,并不像科学家、艺术家那样因创造而伟大。教师职业不能在社会上引起真正的尊重,其认识根子在此。

教师的教育魅力首先在于教师的创造性,一个有创造性的教师才能培养出有

[①] 菊池张夫著,杨宗义等译校:《教师行为研究的动向》,《教育心理学》全国统编教材编写组编:《教育心理学参考资料选辑》,山东教育出版社1982年版,第431—433页。

创造性的学生。作为一个教师，如果只要求自己像蜡烛一样，成天勤勤恳恳地埋头苦干，以牺牲自己作为职业高尚的表达，而不是用一种创造的智慧去激发学生心中的精神潜力，那么工作对于他来说只有付出没有魅力，也难培养出有创造力的学生。教师是一种独特的创造性工作。你问我教师的魅力在哪里？就在于创造。

3. 描述一下你心目中理想教师的形象，对照这一形象，你自己还有哪些差距？在以后的学习工作中，如何经过努力缩小这些差距，成为自己理想中的教师？

4. 从本章列出的四种教师专业发展理论中选出一种，分析你自己比较熟悉的一位老师的成长经历。如有必要，可与该老师联系，共同对其成长发展阶段进行回顾分析。

5. 有研究者提出，教师专业发展的提法有一定缺陷，导致大家过多地关注教师的专业属性，从今天面临的问题来看，更应该提"教师发展"，要更多地关注教师的"整体发展""全人发展"。请收集分析相关资料，对这种看法作出评析。

6. 试对下述材料进行评述：

于漪老师被称之为教师的代表，她曾说过："我当了一辈子教师，教了一辈子语文，上了一辈子深感遗憾的课。我深深地体会到'永不满足'是必须遵循的信条。"

"永不满足"，这个坚定的信念让于老师不断地"向外，拓展世界；向内，发现内心"。

于老师说："语文教师要有拼命汲取的素质与本领，犹如树木，把根须伸展到泥土中，吸取氮、磷、钾，直至微量元素。只有自己知识富有，言传身教，才能不断激发学生求知的欲望。"从《唐诗三百首》《古文观止》等通俗选文开始，到《论民族自决权》《德意志意识形态》《世界教育史》《世说新语》《四库全书简明目录》，于老师广泛涉猎，前后通读了辛弃疾、杜甫和陶渊明等人的著作，叩心扉观性灵，享受读书之乐乐无穷。她说："与其说我做了一辈子教师，不如说我一辈子学做教师。"

于老师每学期有两大本教案，用红笔作修改，写"教后"。于老师的"教后"很丰富，她记"教"记"学"，记教学中的"得"与"失"，记学生学习中表现出来的种种情况，记对教材的理解与处理，记对教法的选择与运用，记学生学习上的障碍和思想上的火花。于老师说："教后做点记录不可能面面俱到，也不可能长篇大论，只要有所侧重地记下有价值的材料，有话则长、无话则短，日久天长，对教学中的是非得失就会逐步清楚。"

7. 如何在教育教学中构建一种师生平等、相互尊重、民主开放的关系？

参考资料 ||||||||||||||||||||||||||||||||||||||||||||||||||||||||||||||||||||||||||||||||||||||||||||||||

1. 叶澜等:《教师角色与教师发展新探》,教育科学出版社 2001 年版。

2. D. John Mcintyre 等著,丁怡等译:《教师角色》,中国轻工业出版社 2002 年版。

3. Stephen D. Brookfield 著,张伟译:《批判反思型教师 ABC》,中国轻工业出版社 2002 年版。

4. 科特勒等著,方彤等译:《怎样成为一名优秀教师》,华东师范大学出版社 2009 年版。

5. 史金霞:《重建师生关系》,中国轻工业出版社 2012 年版。

6. 斯科蒂文特著,冯林译:《零距离师生关系》,西南师范大学出版社 2016 年版。

7. 陆道坤主编:《教师专业发展》(第二版),南京大学出版社 2021 年版。

第十一章　教育学与教育科学

▲**学习指导** ▪▪

　　1. 了解教育学的研究对象,形成对教育学的初步认识;

　　2. 区分教育学与元教育学,认识元教育学的存在意义。

　　3. 了解西方教育学的发展历程,把握西方教育学的基本脉络。

　　4. 认识我国教育学的产生发展,明了我国教育学的基本构成。

　　5. 了解教育科学的分类,认识各学科之间的关系。

　　本书的最后一章,将探讨作为一门学科的教育学的发展状况,以及教育科学大家族的学科门类,意在对教育学与教育科学有一总体认识。

一、教育学与元教育学

(一) 教育学的研究对象

　　教育学这门学科的产生,如从夸美纽斯 1632 年撰写其名作《大教学论》开始算起的话,距今已有了 390 多年的历史。然而,令人无法置信的是,直至今日,我们对教育学的研究对象等认识仍模糊不清。何谓教育之学? 它都研究些什么? 特定的研究领域是什么? 这些问题均远未取得共识。

　　诸多论著对教育学的研究对象论述不一:

　　"教育学是研究教育现象及其规律的一门科学,诸如教育本质、教育目的、教育制度、教育内容、教育方法、教育管理等等,都是教育学所要探讨的问题。"[1]

　　"教育学是研究教育现象,揭示教育规律的科学。"[2]

　　"教育学所研究的主要是学校教育这一特定的现象,研究在这一现象领域内所

---

[1] 华中师范学院等合编:《教育学》,人民教育出版社 1980 年版,第 1 页。

[2]《辞海·教育、心理分册》,上海辞书出版社 1980 年版,第 1 页。

特有的矛盾运动规律。""作为高等师范院校教学用书的普通教育学,它的研究对象既包括了学校教育的一般规律,也包括了中小学教育中的特殊规律。"①

诸如此类对教育学研究对象的规定中,存在着两种多少有些区别的认识:一种是将教育学的研究对象规定为教育规律;一种是将教育学的研究对象规定为教育现象及其规律。

在这两种认识中,都存在着一些偏颇。一般说来,科学的任务在于揭示规律,教育规律是研究的结果,而不是研究的起点或研究的对象。而"教育现象"的说法同样值得推敲。"教育现象"的含义甚广,而且也不确定。在统一的社会生活中,都有教育的现象,都有教育的因素。这样看,教育学所研究的对象,就无所不包了。它的特定的研究对象也就在这种泛化的范围中消失了。

鉴于这种认识,似乎可以将教育学的研究对象规定为教育中的一般问题。也就是说,并不是一切社会中的教育因素、教育现象、教育行为等都是教育学研究的对象,只有那些抛却了个别存在形态,在一定程度上成为大家共同关注的问题,才是教育学所关注并探讨的对象。② 即使这样来看,教育学的涵盖范围也是颇为宽广的,因为以教与学为主体形式存在的教育,许许多多的问题是带有一般性的,是教育问题中的一般。

应该说,教育学的研究对象,是直接关涉教育学学科独立性的一个问题,它也与教育学的研究范围及学科自身的建设密切相关。就目前的研究状况而言,这个问题远未到已经得到解决的地步。

(二) 元教育学

教育学的研究对象是什么? 教育学是否是一门独立的科学? 教育理论的结构如何? 教育理论与教育实践的关系怎样? 如此等等的问题,多年来一直困扰着教育学的研究者甚至一些哲学研究者。研究者发现,对这些问题的思考实际上均是以教育学自身为研究对象的,在一定程度上是对教育学所作的系统反思,它们可以用这样一个词语来概括——元教育学。

从国际范围来看,元教育学(meta-pedagogy)或者说元教育理论(meta-theory of education),或者说元教理学(meta-educology)是从 20 世纪 70 年代开始进入教育理论研究者的视野的。其中以德国教育学家布雷岑卡(Brezinka, W.)的努力为主导。他认为,元教育学是一种关于各种教育理论的认识论的理论。虽然人们常识性地

---

① 南京师范大学教育系编:《教育学》,人民教育出版社 1984 年版,第 1,2 页。
② 孙喜亭主编:《教育学问题研究概述》,天津教育出版社 1989 年版,第 13 页。

认为这些教育理论中的确充满了知识和谬误,但需要检验。而检验又需要标准和规范,发现这些标准和规范,精确地界定和证实它们是元教育学的重要任务。这样,在元教育学中,人们可以从逻辑的和方法论的角度来审视教育理论。元教育学是用于分析和检验教育理论的逻辑。①

在我国,大致是在20世纪90年代初,教育学界明确提出并关注到了元教育学。它的产生,是与人们对教育学体系等的认识相关联的。20世纪80年代以后,研究者发现教育学研究上的种种生机活力,并未能体现在教育学体系上,大教育学的框架——"四大块"的模式(即将教育学分为总论、教学论、德育论、学校管理论),依然存在,依然是教育学的唯一面孔。人们对中国现行教育学体系渐生不满,认为这是一种步入困境,在理论上和实践上都不讨好的教育学,既充斥常识,无理论深度,又缺乏对实践的研究,无指导实践的能力。

对我国教育学的反思与评论,以及来自西方元研究浪潮的影响,使得一些研究者逐渐提出元教育学这一名称,并在元教育学的框架下来探讨教育学的体系等问题。②

概括来讲,元教育学是教育学之学,它是以教育学自身的理论陈述和研究状况为研究对象的,涵盖了两方面的内容:教育学理论形态的研究和教育学研究的研究。具体言之,大体要涉及下列问题:

教育学理论陈述(术语、概念、命题等)的合规则性、合理性和有效性的分析;

教育学的研究对象、功能、性质、理论结构、逻辑范畴、进步标准等的探讨;

教育学历史发展过程的考察;

探索教育学的理论形成道路及不同的研究范式,揭示隐匿于教育学理论内部的深层结构;

分析在一定历史背景中社会文化条件对教育学理论的产生和发展所起的作用;

对教育学研究共同体进行研究,辨识各种学术团体,分析这些团体及相互间的联系对教育学理论的影响;

运用基本的元理论范畴去辨识和归纳教育学理论的现状,去揭示和探讨一定时期内教育学研究中面临的重大理论问题。

---

① 唐莹、瞿葆奎:《元理论与元教育学引论》,《华东师范大学学报(教育科学版)》1995年第2期。
② 唐莹、任长松、王建军、郑金洲:《教育学的反思与元教育学的兴起》,瞿葆奎主编:《元教育学研究》,浙江教育出版社1998年版。

专栏 11.1 元教育学研究对象上的分歧

与教育学的研究对象一样,元教育学的研究对象至今难有一致的认识,已有的研究显示出了分歧的端倪。

(1) 元教育学以已有的教育学陈述体系为分析对象,实际上是按照分析的—认识论的标准与规则,对教育学陈述体系的逻辑分析与语言分析。

(2) 元教育学是"以理论形态的教育知识为对象的研究,有别于以教育现象领域为对象的研究"。

(3) 元教育理论研究"以教育理论为对象,力图为教育理论的思维与研究提供存在的合理性的证明与规范";其任务在于"说明教育理论是什么;提出教育理论自身的发展与进步的标志与条件;以此为依据对当前的教育理论研究进行思维层次的批判"。

(4) 作为教育学的元理论,元教育学以教育学自身以及教育学的研究状态为对象,而不是以教育学的传统问题或经典性问题为对象。

以上四者有一共同之处,即都认为元教育学(元教育理论)是以教育学(或教育理论)为研究对象,而不是以教育现象或教育的实际问题为对象。但在涵盖范围上,如果按照宽窄来排序的话,(1) 为最窄,(4) 为最宽。[①]

(三) 教育学与元教育学的相互关系

元教育学与教育学有着一定的区别,前者以教育学自身为对象,而不是以传统的教育问题(如教育本质、教与学的关系等)为对象,后者具体讨论一些教育问题,是被当成研究对象的教育学。或者说,元教育学是解释教育学自身的,教育学是解释教育中的一般问题的。元教育学的任务是对既存的教育理论和研究状况进行分析、论证,教育学的任务是要揭示教育中的一般规律。元教育学与教育学两者使用的语言亦有所不同。"教学""德育""智育"等是"教育内部"或者说有关教育现象和问题的名词,是教育学名称,属于对象语言;教育理论的"性质""对象""命题"等是用来谈论教育学而非教育的,是表示教育学的陈述或活动特征的名词,作为元教育学术语,属于元语言。另外,教育活动的内容往往影响着教育学的词语和意义,而元教育学的词语及意义不是教育活动内容的函项,不随教育活动中使用或接受的特殊概念、命题与论证的变化而变化,有不变的特征。

---

① 郑金洲:《"元教育学"考辨》,《华东师范大学学报(教育科学版)》1995 年第 3 期。

元教育学与教育学也有着一定的联系。从元教育学的产生、发展来看，元教育学是从传统教育学中分化出来的，是教育学发展到一定阶段的产物。它虽然有别于教育学，在一定程度上是教育学的反动，但并未像心理学从哲学中分化出来一样，确定与"母学科"完全不同的研究领域，仍属教育学家族，具有教育学的"家族面孔"。从广义上讲，仍是研究教育问题和教育现象的，只不过是教育学的理论问题和教育学的研究现象而已。

从元教育学与教育学的相容程度来看，元教育学作为对象理论的阐释，它在理论意义和方法上须与对象理论保持相容、同一，否则就是无意义的或无效的。如果有一种元教育学，它对教育理论有一种总的、超验的解释，由于它在理论意义和方法上都与教育学相去甚远甚至相悖，无助于解释教育学的普遍问题，那么这种脱离教育的元教育学，实际上毫无"元"的意义。一种有效的元教育学，它对教育学有关理论及研究问题的分析，应该反过来有助于教育问题、现象的分析，在研究的最终目的上与教育学同一。

尤其要指出的是，元教育学的研究在于促进教育学的发展，它在澄清教育学的认识论基础方面具有重要的理性价值，但它不能取代教育学自身的建设。元教育学研究与教育学自身的建设应该并驾齐驱，相互促进。惟其如此，教育学才能在 21 世纪有一个新的起点，进而展示出新的面貌。

二、西方教育学的发展历程

一门学科何时产生，或者说学科产生的标志是什么？这是一个仁智各见的问题。如美国心理学家舒尔茨（Schultze，D. P.）在谈到心理学独立的标志时，提到的标志是：第一个心理学实验室；第一个心理学教授；第一个心理学学术组织；第一份心理学期刊。[①] 也有人提到这样一些一门学科出现的标志：某一本专门性的影响深远的著作；某一位大师级的人物；某一个有开创之功的学术团体。这些标志都与实践有关，可以说是实践的标志。一般说来，一门学科产生的标志，除了实践标志外，还应有其理论性标志，这种理论标志主要表现在有独特的研究对象和独特的概念体系上。先前还有人提出，独特的研究方法，也应是学科独立的标志之一，但现在看来，有无独特的方法并不构成一门学科独立的前提。没有独特的方法，并不妨碍一门学科成为真正的学科，有许多方法在不同的学科间是互用的。

在这里，我们在分析西方教育学的发展历程时，是采用实践标志与理论标志相

---

① 舒尔茨著，沈德灿等译：《现代心理学史》，人民教育出版社 1981 年版，第 2 页。

结合的方法,实践标志上透视经典著作和代表性人物,理论标志上考察研究的特定发展逻辑——研究对象及概念体系的形成、发展。

(一)前学科时期(奴隶社会到 17 世纪)

这一时期以教育经验和不系统的教育思想为表征,教育学还与哲学结合在一起,尚未分化出来,属于哲学—教育学。

自从人类社会出现教育以后,人们对教育的经验也就随之出现,并不断积累下来。而随着学校的出现,人们的教育经验就日益增多,提出了对各种教育问题的议论和看法,一些教育思想也就应运而生,如苏格拉底明确地提出"什么是教育"的问题,针对雅典关心培养具有什么类型身心教养的市民所发出的议论,提出"美德是否可教",反映出苏格拉底已经在分析、思考教育中的一些问题。同时,也出现了一些把教育作为一种独立形态的对象来加以考察的论著,如古罗马昆体良的《论演说家的教育》。

此时期对教育的论述,是与社会政治、伦理道德、人性善恶、人生态度和治学方法等结合在一起,包含在一个庞大的哲学体系之中的,缺乏自己的独立命题和范畴,还没能形成自己的独立体系。"在论述问题时,往往还停留在现象的描述、形象的比喻和简单的形式逻辑的推理上。理论的论证往往缺乏充分的科学依据,不免带有相当程度的主观臆测性。"①

(二)学科雏形时期(17 世纪到 18 世纪)

这一时期教育学从哲学体系中分解出来,成为独立的专门知识,一些思想家(尤以夸美纽斯、洛克、卢梭为代表)以自然主义为指导,对教育思想、内容、方法等都有了较为丰富的论述,但此时尚缺乏一定的概念体系,教育学也就尚未自立于地平线。

1623 年,英国哲学家培根(Bacon, F., 1561—1626)发表了《论科学的价值和发展》一文,在对科学的分类中,首次把教学的艺术作为一个独立的研究领域提了出来,并把它理解为"讲述与传授的艺术"。但在培根那里,作为教育学雏形的讲述与传授的艺术仅是在科学分类中有了一席之地,在其涵盖内容等方面,还有待填充。(见图 11 - 1)

可以说,培根创立了比苏格拉底更优越的归纳法,自然科学很快地按照培根所指出的方向表现出惊人的进展,关于经济的研究和社会的研究,即所谓社会科学,也接着向同一方向发展起来了,而有关教育问题的研究,在朝着这一方向的进展中

---

① 南京师范大学教育系编:《教育学》,人民教育出版社 1984 年版,第 4—5 页。

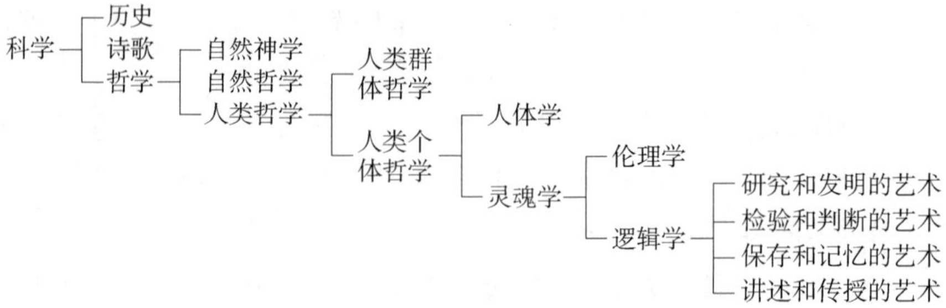

科学 ┬ 历史
　　├ 诗歌
　　└ 哲学 ┬ 自然神学
　　　　　├ 自然哲学
　　　　　└ 人类哲学 ┬ 人类群体哲学
　　　　　　　　　　└ 人类个体哲学 ┬ 人体学
　　　　　　　　　　　　　　　　　└ 灵魂学 ┬ 伦理学
　　　　　　　　　　　　　　　　　　　　　└ 逻辑学 ┬ 研究和发明的艺术
　　　　　　　　　　　　　　　　　　　　　　　　　├ 检验和判断的艺术
　　　　　　　　　　　　　　　　　　　　　　　　　├ 保存和记忆的艺术
　　　　　　　　　　　　　　　　　　　　　　　　　└ 讲述和传授的艺术

图 11-1　培根的科学分类

显得特别迟缓。原因在于，与苏格拉底不同，培根对教育问题及教育作用并未表示出任何的理解和爱心，未能像苏格拉底那样在进行考察时去探索运用其最新的科学方法的可能性，否则，后来的教育学的历程也许会朝另一个方向发展了。[①]

　　17世纪到18世纪是科学、哲学和文化振兴的世纪，在这一时期，以文化、思想的启蒙为先导，教育上也出现了重视自然、遵循自然的科学精神。夸美纽斯的《大教学论》、洛克的《教育漫话》和卢梭的《爱弥儿》，都在一定程度上反映出了这种时代精神。他们都强调教育活动必须注重感性、直观，必须遵循儿童的自然本性；强调用广博而有用的知识教育儿童，注重自然环境及社会环境对儿童发展的影响，提倡根据儿童的个性特点及其发展规律实施教育。

　　尤其需要提及的是夸美纽斯的《大教学论》，这部书成稿于1632年，虽说是阐述"教学艺术"，但内容涉及人的本性与价值、教育的性质和作用、教育的目的与任务、改造旧学校建立新学校的基本原理、教学问题（教育原则与各科教学法）、学校纪律、学校系统以及实现普及教育这一理想的前提和条件。在《大教学论》中，包含着为数不少的教育经验的概括和总结，并使教学方法更加条理化，特别是他对学年制和班级授课制的概括和总结，大体上确立了近代学年制和班级授课制的轮廓，对后来的教育实践产生了重大的影响。在这个意义上可以说，夸美纽斯的《大教学论》，闪耀着追求科学的火花，是近代独立形态的教育学的开端。[②]

（三）学科形成时期（18世纪末到19世纪上半叶）

　　这一时期教育学以哲学、心理学、伦理学为基础，形成了自己的初步理论，并作为一门独立的学科出现于大学讲台。此时的康德、赫尔巴特等人在对教育的一些

① 大河内一男、海后宗臣等著，曲程、迟凤年译：《教育学的理论问题》，教育科学出版社1984年版，第14页。

② 关于研究传统在学科发展中所起的作用，可参见贾永堂：《论教育学理论及其在近代发展的阶段与特点》，《华东师范大学学报（教育科学版）》，1989年第4期。

基本原理进行阐述的同时，还对教育学中的核心内容——教学法理论作出了突出贡献。

教育学作为一门学科在大学传授，是发生在德国的事情。1717 年，德国普鲁士王朝颁布了世界上第一部义务教育法。随着教育的逐渐普及，学生数剧增，班级授课制遂盛行开来。在这种情形下，先前在个别教育组织形式下成长起来的教师，就需要在班级上课等方面接受一定的培训，师范教育应运而生。普鲁士最初兴办的一些师范教育机构在教学方法方面做过少量培训工作，但重点仍在普通文化知识的传授，教育理论方面的培训并不多。格斯纳（Gesner，J.，1691—1761）开风气之先，于1735 年左右在哥廷根创办了一个"教育学研讨班（the pedagogical seminary）"，开设教育理论方面的讲座。此举后来（大致在 18 世纪 70 年代前后）逐渐演变为普鲁士各大学的一个惯例：哲学系教授必须轮流给学生开设教育学讲座，每周两小时。康德曾按例四度兼任教育学课程。赫尔巴特甚至破例长期从事专门的教育学教学和研究工作。教育学在哲学家的参与和建设之下逐渐跨入学术行列。[①]

赫尔巴特的《普通教育学》在教育学的发展历史上占据着里程碑的地位。这本书被认为是第一本教育学著作。在这部著作中，赫尔巴特开始了自己独到的构建教育学并使教育学科学化的历程。他指出，假如教育学希望尽可能严格地保持自身的概念，并进而培植出独立的思想，从而可能成为研究范围的中心，而不再有这样的危险：像偏僻的、被占领的区域一样受到外人治理，那么情况可要有多好。[②] 这就是说，教育学要成为一门独立的科学，必须形成教育的基本概念，进而形成独立的教育思想。他进一步指出，要形成独立的教育概念与教育思想，就必须把教育学建立在相关的基础学科之上："教育学作为一种科学，是以实践哲学和心理学为基础的。前者说明教育的目的；后者说明教育的途径、手段与障碍。"[③]他在伦理学的基础上建立起了自己的教育目的论，在心理学的基础上建立起了教学方法论，根据受教育者的心理活动规律确立了教育过程和阶段、手段和方法，揭示了教学工作和教育工作的客观联系，依此提出了教学的阶段理论和教育性原则。

赫尔巴特探索教育学科学化的思维，大大地超越了前于他的教育理论与实践，他所提出的便于为广大教师运用的教学形式阶段，在教育实践中产生了较大的反响。

---

① 黄向阳：《教育知识学科称谓的演变：从"教学论"到"教理学"》，《华东师范大学学报（教育科学版）》1996 年第 4 期。

② 赫尔巴特著，李其龙译：《普通教育学·教育学讲授纲要》，人民教育出版社 1989 年版，第 10 页。

③ 同上书，第 190 页。

专栏 11.2　赫尔巴特《普通教育学》目录①

绪论

第一编　教育的一般目的

第一章　儿童的管理　一、儿童管理的目的　二、儿童管理的措施 三、以教育代替的管理　四、在与管理的对照中看真正的教育

第二章　真正的教育　一、教育的目的是单纯的还是多方面的　二、兴 趣的多方面性——道德性格的力量　三、把学生的个性作为出发点　四、关 于把上述不同目的综合起来考虑的需要　五、个性与性格　六、个性与多方 面性　七、略论真正教育的措施

第二编　兴趣的多方面性

第一章　多方面性的概念　一、专心与审思　二、清楚、联想、系统、 方法

第二章　兴趣的概念　一、兴趣与欲望　二、注意、期望、要求、行动

第三章　多方面兴趣的对象　一、认识与同情　二、认识与同情的成分

第四章　教学　一、教学作为经验与交际的补充　二、教学的步骤 三、教学的材料　四、教学的方式

第五章　教学的过程　一、单纯提示的教学——分析教学——综合教 学　二、教学的分析过程　三、综合教学的进程　四、关于教学方案

第六章　教学的结果　一、生活与学校　二、关于青年教育期的结束

第三编　性格的道德力量

第一章　究竟什么叫做性格　一、性格的主观与客观部分　二、意志的 记忆、选择、原则、冲突

第二章　论道德的概念　一、道德的积极部分与消极部分　二、道德的 判断、热情、决定与自制

第三章　道德性格的表现形式　一、控制欲望和为观念服务的性格 二、可被决定的部分与决定的观念

第四章　性格形成的自然过程　一、行动是性格的原则　二、思想范围 对于性格的影响　三、素质对于性格的影响　四、生活方式对于性格的影响

---

① 赫尔巴特著，李其龙译：《普通教育学·教育学讲授纲要》，人民教育出版社 1989 年版。

　　这一时期以理性主义为研究传统,强调人的永恒的理性价值,强调知识主要通过心灵活动才能获得,而且唯有通过心灵活动才能获得关于事物的真知,教育过程主要表现为儿童自我心灵活动的过程。这种理性主义的研究传统,与前一时期强调人性主要是人的感性价值的主张不同。可以说,此一时期伴随着第一本教育学著作的出现,伴随着教育学在大学讲坛上第一次"登场",伴随着教育学一些基本理论问题和具体原理的初步分析,教育学初步展示出了其形态。

(四) 教育学的多元化时期(19 世纪末到 20 世纪初)

　　这一时期教育学的理论基础更为多样,社会学、人类学等社会科学甚至一些自然科学,如数学、生物学等学科,成为阐述教育理论的依据与前提;教育学的有关理论在得到进一步的逻辑推证和说明的同时,呈现出多元化的景象,各种学派纷呈,教育学在相互对立的不同观点中向独立的概念体系迈进。

　　19 世纪后的教育理论,突破了原有的教育学(主要为赫尔巴特的教育学)一统天下的情形,不同的理论和学派在相互对峙中发展着。在 19 世纪末 20 世纪初所出现的实验教育学与实用主义教育学,在其中占据着重要的地位。

　　实验教育学的主要代表人物是梅伊曼(Meumann, E., 1862—1915)和拉伊(Lay, W. A., 1862—1926)。他们一反此前的理性主义研究传统,坚持科学主义的研究传统,把实验心理学的观察、实验、统计方法引入了教育学研究,倡导通过科学意义上的观察、实验方法得出有关教育上的种种认识。拉伊认为,"新旧教育学的主要区别,在于它们积累经验的方式和研究的方法","实验教育学的主要特征,就是现在在教学和教育研究中所运用的新的研究方法"[①]。实验教育学强调从功利主义出发考虑教育目的和功能,主张把教育与现代社会联系起来;强调教育过程就是学习系统科学知识的过程,教育内容应以具有实用价值的科学知识为主;强调知识的学习必须考虑儿童的实际情况。这些论述都对教育学如何从研究方法到具体内

---

① 拉伊著,沈剑平、瞿葆奎译:《实验教育学·序》,人民教育出版社 1996 年版,第 3 页。

容上走向科学化，提供了可资后人借鉴且影响深远的见解。

20世纪初，随着欧美社会政治经济的持续变化和科学的迅速发展，多元的科学研究传统逐渐确立，批判那种彻底证实的实证论是当时的一个时代强音。与此相应，教育领域也出现了一场教育理论和实践的改革运动。杜威的实用主义教育思潮在其中几乎是独领风骚的。

实用主义教育认为，"不能仅仅通过借用自然科学中的实验和测量的技术"来建立教育科学，因为"借用了先进科学的公认的技术，并能用数量的公式来表达"，并不意味着其结果"具有科学价值"①。它主张扩大教育理论的科学基础，不能仅注意到事物本身的客观实在性，更应注意到人类对客观事物的认识的重要性。它强调适应与变动，注重教育与生活之间的联系，认为教育是一种为生活所必需同时又与生活相伴随的事物；强调打破传统的以书本知识为限制的课程设置，使课程与儿童及其生活联系在一起；强调学生不仅要直接介入到学习过程，而且要主动参与到教育过程中去。

实用主义教育与实验教育学的互补与对立，反映出了教育理论本身的不成熟性，以及学科本身的复杂性。自此以后，无论是在教育学的研究方法上，还是在一些具体的原理和操作方法上，争议几乎是一直存在着的，如改造主义教育、要素主义教育、存在主义教育、永恒主义教育、分析教育哲学等，教育学本身在这种不绝于耳的喧嚣中缓缓前行，寻找着或者说建构着自身的逻辑体系和框架结构。这种努力仍在继续着！

（五）教育学的分化与反思时期（20世纪中期至今）

第二次世界大战以来，西方教育学在原有的多元化发展态势基础上，继续向前发展。一方面，从教育学中分化出来的教育学科如教育哲学进一步发展；另一方面，由于教育学更多地借鉴其他学科的研究成果，出现了众多的教育分支学科，各门教育学科的分化成为当代教育学发展的主流。

与此同时，研究者更多地对教育学本身进行反思，出现了一些异于传统教育学的元教育学、教理学、成人教育学等学科。

德国教育学者布雷岑卡作为元教育学的首倡者，他对教育学自身的性质问题进而对分化问题作了深入的思考。他认为，以往的教育学者在教育理论是哲学、科学抑或实践理论的问题上，往往偏执一端，其结果只能是谁也说服不了谁，事实上，既存在着多种建构教育理论的可能性，同时不同种类的教育理论并非相互排斥，而

---

① 赵祥麟、王承绪编译：《杜威教育论著选》，华东师范大学出版社1981年版，第279—280页。

是相互补充的。基于这种认识,他将教育理论分为三类:教育的科学理论,即教育科学;教育的哲学理论,即教育哲学;实践教育理论,即实践教学。教育科学主要研究教育事实,揭示教育规律,说明教育"是什么";教育哲学主要从哲学观点出发,透过理性批判,建立价值与规范;实践教育学或教育实践学则为教育行为和活动提供实用的命题系统。他认为,教育理论唯朝着这种分化的方向前进,才能有助于教育知识的增长,而在当前各种形式的意识形态教育学泛滥,科学因出于宣传的目的而被滥用的情况下,发展严格意义上的教育科学尤为重要。

在英文中,"pedagogy"在表征教育学时,往往仅局限于教学论或教学法。随着人们对教育的认识日益丰富,"pedagogy"的教育学含义越来越少,在英语国家,取代它的是"education"。但是,用"education"来表征关于教育的知识,也带来不少麻烦。因为这一术语本身既表示教育活动,也表示教育学科,这样,既为人们对教育与教育学的理解带来一定困难,又损害了教育学的学科地位。在这种情况下,一些研究者开始试图用一个新的术语较为规范地指称整个教育知识体系,这就是"educology(教理学)"。

自教理学产生以来,人们对它作出许多解释,如"关于教育的知识体系","一系列关于教育的知识、概念和理论",以及"关于教的技巧的理论研究或关于教育实践的理论"。从总的方面来讲,研究者是希望教理学成为一门关于教育的学术性学科,就其内容而言,涵盖关于教育的分析研究的知识、规范研究的知识和经验研究的知识。[①]

在西方教育学史上,"教育学(pedagogy 或 education)"这个概念所表征的主要是关于儿童教育的知识,所研究的都是儿童的养护、管理、训练等问题。但是,20 世纪 50 年代以后,随着成人教育、继续教育、终身教育的发展,那种仅把教育局限于儿童的学校教育,认为人在前半生受教育后半生工作的传统教育观已不再适应时代的需要。在这种情况下,一门新兴的学科——成人教育学(andragogy)——便应运而生。

之所以提出成人教育学这一区别于(儿童)教育学的新术语,是因为接受教育的成人与儿童之间存在许多差异,这些差异进而导致关于儿童和青少年的教育原理不可能完全适用于成人教育。有研究者对传统教育学模式与成人教育学模式作了如下区分(见表 11.1):

---

① 范国睿、瞿葆奎:《外国教育学史略》,瞿葆奎主编:《元教育学研究》,浙江教育出版社 1998 年版。

表 11.1　传统教育学与成人教育学的区别

	传统教育学的模式	成人教育学模式
学习者自身	依赖性的个性	自我指导
学习者的经验	有价值的经验很少	有更多的、不同种类的经验可以用于学习过程
学习的准备	升级	社会角色方面的发展任务
时间观	以未来为中心	以现在为中心
学习的组织	学科中心	问题中心

　　教育学的分化、教育学的多元化是当今教育理论发展的主题，但随着科学的分化与多元化趋势的加剧，教育学的地盘是不是就随之被蚕食、瓜分掉了呢？回答当然是否定的。在任何一门科学或任何一种理论研究中，分析与综合都是相辅相成的。分析是思维把事物分解为各个部分；综合则是思维把事物的各个部分联结为一个整体。分析与综合是同一方法中密切联系的环节，两者是统一的。留待未来教育学研究者思考的，是如何整合教育学的不同研究成果，使得教育学呈现出新的面貌来。

三、中国教育学的发展历程

　　教育学并非为我国所固有，而是一舶来品，它的发生与世界教育学的潮流相应，它的发展随学习对象的不同、社会意识形态的变化而动。

（一）教育学的引入

　　我国在 20 世纪初出现教育学，是与当时师范院校的发展分不开的。可以说，1898 年京师大学堂及其他师范学堂的建立，为教育学提供了立足之地，要育"师范"之才，求"事半功倍"之教习，就需要授教育之术，明教育之理。而教育学在我国是无"先例"可循的，在此之前，几乎没有出现过"教育学"一词，更无教育学之专著可供参考。如此，唯有取自别国，效仿东洋，别无他途。

　　从 1898 年至 1905 年，基于师范教育的需要，国人大量译介了日本的教育学著作。翻译是教育学传播的主要手段，几乎没有出现国人自编的教育学教科书或著作，王国维译日本立花铣三郎讲述的《教育学》(1901 年)①、牧濑五一郎著的《教育学教科书》(1902 年)②等都是在这一时期。这大概是国人了解到的最早的教育学了。

---

① 《教育世界》第 9—11 号。
② 《教育世界》第 29—30 号。

1905 年后,国人据日本人原本译编、改编或自编的教育学日见增多,如 1906 年由文明书局出版的缪文攻的《最新教育学教科书》,1909 年由商务印书馆出版的蒋维乔的《教育学》(初级师范读本),1917 年由商务印书馆出版的舒新城编著的《教育学要览》。[①]

其实,自编与翻译只是毫厘之差,许多自编的教科书多打有日本人的烙印,有些甚至是直接从日本人的著作中移译过来的,如枝江张继煦编辑、昌明公司 1910 年印行的《教育学讲义》,就是据森冈常藏的《教育学精义》编译的;宋嘉钊等编译、中华书局 1914 年印行的《教育学教科书》,则是根据小山左文的《实用教育学纲要》改写的;张毓骢编的师范学校新教科书、商务印书馆 1914 年印行的《教育学》,是根据森田常藏及大濑、植山等人的著作校订而成的。

由张之河编写的商务印书馆 1914 年版的《大教育学》,是当时流行较广的教育学教科书,先后印有 8 版。这本书的观点体系就来自日本松本孝次郎及松浦的教育学,是一本反映日本维新后的资产阶级教育学。

专栏 11.3　张子河《大教育学》目录

第一编　绪论　共六章:教育学之起源;教育之意义;教育之效力及限界;教育之必要(个人方面、社会方面);教育学与术之关系;教育学之范围及与他科学之关系。

第二编　教育者论　共二章:教育者之天职;教育者之资格(身体上之资格,精神上之资格)。

第三编　被教育者论　共九章:概说;被教育者身体之组织;身体发育之顺序;身心之关系;心之所在与特质;知情意;个性及男女性;被教育者之社会的关系;教育期之区分。

第四编　目的论　共四章:意义及关于目的论之诸家见解(关于教育对象之见解,关于教育目的与人生目的之见解,关于社会与个人之见解);关于目的思想及历史的变迁;教育之十原则;结论。

第五编　教授论　共九章:教授之意义及目的;教授之心理以及理论的基础;教材之选择及分类(修身、语学、历史、地理、理科、数学、图画、手工、音乐、游戏、体操、裁缝);教材之排列法(ZH 直进法、圆周的循环法、中心统合法);教授细目教案及日课表;关于教授方法之三条件;形式的阶段(教授概括

[①] 周谷平:《近代西方教育理论在中国的传播》,广东教育出版社 1997 年版,第 18—23 页。

的知识之阶段，教授事实的知识之阶段，教授技能的教科之阶段）；教式（注入式、开发式）；教态。

第六编　训育论　共六章：训育之意义及目的；训育之二主义（服从主义、道德自由主义）；训育与教授之关系；训育之心理的基础［意思（识）之要件，意思（识）陶冶之法则，品性］；训育之统一（家庭训育、学校训育、社会训育）；训育之方法（教授、示范、游戏体操、作业、权威、命令、惩罚、褒赏）。

第七编　学校论　共三章：教育场；学校系统；各种学校（普通教育之学校，职业教育之学校）。

（二）教育学的草创

1920 年至 1949 年，是中国教育学发展史上蔚为壮观的一个时期，它所取得的成绩颇为骄人。这一时期的教育学已一改以前译介日本的做法，而是转而效仿美国（兼及德、苏），其主体是在大量吸收美国杜威、桑代克等教育思想的基础上而进行的草创。此时，教育学的著作纷呈，中国的第一代教育学家群体形成，当今教育学所涉及的一些基本问题，几乎都有所论及。

这一时期到底出版了多少本教育学方面的著作或教科书，限于目力及材料，已难以确数。据有的学者的统计，不下 60 余种。[①]

这些书籍中，有的影响较大，先后印行三十几个版次；有的影响较小。就其主体来分析，当是模仿美国的痕迹最浓。不少著作源自改译，其间杜威的《民主主义与教育》，桑代克（Thorndik，E. L.，1874—1949）、盖茨（Gates，A. I.，1890—1972）的《教育之基本原理》（*Elementary Principles of Education*）及桑代克的《桑代克教育学》影响甚大。有的教育学在"编辑大意"中直截了当地声称：第一，教育思想，于近今有日新之趋势。本书依现代民本主义、试验主义及自动主义而编制，以供师范教学之用。第二，本书共分十章，于绪论外，依次叙述教育之目的、儿童、课程、教学、训育、美育、养护、教师、学校九章。第三，本书于作者意见外，大部分取材于杜威、桑代克及密勒三氏。[②] 杜威的思想多被渗透在研究者关于教育的各种认识中，而桑代克等人的教育原理的框架结构有时则是直接被采纳过来。

这一时期，教育学的建构取向主要有三种：一种是以美国为蓝本，模仿吸收美

---

① 周谷平：《近代西方教育理论在中国的传播》，广东教育出版社 1997 年版，第 138—142 页。
② 王炽昌编，郑宗海等校：《教育学》，中华书局 1922 年版。

国教育理论处甚多;一种是采德国文化教育学的主张建构教育学;一种是采苏联的唯物主义观点建构教育学。

第一种建构取向居主流地位,不少人是以杜威的教育理论或桑代克的教育原理为建构教育学的理论基石或参照对象的。这类教育学在确定逻辑起点时,一如杜威之重视儿童,多将"被教育者""受教人""儿童"作为起始范畴,然后再一一陈述教育者或其他教育问题。庄泽宣的《教育概论》、吴俊升和王西征的《教育概论》以及余家菊的《教育原理》,就是这方面的代表。

除了以美国为效仿对象的教育学建构取向之外,还有采自德国与苏联的建构取向,但常易被人忽视。实际上,它们在当时教育学的浪潮中,是占据一席之地的。石联星编的《教育学概论》可以看作德国建构取向的代表,钱亦石的《现代教育原理》和杨贤江的《新教育大纲》则可以看作苏联建构取向的代表。

石联星的《教育学概论》在"教育是一种精神文化"[1],"教育理论,在于阐明教育与文化相互密切之关系"[2]这种德国文化教育学的论调下,对教育学的逻辑起点问题作了思考。他说:教育学概论,虽不能把教育事实、教育作用和教育方法的本质,作一详细的检讨,但不外乎以阐明此等本质为其中心任务,然而教育事实、教育作用和教育方法等,和其他科学一样,跟着教育史的变迁,有种种不同,所以我们要想研究教育活动的本质,在起首的时候,就应该确定一个出发点为原则,掌握不定,一定要失败的。……作者根据这个原则,并针对当前的思潮,拟从文化与教育的内部关联出发,去解答本书所要讨论的有关教育上的根本问题。简言之,要想阐明教育活动的本质,就须以探讨文化与教育的内部关联作出发点。[3]

在这一时期的教育学著作中,极少有人像石联星那样对逻辑起点作这样明确且颇为深入的思考。就此来讲,是难能可贵的。

从这样的起点,他所建构的教育学的主要内容依次为教育与文化、人与教育、民族与教育、教育意识之本质、教育活动之原理。"人与教育"这一为美国教育学崇尚的命题,被他置于"文化与教育"之后了。

教育学的第三种建构取向,昭示着新时代教育学的曙光。这种教育学以唯物主义为导向,对新中国成立后的教育学产生了一定影响。

钱亦石在《现代教育原理》中,首先分析了教育原理的变动性,以为教育原理是意识形态之一,与其他各种意识形态一样,是与社会经济结构分不开的,因社会经

---

[1] 石联星:《教育学概论》,中国文化服务社 1946 年印行,第 20 页。

[2] 同上书,第 11 页。

[3] 同上书,第 1—2 页。

济结构的变动而变动的。根据新时代的"暗示"，他指出新教育原理的总方向：第一，与封建时期的教育原理不同；第二，与资本主义时期的教育原理不同；第三，与社会主义时期的教育原理不同。因为封建时期的教育原理早已成为"僵尸"，不值一顾；资本主义时期的教育原理亦是"半老徐娘"，也用不着眷恋；至于社会主义时期的教育原理，虽说无异于理想的"安琪儿"，然对于枷锁满身的中国人一时无结婚的希望。在未摆脱半殖民地的命运以前，应该集中力量与帝国主义争斗，与封建势力争斗，反帝国主义，反封建势力，就是新教育原理的两大"基石"。①

钱亦石的新教育原理的确别树一帜，是与新时代共携手的。他以教育本质为起点，循序展开了下列内容：教育目的、教育原理的生物学基础、教育原理的社会学基础、教育原理的哲学基础、政治教育、生产教育、文化教育、教育与人类前途。

孟宪承

（1894—1967），我国现代著名教育家与教育理论家，华东师范大学首任校长。主要著作：《教育概论》《中华教育史》等。

<table>
<tr><td>

专栏 11.4　孟宪承《教育概论》目录②

　　第一章　儿童的发展　一、生长或发展　二、行为　三、遗传的和学习的行为　四、学习的过程　五、智慧和个性的差异　六、发展的顺序　七、教育的意义和目的

　　第二章　社会的适应　一、个人和社会　二、社会的组织和活动　三、社会的演变　四、再论教育的意义和目的

　　第三章　教育机关　一、社会的环境　二、家庭　三、学校　四、职业组织　五、文化组织　六、国家

　　第四章　学校系统　一、学制沿革　二、欧美学制举例　三、中国学校系统　四、各级学校

　　第五章　教育行政　一、行政系统　二、行政事务　三、视察视导　四、教育经费

</td></tr>
</table>

---

① 钱亦石：《现代教育原理》，中华书局 1934 年版，第 18 页。
② 孟宪承：《教育概论》，商务印书馆 1933 年版。

(三) 教育学的改造

　　1949 年至 1957 年,是我国政治、经济制度发生重大变革的时期,也是对教育学进行改造进而全面"苏化"的时期。此时的教育学,一改以往"仿美"的面貌,它伴随着新中国的成立呈现出了新的气象。

　　这一时期的教育学,大体可以区分为两个相对有些差别的阶段:旧教育学的改造阶段和全面"苏化"阶段。前一个阶段主要集中在 1950 年前后,后一阶段从 20 世纪 50 年代初一直延续到 1957 年。

　　以马列主义为指导,建构新的教育学体系,是当时教育学的一个显著特征。商务印书馆 1950 年版的《新教育概论:马列主义的教育理论》(胡守棻),生活教育出版社 1951 年版的《新教育体系》(程今吾),都可以说是这方面的代表。

　　对旧的教育学的改造,并没有持续多久,此后迅即为全面"苏化"所代替。其中缘由,大概有这样两点:一是当时所编写的一些教育学材料,缺乏系统性,难以用作高等师范院校的教材;二是即使以较系统形式编写出的教育学类书籍,但因编者缺乏马克思主义理论素养或其他原因,难以为教育理论工作者普遍接受,或难以用作教育学教材。如此,苏联的教育学自然就以汹涌之势"抢滩登陆"了。

　　《人民教育》在 1952 年 11 月号曾发表社论:《进一步学习苏联的先进教育经验》,其中对于为何要学习苏联的教育经验与理论作了说明:我们的社会,不是走资本主义的道路,而是新民主主义走向社会主义的道路,所有在教育上资产阶级那一套——理论、制度、问题、方法等,对于我们根本上不适用,只有苏联先进的经验,足以供我们借鉴。……打碎资产阶级的一套,学习苏联的先进经验,这对于我们今天的教育建设,是有头等重要的意义的。

全国上下，从 20 世纪 50 年代初一直到 1955、1956 年，整个教育系统出现了学习苏联的热潮。苏联专家纷纷来华，到教育部、高教部和一些高等学校任顾问或负责指导教育教学工作；以苏联高等学校为模式，创办了中国人民大学，改造了哈尔滨工业大学；以苏联高校的院系、专业设置为范例，进行了大规模的院系调整；在中小学推行苏联的教育理论、教学制度和方法；苏联教育学家凯洛夫主编的《教育学》，成为中小学教师的必读课本，几乎人手一本。

这样一来，教育学理论自身的建构，就让位给了对既有的教育学形态——苏联教育学，特别是凯洛夫主编的《教育学》——的学习，换句话说，人们探索的是如何学习凯洛夫的《教育学》，着重的是学习方法和教学方法问题，而不是对教育学理论自身的分析。

在这种情况下，教育学实际上失去了它的原动力，无论是教育理论工作者还是教育实际工作者，关注的都是如何传播已有的苏联的教育学，如何在实际中运用这些教育学结论，极少过问教育学自身的建设。翻开当时的任何一本《教育学》，我们都不难寻觅到凯洛夫《教育学》的痕迹，对比凯洛夫的《教育学》与任何一本《教育学》，几乎都可见到它们之间多少有些雷同。

（四）教育学的中国化

这一时期大体是从 1958 年至 1965 年。

自从 1953 年斯大林逝世后，苏联出现了一系列新情况，使中国领导人逐渐察觉到斯大林和苏联经验中存在的一些问题，感到他们的某些经验并不适合我国国情。毛泽东在 1955 年底就提出了"以苏为鉴"的问题。1956 年初，毛泽东听取了中央 34 个部委的汇报，在此基础上作了十大关系的报告。这个报告的基本指导思想就是调动一切积极因素，为社会主义建设服务；以苏为鉴，总结自己的经验，探索适合中国情况的社会主义建设道路。

在此影响下，1957 年有研究者提出了"教育学中国化"问题，意在以马列主义为指导，建设适合中国国情的社会主义的教育学。[1] 也有研究者从教育与社会结构等基本问题入手，阐述教育学研究中的方法论问题，反对教育理论中的僵化观念，反对把马克思主义教育理论教条化，反对把社会主义教育实践模式化与孤立化，从而在教育学中国化的方法论上取得理论思维上的进展。[2]

1958 年，"教育学中国化"问题变得尤为突出，这与当时"教育大革命"的要求是

---

[1] 瞿葆奎：《关于教育学"中国化"问题》，《华东师范大学学报（人文科学版）》1957 年第 4 期。
[2] 曹孚：《教育学研究中的若干问题》，《新建设》1957 年 6 月号。

分不开的。

人们提出，自从中华人民共和国成立以来，我们学习苏联的教育科学，这无疑是正确的。不过，即使同是社会主义国家，也有各不相同的特点，"我们应当根据我国自己的特点，把马克思主义的普遍真理同我国的具体实际结合起来，来规定我国的教育方针、教育政策、教育制度、教育方法等等"，也就是说，必须根据马克思主义的普遍真理，从我国的具体教育实际出发，建立起我们自己的教育科学。①

在"教育学中国化"的感召之下，1958 年教育革命中，高等学校文科学生集体编写了不少教材。据 17 所院校统计，文学、历史学、哲学、经济学、政治理论、教育学等 6 个专业共编写出版 88 门课程的 154 种教材。在这其中，教育学教材是占了不小的份额的。

由于所编写的教育学，除了大量引用毛泽东关于教育的各种论断，就是介绍中国共产党的一般育政策和一般工作原则，因而大多变成了"教育政策汇编"，使得教育学难以为继。中共中央于 1959 年 5 月 24 日关于学生编写教材问题，批转教育部党组《关于高等学校学生自编讲义问题的意见》时指出，编写讲义，主要是教师的责任，而不应把编写讲义的担子放在学生身上；学生的主要任务，是学好规定的各种课程，时间、精力主要应当用在学习功课上。

1962 年，召开了高等学校文科教材编选会议，中共中央组织部于 1962 年 5 月 23 日转发了周扬《关于高等学校文科教材编选情况和今后工作意见的报告》。该报告对教材质量，反复提出了这样的要求，"注重古今中外，不可偏废。研究现实问题，研究我国革命和社会主义建设的规律问题，研究当前世界人民革命斗争的经验及社会主义和资本主义两种思想体系的斗争问题在文科教学中应占一个特殊重要的地位"，"在编书过程中，必须保证学术争论的自由。由于学术见解不同，在集体编书过程中，争论是不可避免的，也是有益的。在学术问题上绝不能采取少数服从多数的办法"②。

在会后组织编写的一些教育学教材中，有些已经一改以往教育学的"工作手册"或"政策汇编"的模式，呈现出一种新的面貌。在这其中，上海师范大学教育学教材编写组的《教育学》影响甚大。

这本《教育学》以提高理论水平为方法论原则，力求从"政策汇编"与"工作手册"式的教育学模式下解脱出来；力图以"古今中外法"为方法论原则。虽然它在当

---

① 陆定一：《教育必须与生产劳动相结合》，转引自南京师范学院教育学编：《教育学》，江苏人民出版社 1959 年版，第 5 页。
②《中国教育年鉴(1949—1981)》，中国大百科全书出版社 1984 年版，第 512 页。

年教育学中国化上迈开了一步，但是它毕竟不可避免地还烙着以阶级斗争为纲的一些时代痕迹。

（五）教育学的语录化

1966年，"文化大革命"登上了中国的政治舞台。这一时期的教育学与其说是"建设"，倒不如说是被破坏。

"文化大革命"时期，左倾教育思潮泛滥，这种思潮错误认为：中国封建社会的教育思想都是为封建地主阶级服务的；旧中国的资产阶级教育家的教育思想、教育理论都是为资产阶级服务的；苏联在斯大林死后也变"修"了，50年代后期苏联的教育理论是为修正主义服务的；外国资本主义国家的教育家的教育思想、教育理论也都是为本国统治阶级服务的，是为向外扩张、侵略的帝国主义服务的；而新中国17年的教育则是修正主义教育路线占统治地位，也是要否定的。总之，除了马克思、恩格斯、列宁、毛泽东的教育思想外，一切都是与无产阶级"格格不入"的，都属"横扫"之列。左倾教育思潮泛滥的一个严重后果，就是大肆批判在50年代曾大书特书的凯洛夫主编的《教育学》，使我国的教育理论愈加贫乏，几乎濒临绝境。

这一时期也编写了一些所谓教育学的书籍。这些书几乎有着同一个模式：大段大段地引述马恩列斯（马克思、恩格斯、列宁、斯大林的并称）特别是毛泽东同志的语录，用语录代替说理，用语录代替论证。语录泛滥，大批判语言成灾，是此时"教育学"的一大特点。

这类书籍在"封二"或"扉页"，总是将毛泽东关于教育工作的一些语录用黑体字书写出来。

"教育学"的指导思想，也很明确，即以马列主义特别是毛泽东思想为指导，批判资产阶级及一切剥削阶级的教育思想。例如，有一本《教育学讲义》在编写说明中就提出：本书的编写，以毛主席关于"要搞马克思主义，不要搞修正主义"和"教育要革命"的教导为指针，力图从理论和实践结合上阐述马列和毛主席的教育思想，反映无产阶级教育革命以来各地学校（特别是中学）实践的经验，批判林彪、孔丘及一切剥削阶级的反动教育思想，目的是帮助学员分清无产阶级教育思想和一切剥削阶级教育思想的界限，改造世界观和教育观，正确对待教育革命中出现的新生事物，提高贯彻执行毛主席教育革命路线的自觉性，忠诚党的教育事业，做一个无产阶级教育革命的坚强战士。[1]

---

[1] 广东师范学院教育学教研室编：《教育学讲义》，1974年（未公开出版）。

"教育学"中的任何内容无一不体现着"以阶级斗争为纲"的要求,打有阶级的烙印。

··········· 专栏11.5 广东师范学院教育学教研室编《教育学讲义》目录①

第一章 教育与阶级斗争 第一节 教育是阶级斗争的工具 第二节 教育要革命

第二章 毛主席的无产阶级教育路线 第一节 社会主义教育必须由共产党来领导 第二节 教育必须为无产阶级政治服务,必须同生产劳动相结合 第三节 培养有社会主义觉悟的有文化的劳动者 第四节 坚持《五·七指示》的道路 第五节 坚持勤俭办学和"两条腿走路"的方针

第三章 社会主义时期的青少年 第一节 用马克思主义观点看待青少年 第二节 青少年的特点

第四章 学生思想政治教育 第一节 学生思想政治教育是学校工作的中心环节 第二节 思想政治教育的原则和方法 第三节 党的基本路线教育 第四节 革命理想和革命传统教育 第五节 共产主义道德教育

第五章 社会主义文化课教学 第一节 深入进行教学改革 第二节 无产阶级的教学方针 第三节 启发式教学法 第四节 文化课教学工作的基本环节

第六章 学工、学农、学军 第一节 学工、学农、学军,是实现教育与三大革命运动结合的重要途径 第二节 加强组织领导,有计划地开展学工、学农、学军活动

第七章 体育 第一节 必须重视学校体育工作 第二节 积极开展群众性的体育活动

第八章 革命教师 第一节 建设一支无产阶级教师队伍 第二节 忠诚党的教育事业 第三节 建立新型的师生关系 第四节 班主任工作

(六)教育学的复归与前进

1976年粉碎"四人帮"以后,特别是十一届三中全会以后,全党实现了工作重点的转移,确定了我国社会主义时期的主要矛盾是人民日益增长的物质文化生活的

① 广东师范学院教育学教研室编:《教育学讲义》,1974年(未公开出版)。

需要同落后的社会生产力之间的矛盾,指出了发展社会生产力是我国的中心任务。随着邓小平对教育工作的一系列指示(《关于科学和教育工作的几点意见》(1977年8月8日);《教育战线的拨乱反正问题》(1977年9月19日);《在全国教育工作会议上的讲话》(1978年4月21日)等)的发表,教育战线上的拨乱反正逐步展开:恢复高考制度,恢复正常的教学秩序,教育开始面向社会主义经济建设,为经济建设服务;深受十年动乱之害的教育理论工作者都在思考着对过去教育路线、政策和基本指导思想的评价问题,思考着教育学自身的学科建设问题。教育学步入了恢复与发展的新阶段。

20世纪70年代末80年代初,教育学研究主要在于恢复"文化大革命"前17年的成果,重新认定凯洛夫主编的《教育学》的理论与实践价值,力求对杜威实用主义教育学作出公正、合理的评价,恢复先前教育学研究中的一些基本问题并展开更进一步的讨论。这种复归,在教育学经历了十年浩劫几近消亡以后,是必要的。它在我国教育学的发展史上,是起了承上启下的作用的。虽然这一时期的教育学研究招致了许多批评,对教育学的诸多论述在今天看来显得粗糙、简单,但我们很难想象,若没有教育学的此等复归,今日的教育学会是一种什么样子。教育学复归的一个典型例证,大概要算是由华中师范学院、河南师范学院、甘肃师范大学、湖南师范学院和武汉师范学院5所院校协作编写的高师本科公共课《教育学》了,它是1980年由人民教育出版社出版的。

在恢复"文化大革命"前教育学的同时,教育学界围绕一系列问题展开了热烈的讨论,如教育本质、人的全面发展、教育功能等,在对教育的认识上取得了长足的进步。

中国教育学已走过了百年征程,百年对于一个人的寿命来说,的确算是够长了,而对于一门学科来讲,既不能言其"成年",更不能言其"老朽",特别是对于像教育学这种与社会实践活动紧密联系的社会科学来讲,尤其如此。这是一个既饱经沧桑但又涉世未深的学科,是一个富有挑战性的学科。

四、教育科学的类别

教育科学发展至今,已经形成了不少科学,林林总总,不下几十种。也许正是因为各学科的复杂多样,才使得教育科学的分类成为一个待解的难题。现有的中外学者的分析,从分类学等角度来看,都有着这样或那样的纰漏,存在着一些难以克服的缺失。

分类首先要考虑的是标准问题,用什么样的标准或者说依据什么来对错综复杂的事物进行分类,直接关系到分类是否正确、各子类别的划分是否合理。以对象为标准在一定程度上是坚持客观性原则的标志。这个原则是恩格斯确立的。他把学科所要分析的对象都归结到事物存在的运动形态上,因而科学分类就是这些运动形态本身依据其内在所固有的次序的分类和排列。① 从这样一个标准出发,我们可以把教育科学各分支学科分为两大类别:一类是以研究教育理论及教育研究活动为对象的,属于元研究范畴的学科,即元教育学;一类是以研究教育活动为对象的学科,如教育社会学等。其中第二类是整个教育科学的主体部分,它又可分为两个子类别:一类是主要运用其他学科研究教育活动,一类是专门研究教育自身活动。前者如教育社会学、教育哲学,后者如课程论、教学论。两者的区别在于:前者是依托其他某门学科发展起来的,是其他学科与教育学"联姻"的产物,在一定意义上是"其他学科的领地";后者所研究的是教育自身的问题,是其他学科无法替代的内容,是教育科学显示其独特魅力的所在,它虽也运用其他学科,但并不是依托某一门或某几门学科,而是将若干不同学科整合起来,分析教育中的特殊问题。(参见表 11.2)

表 11.2　教育科学的具体类别②

以教育理论和教育研究活动为对象			元　教　育　学
以教育活动为对象	运用其他学科分析教育问题	分析教育中的形而上问题	教育哲学、教育逻辑学、教育伦理学、教育美学
		分析教育中的社会现象	教育社会学、教育经济学、教育政治学、教育法学、教育人类学、教育文化学、教育人口学
		分析教育中个体的"人"	教育生理学、教育心理学
		分析教育的存在形态	教育史学、比较教育学、教育未来学
		分析教育的方法、手段	教育统计学、教育测量学、教育评价学、教育实验学、教育技术学
		分析教育的运行机制	教育行政学、教育管理学、教育卫生学、教育生态学
	分析教育领域独有的实际问题		课程论、教学论、德育论

　　教育并不在这一分类中,这是因为教育学作为一门师资训练的必修科目,具

---

① 恩格斯:《自然辩证法》,《马克思恩格斯全集》第 20 卷,人民出版社 1970 年版,第 593 页。
② 参见唐莹、瞿葆奎:《教育科学分类:问题与框架》,《华东师范大学学报(教育科学版)》1993 年第 2 期。这里的分类与其有所差异。

有"概论"的性质，就像"普通心理学""普通物理学"一样。它更多是以教材体系表现其内容，是一门教学科目，很难说是科学体系中的一门学科。从这个意义上讲，教育学更应被称为"教育概论"或"教育通论"，元教育学其实更应被称为"元教育理论"。

目前，教育科学已经分得很细，每个人穷其毕生精力，也只不过熟悉、掌握其中的几门学科，这就要求学习者在了解教育科学整体状况的前提下，有所选择地对一些学科或一门学科进行研究。毕竟，亚里士多德所处的时代一去不复返了，"百科全书式"的人物也不会出现了。

◆ 讨论题

1. 谈谈你对教育学研究对象的认识。

2. 以我国近年来出版的任一本《教育学》为分析对象，看一看教育学是否如一些人所言的"是一种步入困境，在理论上和实践上都不讨好的教育学，既常识充斥、无理论深度，又缺乏对实践的研究、无指导实践的能力"。

3. 联系元哲学、元数学、元社会学等有关元学科，分析一下元学科的特定作用，特别是元教育学对于教育学发展所发挥的作用。

4. 德国教育学家布雷岑卡将教育理论分为三类：教育的科学理论，即教育科学；教育的哲学理论，即教育哲学；实践教育理论，即实践教育学。这种分类是否有道理？为什么？

5. 教育学中国化的问题，在20世纪50年代末就已提出，近来教育理论和实际工作者也多有论及，你怎样看待这个问题？

6. 对照我国与西方教育学的发展历史，分析一下两者在发展脉络、走向等方面的差异。

7. 教育科学的分类是一个悬而未决的问题，现有的研究似乎都存在这样或那样一些值得商榷的地方，能否参照哲学及逻辑学中关于分类、比较等的论述，勾勒一下教育科学的类别？

◆ 参考资料

1. 瞿葆奎：《建国以来教育学教材事略》，《华东师范大学学报（教育科学版）》1991年第3期。

2. 瞿葆奎主编，瞿葆奎、沈剑平选编：《教育学文集·教育与教育学》，人民教育出版社 1993 年版。

3. 郑金洲、瞿葆奎:《中国教育学百年》,教育科学出版社 2002 年版。

4. 瞿葆奎、范国睿:《当代西方教育学的探索与发展》,《教育研究》1998 年第 4 期。

5. 瞿葆奎主编:《元教育学研究》,浙江教育出版社 1998 年版。

6. 瞿葆奎、郑金洲:《二十世纪中国教育名著丛编》,福建教育出版社 2007 年版。

7. 陈桂生:《教育学的建构》,华东师范大学出版社 2009 年版。